经济法新视野研究丛书

U0949867

国家社会科学基金资助项目（课题号:04CFX008）
教育部“新世纪优秀人才支持计划”阶段成果

我国银行法律制度改革与完善研究

黎四奇 著

WUHAN UNIVERSITY PRESS
武汉大学出版社

图书在版编目(CIP)数据

我国银行法律制度改革与完善研究/黎四奇著．—武汉：武汉大学出版社，2013.7
经济法新视野研究丛书
ISBN 978-7-307-10682-6

Ⅰ.我… Ⅱ.黎… Ⅲ.银行法—法律制度—研究—中国 Ⅳ.D922.281.4

中国版本图书馆 CIP 数据核字(2013)第 070136 号

责任编辑:田红恩　　责任校对:刘　欣　　版式设计:马　佳

出版发行：**武汉大学出版社**　(430072　武昌　珞珈山)
(电子邮件：cbs22@whu.edu.cn　网址：www.wdp.com.cn)
印刷：武汉中远印务有限公司
开本：720×1000　1/16　印张:28.5　字数:407 千字　插页:1
版次：2013 年 7 月第 1 版　2013 年 7 月第 1 次印刷
ISBN 978-7-307-10682-6　定价:49.00 元

作者简介

黎四奇（1972— ），男，湖北咸宁人，法学博士，湖南大学法学院教授，博士生导师，入选教育部“新世纪优秀人才支持计划”与“湖南省新世纪人才121人才工程”，湖南省学科带头人培养对象；主要研究方向为金融法、法理学，已于《中国法学》、《法律科学》、《法学评论》、《法商研究》、《现代法学》、《政治与法律》、《法学》、《国际金融研究》、《上海金融》、《财经理论与实践》、《国际经济法学刊》、《经济法论丛》及International Banking Law and Regulation等法学类及经济类学术期刊上发表专业论文80余篇，并承担了国家社会科学基金课题2项，中国司法部课题1项，著有专著《金融企业集团法律监管研究》与《金融监管法研究——以银行法为中心的分析》。

译者简介

序　　言

书写完、校正完，付梓之前，一般少不了要为本书写点序言什么的。写点什么呢？老套的做法无非是介绍一下本书的篇章结构，或再阐述一下写作本书的原因什么的。其实，话说回来，我本人认为在序言一而再、再而三地叙述作品写作的动机与目的什么的有多此一举的感觉。其原因何在呢？这是因为作品的基本框架及所涉的主要内容在书中目录部分是已见分晓的，所以无必要再在同一问题上着墨啰嗦。那么，在序言部分谈些什么呢？我想还是来谈一下自己的忧虑。尽管作为本书的作者，我怀有一种不加思辨的“文章是自己的好”的天然珍惜与爱护，但是让我担心的是，惟恐读者在购得此书后，回家正襟危坐翻上几页而后狠狠地关上书，大骂一声骗子。坦诚而言，花点钱事小，受骗上当事大，因此我对拙作的期盼是当读者读完或浏览后，能从内心里真诚地不时道上一声“文笔不俗嘛”，或“言之有理哟”，或尖酸刻薄地来上句“简直一派胡言，应该是这样的嘛”，或心怀城府地说“此种观点有失偏颇，值得进一步参考印证”。一言蔽之，若本书能点燃或激发读者对本书中所论述的某些观点（当然笔者不敢奢望全部的观点）的争鸣感、讨论欲、批判欲或争辩情……，那么这林林总总的或好的或坏的或中立的评判都是对作者笔耕辛劳的难能之慰藉、鼓励与鞭策，也证明了自己的努力没有白费。

作为大学里的老师，我经常苦口婆心地劝诫自己的弟子一定要做好毕业论文，而且对于论文的形式与实体的要求都比较严格，因此有些不理解的学生可能私下里对我颇有微词。对此，曾经有学生就直接诘问我：老师，这论文写得再好，又有什么用呢？左批判，右批判，左反思，右反思，但是中国的立法改革又不以我的建议为转移。这是一个一直以来困扰我的问题，我也时常问自己，多年以来，自己也写了不少文章，而且诸多标题中载有“检讨与反思”类的措辞。可是，这种作为的意义究竟何在？有时，我甚至极端地否定自己，罢了罢了，少写点，写多了也不利于环保。在某种程度上评价，若你的观点与思想在社会中不能激起点点涟漪，那么这就是对社会资源的一种变相浪费、一种对其他劳动者的不公。若得出的是这样一种结论，那么作为所谓的读书人，我们对社会的贡献还不如一个种庄稼的农民。这个看起来似乎是很弱智的问题在很长一段时间内一直与我相伴相随，让我欲罢不能。某天，我突然有种开窍的感觉，其实，做学问、写文章，是社会分工的结果。作为大学教师，其职责并非纯粹地扮演一个知识传承的教书匠角色，也许更重要的是批判、监督及思想的探索与拓新。如果在中国转型期，每个国人都能在其位、谋其职、尽其责的话，何愁我中华民族不会民富国强呢？另外，我收获的是一种为人、为事、为学的态度。人生最怕认真二字，若我们时时刻刻怀揣“一屋不扫，何以扫天下”的态度来对待工作、生活中的每一件事，并将之变成一种潜移默化的习惯，那么幸福、成功与你也是咫尺之遥。自我解惑之后，我就理直气壮地对我的学生说：的确，你的所言不会对中国的法律进程产生什么影响，或者说它根本就不会有任何影响，但是你收获了做人做事做学生的本分，你学会了认真的生活态度。这种本分与态度就是我在写作本书时所收获的硕果。

还有一点是我在此处不得不一吐为快的，那就是我在写作中所遭遇的一个困惑。坦诚来说，在我打开电脑，打开文档，平心静气地准备写“我国银行法律制度的改革与完善”这一论题时，我最初对于写作还是比较乐观与自信的。当然，这不排除本人的懒惰、自私及交差应付的学术量化研究的不纯动机。因此，在最初的写作中，心情是轻松愉快，没有什么学术压力的。然而，随着写作的深入及自己阅读的拓展，特别是对法学理论知识的进一步提升，一个学术的困惑就像平地而起的乌云一样黑压压地堆积在我的心坎上，让我痛苦，让我难受，让我深深地质疑自己写作该书的理论意义与实践效果，质疑我们部门法学的研究范式（或者说是法学的研究范式），并进而深深地怀疑我们这些“手无缚鸡之力”的书生们究竟对社会做了什么贡献。客观上，法学研究的影响力是潜移默化型的，不可能立竿见影，这就说明作为研究者，其必须面临一个痛苦的宿命，即他们或含辛茹苦或交差晋级型的研究多是纸上谈兵，多一个不多少一个不少。在特定的背景下，现实社会可能并不会因为他们的研究而有所推动与前进。这种研究的实践效果的缺失是一个学者必须面对，但是又会倍感尴尬的问题。再说回来，这种八股文式的自说自语的研究又能有什么影响呢？实体法的研究范式一般是所谓的比较研究，比如说在金融业的分与合问题上，我们的研究思维一般都跳不出这样一个已格式化的框框，即美国是如何如何的，英国是如何如何的→美英等国家代表了国际上新的金融法创新理念→中国也应该如何如何。

客观而言，鹦鹉学舌式或依葫芦画瓢式的研究是一种让人痛之也深恨之的古板研究，因为从目前来看，中国法治建设基础的一穷二白迫使我们不得不采取“拿来主义”的做法。成本低廉的立法技术上的借鉴与移植更是抬高与刺激了这种格式化的法学研究范式。推心置腹地说，单是这种八股式的法学研究范式也罢，可偏偏这种研究范式所隐含的一个推论就是我前面所说的让本人欲罢不能的困惑。在研究中，我们之所以言必称英美等是源于崇尚一个学术的命题，即相信只要凭借立法者理性的法律规则设计与对比，我们似乎就找到了开启目前中国银行法所要调整的法律问题的万能钥匙，若将话题扯得更远一些，就似乎是找到了能解决中国所有社会问题的灵丹妙药。果真如此吗？“万能”的法律在中国的场景中能满足我们立法者预期的诉求吗？随着我对银行法律制度改革与完善写作的深入，我还真的发现我们的问题并不是这样或那样的法律设计，而是如何解决有法必信、有法必依与违法必究的问题。

当西方的某些法律规则与思想漂洋过海来到中国时，法律这种工具并没有发挥应有的效果。当然，在此，我并非说这种工具是一无是处的，只是这种工具功能的发挥总是给人一种五味俱全的感觉，总有点“政治晚礼服”的色彩。错的不在法律，而在于给我们的法律供给营养的文化土壤、由此而生的惯性思维及堪忧的国民素质。因此，西式的法律规则与法律思想在中国的文化氛围中发生了南桔北枳的变异。这是一个让立法者痛心疾首的事情，因为他们产品功能异变或退化为花瓶式的饰物，或从一颁布开始就成了“死了的文字”，这就是对他们法律修养的一种检验、一种评价、一种嘲讽与一种否定；同时，这也是一个让法学研究者蒙受不可言说的耻辱之事，因为“躲进小楼成一统，管它春夏与秋冬”的闭门造车式研究最终的结果也只是一种文字的浪费与宝贵时光的流逝。如此说来，法律与现实的断层、八股式研究范式所蕴藏的法律万能论都反映了一种法律研究的无奈与研究视角的错误。平心而论，本书的写作在某些问题的探讨上，也没有摆脱这种让人爱恨交织的研究范式，但是笔者认为作为具有极强实用性的实体法的研究范式，在中国的文化语境中，必定不是一种“言必称西洋”的从理论至理论的研究，相反，应是一种“睁开双眼，迈开双腿”的脚踏实地走完一圈后再具体问题具体分析，并以借鉴为基础的先看后做的研究。这样一个貌似浅显，实则深刻非凡的法律问题思考路径就是我完成拙作后的一大收获。

因为一本书的好与坏不是如何说，而是如何被说的，那么就让大家的批评来得猛烈些吧!!!

黎四奇

2013 年 1 月 22 日

目　　录

第一章　问题之提出：对我国银行法整体性的评述

第一节　对我国银行法静态之思考

随着我国金融业的发展，我国已形成了一套由法律、法规及部门规章所构成的银行法律规则体系，这些规则为对商业银行的监管与运营提供了应然的法律依据，对维护金融业的稳定与促进银行业的健全发展造就了一个较系统的法律平台。尽管如此，那么我们是否可以断言我国的银行法律体系已接近于完善，或者说是与金融关系发展的深度与广度相合拍了呢？固然在金融法治的进程中我国已拥有了一个庞大的银行法律规则群，但是我国的银行法仍不能与金融法治之实现对号入座。实际上，我国银行法律体系的整合与完善还是一个任重而道远的问题。如我国在银行法的立法上就存在许多问题，如银行法规则构成上的不和谐性、规则供给的“一事一法性”、规则之间欠缺衔接性等。对于这些问题，笔者拟以我国银行监管法为例展开讨论，以为后文的展开与论述起到铺垫的作用。①

---

①　之所以如此是因为在调整横向性的交易性法律关系时，在无特别规定的情况下一般可以直接援用合同法、票据法等私法规则，所以与银行监管法比较，银行交易性的法律体系相对来说比较完善。实质上，鉴于银行在经济运行中的地位与作用，银行法更多地体现为对银行业的监督与管理法。尽管在许多学者的学说中在对银行法进行定性时都认为银行法是公私混合法，但是笔者认为从银行法的价值取向及银行业本身的行业特性及其与国民经济之关联度考察，再结合金融发达国家银行法律制度的发展史及其法律创新的核心内容，银行法实质上表现为监管之法。关于这一点，我们从银行法律规范的构成上也可以得出这样一个结论。其规则所指向的对象绝大部分都是银行业的监管者与银行，而非银行与其客户。

一、我国银行法律体系的现状考究

(一) 现有银行法与 WTO 规则之间的差异性

WTO 法律体系中直接关联到银行领域的法律文件主要有《服务贸易总协定》及其附件、《金融服务协议》及《有关金融服务承诺的谅解协议》。这些文件通过以下几个方面来影响着成员国银行法律制度的构建：其一是以法律原则的形式对银行法律的基本原则、创制、执行的要求及具体的内容产生影响。其二是以一般性纪律或规则的形式影响银行法制的发展与执行；① 其三是以具体的制度或规则形式出现，要求成员国对其现行的银行法进行相应的矫正或革新。我国是 WTO 成员国之一，上述的法律文件必然会对我国国内银行法的构建产生影响。就目前来看，我国银行法律与 WTO 中的相关银行的规则还有一些不相协调之处。这主要表现在以下几个方面：

其一是银行立法价值取向上。纵览我国的银行监管法律体系，不难发现其价值取向立足于两个方面：即强调金融市场的安全性及其秩序性，而相反在一定层面上淡化银行作为一种经营金融产品的特殊企业所本应具有的效益追求性。此种立法价值的定位显然与 WTO 的规则不协调，笔者认为 WTO 法律体系本身就是经济全球化与自由化的产物，因而其在很大程度上便折射出私权与放松管制的法治理念。虽然我国已对以前的银行法律制度进行了相应的废、改、立，但是其并没有进行一些实质性的修改，相反，只是更多地增补了一些弹性的措辞，如《商业银行法》第 43 条被修正为："商业银行在中华人民共和国境内不得从事信托投资和证券经营业务，不得向非自用不动产投资或向非银行金融机构与企业投资，但国家另有规定的除外。"

其二是中外资银行法律适用上的差异性。国民待遇是 WTO 法律体系中的一项重要原则。然而，我国银行法的实践却可能与此相

① 参见李金泽：《加入 WTO 后中国银行法制的局限性及其克服》，载《法律科学》2002 年第 2 期。

背，因为我国在具体的法律适用上采用的是内外资银行分流的做法，对于这一点我们可以从《商业银行法》第 88 条得到考证，该条规定："外资商业银行、中外合资商业银行、外国商业银行分行适用本法规定，法律行政法规另有规定的，适用其规定。"如此，在实践中，根据特别法优于一般法的原则，对于外资银行大多适用的是《外资银行监管条例》及《实施细则》、《外国金融机构驻华代表机构管理办法》等规范性文件。尽管我国立法的初衷并非在于营造一种内外有别的效果，但是这种分立的立法模式却给人一种歧视待遇的嫌疑之感。

其三是透明度问题。透明原则为 WTO 法律体系中各成员国的贸易法律、规章、政策、决定与裁决规定的一项基本准则。依此原则，各缔约国应将其有效实施的与贸易相关的法律、规章、决定、司法判决和行政裁决，以及对外缔结的可能影响国际贸易政策的现行协定和条约，及时予以对外公布；各缔约国采取的任何新的、更严格的规定或普遍适用的限制性或禁止性措施，非经正式公布，不得实施。① 虽然我国银行法律的透明度已有一定的提高，但是仍缺乏严格的执行与监督程序。②

（二）银行监管权责不明确

2003 年我国成立了银行业监督管理委员会，从而实现了将银行业的监督管理权从央行的剥离，随后 2003 年 12 月 27 日十届全国人大常委会第六次会议通过了《银行业监督管理法》(2006 年进行了修订)，该法对以前的银行监管法律进行了相应的整合与调整，该法共有六章五十条，明确了监管者的目标、要求与原则；保证监管者的独立性；建立监管当局的内部监督制度，通过制定与实施对银行业金融机构的审慎经营规则，实现监管方式从合规监管向

---

① 参见姚梅镇主编：《国际经济法概论》，武汉大学出版社 1999 年版，第 655 页。

② 我国银行立法表现为粗线条的形式，根据"抽象的规则并不能解决具体问题"的法理，这种规则供给的实践也在事实上增加了我国银行法的非透明性。

风险监管的转变；加强现场与非现场监管手段；提高并表监管能力；加强信息披露与强化市场约束等。与此相适应，该会议上亦对以前的《商业银行法》及《中国人民银行法》的相关内容进行了修正。

尽管我国已基于国内与国际金融发展的态势在银行监管法律制度的构建方面已有了一些实质性的突破，但是若对条文进行深入的考察，也不难发现其仍存在一些不尽如人意之处。从实质而言，银监会的成立及《银行业监督管理法》通过的核心主旨在于两点：一是实现银行监管权的重新配置与分离；二是根据国内金融业的发展状况进行银行监管法的融合与协调。那么，这两个目的是否达到了呢？答案并非是全然的肯定。目前仍然存在银行监管权责不明确的现象。如修改后的《中国人民银行法》将央行的职责定位为制定与执行货币政策、维护金融稳定、提供金融服务。笔者认为，这种定位就有可能为央行与银监会两者之间职能的冲突营造了一定的空间。（对于这一问题，笔者将在“我国金融监管重构”中进行详细的论证。）实际上，修订后的《中国人民银行法》第 33 条明确规定了人民银行有权与其制定与执行货币政策、开展业务、从事金融服务等直接相关的金融机构、其他单位及个人的相关行为直接进行监督检查。另外，该法第 4 条又赋予了央行指导、部署金融反洗钱工作及负责反洗钱的资金监测职能。① 这种对央行职能的定性可能就会造成银监会在监管实践中监管权的落空，且由于央行所具有的多年监管的历史传统的影响，这种“影子格局”也可能会导致银行会处于一种从属性的地位。

---

① 笔者认为，这种将对反洗钱的监管权赋予央行的做法是欠妥的，其原因如下：从各国商业银行监管法的创新来看，其一般是强化央行的货币政策功能，而将金融监管权进行剥离，如 2000 年英国《金融服务与市场法》所设立的金融服务局便承接了英格兰银行的金融监管权。因而，我国的立法走向是应强化央行的货币政策的功能，而弱化或分离金融监管权；其二是既然银监会是银行业的监管者，那么其必然比较清楚银行业的操作流程，具有更好的信息优势，因而也就具有更好的条件对洗钱行为进行监控。

（三）银行法的欠完整性与欠系统性

从学理上分析，一国的法律体系应该是一个体系化的相互联系的有机整体，法律部门内部也要形成一个基本法律和与之相配套的一系列法规、实施细则组成的严密体系。① 对此，孟德斯鸠曾清醒地指出："法律有各种不同的体系。人类理性所以伟大崇高，在于它能够很好地认识到法律所要规定的事物应该和哪一个体系发生主要的关系，而不致搅乱了那些应该支配人类的规则。"② 尽管现行的银行监管法律体系经过了因时而化的整合，但是其协调性差，银行法与金融法律法规、经济法律法规、程序性法律规范等尚未形成一个和谐的法律系统。就银行法本身而言，其也存在着内在的不协调性。虽然伴随着《银行业监督管理法》的出台，我国《中国人民银行法》与《商业银行法》也进行了相应的调整，但是这种矫正的幅度却不是很大，有许多条文仅停留在措辞上。

此外，银行法的修订也只是针对前文所及的三部法律，而没有涉及其他的法规与部门行政规章。这种局面就有可能导致新法既定价值的丧失，因为许多的部门规章在很大程度上只是直接沿用原来《商业银行法》的规定，如 1996 年《贷款通则》的第 4、5、13、24、29、62～64、68、69 等条款中的诸多内容都是对《商业银行法》有关规定的重述。此外，银行业务规章彼此之间的重叠现象则更为严重，如 1997 年的《支付结算办法》便大量重复了《票据法》与《票据管理办法》中的内容，同时其还与没有被明令废止的 1993 年《商业汇票办法》、1994 年《异地托收承付结算办法》及《违反银行结算制度处罚规定》等存在有诸多的重叠之处。虽然从法理上分析，部门规章是属于下位法的范畴，但是由于传统的影响，我国在法律的适用中往往呈现出部门规章优于上位法的倒置结果，因此银行法律制度之间重叠与冲突现象亦是我国在整合银行

① 参见曾畅：《对新形势下我国银行法律法规体系的评析》，载《中国经济周刊》2004 年第 2 期。

② ［法］孟德斯鸠：《论法的精神》（下），张雁深译，商务印书馆 1982 年版，第 173 页。

法中所必须深思的一个核心问题。

（四）缺乏系统性的市场退出机制

金融监管是一个包括市场准入监管、运营监管及市场退出监管的立体性工程。然而，在我国的银行法律构建方面，却缺乏系统性的市场退出机制，如没有相应的明示存款保险制度及比较可行的破产法律制度。在实践中，对问题银行机构的处置措施往往是采取接管、关闭等做法。这种局面无疑与金融法治的要求相差甚远。

评述：尽管我国银行法律体系存在上述的诸多不尽如人意之处，但是我们也必须看到修正后的银行法毕竟也取得了一些实质上的突破，如银监会的成立也毕竟在形式上实现了银行业监管权从中国人民银行原来职能的分离，这种专业化本身就是一种适应国际金融法律创新的尝试。此外，针对日益突显的金融混业经营问题，新法也留下了一定的弹性空间，如对《商业银行法》第 43 条所增补的“但国家另有规定的除外”表述。再者，尽管新法并没有基于现实的层面缔造一个实质的功能性监管体系，但是《中国人民银行法》新增加了一个内容，即国务院建立金融监管协调机制，具体办法由国务院规定。这也表明协调机制的构建已是有法可依了，尽管该种规定只是表达了一种模糊效应。

作为银行业经营指南的《银行业监督管理法》则采用了借鉴与移植的手法已对原来的银行法进行了大规模的重塑，如该法第 12 条便借鉴了英国 2000 年《金融服务与市场法》关于金融服务局建立问责制的规定，要求监管当局公开监督管理程序，建立内部监督制度；第 21 条的“关于制定银行业金融机构的审慎经营规则”在列举主要审慎经营规则时参考了巴塞尔银行监管委员会的指导性文件体系；第 27 条便借鉴了美国的骆驼综合评级（CAMELS）、美国对外国银行母行支持的 SOSA 评级及英国金融服务局对金融机构的风险评价要求；第 35 条借鉴了美、德等国家及我国香港的审慎监管会谈制度，要求在我国的银行监管体系中建立与银行业金融机构董事、高级管理人员的谈话制度。这一切规定表明，我国银行法已立于现实的层面上从国内金融市场的发展及国际银行法律制度创新的动向上进行了一些务实性的革新。虽然整合的结果还没有达到理想的程度，但这毕竟是迈出了银行法律创新的重要一步。

辩证地看，我国银行的立法理念仍然处于一种混乱的状态。这不仅表现于《中国人民银行法》、《商业银行法》、《票据法》、《担保法》等基础规范文件之间，如《商业银行法》第73条与第76条规定了对压单、压票或者是违反规定退票的直接责任人的处罚，与此相对应，《票据法》第106条亦有相类似的规定，但是在处罚的主体上，两者的规定不同，前者为商业银行，后者为中国人民银行。同时，这种混乱状态也体现在银行基本法与部门规章，部门规章与部门规章之间。滋生该种现状的原因主要源于以下几个方面：

其一是前文所述的金融立法理念上的错位。在银行法规则供给机制上，我国向来表现为“应急型”、“一事一法型”及“粗放型”等特点。规则的供给缺乏必要的连贯性、稳定性、协调性及应有的前瞻性。其二是规则供给主体的多元性。尽管修正后的《商业银行法》对于银行业的分与合问题已有所松动，但分业的主流思想并无实质上的改变。在具有浓厚权力意识的中国，这种现状便非常容易促使各金融监管部门在供给规则与修补规则不足时，过多注重本部门的监管权限与既得利益，相互之间缺乏必要的协调与配合。即便供给的规则来自同一部门，金融规范性法律文件的起草、讨论等程序也是由不同的内设监管机构来完成的。同一部门的机构之间也缺少应有的沟通、公开与讨论等。同时，规则供给技术的滞后及供给者自身法律知识及专业能力的相对不足也导致规则供给效果的欠佳。其三是金融法律编纂工作的欠缺。作者认为法律编纂是确保法律规则之间的一致性、连续性、协调性及前瞻性的必要手段，也是一种应有的规则供给技术，因为它不仅可以使规则的供给者对所供给的规则有更深刻的了解，同时也可以使其对规则与规则之间的衔接性、规则与所调整的社会关系的同步性具有客观的认识，从而达到拾遗补漏的作用。然而，遗憾的是，在目前的金融法律制度的构建中，我国还从没有对已有的金融法律规则进行过彻底的清理。若从这一点考虑，目前我国金融法规之间所出现的上位法劣于下位法、后法与前法及同位法之间的相互矛盾现象就不足为奇了，因此我国金融的立法（本书所用的立法指宏观意义上的立法）

还是一个任重而道远的问题。对于该问题在后文的相关章节中，将进行详细的探讨。

二、我国银行监管的难点分析

（一）银行业监管面临的问题

1. 金融监管理念的滞后性

若说我国银行监管法律制度的不完善对银行监管的实践效果差负有很大责任的话，那么银行监管理念的滞后就对银行法律制度的推陈出新产生了不可忽视的阻力。经济金融化的时代，虽然我国已加快了银行商业化、市场化、法治化的进程，但是在银行业的运营中始终抹不去政府的影子。

由于金融监管理念更新过慢，这无疑使立法创新失去了一定的前瞻性。实际上，银行业监管绝非简单的行政管理，也不是简单的稽核问题。相反，它是一个包括金融学、管理行为学、信息经济学及法学的跨学科的边缘性问题，因此这就要求银行业的立法者们必须从银行业的内在机理出发、从金融自由化及跨国化的角度出发，应在如何确保银行安全与银行效益之间寻找一个最佳的切合点。实际上，1999 年美国《金融服务现代化法》的出台、2000 年英国《金融服务与市场法》的诞生、2002 年欧盟《金融企业集团监管指令建议案》的发布、2008 年金融危机所引发的金融发达国家的金融立法创新及巴塞尔资本文件的演变便印证了这样一个命题：金融监管理念的更新是金融立法的先导。

2. 金融监管措施的欠协调性

在金融监管理论上，有效的金融监管是一个由不同监管机关的诸多监管措施所组成的一个具有和谐性的立体性体系。大量的理论研究与实证也表明，缺乏协调效应时，一项监管政策在达到预期监管目标时，也可能会产生逆稳定的负效应。如存款保险制度在有效消除银行恐慌与挤兑时，也会导致严重的道德风险。公正而言，在银行业的安全网体系中，存款保险制度、资本充足率监管要求、信息披露制度、公司内部治理、市场准入与退出及有问题银行的处置等，并非是彼此完全孤立的，相反，各种监管手段之间存在着较强的连带效应。只有兼顾这些法定的监管措施的协调性，才能实现既定的金融监管法的价值。虽然经过多年的探索，在银行业监管中，我国已积累了一些宝贵的经验，并且随着我国金融法治观念的深入及对金融危机破坏力的敬畏，我国也已建立了以《中国人民银行法》、《商业银行法》、《银行业监督管理法》及《票据法》等为核心的银行法律体系，但是由于长期的“为民做主”的行政管理惯性作用，我们还难以突破传统的政策思维定势，因而我国在银行业的监管方面协调性还比较差。而且，由于法律规定的不明确性及利益的倾向性，有时也引发事实上的权力归属之争，如工商管理部门基于反垄断对银行机构等的寻租式查处所引发的冲突与矛盾。

另外，虽然我国已基本建立了较全面的银行监管网，但是实践表明我国许多的银行法律规则还没有转变为应有的银行法律秩序。如虽然《商业银行法》参照国际惯例对我国银行业提出了8%的资本充足率要求，同时早在2004年银监会也发布了《商业银行资本充足率管理办法》等资本要求文件，但这些规定还只是停留于形式，或者说仅是对国际银行业监管发展的一种形式上的回应。笔者认为，我国金融监管的协调性差大体表现在两个方面：一是分业体制下各监管机构之间的协作性不强；二是我国金融监管的实践与国际通行的做法还有一个差距。

3. 系统的银行审慎监管体制不完善

虽然经过十多年的金融体制改革，我国已初步确立了现代银行体系，但从总体上来分析，我国还远未形成以风险为基础的有效银行监管体系，如中国监管当局仍局限于合规性的检查，银行各项新业务的开展事先必须获取监管机构批准，金融监管体现为一种行政审批制度的、“重审批权力的划分、轻审批后的监督”的色彩。此外，从非现场检查来考察，银行的信息披露特别是银行的财务报表缺乏真实性监督机制，监管机构的信息资料不能共享，这不仅影响了监管的有效性、预警性与准确性。同时，也无疑地增加了监管成本，造就了银行的“寻租机会”。

4. 未形成全面的风险监管体系

全面的风险监管是银行有效监管所必需的理念。然而，总体上来说，我国还没有形成以风险为基础的有效银行监管体系。这主要表现在以下几个方面：

其一是对银行业务缺乏必要的风险监管，更谈不上推行全面的风险管理。① 现有的银行法律法规关注的焦点主要体现于信用风险，对操作风险、市场风险等很少涉及。这一点从我国的《商业银行法》、《贷款通则》、《贷款风险分类指导原则》等具体的内容中可以得出这一结论。如《商业银行法》及《商业银行资本管理办法（试行）》均明确采用了巴塞尔资本文件确定的8%的资本充足比率，但目前国有银行的实际资本状况并不乐观。

其二是在我国银行一级法人制度下，并表监管是一种必不可少的审慎监管手段，但是由于我国缺乏并表监管所必需的信息技术平台，信息流通的渠道不畅，且也相对欠缺信息真伪的认证程序，因此并表监管的实际效果还是一个有待考证的问题。并表监管是一种持续性的银行监管，其实质就在于通过制定与实施审慎法规与要求，并运用一定的持续性银行监管手段，使银行经营的内在风险在国内与国际层面上受到总体的综合识别、评估、监测与控制。若以此标准来衡量我国的并表监管现状，不难发现我国还没有形成全程化的规范、连续与系统性的风险监管，也没有构建出一个有效的银行业风险识别、评估、预警及处置的体系。

其三是非正式监管效率低。我国《银行业监管管理法》第33条明确规定："银行业监督管理机构根据履行职责的需要，有权要求金融机构按照规定报送资产负债表、利润表和其他财务会计、统计报表、经营管理资料以及注册会计师出具的审计报告。"然而，囿于我国商业银行所固有的主客观原因，非现场检查在及时提供全面、准确的监管信息、有效评估银行业风险状况方面的功能并没有得以有效发挥。对此分析如下：

缺乏能够支撑有效监管的信息系统平台。银行业是个信息高度不对称的行业，建立能及时提供与银行业风险相关的全面、准确与

---

① 参见余劲松主编：《中国涉外经济法律问题新探》，武汉大学出版社1999年版，第635页。

动态的信息供给与信息分享网络系统是克服信息不对称现象的重要举措。然而，我国银行业监管在此方面还存在严重不足，表现为：一方面没有建立即时的商业银行与监管机关相连接的网络化信息监管体系，无有效的信息处理平台；另一方面在大环境的影响下，商业银行报送的基础数据的准确性与真实性有待进一步考证。再者，非正式监管的信息报送、处理与分析周期太长，效率低下。毫无疑问，这种信息型监管的严重滞后不能满足监管机构对银行经营风险状况进行持续监管的需求。

非现场监管的数据体系不能对银行的风险状况的评估与分析起到充分的支撑作用。我国非现场监管的指标体系制定于 1996 年，但是随着我国金融业的演进，部分标准要求已与银行业经营的实际状况不相符合。此外，我国这些标准规则大多是借鉴美国的“骆驼评级制度”。然而，该制度所规定的资本充足率、资产质量、管理水平、收益及流动性等指标是否能与我国的本土金融资源相容还是一个值得质疑的问题，因为美国在银行的法律表现形式上采取的是多银行制度，而我国却采取的是一级法人制下的分支行体系。而且，自 1997 年 1 月起，美国在其“骆驼评级”制中又添加了另一项指标，即敏感性，以强调银行对市场风险的敏感程度。

非正式监管的动态效应差。从我国银行法律制度的构建来看，我国还没有确立银行风险的预警制度及商业银行风险评价机制。这就导致我国对银行监管的实践重点仍局限于法定监管标准的合规性方面，主体呈现为一种静态的基于简单数据的分析与判断。这种监管模式远达不到运用历史比较分析、不同金融行业比较分析、宏观经济分析等动态手段来揭示银行风险基于金融市场的波动情况，并对风险进行预测与评价。

其四是自律性监管作用有限。从金融监管法的理论上分析，完善的金融监管法律制度是法定型监管与自律型监管的统一。从全球金融监管法的发展趋势来看，各国越来越重视金融业自律组织的作用，这主要是因为金融业自律具有政府所不能替代的比较优势。然而，在我国，银行同业协会对成员银行的约束作用十分有限，且在我国金融机构的监管意识上，“重他律、轻自律”也是一种普遍心理倾向。虽然我国银监会出台了《银行业协会工作指引》，并在该指引的第1条明确将其宗旨规定为："加强银行业协会建设，充分发挥其作为自律组织的自我管理与服务、自我约束与协调的职能作用，完善外部监管、内部控制、行业自律和社会监督相结合的银行业监管体系，依据《中华人民共和国银行业监督管理法》、《社会团体登记管理条例》等法律法规和有关规定，制定本指引。"其第2条又对银行业协会的组成界定为"由银行业金融机构自愿组成、为实现会员共同意愿、按照其章程开展活动的银行业自律组织，是经银行业监督管理机构批准并在规定的社会团体登记管理机关登记注册的非营利性社会团体法人"。文件第17条亦对协会的自律性监管职责进行了较为细致的规定，但是由于传统的官本位思维及人们对自律组织作用的心理轻视，中国的银行同业协会就基本上成了花瓶式的摆设物。

其五是银行业公司内部治理状况差。大量的金融危机论证了一个颠扑不破的主题，即金融业的风险一般源于自身的治理不力，如国际商业信贷银行（BCCI）事件就说明，BCCI的主要经营者在内部经营管理方面刻意营造了一种宽松的氛围，致使该行整体上内部管理极为混乱，内部控制制度十分缺乏，在超常规发展的同时忽视了风险。应该说，对于BCCI的世界性清盘，该行经营者负有主要责任。① 又如，在巴林银行事件中，英国银行监督理事会在经过5个月的调查后，结论是：巴林银行破产主要原因是，银行的管理失灵及其他最基本的内部控制机制失灵。② 同样，由于我国银行业产权结构的特殊性所在，银行业公司的内部治理状况更是处于一种混乱状态。可以说，这也是我国在金融自由化与跨国化形势下我国银行业监管及法律制度创新中的一个薄弱环节。

（二）我国银行体系所内生的问题

我国银行监管所存在的难点固然是源于银行法律构建的滞后

---

① 参见邵稳重：《发达国家的金融机构运营状况预警制度及其启示》，载《国际金融研究》1997年第12期。

② 参见康书生：《商业银行内控制度：借鉴与创新》，中国发展出版社1999年版，第21页。

性、监管的不协调性及金融监管理念的滞后性等，但是作者认为这也是与我国银行体系本身所具有的问题密不可分的。对此，可作如下分析。

对我国银行业体系结构的分析。在银行体系中，靠国家信誉资本维持公众市场信心的国有银行与农村信用社，占有绝对比重。与新兴的股份制银行比较，其改革存在有滞后性与管理的外部性，这在一定程度上必将导致在相当长时期内银行业的监管徘徊于以现场稽核为主的传统监管模式上。

从所有制形式的考究。我国的存款型银行机构依所有者的类属可以划分为以下几种：国有独资银行、股份制商业银行、城市商业银行、外资银行、城市信用社与农村信用社等。由于内生的所有制形式不同，银行公司的法人治理结构与效果、风险监控的动力与效应也不同。如股份制商业银行其股权资本构成符合现代企业制度的要求，其资本具有内在的约束与激励，其抗风险力较强，因此对此类银行就可以依现行的比较可行的金融监管规则进行监管。相反，对于国有银行与农村信用社而言，由于历史原因的积淀，其资本结构中国家信誉资本占有支配性的地位，股权资本已在一定程度上失去了内在的风险规避与激励功能，因此对这类银行的内在风险控制的效果主要取决于外部的监督与管理，对其还不能完全援用市场化成熟的监管法律规则。

银行分布区域与发展程度上的考察。我国的银行业在地域、城乡分布及发展上存在有明显的差序格局特点。一般来说，东部沿海地区与城市，特别是大中城市银行分布比较密集，业务量较大，同时业务创新的速度也较快。实际上，这种不均衡性也存在于城市与农村、我国的东西部地区之间。这种局面所导致的后果是：欠发达地区银行业存在的主要问题是内部控制制度不健全、风险监管水平落后及信用风险严重等，发达区域的银行除存在以上风险外，还有市场风险、操作风险、表外业务风险等，因此它们各自所要求的监管水平、程度与侧重点也不具有同质性，这种差异性也导致同一监管手段在对不同区域的银行进行监管时所产生的效果也不一致。

我国银行业是建立在国家垄断信用的基础上。银行制度的经济基础是国有经济、国有金融。国有经济与国有金融相匹配，造成了信用的软约束。制度性金融垄断、国有企业亏损及政府行政干预形成了一种“体制性金融垄断风险”。① 我国银行业所内生的特点也将我国银行业的监管置于一个两难困境之中：一难是银行监管法律在实践中由于区域差异、所有制形式差异及银行体系结构差异所产生的实际效果的不平衡；二难是与目前的国际金融监管发展态势及金融发达国家立法创新衔接性差。如依据巴塞尔资本文件的监管思想，银行机构的内部风险规制是风险监管中的重点，监管检查评价与市场约束是风险管理的外部机制。② 然而，由于我国银行业资本结构与公司治理的缺陷，造成上述两类银行机构法人治理机制形同虚设，因此作者认为在我国银行法构建的进程中，借鉴与移植固然是一种比较可行且经济的方法，但是中国的法治之路必须注重利用中国的本土资源，注重中国法律文化的传统与现实。

三、小结

我国银行业无论是在资产规模上，还是在业务范围上都已有了实质性的发展。金融的全球化与自由化已对我国的金融业产生了巨大的影响，我国银行法在银行经营范围上的适度松动、三大金融监管者之间的合作安排、《中国人民银行法》与《商业银行法》的修订及《银行业监督管理法》的出台与完善就是一个很好的说明。然而，由此并不能推导出我国的金融立法已与我国金融业的发展同步化的结论。

在现实的立法层面上，我国银行法的建设存在着一个奇怪的现象，即整个的银行法律规则立法层次低，绝大多数银行法规范属于下位性的部门行政规章。前文所提到的规范性法律文件的数

① 刘积余：《美国银行业大变革透视》，中国金融出版社 2001 年版，第 296 页。

② 参见宗良：《跨国银行风险管理》，中国金融出版社 2002 年版，第 168～169 页。

据就充分证明了这一点。众所周知，金融是经济发展的命脉所在。这种大量丛生的下位性法律规范性文件立法模式无疑与银行业的作用与功能极不相配，因为它可能从事实上造就这样一个畸形的现实，即下位法的效力优先于上位法。我国央行、证监会及保监会关于业务交叉所出台的大量规章与《商业银行法》的冲突就是一个明显的例子。这种局面不仅使人对传统的法学理论产生置疑，挫伤公众对法律的确信，而且也影响到上位法律的神圣、尊严与权威，从而助长民众产生一种一切法律都不那么可信的信仰风险。

通过上文的剖析，我们也可以得出这样一些结论，即我国在银行法的构建与完善过程中，不仅缺乏制度性的平台，如存款保险制度的缺失、银行风险预警制度的空白、信息保密法的不足，而且也缺少技术性的平台，如银行监管信息交流网络的存在、原始数据的匮乏及数据的欠真实性与系统性等。这些领域法律规则的空白与不足都是滋生新旧风险的温床。除此之外，由于银行与其客户之间的关系与一般的民商法律关系毕竟具有一定的特殊性，如金融性，所以在调整这些平等者之间的法律关系时固然可以援用民商法中的法律规则，但是其金融性的特点也需要国家设定一些调整这种法律关系的特殊规则或对既有的规则进行梳理。如存款人与银行之间的法律关系之性质还有待进一步厘清，存款实名制中存款人身份的识别还需要可行的规则支撑，银行信息公开义务与保护客户金融隐私权之间的矛盾与冲突还需要立法作出更明确的规定。银行法是公私混合法，对于一个像我们这样具有储蓄传统的民族而言，银行法不仅与民众的权益息息相关，而且从银行是金融的核心来考察，它又关系着中华民族的发展与昌盛，因此如何在“公性利益”与“私性利益”之间通过法律规则进行权利、义务与责任的公平分配，及在维护“公性利益”中如何配置银行业的安全网，及如何在银行安全与银行自我利益追求之间配以合理的法律规则都是我国银行法演变中所必须解决的问题。

第二节 我国银行法之发展
——创新与金融法律创新互动关系视角的分析

金融创新与金融法律创新之间的互动关系是金融法研究视野中的一道亮丽的风景线，这不仅是源于创新直接带动与刺激了金融法律的条件反应，而且也源于金融法律的演进与金融创新之间难以克服的紧张关系。然而，目前研究的结论似乎大多主张在面临金融创新时法律应该主动让道，而不应该成为金融创新进路中的绊脚石。对于这样的一种泛论，笔者认为，作为一种指导实践的理论研究，我们不能就事论事地从金融创新的表象上来探寻法律是否也应一味忍让式的创新问题，相反，应将其上升到法理学理论的高度进行客观的评判。

一、金融创新与金融法律创新的实践与分析

金融创新（本文中的金融创新主要指金融业务的创新）是金融法研究中的一个不可避免的大众话语，因为创新意味着金融业务、金融市场、金融技术及金融风险的自我突破与演变。同时，更意味着对既有金融监管法律体系的挑战与破坏，因而从金融创新行为的法律效力考察，其要么表现为一种违法行为，要么表现为一种“形式合法但主观上具有规避法律嫌疑”的擦边球行为。由于金融的创新直接与一个国家的经济效益及国家国际金融市场份额的占有度等问题直接相关，所以在金融创新与金融监管这对貌似猫鼠之斗的游戏关系中，最终的赢家往往并非代表国家权力的以暴制暴的猫，而是具有叛逆行为的国家权力指向对象的老鼠。对此，笔者以各国在法律上对金融业务的分与合态度之沉浮为例进行必要的事实上的举证与说明。

在自由资本主义时期，由于信奉经济自由主义，国家一般是不会积极主动对经济进行干预的，只是在出现了突发事件而超出了看不见之手的预期时，政府才会被动式地涉入市场而将不规范的市场行为拉回到规范的状态。在经济绝对自由理念的支配下，这一时期的金融行为与业务是处于一种相对的黄金自由时期，即金融业务之

间并不存在法律上的楚河汉界。尽管古典经济学与新古典经济学强烈排斥政府对市场的作为性干预，但是这种理论并没有阻挡代表现代金融监管机制雏形的中央银行制度之产生。固然如此，但我们要注意到初期的中央银行制度还是或多或少地保留了传统保守经济学理论的痕迹，因为央行统一货币发行与统一度量衡一样，其目的在于便利经济，其只充当一般守夜人之角色，而并非出于政府实质市场干预之目的。除此之外，央行所建立的全国统一票据清算系统与协调票据清算体系也没有脱离这样的一种历史命运。在此，我们可以美国1913年《联邦储备法》为例，由于受到自由放任的经济思潮的影响，人们至信以金本位制及真实票据理论为基础的自由竞争和市场的自我调节会自动令经济达到均衡。① 是故，有些学者便称，1913年人们认为联邦储备系统基本上是银行家之间的合作企业，其目的是增进银行安全，作为提供紧急资金的来源。事实上，《联邦储备法》的立法目的也阐明了这一点："为了建立联邦储备银行，为了提供一种具有弹性的货币，为了能为商业银行票据提供一项再贴现手段，为了在美国建立对银行更有效的监督，以及为了其他目的特制定本法。"因此，对于这一时期金融创新与法律之间的互动关系，我们不妨下这样一个结论：由于受传统经济学理论的限制，在20世纪30年代的经济大危机之前，法律对金融创新的态度还是比较姑息与纵容的。事实上，中央银行对金融机构经营行为的干预还并不非常普遍，基本上处于一种无为而治的状态，其主要绩效在是通过行使最后贷款人的职能以及建立存款保险制度来防止银行挤提现象的发生。尽管如此，它预示了人类金融创新与金融法律监管之间博弈关系的起源。

当历史前进到20世纪30年代，在人类领略了金融自由化带来的巨大财富后，随即也饱尝了金融危机带来的灾难。在痛定思痛之后，人们开始了对看不见之手的理论进行了深刻的批判性反思，其结果是不再迷信于市场万能的神话，而是基于金融体系的外部效

---

① 参见陈晓：《中央银行法律制度研究》，法律出版社1997年版，第41页。

应、金融体系的公共产品特性、金融机构自由竞争的悖论、及信息的不对称性等理论开始了法律对金融创新回应的探索征程。在20世纪30—70年代，世界各国普遍出现了以法律大爆炸为基础的体系化金融监管。如英国在1928年、1939年、1954年分别通过《通货与钞票法》，强化了英格兰银行作为货币发行银行的地位。其1946年的《英格兰银行法》将英格兰银行收归国有，其《1979年银行法》首次对从事存款业务的权力作出限制；在美国，其1933年的银行法确立了银行业与证券业分野的金融隔离制度。在该时期还通过了《联邦储备制度Q条例》、《银行控股公司法》、《消费者信贷保护法》、《公平信贷票据法》、《真实贷款法》等为数众多的法律法规；日本则在美国的示范作用下于1948年颁布了《证券交易法》，也确立了银行业与证券业分流的模式；在德国，即使其是实行全能银行制度的国家，但是在1957年德国议会还是出台了《德意志联邦银行法》，致力于建立统一的中央银行制度，以加强对金融机构的监控。客观来说，这些立法也正顺应了当时社会法的基本宗旨，因为社会法本身是就要求国家介入私法调整对象的私的生活关系中去的法，以社会为本位，从而保护经济上的弱者，平衡社会利益格局，维护社会的经济安定与繁荣，因此在这一时期，我们可以说法律对金融创新的反应是比较积极的。这种积极的目的在于通过法律的形式为金融业套上一道道紧箍咒，从而尽可能地驯服金融合业带来的复杂风险。

历史总是在遗忘中前进。当人们凭借严格的监管法律体系制服了金融风险对金融体系安全的挑战后，在资本天然的趋利性要求下，严格的监管规则开始成了金融资本的占有者必须逾越或规避的障碍。在逐利的大背景下，理论界便出现了宣扬金融自由化理论的这种资本利益的代言人。该理论以金融深化及金融压抑理念为代表，它倡导放松对金融机构过度严格的监管，特别是解除金融机构在利率标准、经营地域与业务范围等方面的限制，并恢复金融业的竞争，以提高金融企业的效益。这实质表明，在安全与效益的排序中，效益应先行于监管。该理论从两个角度对以前的金融监管法学理论提出了质疑：其一是金融监管作为一种政府行为，其实际效果也受到解决金融领域市场不完全性问题的能力的限制，如政府只是在理论上代表全民利益，实际上它的政策也常受到政治斗争的影响，这样就不可能确保政府金融监管总是能保证全民利益。除此之外，即便在安全优先的监管体制下，监管者也不能克服信息不对称现象。其二是金融自由化理论认为政府严格而宽泛的监管使金融机构的效率下降，压制了金融业的发展，从而最终导致了金融监管的效果与促进经济发展的目标不相符合。

正是在上述理论的煽动下，即使金融创新还要面对监管法律规则的高压与限制，但是利益的诱导还是使金融运作中出现了诸多自下而上的“反叛”行动，以试探法律的反应。如在原有分业的法律制度下，美国金融业对原银行控股公司的滥用，中国境内原出现的股票抵押贷款与股票回购业务等。由于这种对法律的反叛其来势也汹汹，因而许多国家在现实面前采取了克己、默认、乃至最后法律屈服的应对路径。如英国早在1986年便通过了《金融服务法》，其废除了以前的单一资格制度，将过去严格分开的证券经纪商与批发商合二为一、取消最低佣金制度、实现证券交易系统的电子化、及允许银行等金融机构直接入市交易。其后，于2000年通过《金融服务与市场化化》对原有的法律进行清理，主旨在于在形式上相对加强金融监管的同时为金融业务的创新进一步进行法律松绑；日本在继英国之后于1996年11月宣布对金融进行彻底的改革，其改革的主要内容之一就是通过解禁金融持股公司的设立，以方便银行、证券、保险等金融行业间的相互渗透，同年10月其又提出了名为“放松金融体制的限制”的最终报告，以全面废除对证券、信托业务、资产运用、按长短分离等规定的限制；美国于1999年11月通过了具有里程碑意义的《金融服务现代化法》，该法创设了一个金融百货公司型的金融控股公司，从而结束了美国理论界与司法界及实务界等长达数十年的格拉斯·斯蒂格尔墙的存废之争；而对于我国来说，则是于2003年对原来的《商业银行法》进行务实的修订，其目的在于让新的金融业务在法律规则的框架下能一路畅通无阻，因此在这一时段内，可以说在金融业务的经营模式上，我们跑完了一圈后又回到了原来的起点。只不过，此时我们拥有了一套自认为可以用来对付金融风险的金融监管法律制度。法律松绑成为这个时代回应金融创新的特点。

小结：虽然历史已承载着上一世纪人类在法律构建上的成败迈进到了21世纪，但是这种金融自由化之风并没有因为时间而得到停歇。相反，在国际金融市场的争斗与经济利益的瓜分中，这股自由之风愈演愈烈。金融业自由不仅自我突破了内国金融市场，而且在主权国家的保驾护航下也正向国际金融市场挺进与延伸。从一个传统的观念出发，制度调整或变革的基础必须由立法机关首先予以奠定，只有如此作为金融的监管行为及与此相关的司法行为在立法者确立的规则框架内的活动才具有正当性与合法性，因此可以说，目前我们所面临的如火如荼的金融自由化运动是以经济诱导为基础的金融监管法律从自己固守的阵地上一步步的妥协与撤退中得以实现的。其实，又何尝不是如此呢？经济学的制度变迁理论将制度变迁模式分为两类：一类是诱导性制度变迁，其意指个人或群体响应获利机会自发倡导、组织和实行现行制度安排的变更或新制度安排的创造；一类是强制性制度变迁，其意指制度安排的变更或创造系由政府命令、法律引入和实行。① 结合金融创新与金融监管法律之间的一系列的试探与修正过程，及资本利益的最终实现，我们的结论就是：目前金融监管法律的松绑是由诱导性制度变迁所酝酿、发起、带动与促成的。尽管我们可以借助金融创新的法律松绑是以同时强化金融法律监管为基础之类的套词进行自辩②，那么我们历史

① 参见林毅夫：《关于制度变迁的经济学理论：诱致性变迁与强制性变迁》，载R. 科斯等：《财产权利与制度变迁》，刘守英等译，上海三联书店1991年版，第384页。

② 事实也的确如此，各国在开放金融业务与市场时也大都同期出台相关的法律或对以期地法律进行改进，如美国在《金融服务现代化法》中便针对金融控股公司的监管确立了美联储最高监管者的地位，2010年的新金融改革法案更是强化了美联储的宏观审慎监管者地位；中国2003年出台了《银行业监督管理法》，且实现银行业监管与央行货币政府功能的分立。同时，在国际上，巴塞尔银行监管委员会更是着力于开发各种金融监管的建议与指南，以供世界各国参考与印证。

性地这样思索过没有，尽管早期的经济自由理论给人们的财富创造与积累提供了指导，但是现实告诉人们这种理论是残缺不全的，这也是政府最终从后台走上前台的原因。事实上，一种没有规制的制度与实践是存在巨大风险的，人类最终为此付出了沉重的代价，因此可以说法律对金融创新的压制与冷静是"吃一堑长一智"的结果。对于目前金融创新的法律松绑，尽管可以说，为了享受金融自由，我们已配置了良好的监管法律框架，但是要知道百密难无一疏。人类的理性不可能获取绝对的知识，人类对法律的构建永远也只能存在于一种知之又不知的矛盾怪圈之中。尽管笔者并不十分赞同哈耶克对自由的看法，但是他所主张的"承认人类的无知，尊重各种自生自发的秩序，是人类真正达致自由的前提条件"之见解恰好反证了人类对包括法律在内的知识之把握总是一知半解性的。那么，在我们对自己的理性所产生的对金融自由化风险进行驯服的法律制度仍持一种半信半疑的态度时，面对金融创新，"创新性"法律一味的退却是否又具有坚实的理论基础呢？或者说人类是否已洞悉了对金融自由化风险进行规制的绝对知识呢？这是一个需要我们从法学理论上进行厘清的问题。

二、对金融创新与金融法律创新互动关系的法理学分析

在分析该问题前，笔者拟澄清一个问题，即在论述金融法律创新时，我们一般习惯用新颖之类的语义来正解"创新"二字。其实，在金融法中，就法律创新的研讨来看，这里的创新并不具有完全的新意，实质上它更意味着在原法律规则基础上的让步、妥协与保守。另外，笔者亦认为金融创新已经涵盖了法理学上自由的语意，它主要是金融资本的占有者对资本的一种自由支配行为，是一种主体自由的结果，因此对于金融创新与法律创新关联问题的探讨只有置于法理学自由理论的大场景中进行分解才具有实质的理论意义，纯粹的移情于金融法层面的分析所得可能就是一种支离破碎的或站不住脚的结论。

自由是一个两难性的问题，因为对于自由的社会个体来说，它蕴藏着可以不断竞争，不断自我超越，不受任何约束的依本意进行

社会交往。然而，在另一方面，当个体试图进入社会与他人发生关系时，由于每个人都具有自由的倾向，社会的交往就意味着人类必须遵循一些基本的准则。实质上，这样的一种自由观同样也可以被移植来理解金融自由化中的创新观，因为金融创新不是无中生有的，它是在金融市场中金融主体通过相互间的一系列交易过程所产生与被发现的。这说明，金融的创新并非一种无拘无束的创新观，而必须是法律自由下的一种创新观，且只有搁置于法律自由的框架下，此种金融创新才具有法律与社会的意义。可以说，这种观点是诠释金融创新与法律创新之间动态关系的一个前置条件。

那么，在社会出现了金融创新之时，法律是否也必须以说“是”的形式来表达自己对这种违法型或法律规避型“金融创新”的态度呢？笔者认为，在解答这个问题时，我们必须重温一下应有的自由观是什么？在法律的命题中，自由并不是一个开放性的概念，它是一个保守性的代名词，它揭示的是社会个体要“有所不为才能有所有”的真实命题。如孟德斯鸠对自由的洞见就是“为法律所许可的一切事情之权利”。我们知道，尽管法律具有秩序、平等、正义与效益等众多的终极追求目标，但是若进行价值排序，秩序无疑是第一性的，因为平等、正义与效益等其他目标追求只有在秩序的场景中才具有讨论的意义，这是因为秩序包括了安全性、预测性、和平性、连贯性与一致性等终级性价值的语意，因此这说明法律的价值定位与社会对效益的道德评判有时应是背道而驰的。如从常理上分析，常人的立论往往是要求阻碍了金融创新的法律主动让路，认为新事物总是应该得到社会承认的。否则，新事物进路中的限制性法律就成为了必须被人清除的绊脚石。事实是，法律的理性更应表现于立法者的清醒与务实，即符合某些人利益的，或符合社会发展一时的利益往往并不能轻易成为法律让路并对之加以承认的正当理由，因为在社会控制失灵时，作为自由产物的金融创新可能就意味着对原有社会关系与社会格局的挑冲击、破坏直到可能使之变得面目全非，从而迫使社会秩序在衰败中重建。

一个社会秩序从受挑战至重构是一件风险极大的事情。若结果遂人愿，则是皆大欢喜的，但是在自由的社会中，我们并不能排除别有用心之人的存在，新旧秩序的交接就会给这些不负责之徒创造了“浑水摸鱼”的机会。尽管法律的功能在表面上是定纷止争，但是我们更要看到法律真正的使命在于配制一种使松散的、利益多元化的社会形成一团的黏合剂，即创造一种人们能有一定预期有一定保障的，能在这种预期与保障中共存与安居乐业的秩序。尽管创新是出于一种美好善良的愿望，但是在与秩序进行权衡时，立法者应该也必须是时刻清醒的，他们不能因小失大，不能为了求得一时之利而丧失整个社会的有条不紊性。对此，伯尔曼曾说：“一种法律制度的根本转变是一件相矛盾的事情，因为法律的基本目的之一是提供稳定性和连续性。”① 因此，创新与效益必须是安全下的创新与效益。从这个角度来看，尽管金融法律监管是一种压抑了金融效益与增加了社会控制成本的恶，但是这种恶也是一种“以驯服金融风险，保证国家安全，并确保了人们对自己的经济行为有合理预期”的善意之恶，是人类社会越来越依赖于金融体系的时代下必须存在的克服人类理性缺陷的不可或缺之恶。金融是经济的核心，是一个国家权力运行与自我安全保护的经济来源与支柱，是一个必须慎思之的问题，因此对于金融法律创新的态度而言，立法者与监管者应是理性的保守者，而非狂热的激进者与不负责任的纵容者。

再者，我们也必须看到，尽管法律是一个复杂的扑朔迷离的命题，但是有一点是必须肯定的，那就是法律命题中潜藏着保守与妥协，无妥协就不可能衍生人类引以为豪的法律。作为一种通论，法律具有内在的指引、评价与预测的功能，那么作为一条条的法律规则就必须具有稳定性与相对的持久性。这样的一种法律品性实质上就是要限制与适当地排除法律的创新。可能，有人会指责法律因此而退化为僵死的教条，并质问其正当性，那么我们必须知道由于人类并不能准确地预知这种创新对于未来社会、个体的生命安全与财产保障等所具有的真实含义，因而从这一个角度来看，法律对于金

---

① ［美］伯尔曼：《法律与革命——西方法律传统的形成》，贺卫方等译，中国大百科全书出版社 1993 年版，第 18～19 页。

融创新的犹豫与保守就未必一定是欠合理的、恶意的与非公正的。应注意的是，社会之所以成为社会就在于它不可能保证社会在经济、政治、知识等各个方面发展的并驾齐驱。它的实质在于营造秩序的基础上先局部后展开式地推动社会的全面发展。实际上，当我们在说“人是政治性的动物，具有遵循规则目的的倾向”时，它也揭示了人性的弱点，即好斗性与内耗性，因此就现实生活来说，不可能存在一种各种创新创意层出不穷永远竞争的自由状态，如果这种状态确实存在，那么它也是人们无法忍受的。若这种每个人都能自由自在的秩序状态真实地出现于人间，我想那可能就是人类正走向自取灭亡的开始。

基于上述从自由观的角度对金融创新与法律创新关联的分析，笔者的结论是：目前的金融法律创新理论与实践是值得我们进一步从理论上进行敲打与论证的。应有的观点是金融法应该坚守其本质，即监督管理的功能，应更多地发挥其恶人的作用，而并非在金融市场的诱导下通过“形式上的创新，实质上的退让”的规则变更模式进行了一些从善行为。法律就是法律，无论是你喜欢与否，因此面对金融创新法律应该适时地说“不”，及“该出手时就出手”。另外，在金融监管法的研究方法上，固然以个案为素材的研究能使人轻易地寻觅到自己对问题的洞见，但是必须注意到若部门法的理论研究偏离了一般法学理论的轨迹，它给人们提供的可能并不是什么真知灼见式的结论，相反，是以半真半假式的答案来迷惑自己的同时，也来迷惑是否进行法律创新的决策者。

三、对中国金融法律创新实践的一己之见

中国法治追求的时代也是一个法律文本产出爆炸的时代，这一点对我国金融法律的创新来说更是如此。如从年代上来看，在1995年之前，我国金融法的建设基本上处于一个混沌的无为之治时期；在1995—2003年时段内，频频而出的立法与行政规章瞬间填补了我国金融法律制度的空白；2003年至今，以《中国人民银行法》、《商业银行法》与《证券法》等的修订及《银行业监督管理法》的出台为标志，我国金融法又已迎来了一个法律规则供给

的高峰期。从时间上看，我国金融法体系的完善只历经了10余年之光景。虽然文本法律的健全是一件比较能让我们自傲的事情，但是若由表及里地来剖析这种法律创新的背景及其所可能带来的负面影响，我们的心情可能就不会这么轻松了。

笔者认为，与其说我国金融法律的创新或演进是基于自下而起的金融创新为缘由的，倒不如说是在国际背景下法律知识模仿的结果；与其说这种规则创新是恪守了金融法律原则的底线，还不如说金融法律规则的更迭是以一味地姑息金融创新得以实现的；与其说这种法律价值的流变是出于效益与争夺国际金融市场，还不如说是反映了一些“以委曲求全的方式，并以放弃国家金融安全为代价吸引外来资金所引发的金融法律规则的异变”之事实。如此之言，作者的本意并非着眼于抹杀立法人的努力对中国金融法治所作出的贡献，其实意在于说明中国金融法治进路中的一种现状，并借以阐明“人无远虑，必有近忧”这样一种国际社会中的处世哲学。实际上，我们都很清楚，我国金融法律的嬗变是以美国金融法的演变为亦步亦趋的。1933年美国采取了银行业与证券业分流的法律格局。基于我国当时金融合业所造成的混乱及出于类似美国对其20世纪30年代金融危机的反思，我国也确立了“分业经营与分业监管”的立法理念。可孰知，国际金融市场瞬息万变，金融自由化理论推动了金融市场对金融法律的革命，因而英美等金融发达国家出于金融国际化下金融资源与市场的占领纷纷进行了相关法律的松绑。也正是在这种国际金融法律创新风暴的带动下，我国也日益面临着一个两难的问题——分还是不分的问题。所幸的是，实践战胜了理性，并先行于立法。中国证监会、中国保监会、及原中国人民银行为金融业务突破提供了临时性的附带有违法色彩的金融合业指引（因为当时《商业银行法》与《证券法》的金融业隔离条款依然有效）。随后，在国际金融立法变革效应的压力下，2003年修订的《商业银行法》对原43条进行了法律松绑，其规定：“商业银行在中华人民共和国境内不得从事信托投资和证券经营业务，不得向非自用不动产投资或者向非银行金融机构和企业投资，但国家另有规定的除外。”同时，也吸纳了国际上当时流行的央行货币政策功能与监管职能的分立，我国亦于2003年对原有的金融监管体制进行了调整，新设了中国银监会，以独立行使对银行业监管的职能。另外，自20世纪90年代以来国际银行业并购之风起云涌，我国的银行业也开始在资本的募集上以公募与私募的形式走出国门之外。与此相适，中国银监会适时地推出了《境外金融机构投资入股中资机构管理办法》、及《中资商业银行行政许可事项实施办法》等法律文件，为并购融资的合法性提供说明。

尽管中国金融法律创新的实践挣得了一些学者与媒体如潮般的好评，可这种创新岂全是一个“好”字了得。在金融创新与法律互动的关联中，我们的实践已经有点偏离了金融监管法律构建应有的路线。法律应是体现立法者法律修行的理性产物，但是我们的金融法创新却并没有遵守这样的一种原则。若说其是理性的，那么还不如说是在仿造的基础上加上少许人为思考的产物。如此描述，并不是要否定法律文明的共享性，而是在于说明法律的仿造必须基于特殊的民族环境，必须基于拟模仿法律在本国所要发挥的作用，必须基于法拟所调整的对象之性质及其与国家安全、经济持续发展之内在关系。笔者个人认为，我们以模仿为主的金融法律创新有许多是败笔的，如中国人民银行银行监管职能与货币职能的分立就是比较失败的。虽然可以打着金融监管专业化的“幌子”来进行金融监管权的重组，但是重组之果并非是什么监管的专业化，而是间接地创造了更多的就业机会，为某些人仕途的发展创造了一个新的平台。目前央行与银监会之间“剪不断，理还乱”的含糊关系，及银监会的金融监管时时受央行掣肘的相对有职无权状态就说明了我们在旧问题的基础上衍生出了新问题。实质上，金融监管的专业化何止是一个表象上的机构分工问题，它更注重一些深层次的东西，如金融监管法律制度的完善、金融人才的储备、金融信息共享机制的设立等。

银行并购是一种以强强联合为基础突进与瓜分国际金融市场的金融创新实践。尽管我国也有幸被融入其中，但是我们的目标定位是错误的，因为我们的并购并不是为了“吃掉别人”，而是主动地让别人“吃掉自己”。纵览目前国内已有的涉外型银行业并购案例，有哪一宗不是以甩卖民族金融资本为代价来吸取代表财富的数字符号的呢？客观来说，并购作为一种市场行为本身没有错，但是我们必须看到被并购的企业性质是什么，它国并购的实践特点及其目的是什么，及我们涉入其中应有的目的又是什么。然而，这恰恰是我国金融法在对银行并购进行法律松绑过程所没有经过深思熟虑的问题。其实，只要我们随意翻查下，就会发现金融发达国家的并购大体上都是内向型的，其目的在于先使国内金融资本经过重组产生金融巨人，尔后驰骋于国际金融市场。美国的实践就说明了这一特点：1995 年 8 月美国化学银行与大通曼哈顿银行合并、1996 年 4 月富国银行和第一洲际银行合并、1998 年 4 月美国花旗银行与旅行者公司合并为世界最大的金融服务公司、1998 年 1 月美国国民银行和巴耐特银行合并、1998 年 4 月美国国民银行与美洲银行合并成为美国最大的商业银行、同年 4 月美国第一银行与第一芝加哥也宣布两家银行联姻。① 然而，我国的银行并购却是琵琶反弹的。遗憾的是，面对这股战略定位不当的并购之风，我们的法律规则创新并没有体现出应有的理性，而是为并购的得逞提供无原则的法律调整与配套支持。要知道，对于一个国家来说，并非是什么东西都可以无原则走出国界的，有些东西必须时刻被打上民族性的烙印。金融业的重要性决定了它的民族必须性与民族垄断性；金融是国家第二国防，谁若忽视它，谁就会为此付出不可估量的代价。亚洲金融危机的事实已向我们昭示了这一真理。

虽说金融创新是一个事物由量的积累向质的飞越，彰显着市场经济场景中自由价值的魅力，但是我们必须注意到金融之创新必须在法律自由的框架下进行评判才具有现实的意义；尽管自由代表了创新，但是我们必须深知法律下的自由更具有保守的语义，它与创新之间应是一种“后者适应前者，而前者又为后者提供正当性”的关系；尽管创新意味着社会经济效益变量的可能增大，但是我们更必须认知这样一个命题：效益必须是经济安全与国家安全下的效

① 参见沈锐：《论银行并购的效益》，载《国际金融研究》1999 年第 4 期。

益，效益的获取不能以造成对社会秩序破坏的风险为代价；尽管法律的价值命题中并不明确包括有国家安全的终极追求，但是必须知道个体、社会与民族的价值与利益只有被统合到国家中才有现实的意义与穿透力；尽管法律文明具有放之四海皆可用的普适性，但是必须意识到法律的价值并非是由此及彼的，相反，是以每个主权国家所辖区域为界，是因国而异命题。金融是现代国际经济发展的命脉，是社会财富流通与分配的血液，这说明对与金融相关的法律问题之处理与一般企业的法律问题之处理存在方法与内容上应有所不同。基于金融安全的考虑，中国金融法律创新与金融创新之间的互动观应是一种国内金融市场上的相对开放观，其目的在于确保安全的情形下为我们转型的社会高效率地分配金融资源；在国际金融市场的博弈中，它又应是一种保守克己型的纯种金融观，其目的在于保证我国金融的纯洁性与国家安全性。虽然仿造式的金融法律创新便捷地解决了法律与现实之间的矛盾关系，但是我们得到的并非全是物廉价美的法律产品。在面临金融创新时，我们会直面以下诸多问题：要不要创新？是否应选择创新的参考物？创新的基础与目的是什么？多元化的利益如何协调？在该问题上，我们的法律不能一味地退让而失去应有的底线，不能没有理性而使立法人蜕变为单纯仿造的机器，不能一叶障目，而必须审时度势地纵观全局。古语说得好：不谋万世者，不足谋一时；不谋全局者，不足谋一域，因此基于中国目前的金融法律创新实践，笔者的忠告是：多点理性，少点模仿；多点法律自由框架下的创新观，而少点纯粹的效益观；多点全局性的比较分析；而少点片面性的好大喜功；多点前瞻性，而少点近视性。

四、关于法学研究方法的一点余论

金融法的研究并非一种孤立的闭门造车式的纯部门法研究。然而，我们不能否认中国法学研究中的一种现实，即法学内部子学科的细化正在日益局限法学研究者的视野，这种专业分工的细腻正在促使法律学者更多地立足于本门户之内来研讨自己势力范围中的法律问题。毋庸置疑，这样的一种状态是与专业分工的初衷相去甚远的，因为分工的细化在于研究的专业化在于更好地提高人们对某一类族法律问题知识的认知，可法学研究方法的事实告诉我们法学专业的分门别类在打开人们视野的同时也压缩了人们的视野。

实质上，法学专业之间是并没有“这是你的，那是我的”这种严格的界限之分，法学研究是以法律问题自身的复杂性、关联性及可能的变异性为枢纽的一种跨学科的复合型研究，因此可以说尽管法律学依据所调整的对象与方法之不同而被划分为民法、金融法、刑法等多个子学科，尽管从微观的思维看每个部门法所涉及的法律关系的性质确实存在着截然的差异性，但是我们必须知道处理这些法律关系的法学原理都是万变不离其宗的，它们都可以从抽象的法理学理论中进行寻根式的血缘印证。在分析某一个具体的法律问题时，若思想者意图人为地切割部门法与法理学抽象思维之间的这种与生俱来的“血缘”纽带，那么其研究的结论要么便是昙花一现，要么就是只见树木而不见森林。当笔者如此之说时，其实意在于说明一种金融法的研究方法，即对金融法的研究若超脱于法理学的基础范畴，那么这种没有理论作为牵引的研究结果也必将是残缺不全，或似是而非，或根本就是一种谬误。在金融创新与金融法律之间关系的处理上，学者们更加倾向于主张后者向前者的忍耐与克让，而没有将之置于一个法律自由的大框架下进行考问就不失为一个说明。

第二章　银行与客户关系的实证分析及对中国的启示

银行与其客户之间的法律关系是银行交易法中的一个重要问题，这是由银行业务的金融性所决定的，因为它表明在了解或研究这种法律关系及银行与其客户之间的权利与义务关系时不能单纯地以一般民商事法中的契约理论来加以理解，相反，应考虑到这种法律关系的金融性、经济全球化下的国际性及科学技术所带来的电子化等内在特点。在理论上，整个银行法律规范可粗略划分为交易性法律规范与监管性法律规范，调整银行与客户之间法律关系的规范则是这种交易性法律规范中的核心。故而，无论是从动态或静态的角度，抑或从国内法或国际金融法发展的趋势来评价，银行与其客户之间的法律关系的研究具有重大的现实意义，比较契合“消费者是上帝”的金融消费者权益保护的理念。

第一节　银行与客户法律关系的本质分析

一、银行与客户法律关系的学理探讨

（一）契约关系：银行与客户关系的内核

银行与客户之间存在的是一种典型的契约关系，这种契约关系的特点之一是许多规范当事人双方行为的标准与条件均不明示于双方缔结的契约之中。银行与其客户之间的这种契约关系一方面表现为债务人与债权人之间的关系，另一方面则可能为银行作为代理人或受托人与客户作为委托人或被代理人之间的关系。实际上，银行与其客户、或债务人与债权人关系的发生是源于客户在银行所存的

款项。对于这种关系的性质，英美法系的英国于很早以前就通过司法判例进行了系统的说明与论证。据信，这种学理上的解读最早体现于 1811 年英国法官格兰特（Grant）关于遗嘱纠纷所发表的法律意见中，该案中的一个焦点问题是该遗嘱订立人在银行的存款余额是否应被视为其债权的一部分。在该案的判词中，格兰特法官作了如下精辟的学理论证，他认为：上述存款并非订立遗嘱人寄存在银行的款项；若存款人将一个密封的钱袋存放于银行，该钱袋内的款项可被视为订立遗嘱人在银行的寄存款项。然而，既然存款人将钱存入银行，即存入银行的款项没有被附加任何标记，那么存款人事实上是将该笔款项放贷给了银行。① 随后，他认为银行在取得该笔款项后，其所负有的义务仅是向该客户偿还同等数量的款项，而并非交付存款人原来交与银行的货币。换言之，只要银行所偿付的货币数量相同，其使用的是不是原来存款人交付的货币则在所不论，因此银行事实上将客户的存款一律视为自己的财产并予以处置。其所承担的仅仅是借款人的义务。②

此外，在 1848 年的 Foley v. Hill 案中，英国上议院在判决中基于存款而对银行与其客户之间的法律关系进行了如下的阐述："存款人只要将一定数量的款项存入银行，该款项便不再属于存款人，该款项便为银行所有。然而，银行负有义务，即根据对方的要求将同等数量的款项还给存款人。存款人将现金存入银行的目的就是为了将该笔款项交由银行监管，从而成为银行的现金。银行可对存入的款项任意处置并可保留此产生的盈利，条件是银行有义务将同等数量的现金根据存款人的需要交与存款人。③ 在 1921 年的 Joachinson v. Swiss Bank Corporation 案中，上述观点再次得到确认，阿特金法官（Atkin L. J.）在该案中作了比较经典性的表述："银

---

① 参见 Carr v. Carr 英国《大法官法庭判决集》(1811 年)，第 1 卷，第 541 页。

② 参见 Devaynes v. Nobble 英国《大法官法庭判决集》(1816 年)，第 1 卷，第 529 页。

③ 参见 Foley v. Hill，英国《上议院判决》(App. Case)，(1848 年)，第 36 页。

行负责为客户收取货币和票据，所收取的资金并不是以信托方式为客户保存的，而是银行对该资金的借贷，并承担偿还义务。偿还应在账户所开立的该银行分支机构的营业时间内进行……客户在实施其书面指令时应承担谨慎行事的义务，以免误导或伪造。我认为该合同的一项必要条款是除非客户在账户开立的银行分支机构提出付款，否则银行没有责任对客户支付其全部金额。① 这表明，在合同到期时，即使客户未发出清偿请求，银行亦不能承担违约责任；另一方面，在活期存款中，银行不能因为未约定清偿期限而随时提出清偿，即银行无主动消灭存款之债的权利。

虽然银行与客户之间法律关系的主流是债权债务关系，但除此之外，银行与客户还可能产生本人与代理人之间的代理关系。如在英美法中，一般认为若银行代其客户从事交易，如银行支付支票，双方原具有的借贷合同关系就转化为代理关系，因为银行是根据客户的指示代表客户行事。支付结算中的银行与客户法律关系即为典型的代理关系，如资金划拨。在这一代理关系中，客户是本人，划拨资金的银行是代理人，其作为代理人所承担的最重要的义务之一是谨慎娴熟地进行资金划拨。一般认为，衡量此义务的标准是对同业银行的期待标准。谨慎娴熟义务主要包括以下三个方面：② 一是按照客户指示行事的义务。依据代理的一般规则，代理人必须在被代理人的授权范围内行事，其不得超越或违背本人的授权。在进行资金划拨时，划拨行负有按照客户指示行事的义务，否则即构成错误划拨，包括将资金划拨给错误的收款人、收款人正确但划拨金额错误、在没有授权的情况下划拨资金等；二是与可依赖的往来行之往来义务。依代理的一般规则，代理人没有本人的明示或默示授权，不能再授权、再指定代理人代理本人从事任何交易。依此规则划拨行没有客户授权就不能让其他银行协助划拨。这一规则在收款

---

① See E. P. Ellinger, E. Lomnicka, and R. J. A. Hooley, Modern Banking Law, Oxford University Press, third edition, p. 94.

② 参见韩龙：《离岸金融的法律问题研究》，法律出版社 2001 年版，第 47 ~ 50 页。

人与划拨行不在同一银行开立账户的情况下会遇到很大的问题，这一情形下需要其他银行介入。对此，英美法目前的处理方法是，只需要往来行作为再代理人进行再代理，划拨行就被认为得到客户为资金划拨的性质而指定往来行进行再代理人的默示授权，这样做的原因在于：划拨的性质决定了若不指定再代理划拨就无法完成，由此可以推测客户有意让划拨行进行再授权；而且，使用再代理来协助划拨行划拨资金，是离岸货币市场的通行做法；三是划拨行必须及时划拨资金。划拨行所应具有的谨慎娴熟程度取决于法律所施加给代理人的审慎义务。在这种资金划拨流程中，对于客户与往来行之间的关系应予以应有的关注，一般而言，划拨行的再授权并不在本人与再代理人之间产生直接的合同法律关系，所以在因资金划拨发生法律争议时，客户即付款人只能起诉划拨行或被划拨行起诉。同样，往来行也只能起诉划拨行或被划拨行起诉。

除了上述两种法律关系外，在特定的存款账户关系中，银行与客户的关系是否仍表现为债权与债务关系呢？如银行作为财务代理人，证券发行人将一定数量的金钱存入该银行，以便向证券持有人支付红利或利息；又如在信用证业务中，开证申请人将开证保证金存入银行等。在“国有斯特银行案”(National Westminister Bank)中，该案法官认为区分标准是，若不是为了付款目的而使用该笔资金构成挪用的话，那么在该环境下的存款是一种信托。在美国，基于当事人之间特定的目的，存款人与银行之间的关系可被设定为寄托人与被寄托人关系，而非债权人与债务人的法律关系。若存款人将附有特定目的的款项存入银行，则其应用明白无误的语言设立信托关系，因为银行一般不是存入银行金钱的受托人。在其他情况下，银行与客户仍是债权债务关系。在此，应注意的是银行与客户的普通契约关系并不必然导致银行信托义务的产生。银行信托义务的产生是基于客户充分信任银行，并依赖于银行的意见或建议而行事，从而使银行承担诚信的义务。英国法律委员会曾发表如下意见：广而言之，信托关系是一方当事人代表另一方当事人或为另一方当事人的利益行事，受益人依赖于受托人提供的信息或建议，授权受托人为受益人的利益行事。其认为，银行在此种情况下的信托义务为：不得将其自身利益与客户利益相冲突；不得从其为客户谋取利益的地位中获利；避免客户间的利益冲突，并向客户提供所有相关信息；不得使用来自客户的信息，从而为其他客户谋利。①

根据英美法的理论，银行承担信托义务是基于银行与特定客户间的邻近关系（proximity）。这种关系产生于银行明确作为客户的受托人，或虽未明确约定，但存在导致客户认为银行承担信托义务的情形。然而，应明确的是银行仅仅向其客户提供投资建议并不必然导致信托关系的成立。只有当银行被合理地认定在向客户提供建议，是为客户谋取最大利益时，银行才可能承担受托义务。这一观点在英国 Woods v. Martins Bank Ltd. 案中得到确立。在该案中，Salmon 法官认为，即使提供投资建议时银行与客户的关系还没有建立，银行在同意作为客户的投资顾问时，即承担了信托义务。美国的法院也发表了相类似的看法，其认为当银行与客户发生存贷关系时，银行并无义务对客户提出建议，亦无义务将交易的每一重要事实告知客户，包括银行的动机，除非有特定情势存在，若银行知道或应当知道客户充分信任银行，并依赖于银行的建议行事。

通过以上的分析，我们不妨得出这样的结论，即当存款人将一定数量的货币存入某银行时，这二者之间就形成一个基本的债权债务契约关系，但是这种法律关系的定位并不能阐释银行与客户之间法律关系本质的全部。事实上，金融发达国家英美法系的学说及判例已向我们揭示了在特定的情形下，这种法律关系还可表现为代理法律关系与信托法律关系。在金融服务日益多元化的今天，实质上银行与其客户之间的法律关系往往是以转让存款所有权为基础的契约关系、代理关系及信托关系的重合。不过，后两种法律关系只不过是银行与其客户之间存款法律关系的延伸与发展。合同是当事人之间意思自治的产物，所以若从这一点来分析，代理关系与信托关系也是银行与客户之间经过相互磋商所达到的结果。实际上，在我们揭示银行与客户之间法律关系的面纱时，我们还必须解决一个前

---

① See David and Nicholas, Banking Litigation, Sweet & Maxwell, London, 1999, p. 101.

提性的问题，即谁是银行的客户，认定银行客户的标准何在？这也是我们在实践中面临银行与存款人之间法律纠纷时所必须解释的一个重要事项，因为在银行与客户进行交易时，银行必须确认该人出示的指令确实是由客户发出的，即银行有义务确定客户指令的真实性。否则，银行就可能承担相应的法律责任。① 客观而论，银行与其客户法律关系的探讨在我国还是一个比较薄弱的环节，其性质的定位一般仍偏向于以存款为中心的债权与债务关系。毋庸置疑，这种传统性的定位也是与我国银行业所提供的服务不相符的。事实上，我国银行的金融服务已多元化，这表明银行并非只充当一个角色，而是可能同时扮演着多个角色，即既是债务人，又可能是代理人或受托人的角色。从这个角度来分析，上述英美法的案例所阐述的法律观点是值得我国借鉴的，应在我国银行立法创新中有所体现。

（二）客户识别的标准

对于客户的认定标准，普通法系有比较明确的界定，如《美国统一商法典》第 4 章便作了如下的规定，客户是指在银行开立账户的人或银行约定为其收取付款票据款项的人，它包括在另一家银行开立账户的银行。在银行开立账户，包括开设往来账户、储蓄账户或存款账户、贷款账户等，都可以成为银行客户，如果向其提供账户服务之外的偶然服务甚至经常性服务，则亦非银行客户。例外情形是清算银行与一定非清算银行或外国银行之间，后者常将其客户的支票交前者托收而成为前者的客户。②

英国则通过判例认为，只有当银行向某人提供经常性服务时，则该人才可能成为银行之客户，仅仅在银行开立账户并不必然构成该人成为银行客户的充分理由。在 Ladbroke & Co. v. Told 案的判决中，该判决认为当银行同意对方开立账户时，银行与客户的关系即告成立。另外，在 Marfani & Ltd. V. Midland Bank Ltd. 案中，法

---

① 参见彭冰：《存款被冒领时银行的责任》，载《金融法苑》2001 年第 2 期。

② 参见张学安：《银行跨国业务中抵消问题研究》，中国政法大学出版社 2001 年版，第 151 页。

院认为仅仅以某人名义开立账户并未产生银行与客户的关系，要产生这种关系还需双方的合意。银行必须明确其真正的客户，否则，会导致承担反洗钱法律之下的刑事责任及民事责任。这表明银行在与其客户建立业务关系或进行交易时，应当要求客户提供合法有效的证明文件或其他可靠的身份识别资料来确定与记录该客户的身份，以防止洗钱者利用匿名账户、假名账户或者不正确名称的账户进行洗钱活动。实际上，上述法院的观点是银行识别客户责任的延展，即从识别客户到了解客户的过程。巴塞尔银行监管委员会所发布的《有效银行监管核心原则》第 15 条便规定，监管者必须确定银行具有完善的政策、做法与程序，其中包括“了解你的客户”的政策，以促进金融部门形成严格的职业道德与专业标准，并防止银行有意或无意地被罪犯利用。

通过上文的分析可知，尽管美、英两国之间对于银行客户认定的表述不同，但是两者之间在“什么是你客户”这一问题上的实践标准却是相同的，即是以当事人在银行开立账户为基础。然而，在另一方面我们也必须看到，美国《统一商法典》的规定是相对比较确定可行的，因为它认为开户只是构成银行客户的一个前提条件，若要形成事实上的客户关系，还在银行与客户之间还必须存在经常性的业务往来。如此规定，则将或然性的与银行交易的当事人排除在“银行客户”范畴之外。而在这一点上，英国法则更加强调“合意说”。实际上，从实践来看，当事人开户一般是以发生多次业务往来为目的的，所以英美两者之间亦并无实质之不同。

在这之中，存在一个问题是值得我们追问的，即为什么在银行法中要确立识别其客户的法律规则呢？这是否有画蛇添足的感觉？事实上，客户识别问题恰好说明了银行法与一般民事法的特殊所在，这不仅在于银行与客户的关系一旦建立，即意味着银行同意作为客户的代理人，处理相应的银行业务，并产生银行的保密义务、注意义务与附加的信托义务。① 而且，更在于银行是整个金融体系

① 参见沈达明、郑淑君编：《英法银行业务法》，中信出版社 1995 年版，第 1 页。

中资金融通的枢纽，在这个资金循环体系中最可能存在不法的资金运转行为，如洗钱行为等。这种银行体系内的不法金融行为不仅一方面容易使银行产生可能的法律责任的风险问题，而且也会间接导致国家货币政策的失灵，而在洗钱环节中，客户身份的识别就是遏制与防控该种不法行为的关键所在。从这个视角出发，英美等在这方面的规定是值得我们重视的。相比较来看，在我国银行法的基本法，如在《银行业监督管理法》及《商业银行法》中我们却难以找到“客户”法律界定的严格表述，这无疑是我国银行法的一大缺陷。鉴于此，在我国银行法的基本法中应对这一法律问题进行填补，这种填补有两方面的含义：其一是提高银行客户身份识别法律规则的层级，以引起银行界的高度重视。虽然我国已采取了存款实名制，但是随着贪污而向国外流出的大量资金表明，我国银行业的身份识别及可疑性交易报告制度的实践是失败的；其二是传递一种银行法构建理念，即事前的防范永远胜于事后救济的理念。

二、银行与客户契约关系的默示性分析

银行与客户之间存在的是一种契约关系，这种契约关系的一个重要特点是具有默示性。所谓银行与客户关系的默示性，是指许多规范当事双方行为的标准与条件均不明示地载于双方签订的契约之中，如银行对客户金融隐私权的保护、双方合理的谨慎义务或者在特定情势下银行对客户负有信托义务等。① 鉴于银行与客户关系的复杂性，并且双方达成的契约规定与条件大多以非书面形式作成，因此这种契约关系主要受判例法、习惯与惯例的约束。换言之，关于银行与客户的关系主要受未明文规定的契约条款的约束。②

在长期的实践中，英美法已确立了一系列银行对客户的义务，如直接的契约义务、合理并谨慎行事的义务、金融隐私权保护的义

---

① 参见谈李荣：《银行与客户法律关系》，中国金融出版社2004年版，第13页。

② 参见王贵国：《国际货币金融法》，北京大学出版社1997年版，第442页。

务、保证陈述真实性义务、及特定情形下的信托义务等。在这些义务中，除了直接契约义务表现为合同的明示条款外，其余通常表现为默示性义务，因此默示性也是银行与其客户之间法律关系的又一大重要特征。然而，在此应注意的是，英美法上的默示条款不一定全是法律所规定的，在实践中其可以表现为以下几种类型：一是事实上的默示条款，即合同中没有明确规定，但根据当事人的意图必然包括在内的条款；二是法律上的默示条款，即当事人并无此意，但法律规定应当包括在内的条款；三是习惯上的默示条款，即根据习惯与惯例应包括在合同中的条款。相比较而言，英美法上的默示条款对当事人的意思自治限制比较大，而大陆法则只有在法律有明文规定的情况下才可能在当事人意思之外再为合同添加条款。①

实际上，银行与客户之间契约关系的默示性源于英美法对金融隐私权的保护。如在英国 1924 年的“图尔尼尔案”(Tournier v National Provincial and Union Bank of England）中，英国上诉法院援用“默示理论”作为认证银行承担金融隐私权保护义务的基础，认为在该案中银行违反了对客户的金融隐私权保护义务，应承担赔偿责任。该案法官阿特金（Atkin）对此作了进一步的阐述：银行对因其与客户关系的存在而获得的任何信息所附带的金融隐私权保护义务不因客户结算账户之停止使用账户而终止。② 美国则在其 1961 年的“彼特森”(Peterson）案中对这种银行与其客户之间的相关义务的默示性进行了说明。法院认为，银行在任何时候均不得认为它有权向外界透露其与客户账户有关的任何信息。不容侵犯的对金融隐私权的保护是银行与客户关系的内在的最根本原则之一。在该案中，法院将银行对金融隐私权的保护范围限于两个方面：其一是与账户有关的信息，包括账户上所存款项之数额、资金的去向及来源等；其二是客户的交易信息，包括交易当事人的基本情况及交

① 参见傅静坤：《二十一世纪契约法》，法律出版社 1997 年版，第 101 页。

② See E. P. E Lomnicka, and R. J. A. Hooley, Modern Banking Law, Oxford University Press, third edition, p. 137.

易价格等。从英、美的学说与判例我们不妨得出以下结论，即银行与其客户之间的契约关系的一个显著特点是许多规范当事双方行为的标准和条件均不会全然地体现于双方签订的契约之中。在银行与客户受其所订契约义务约束时，其同时也受到相关法律所附加的默示条件的约束与限制（对此问题，笔者将在银行对客户的保密义务中进行更深入的探讨）。

三、银行与客户法律关系成立问题分析

银行与客户法律关系成立的时间在其相互关系中是一个在非常重要的法律问题，因为它不仅决定了双方当事人之间权利与义务的开始，同时在另一方面它也内含所存款项的风险由谁来承担的法律问题，即风险的责任期间。对于该问题，学者们存在有不同的主张，如有的主张此种法律关系始于银行同意客户开立账户，其认为银行与客户的合同缔约关系自双方开始谈判存款或收款安排时便已发生。此处的谈判是指可能直接导致双方达成协议的商谈，否则，双方的关系便不应被认为已经开始。另外，亦有判例认为存款人一旦将款项存入银行，该笔款项便成为银行的财产。双方并依此建立债务人与债权人关系。如在新西兰曾有一个这样的诉案，在该案中原告的雇员准备将一定量的现金及数张支票存入银行。进入银行后，该收款员将现金与支票从钱袋取出放在银行收款员的柜台上，并取出一部分现金开始查验钱数，同时将清点完的现金放在柜台的另一端。然而，此时闯入几个劫匪，抢走了尚未清查的现金。基于此，原告起诉要求被告赔偿损失。对此新西兰最高法院发表了如下法律意见："直到银行将存款查清并签字收悉之前，存款人的款项不应被视为已经存入银行或已经成为银行的财产。"因此，在本案中由于未清点的款项仍属存款人所有，银行对其损失不承担赔偿责任。

实质上，从合同理论出发，对于银行与其客户关系是什么时候开始问题之观点可分为以下两大类：当事人意思一致说与交付说。若对这两种观点进行比较，我们不难发现其各有利弊，如"当事人意思一致说"适当地延长了银行对其客户款项的风险承担期间，

但在另一方面却不利于存款人，因为在谈判过程中银行可能获知客户许多金融与商业方面的秘密，若银行不负有保密义务，客户便可能面临泄露商业秘密的危险，从而使其利益受到损害。相反，“交付说”相对缩短了银行承担款项损失的风险期间，对银行有利。客观而言，交付说在一定程度上兼顾到了公平，在银行与其客户承担款项损失风险之期间上找到了一个比较公平的平衡点。

四、对我国银行与客户关系的思考

结合上文的讨论，在英美法律制度下银行与客户之间的法律关系比较明确，即二者之间的关系在本质上是一种债权债务关系。这一结论性的观点同时也在大陆法系的法国与德国等国家得到体现。尽管已存在有一些银行不能支付、破产安排等的规定，但由于规则定位上的原因，及对存款的信用属性及其信用风险认识的模糊，我国在银行与客户的法律关系上还存在有一些误区。对此分析如下。

（一）银行账户资金所有权归属规定上的不一致性

理论上，只要存款人将一定数额的资金存入银行，资金的所有权即已发生转移而变成存款银行的资产。然而，我国的法则在这方面的规定却不一致。如我国《宪法》第 13 条规定，国家保护公民的合法收入、储蓄、房屋和其他合法财产的所有权。1992 年的《储蓄管理条例》第 5 条规定：“国家保护个人合法储蓄存款的所有权及其他合法权益，鼓励个人参加储蓄。”该条例第 33 条亦规定：“储蓄存款的所有权发生争议，涉及办理过户的，储蓄机构依据人民法院发生法律效力的判决书、裁定书或调解书办理过户手续。”中国人民银行 1993 年发布的《关于执行储蓄管理条例的若干规定》第 3 条与第 40 条再次规定，客户拥有其存款的所有权。在最高人民法院的回函中，存款人对其存款拥有所有权的观点也得到了一定的承认，如在最高院于 1991 年 6 月 17 日向广东省高级人民法院所做出的“关于信用合作社责任财产范围问题的答复”中，其认为企业、公民个人在信用社的存款不属于信用社所有的财产，不能列入信用社作为被执行人的责任财产。

此外，1994 年 3 月最高人民法院在回复四川省高级人民法院的批复中认为：根据《民法通则》第72条①的规定，一方当事人按照合同将预付货款汇入对方当事人的账户，对方当事人即取得该款项的所有权，但是双方当事人另有约定的除外。预付款人将预付货款汇入对方当事人的账户之后，即丧失了该款项的所有权，因此该款项被银行、信用社或者其他金融机构扣划还贷后，预付款人无权向银行、信用社或者其他金融机构请求返还。人民法院在审理这类经济纠纷案件时，不应当将银行、信用社或者其他金融机构列为第三人参加诉讼。

再者，1995年的《商业银行法》第71条规定："商业银行破产清算时，在支付清算费用、所欠职工工资和劳动费用后，应当优先支付个人储蓄存款的本金和利息。"② 尽管我国银行法并没有直接对存款人存款的所有权归属问题进行直接的规定，但从该条可以进行这样的推理，即储蓄存款已被纳入了商业银行破产财产进行分配，因而当存款人将一定数量的现金存入银行时，其所取得只是债权，现金的所有权已发生转移。然而，有一点却让人易产生误解，既然存款人所取得的是对银行的债权，那么在没有优先权的情况下从理论上而言，作为银行债权人的存款人其应与其他无优先受偿权的债权人处于平等的受偿地位，因此若从这一点来考究，我国目前的法律对于存款资金的归属权还是规定不清的。③

评述与建议：从法理角度分析，在存款关系中，只要存款人将

---

① 《民法通则》第72条的内容为财产所有权的取得，不得违反法律规定。按照合同或者其他合法方式取得财产的，财产所有权从财产交付时起转移，法律另有规定或当事人另有约定的除外。

② 2003年修订后的《商业银行法》仍保留了这一内容。

③ 实质上，我国银行法之所以在存款所有权归属问题上纠缠不清主要是源于以下原因：其一是我国国民惯有储蓄的传统，而这种传统又是基于人们对银行的信任，即认为无论如何银行是不会"赖账"的；其二是国民的金融风险意识，即若人们认为其存于银行的款项并不属于其所有，则可能会导致银行信任危机。这一原因就直接促成了法律对存款定性的模糊性。笔者认为，在这一问题上我国银行法价值的取向是不明智的，因为它是对我国国民金融风险意识低下的纵容与姑息。无疑，这种定性的模糊就直接促成了存款人对银行经营的成败漠不关心，不利于形成市场对银行治理的压力。

一定数量的款项存入某银行，则在其与该银行之间便形成了债权债务关系。此时，存款人对该项存款只拥有请求银行支付所指定数额的债权，而非所有权。若认定存款人与存款银行之间所成立的关系是借用合同关系或保管合同关系，这从理论上可能导致银行并不能使用存款人的资金进行资产业务，因为在借用合同与保管合同关系中，借用人与保管人在最后负有返还原物的义务，而这一点对于银行而言是不可能的，因此从银行业务的功能出发，法律也只能确认银行与其存款人之间所成立的是债权债务关系。同理，银行贷款给客户，即丧失了款项的所有权，其对客户持有的也仅为债权。① 在民法上，金钱是一种代替物，一旦转移占有，其所有权也就随之转移，原所有人相应只拥有对金钱的债权。② 这一点对于 1994 年最高院回复中预付款所有权归属问题同样适用。有学者就对此进行了批驳，认为预付款汇入对方当事人账户后，对方当事人即取得所有权之说是不准确的，因为客户在此时取得的只是对银行的付款请求权。③ 另外，虽然《商业银行法》第 71 条的规定已经有所改进，但是立法者的态度还是不很明朗，因为若推定存款人对其存款所拥有的是所有权，则据物权的属性，在银行破产清算时，银行负有返还原物的义务，因而只能得出这样一个结论：存款人所获取的仅是债权，但是存款人所享有的优于其他债权人的受偿权之规定却又令人匪夷所思。尽管从法理上说，目前我国法院在具体司法过程中可以借鉴后法优于前法的理论及现实的需要对银行账户资金的归属权作出正确的处断，但是立于现实的层面我们必须明确我国是属于成文法的国家，在具体的司法过程中必须以事实为根据、以法律为准绳。同时，由于传统的惯性作用也会使人的思维产生一些定式，且这种滞后性的法则亦与我国确立法治国家的目标相左，所以我国在

---

① 参见王家福：《中国民法学·民法债权》，法律出版社 1991 年版，第 667 页。

② 参见胡长清：《中国民法总论》，中国政法大学出版社 1997 年版，第 157 页。

③ 参见彭冰：《银行账户的法律性质与问题》，载《金融法苑》1998 年第 11 期。

银行法律创新中必须厘清存款的法律性质，这是银行法律创新中的一个基本问题，同时也是一个核心问题。对于该事项，我国在规则创新中应借鉴英美在银行与客户法律关系上成熟的理论及判例法中的成功实践，具体思路如下：

立法者首先应对宪法第 13 条的规定进行矫正，确立存款人对其已存款项所持有的是一种债权，而非一种所有权的法律原则。即确认银行与客户的关系在本质上为一种债权债务关系，然而在一定情况下亦可以表现为信托关系及委托代理关系。然后，在此基础上对 1992 年《储蓄管理条例》第 5 条与第 33 条的规定、央行的相关解释及最高院经济庭于 1991 年、1994 年的回函及《商业银行法》第 71 条进行梳理，在银行法的相关规则中采取直接表述的方式对银行与其客户的关系本质上是一种债权债务关系予以确认，并说明这种债权债务关系还附随有默示性的特点。

（二）存单法律性质问题分析

银行与其客户之间的关系是以合同为基础的。从存款合同的性质出发，存款合同是要式的、有偿性的实践合同，存款合同关系只能在存款人将一定的款项交付给银行，经银行确认并经其出具存款凭证后才能成立。那么，对于这种存单的法律性质如何认定呢？这一问题的明确对于银行、存款人及法院的司法实践非常重要。目前，对于存单的性质存在有两种观点：

其一是认为存单既是有价证券，又是存款合同。作为有价证券，其是具有一定票面金额，能证明持券人有权按期取得一定收入，并可自由转让与买卖的所有权或债权证书。① 因此，在存款银行一经签发的情形下，存款人即享有依存单票面记录的权利内容向银行主张兑付的权利，而对银行而言其则负有依存单票面记录的内容给付的义务。存单作为存款合同，它是银行与存款人就存款种类、存款数额、利率及存款期限等具体事项进行约定的记录，是银行与存款人两个平等的民事主体间就存款事项协商一致，并由存款

---

① 参见陈共等主编：《证券与证券市场》，中国人民大学出版社 1996 年版，第 3 页。

人交存现金，银行单方填写并签章而形成的特殊形式的合同，存款人无需签章，只要接收了存单，当面未表示异议即具有法律效力。①

其二是只承认存单为存款合同的证明，而否认存单的票据性特征。这是我国银行部门长期以来所坚持的观点。这一观点也得到最高人民法院颁布的《关于审理存单纠纷案件的若干规定》的认同。该文件第5条规定："人民法院在审理一般存单纠纷案件中，除应审查存单、进账单、对账单、存款合同等凭证的真实性外，还应审查持有人与金融机构间存款关系的真实性，并以存单、进账单、对账单、存款合同等凭证的真实性以及存款关系的真实性为依据，作出正确处理。"因此，在实践中我国是采取了双重真实性的原则，即存单真实与存款真实的原则。

评述与建议：坚持存款真实与存单真实相结合的双标准无疑对处于优势地位的银行有利。然而，从我国银行业运作的特点来说，这种做法是欠公平的，因为我国银行业务还没有摆脱传统的资产负债型，在这其中负债业务是基础与重点，因此为了获取存款，银行工作人员大多都分配有沉重的揽存任务。这样就给存款人留下了一些资产可能遭受损失的隐患，及造就了一些不法分子违法的空间，如银行工作人员取得当事人的资金后不入账，同时为了免于引起资金持有人的怀疑，而利用工作便利向资金交付人签发存单。此时，若适用上述双标准来确立存款关系成立与否则实不足以保护善意的当事人的权益。客观上，以上之分析并非什么空穴来风，如为了未雨绸缪及使不法之徒知有所禁而不敢犯，我国《刑法》第187条便设定了"吸收客户资金不入账罪"。法律之本在于正义，笔者认为从一般的法学理论出发，我国法院不能轻易否认这种存款关系的成立，因为在一定程度上分配有揽存任务的银行工作人员可以被视为银行之代理人，只要意欲存款的当事人本着善意行事，这种合同的法律效力应该得到肯定。对此，我国《合同法》第49条对于表

---

① 参见吴志攀主编：《金融法典型案例解析》，中国金融出版社2000年版，第19页。

见代理有明确的规定，该条规定行为人没有代理权、超越代理权或者代理终止后以被代理人名义订立合同，相对人有理由相信行为人有代理权的，该代理有效。

客观分析，在一定程度上确认存单的票据性也具有一定的比较优势，因为它可以加速资金的流速，同时当事人亦可以借用银行坚实的信用来确保交易的安全进行。正因为如此，英美等金融发达国家大多都承认存单的票据性。如在美国《统一商法典》中，存单是作为票据的一个种类进行规定的，其法律性质基本同于汇票、本票与支票。这一法律性质的定位值得我国立法者深思的，因为在我国公民投资渠道较少，人们对储蓄具有一种传统的惯性与心理的作用及对防范未来的风险有一种合理的预期，且在银行工作人员揽存不入账的情形下，存款人并无过失，所以综合考虑，在银行法律制度改革中我国应对最高院所确立的“双重标准”予以匡正，在承认存单的合同关系时，赋予存单的票据性的法律地位。

（三）对银行与客户关系中行政管理职能定位的思考

在本性上，银行亦为一种企业，其特殊性只不过在于银行是经营金融产品或提供金融服务的企业，因此在银行与客户为法律行为时，其与客户处于平等的法律地位。在这两者之间所形成的法律关系也是平等者之间的一种横向的法律关系。然而，我国相关银行的法律规章对于银行与其客户及银行功能的界定存在有一定的错位与含糊不清。如央行发布的 1994 年的《违反银行结算制度处罚的规定》即赋予了银行一定的行政职能，该规章规定办理结算业务的银行有权依照本规定，对违反银行结算制度的单位和个人进行处罚。同时，其规定银行未按照规定对违反结算制度的单位、个人进行经济处罚的，人民银行或上级管理部门对其应作同额的处罚。具体的处罚措施有计扣赔偿金或赔款、罚息、罚款、没收非法所得、警告、通报批评、停止办理部分直到全部业务等。

现实评价，央行所发布的这些规章是经不起法理上的推敲及我国行政处罚法的检讨。从法理上分析，银行与其客户是平等的民事主体。在民事活动中两者具有平等的法律地位，而平等者之间是无管辖权的，所以也就无从解读我国商业银行对其客户所采取的行政处罚性措施合理与合法性了。

我国《行政处罚法》规定："行政处罚由具有行政处罚权的行政机关在法定职权范围内实施。"对于行政处罚权之授权则规定："法律、法规授权的具有管理公共事务职能的组织可以在法定授权内实施行政处罚。"很明显，我国商业银行是属于民事法律主体，不具有管理公共事务的职能。即使我们认定其为公共事业组织，央行以行政规章的授权方式也是与我国《行政处罚法》的规定不相符。在以授权方式理解我国银行所具有管理职能不能自圆其说时，能否借用委托说呢？即认为商业银行的此项权能来自央行的委托。这种思路亦不是畅通的，因为《行政处罚法》明文规定："行政机关依照法律、法规或者规章的规定，可以在其法定权限内委托符合本法第 19 条规定条件的组织实施行政处罚。"而第 19 条的规定的受委托组织必须符合以下条件：依法成立的管理公共事务的事业组织；具有熟悉有关法律、法规、规章和业务的工作人员；对违法行为需要进行技术检查或者技术鉴定的，应当有条件组织进行相应的技术检查或者技术鉴定。依据这些条件来考核，我们不难发现我国的商业银行不符合受委托的条件，因为商业银行为企业法人，不具备公共事务管理的职能。

评：结合以上分析，在探讨我国银行与客户的法律关系本质时，我们还必须考察到一些历史积淀的因素，如我国四大国有银行原是从中国人民银行分离出来的，且在编制上是属于事业编制。虽然在"转型与法治"中，随着我国银行商业化改革的开展与深化，四大国有银行已被再造入了民事主体之行列，但是其业内人士以行政序列自居及以行政级别排序的心理依然根深蒂固。不可否认的是，银行与客户之间的法律关系表现为一种横向的平等法律关系。银行是企业法人，是货真价实的商事主体，其根本不是公务法人。这一点对于重塑我国对银行与客户关系的认识具有重要的意义。虽然自银行监会成立之后，央行的金融监管权已被剥离，但是由于央行作为传统金融监管者之潜在影响依然存在，同时由于银行规章大多源自央行，所以在我国银行法律制度的改革与完善的过程中，重新通过法则对商业银行的法律地位与职能进行定位是我国金融法治化中的一个重要问题，也是在金融全球化与自由化进程中我国树立国际法律信誉及谋求货真价实的市场经济地位的一个必要环节。

（四）对银行客户认定标准的反思

在银行与客户的关系中，我国法律并没有对客户给予一个明确的界定，相反，是采取间接的身份认定方式，如2000年4月1日通过的《个人存款账户实名制的规定》对身份的认定。实际上，存款实名制是指个人在金融机构开立存款账户办理储蓄存款业务时，应当出示合法身份证件，并使用真实姓名，金融机构应按规定进行核对登记，以确定客户对将存之款项享有所有权益的一种制度。该制度要求银行与个人不得进行无记名交易，从而保证金融交易的真实性。

现代意义上的存款实名制具有三层含义：一是个人在金融机构开立存款账户存取款业务时，必须使用真实姓名；二是通过计算机联网的方式，银行账户可以汇总个人在一国国内所有的存款信息及信用记录；三是实行个人收入账户化，以达到监控个人所有经济活动中的货币收支记录的目的。对于如何识别银行客户，《个人存款账户实名制规定》第7条作了如下规定："在金融机构开立个人存款账户的，金融机构应当要求其出示本人身份证件，进行核对，并登记其身份证件上的姓名和号码。代理他人在金融机构开立个人存款账户的，金融机构应当要求其出示被代理人和代理人的身份证件，进行核对，并登记被代理人和代理人的身份证件上的姓名与号码。不出示本人身份证件或者不使用本人身份证件上的姓名的，金融机构不得为其开立个人存款账户。"① 实行存款实名制是我国建立法治性信用国家中一个重要问题，这也在一定程度上适应了巴塞尔银行监管委员会在其诸多文件中所倡导的"了解你的客户"的要求。同时，对于打击贪污、受贿、洗钱之类的犯罪也起着极大的

① 在代理开户时，该条要求代理人必须同时提供代理人与被代理人的身份证件。实质上，这种规定不仅放大了银行的业务风险，而且也为存款不实名的法律规避提供了空间，因为代理关系的存在必须以双方当事人的协议为准，单纯提供证件是不足以证明双方之间存在代理法律关系的。

威慑与打击作用。然而，不可否认，存款实名制在操作上还存在许多法律问题，并没有达到规则预定的效果。

分析：存款实名的前提是存款人身份的确定，因此以什么标准确认当事人的身份，或者说以什么样的证件确认存款人的身份是问题的核心所在。根据国务院和中国人民银行的规定，目前在我国金融机构办理个人储蓄存取业务中可使用的身份证件有：居民身份证、临时居民身份证、军人身份证件、武装警察身份证件、港澳居民往来内地通行证、台湾地区居民来往大陆通行证或者其他有效旅行证件、中国护照、外国护照、离休干部荣誉证、军官退伍证、文职干部退休证、军队院校学员证、外国政府制发的边民出入境通行证等。这些确认实名证件的种类在银发［2000］126号文件《中国人民银行关于个人存款账户实名制规定施行后有关问题处置意见的通知》中也得到肯定。然而，这些确认实名的标准却容易产生一些法律问题。比如就确认存款实名重要标准的身份证而言，其在现实中就存在有以下问题：居民身份证编号重、错、漏的现象还没有杜绝；我国流动人口中身份证、户口簿遗失或身份证逾期的现象相当普遍；我国身份证件管理系统数据库尚未建立，居民身份资料的全国联网也就无法实现，因此我国的户籍管理部门不能为每个居民提供一个终身使用的、唯一的身份认证证件，且不能将客户的身份资料及时、全面地提供给金融机构。这无疑会导致银行在识别其客户时的价值落空。① 此外，由于我国目前制作身份证件的科技含量低，极易以假乱真。不仅社会公众难以辨别真伪，即使经过特殊训

---

① 个人存款实行实名制无疑是我国金融法律规则中的一大创新。然而，该制度所触发的法律问题不仅局限于身份认定上，亦会导致一些侵犯客户隐私权、外泄客户信息的现象。而且，这种侵权具有主体复杂化及侵权行为方式多样化的特点。就前者而言，侵权的主体既可以是银行本身及其内部有机会知晓客户信息的工作人员，亦可以是依法享有查询权的公、检、法、税务等国家法定机关。由于侵权主体的多元化，这也必将导致侵权方式的多样化，如司法机关在查询程序不当的情况下强行调取银行客户的信息，因此在存款实名制后，如何维护存款人的金融隐私权亦是我国金融立法创新中所必须深思的问题。

练的专业技术人员仅凭目测识别伪造的身份证件亦并非易事。这种状况一方面使银行识别其客户难上加难，另一方面也加大了银行业务中的风险，因为在银行识别客户不当时，其可能会因为没有尽到谨慎的注意义务而承担存款损失的风险。而且，从上述可知，我国金融机构在与公民发生业务往来时，识别身份的证件种类繁多，这无疑也加大了银行识别其客户的难度。相对来说，在识别非自然人类型的银行客户身份时，银行所面临的难度与风险相对较小，这主要是因为在对这类客户的身份进行识时所要求的证件较多，相对而言程序也较复杂，如 1997 年颁布的《人民币单位存款管理办法》第 10 条就规定："金融机构对单位定期存款账户进行管理。存款时单位必须提交申请书、营业执照正本等，并预留印鉴。印鉴包括单位财务专用章、单位法定代表人章与财会人员章等。"同时，2003 年的《人民银行结算账户管理办法》第 17 条规定："存款人申请开立基本账户，应向银行出具营业执照正本、政府人事部门或编制委员会的批文或登记书或财政部门同意其开户的证明等文件。"

认知客户的身份是银行与客户之间进一步发展其关系的基础。在我国识别银行客户的机制还不健全的情况下，法则的变革应如何作出回应呢？笔者认为可采取以下的做法：

其一是借鉴美国《统一商法典》对客户的定义，对我国银行的客户进行界定，可考虑将银行之客户定性为：在银行开立账户的人或银行约定为其收取款项的人，包括在另一家银行开立账户的银行。此处的人应取广义说，即不仅包括自然人、法人及非法人的组织等实体。此处的账户不仅指基本存款账户，且也包括一般存款账户、专用存款账户及临时存款账户等。

其二关于个人身份认定的证件问题，笔者认为我国要改变这种认证证件多元化的状况，要相对地对认证的证件范围进行缩小。最好是确立一种确认公民身份的唯一性的证件，这可以目前的身份证为基础，加大其技术上的含量，以防止伪造与变造现象的出现。同时，考虑到居民本身的复杂性，也有必要对外国人及我国港澳台居民的身份识别进行区分。对于大陆居民则仅确认居民身份证为识别其身份的唯一证件，对于港澳台之居民则可考虑以其持有的住所地的身份证件或往来大陆的通行证为识别身份的合法证件，对于外国人则可以其所持有的经过认证的外国护照为识别身份的唯一合法证件。同时，在确立证件唯一性标准上，在具体的银行业务中确认自然人客户身份问题上，我国也可以考虑英国式的双重确认标准。在英国银行业的实践中，其一般要求开户人提供两份身份认证文件：一是能证明个人身份的护照或者驾驶证；二是能证明申请人住址的文件，如最近的煤气费与水、电及话费的清单。这种定位无疑对于预防洗钱性的犯罪是有所帮助的，因为它不仅可以认知申请人的真实身份，而且也方便银行为其客户提供服务，及应对洗钱性的犯罪。

另外，我国还应建立较完善的全国联网的身份证件管理数据库，从而使金融机构在办理业务过程中，能通过电脑系统对客户的身份证号码、姓名及其他资料与户籍管理部门的居民资料进行核对。

（五）银行与客户关系中对第三人责任承担问题分析

银行与客户之间存在有合同关系。根据合同法中的理论，合同关系具有相对性，即合同关系只能发生在特定的合同当事人之间，合同的效力仅及于合同的当事人，即合同债权人与合同债务人。① 合同关系的相对性主要表现在以下几个方面，即主体的相对性、内容的相对性及责任的相对性。② 在前文中，我们已经分析过，当存款人将一定的款项存入银行后，存款的所有权就已经转移给银行，存款人所获取的只是对银行债上的请求权。对于银行账户中所代表的债权，第三人不能以该款项在存入银行前是其所有而为存款人非法获得为理由，要求银行偿还。那么，基于这种理论，是否意味着银行与其客户之间的法律关系就截然与第三方无关呢？答案是否定的，在此，以我国担保法中的质押为例。依照我国《担保法》的

---

① 参见余延满：《合同法原论》，武汉大学出版社 1999 年版，第 73 页。

② 参见王利明、崔建远：《合同法新论·总则》，中国政法大学出版社 1996 年版，第 32 ~ 36 页。

规定，债权或者债权凭证是可以进行转让与质押的。在转让银行账户上所记载的债权的情况下，可以构成债权的转让。从一般业务实践来看，银行在客户开立账户时，往往约定客户不能转让账户。这样就产生了一个矛盾，即一方面存款人可以通过转让账户上记载的债权来实现所存款项转移的目的，另一方面银行与客户之间所约定的账户不得转让所设置的障碍又有形存在。这种矛盾在对存单进行质押时表现得更为明显。对此，作以下剖析：

在现实中，为了达到质押的目的，在我国登记体系还不完善的情况下，通过转让账户上所记载的债权方式来质押是行不通的，且从质押合同的生效要件来看，质押标的能被质押权人控制与占有是其生效的实质要件。在这种情况下，往往是通过转移存单的占有方式来处理的。然而，在另一方面尽管质押人向质押权人交付了存单，但其仍然可以向存款银行办理挂失手续，实现存单上所代表的对银行的债权。若银行在业务处埋中尽到了合理的注意义务，且不存在过错，其一般不会对质押权人承担任何法律责任，且从法律上而言，其所面对的债权人也只能是客户，因此质押权人为了保证存单质押的安全，其往往要求存款银行对存单进行核押，认定存单的真实性，并要求存款银行在存单质押期内不得允许存款人提取及挂失存单。若在此种情况下，存款银行依然允许存款人对该存单进行挂失或提取存单项下的款项，则银行要承担赔偿损失的责任。对此，最高人民法院在《关于审理存单案件的若干规定》明确表明："以金融机构核押的存单出质的，即便存单系伪造、变造、虚开，质押合同均为有效，金融机构应当依法向质权人兑付存单所记载的款项。"因此，尽管银行与其客户之间的法律关系存在有相对性，但是在一定的情况下也会影响到第三者的权益，也会增加银行的经营风险。

那么，对于因存单质押所产生的风险，银行应采取怎样的对策呢？作者认为，在存单质押中，存单的所有人之所以能够对存单进行挂失，其主要原因在于我国公示制度的不完善。若能将存单质押之事实予以公示，则一方面银行会更加尽到谨慎、合理的注意义务，另一方面质权人也可以及时地采取可行的救济措施。完善登记制度及登记信息联网是银行规避这种风险的最佳选择。在目前的形势下，可行的方法是质押人、质押权人与银行三方当事人对存单质押这一事实予以认可，并签订限制存款人行使其债权的协议。

另外，还有一个与此相关的问题，即第三者对银行账户的权利被银行侵犯时，能否针对银行提起侵权诉讼呢？这种情形在遗产继承中比较常见，如A在一次意外事故中死亡，其家庭收入全部是以A的名义存入银行的，根据婚姻法的规定，在没有约定财产归属权的情况下，婚姻关系存续期间所得的财产为夫妻之共同财产，因此A在银行的存款之一半应为其妻之财产，不得将其归入继承财产之列。然而，从银行与客户的法律关系来考察，A才是银行之债权人。若银行如此进行处理，无疑直接地侵犯了A之妻的财产权。而且，这种处理的结果也与法律公平与正义的价值取向相悖。实际上，这也说明了我国银行法律制度所在的一个现实问题。那么，对策何在呢？笔者认为，我国应引进联合账户制度，以对第三者的权利进行确认。若在银行侵犯其权益时，当事人就存有合理的诉因。客观而言，这种联合账户的做法也是与我国法律规则的本土资源相一致的，因为从传统上来分析，在婚姻家庭中夫妻之间的财产结构往往是"你中有我或我中有你"的一种共存共享状况。同时，这种法律的处理也体现了法律的人性关怀。再者，从经济交往来看，这种联合账户的做法也能有助于交易双方防范对方违约的风险。

（六）小结

在经济学家看来，法律的作用表现在于"法律可以改变博弈，包括当事人的选择空间，收益函数等，从而改变博弈均衡的结果"。实际上，从法律学上来理解，法律学是一种规则说，这种规则说以公平、正义、平等及效益等为其价值取向。这些价值的实现依赖于权利与义务分配的公允性。这种价值定向也必然地影印于银行与其客户的法律关系之本质中。国内有位学者曾说过这样一段话：当权利的分配兼顾效益与公平两种因素时，权利体系的设立便突破了法理的意义，并且含有了伦理的意味，即它既是一种利益的确认，又是一种道德的评价。① 因此，笔者认为在我国对银行与客户之间本质的法律规则创新时，一方面要借鉴与移植英美等发达国家在这方面已趋于成熟的理论与立法实践，但在另一方面更要从中国的本土法律资源出发，要体现一种法律文化下的情感认知，联合账户的增设就是体现我国本土法律资源与法律情感的一个例证。

第二节　银行对客户信息披露义务法律问题分析

在银行客户申请贷款及办理储蓄账户等业务过程中，申请人有责任向银行披露其个人资产、信用记录及其他与所进行的业务相关的金融信息。而该信息一旦被他人窃取，并盗用信息所有人的身份进行贷款等融资行为时，则信息所有人不仅将遭受损失，更重要的是其良好的信用记录将面临被损害的风险，因此确立银行对其客户的信息保密义务是银行法必须加以规定的一个重要问题。在目前的形势下，金融关系已有了极大的创新，资金的流动更加迅速、更加具有隐蔽性。同时，金融的全球化与自由化也在一定程度上刺激了洗钱等犯罪行为的发生，因此在银行法中，立法者必须对银行之信息保密义务规定一个适当的度，在严格保密与合法公开之间找到平衡。具体而言，银行对客户保密的法律制度主要涉及以下三个方面的内容：一是银行对客户保密义务的法理学基础；二是保密义务的适用范围；三是应当如何确立例外性的规则。

一、银行对客户信息保密的学理基础

正如作者在前文所述，银行与其客户之间的法律关系具有一定的默示性。实际上，银行对客户信息保密义务就是这种默示性的体现与延展。从银行与客户发生业务的实践看，在双方当事人之间的合同中一般不载有保密义务的明示条款。若将银行对客户的保密义

① 参见林颉：《权利本位——市场经济发展的必然要求》，载《法学研究》1992 年第 6 期。

务视为明示的合同义务显然缺少法理基础。① 因此，为了保护银行客户的权益及银行交易市场的活性，为防止“被盗窃身份”现象的出现，英美法院便将“默示条款”理论作为银行对其客户信息进行保密的理论基础。

英国早期的判例 Tournier v. National Provincial and Union Bank of England 案便确认银行与其客户之间存在有合同关系，并以此为据认为银行对客户负有保密义务。② 在该案中，法院认为银行与客户之间虽然不存在有保密义务的明示条款，但存在一个默示条款，即银行除某些特定情况外，不能泄露有关客户账户或交易的信息。美国法院最早对这一法律问题给予关注的案例是其 1961 年的 Pertson v. Idaho First National Bank 案，在该案中，美国法院认为在有关存款账户的问题上，银行与客户之间存在着一个默示合同，即银行及其雇员不能披露有关客户账户的任何信息。那么，法院在银行与其客户之间的合同关系中存在默示性的保密义务，其原因何在呢？笔者认为，其原因有二：一是源于银行是公共的信用机构，即使客户没有提出保密义务的要求，但依银行的性质与职责，银行的客户已怀有对银行负有保密职责的合理预期；二是从业务实践来看，在客户与银行签订合约的过程中，银行提供的往往是格式化的合同文本，文本中一般不载有保密条款，所以若不确立银行对客户负有保密义务的法则，就不足以保护处于弱势地位的银行客户之权益。实际上，在处理银行对客户的保密义务时，法院通常借用的一种理论就是匹兹堡大学法学院西蒙教授提出的“存款人的合理期待说”③，依据该学说，银行的存款人有权利期待银行应对其向银行提供的有关账户、交易及相关的信息进行保密，这种合理的期待

---

① 参见岳彩申：《美国银行对客户信息保密制度研究》，载《现代法学》2000 年第 6 期。

② See Jennifer. A. Meneken, Supervising Secrecy: Preventing Abuses with Bank Secrecy and Financial Privacy Systems, Boston College International and Comparative Law Review, Summer, 1998.

③ Symons, The Bank Customer Relation, 100 Banking L. J, 220, 325 (1983).

应当受到法律的尊重与保护。

近些年来，在英美法的实践中，银行负有保密义务的理论基础已有所发展，这主要体现于美国法院在实践中所确立的代理关系说。如在前述的 Pertson v. Idaho First National Bank 案中，法院指出，一般而言，银行与存款人之间的关系是一种债权债务关系……但银行在履行其对存款人的义务时必须按照代理法律制度的规定行事。那么，因债权债务关系而附带的保密义务与因代理关系而产生的保密义务在实质上有何不同呢？事实上，在理论上，因代理说而产生的保密义务之约束性强于因债权债务说产生的保密关系，因为在代理说中银行是基于其与客户的特殊信用关系而负有保密义务，而在债权债务说中保密义务具有附属义务之性质。即在代理说的情况下，无论银行与客户之间是否存在默示的合同关系，银行作为信用机构都应对客户负有保密义务。此外，在美国法中，代理义务是一种法定义务，而非约定义务。

综合以上分析，银行保密义务的理论基础是源于其与客户之间的合同关系、源于因此种合同关系而附有的默示性条款的特点。客观而言，无论这种保密义务的基础是债权债务说，还是美国法院近年所主张的代理说，其实，对于银行而言，其所负有的保密义务并无本质上的差别。其唯一的区别是代理说与银行业务的信用性特点相符，而债权债务说则只是从一般合同法的附带义务说为出发点。实质上，这种保密义务的基础是与银行的业务性质、银行所处的优势地位及合同格式化紧密相关的，它是银行与其客户关系中权利与义务分配之公平与正义的结果。

二、保密义务的范围及保密期间分析

既然银行对客户信息负有保密义务具有坚实的理论基础，那么在实践中应如何界定其负保密义务的范围呢？这是银行与客户非常关注的问题。

在前述的 Joachinson v. Swiss Bank Corporation 案，阿特金（Atkin）法官对此曾发表过以下意见：其认为对金融隐私权的保护至少应包括与账目相关的交易与抵押等。且该项义务并不因客户结清账户或停止使用账户而终止。另外，在以上所述的美国 Pertson 案中，法院便将银行的保密义务限于两个方面：一是有关账户信息，包括账户上的存款金额、存款余额、收支情况、资金流向、价格、对方当事人等信息；二是客户的交易情况，包括交易的内容、价格、对方当事人的等情况。目前，美国法学界与金融学界普遍认为银行的保密义务范围应包括以下内容：有关账户的信息，主要为所存款项、收支情况、资金来源与去向、账户记录、信用卡的情况；有关客户的信息，主要包括交易标的、种类、性质、内容、价格、当事人、交易时间等；银行因保管客户的账户而获得的与客户有关的任何信息。依据美国判例法，若客户账户上无足够的现金，银行有权拒绝承兑其支票，但银行负有不得将这一事实向第三者透露之义务。

此外，银行在其与客户之间关系终止时是否仍负有保密义务？若其仍负有保密义务，那么时限是多长？这也是银行保密法律制度所必须面对的问题。有的学者认为，银行的保密义务具有延续性，即在银行与其客户法律关系终止后，甚至时客户死亡时，银行仍可能负有保密义务。如美国法院曾在一案件中就认为：银行在任何时候均不得认为它有自由向外界透露与客户账目相关的细节是可以理解的。不容侵犯的保密性是银行与客户关系的内在与最根本的原则之一。

实际上，从合同关系说出发，银行对客户金融隐私权的保护并不扩展到银行与客户关系确立之前，也不延展到客户死亡之后。尽管如此，考虑到客户信息的特殊性，银行在对待客户信息问题上仍须谨慎行事，因为银行在任何时候获得的信息有可能受一般保密法的调整，如在建立征信国家中为了对隐私权进行保护，美国就确立了以《信息自由法》、《隐私权法》、《公平信用报告法》等为核心的系统且完备的隐私权保护法律体系。如其 1974 年的《隐私权法》便规定了美国联邦政府机构收集与使用个人资料的权限范围，并规定不得在未经当事人同意的情况下使用任何有关当事人的信息。此外，针对金融隐私权保护问题，鉴于银行等金融机构基于商业目的在业务过程中收集了大量的金融信息，这已构成了与客户隐私权保护的冲突。为了解决这一社会问题，美国的立法者们作了大量的努力，如1970年其通过了《银行保密法》，其主旨在于明确银行为客户保密之原则，并对联邦机构在特定情况下获取客户信息的权力予以确认；1978年通过的《金融隐私权权利法案》则旨在限制联邦政府取得银行客户资料与记录的权力；1999年的《金融服务现代化法》在第5章第1节专门对金融隐私权进行了规定，如该法第501条便规定，每个金融机构有明确与长期的尊重客户隐私的义务，及保护客户非公开的个人信息之安全性与机密性，并排除任何可能影响这些记录安全性与完整性的潜在危险。此外，应防止未经授权获得、使用这些记录或信息而给任何客户造成不便或实质性伤害的发生。

相比较而言，在对银行客户保密的法律制度构建方面，我国的银行立法是比较滞后的，如《商业银行法》也只是一般性地规定了存款自由与存款保密等基本原则，而并没有涉及采取什么样的措施来保证银行客户的信息能受到银行部门的尊重与保护。同时，我国的法律也没有对这种受保护的金融信息的边际作出明确的限定，也没有规定国家权力机关在获取这样的信息时应遵循什么样的程序及应有哪些限制。同样，对于金融信息的保密期间，我国法律也没有提供相关的答案。虽然这种法律的现状表明了一种金融立法法治的不足，但是它也与我国普遍缺乏权利意识相关，因为它正是我国国民缺乏应有金融意识的现实反映。信用、信心与信誉是金融业生命的血液。强化对金融隐私权的保护不仅仅是一个国家对其公民人权的关怀与市场的维护，而且更能深化人们对银行业的信任、信心与信誉。现实地看，在我国未来银行法的改革与创新中，有必要参考西方金融发达国家的立法与司法实践来阐明金融信息保护的边际、保护期间及保密与公开的适度平衡等具体问题。

三、银行保密义务的例外性规定

法律的中庸性决定了任何法律规则都只能具有相对性。若将银行的保密义务推至极端无疑也不利于银行法律制度的发展与完善，因为银行保密义务的绝对化不仅在一方面阻碍了银行业监管者获取监管所必需的金融信息的同时，也在另一方面它不利于打击洗钱等犯罪行为。“法律对社会的控制离不开对利益的调整，而法律对利益的调整机制主要又是通过将利益要求转化为一定权利（权利主张、自由、特权、权力），并把它们及相对的义务归诸法律主体，同时还要有维护权利和强制义务的补救办法——惩罚、赔偿和制止等来实现的。”① 因此，为了确保监管的有效性及社会秩序的可期与可控性，立法者必须对该项法则确立一些例外的规则，以在社会、银行与其客户的利益之间达成必要的协调。以下以英、美两国的法律实践对此问题作一个比较分析。

（一）英国

早在1922年的Tournier案中，英国上议院就指出在以下情形时，银行不必遵守金融隐私权保护的义务：法律规定银行披露客户账户信息及其他情况、银行对社会与公众负有的义务要求其披露客户的账户及其他情况、客户明示或默示允许银行披露其账户信息及其他情况、银行本身的利益要求透露客户的账户及其他情况。以下对相关情形作进一步的分析。

银行依据法律规定而负有的披露客户金融信息义务仅限于成文法的规定或法院的命令。② 根据英国惯例，警察或政府部门的非正式要求原则上不具有法律效力。对于在具体司法过程中，因举证的需要，如何对银行保密义务例外提供一个信服的理由，英国法官第普洛克（Diplock）发表了如下法律意见：“这种义务不仅存在于律师和客户之间的关系、同时也存在于银行与客户、医生与病人以及会计师与客户的关系中。其只从属于任何相关一方根据当地法律所负有的义务。若依照普通法或成文法，契约的相关一方必须在特定的环境下透露保密资料，他有义务这样做。若相关的契约另有规定，则该种规定便非法或无效。如在通常情况下，银行和客户的关

① ［美］庞德：《通过法律的社会控制——法律的任务》，沈宗灵等译，商务印书馆1984年版，第42页。

② 参见王贵国：《国际货币金融法》，北京大学出版社1996年版，第453页。

系使得银行负有保密之义务。然而，若银行出现在法庭的证人席上，且法官要求其回答问题或作证，银行便有义务提供证言。”①因诉讼的需要，英国1979年的《银行账簿证据法》第7条便规定：“经法律诉讼的当事人一方请求，法院可发布命令，授权请求人检查银行的账簿或复制相关资料，但此种资料仅限于诉讼中使用。作为一般原则，若银行的账簿无论是在形式上，或在实质上都与诉讼一方无关，则法院不得作出此种授权。”

在司法实践中，英国的法院在利用银行保密义务例外规定时，其态度比较谨慎与保守。如其1948年通过的《公司法》便规定贸易工业部有权审查在英国注册的公司经营情况与账目。然而，该法又同时规定，政府的这一权力应仅限于检查相关银行本身的营业情况，政府主管部门不应依该条的规定，借口检查银行客户的账目或金融交易情况。此外，英国1970年的《税收管理法》规定，税务部门在审查银行的纳税情况时，不应借机检查银行客户的资料。尽管近年来银行保密义务例外原则已有所发展，但从其判例来考察，英国仍然主张银行应坚守固有的保密义务原则。如在1972年的一个判决中，法院一再强调，除非相关的事实不十分清楚，且经过认真仔细的考虑，否则，法院不应授权任何一方检查银行的账簿。

（二）美国

从美国相关银行保密义务的判例演变来看，银行保密义务例外原则一直贯穿这个发展过程。早在1961年的Peterson案中，法院便确认有例外情形的存在。在该案中，爱达荷上诉法院确认了两项例外规则，即客户同意银行披露其账户与交易情况及法律授权银行披露客户的相关信息。尽管该案确立的以上两项例外原则已对传统的银行保密义务有所突破，但是该两项例外规则并不能满足现实社会关系发展的需求，因此有着实用主义精神的美国便一直致力于该制度的创新与完善。这一努力最终在Barnett Bank of West Florida v. Hooper案中获得实质性的飞越。在该案中，法院将前述的两项例

① Parry Jones v. Law Society，《全英判决汇编》(1968) 第1卷，第180页。

外规则扩展至以下四项：法律强行规定银行有披露客户账户信息的义务、基于公共利益的需要而应当披露客户信息、银行为了自身利益而适当披露有关客户账户的信息及在客户明示或默示的情况下公开客户账户信息。

此外，美国 1970 年通过的《银行保密法》亦对保密原则例外进行了相应的规定，该法规定美国银行与金融公司应对其客户的金融交易信息与资金的国际性转移保存完整的资料与记录。美国财政主管官员可随时向银行与金融公司索取与客户相关的金融交易资料，以协助刑事、税务诉讼的进行。据该法的规定，在美国注册的银行或接受存款的公司应将涉及一万美元以上的存款、提款、货币的交换以及其他交易向政府报告。由于 1970 年《银行保密法》所确立的保密例外规定极大侵犯了人们的金融隐私权，所以该法刚通过不久便受到了人们的猛烈批评，并被认为违背了宪法第 4 与第 5 修正案“关于个人隐私权与不受政府非法检查”的权利。与此相关的一个具有代表性的案例是美国诉米勒（Miller）案。在该案中，米勒指出，美国政府依照 1970 年《银行保密法》命令存款银行提交关于其从事的金融交易资料与情报为非法。美国区法院认为检察官从银行取得的被告账户的证据是有效的，并由此判决米勒有罪。然而，米勒认为法院命令银行提供资料与情报无异于对他本人或居所的搜查，由于搜查无正当理由，亦没有通过正当程序，因而违背了他依宪法第 4 修正案所享有的不受非法搜查的权利。最后美国最高法院对此事进行了定论，认为当存款人将自己的相关信息及其他资料提交给银行时，其是在自愿的基础上进行的，所以在这一过程中存款人就承担了一种风险，即银行可能将其资料提交给美国政府。

虽然该判例确立了宪法并不禁止银行向政府提供存款人账户信息的原则，但是该案使人们越来越关注银行可能向政府提供存款记录等信息问题，因此美国国会意识到有必要对美国联邦政府检查或取得银行客户交易与账户信息的权力加以约束。基于这点考虑，1978 年通过的《金融隐私权权利法案》规定，银行或金融公司在下述任何一情形时，可以向联邦政府透露客户的信息：经客户的批准或授权、依照政府行政部门的命令或指令、依照有效的搜查令、依照司法命令及依照《金融隐私权利法案》所规定的程序批准透露的资料与记录等。另外，依该法的规定，关于限制联邦机构取得银行客户资料或记录的权利在下列情形时不予以适用：资料之透露系经主管部门的监督与检查；相关资料不涉及任何个人或不包括个人的姓名与其他可以鉴定资料属性的内容；相关政府机构与银行客户均为某一诉讼的当事方，并且该政府机构依联邦民事或刑事诉讼法有权从事此种诉讼；在审查相关金融机构时所取得的资料或记录；资料之透露系根据美国税法的规定；根据法院之令状，相关政府与银行客户均为当事方等。

"9.11"事件后，美国的银行保密义务例外规则迎来了长足发展的机会，这主要体现在其《爱国者法案》中，该法案第314条B款规定，金融机构相互之间应加强合作，为了反恐和反洗钱的目的，在特定情况下其相互之间可传送、接受或分享有关信息，而不会因此须对任何人承担民事法律责任。同时，为了防止银行过多地援用这一免责条款而侵犯其客户的权益，银行在进行信息合作与协调中，必须遵循以下四个基本步骤：其一是每一年度必须向打击金融犯罪执法网（Financial Crimes Enforcement Network）提交一份表明信息共享意向的特定形式通知书；其二是只能同已经提交该通知的其他金融机构分享有关信息；其三是维持确保信息安全与保密的必要程序；其四是该信息仅用来发现、识别和报告可能涉及恐怖或洗钱方面的活动，以便决定是否开立或保留某账户或进行某项交易。①

（三）评述

从英、美两国关于银行保密义务例外的法律规则发展来分析，英国在此方面的态度相对比较保守与谨慎，其大体上还是固守原有的银行保密义务的原则，仅承认在一些特殊的情况下，才可以启用保密义务例外性规定，如源于法律的直接规定、银行客户的明示或

① 参见恽伟荣：《当今美国银行业的三大法律动向》，载《国际金融研究》2003年第9期。

默示的许可、执行法院的令状及银行为了自身的利益需要等四种情形。相反，美国在这方面走得比较远，例外规则的口子开得比较大。然而，我们也必须客观地认识到，在私权与公权的博弈中，美国在这方面的态度还是非常谨小慎微：一方面保密例外条款的确立是源于现实中金融监管与打击金融犯罪行为的需要，另一方面信息公开要讲究程序与正义。如在公开不当时，银行客户有权寻求法律的救济，1970 年的 Miller 案就是一个很好的说明。同时，其《金融服务现代化法》也较好地回证这一点，虽然革新 1933 年银行法是该法中的重点，但是隐私权保护的重新定位与架构却引起了颇多争议。在国会的最后讨论中，这些争议曾一度威胁到该法的通过。这些争议的结果便是在《金融服务现代化法》中另辟专章对隐私问题作出规定，如该法在“非公开的个人信息披露”中详细地规定了以下几个方面的内容：非公开个人信息的保护、与个人信息披露有关的义务、机构隐私披露政策、规则制定与执行及金融联营机构之间的信息共享。

尽管英、美在对银行保密义务例外的态度上宽严不一，但是在具体的例外情形上大体是相同的，且从以上的几种例外情形来评判，不难发现源于法律规定的银行保密义务例外是其中的主要内容。当今英美都通过法令或判例法规定，当银行知道或应当知道客户涉嫌洗钱或从事其他严重罪行时，银行有义务向国家法定部门披露相关信息，客户不得因该披露行为而认为银行违反了所负的金融隐私权保护义务。尽管洗钱等严重的犯罪行为已对客户的金融隐私权产生了挑战，但是在利益冲突的取舍中，银行作为重要信息的现实占有者，其应当以公共利益为先。当涉及毒品与洗钱犯罪等可疑交易时，银行有责任披露相关客户的信息。对此美国法院在 1920 年的 Stephens 案中便认为，对州利益的保护优于代理人对其委托人的金融隐私权保护义务。

实际上，还有一个问题与保密义务例外紧密相关，即金融隐私权保护与银行所负的披露义务之间的冲突。在信息处理问题上，银行负有双重义务，即对客户保密与向对第三者公开的义务，那么哪一种义务优先呢？或者说是如何处理金融隐私权保护与信息的合理公开问题呢？这也是在确立与创新银行保密义务例外制度时所必须解决的事项。实际上，在银行保密例外规则演化的过程中，美国的一些判例对此已进行了较深入的解释。如在 Barnett Bank of West Florida v. Hooper 案中，法院认为银行有义务向原告披露有关交易的信息，但若银行这样做又违反了其对另一客户的保密义务。最后，法庭授权陪审团自由裁量两种义务的轻重。无疑，如此处理不利于两种义务矛盾的解决。后来，在 R. A. Peck. Inc. v. Liberty Federal Savings Bank 案中，法院对这种推脱责任的“捣糨糊”的处理方法进行了矫正，其认为，披露义务优先于保密义务，但必须判定产生披露义务的“特殊情势”之存在。对于该问题，作者认为在这两种义务发生冲突时，比较可行的做法是对这两种义务所带来的利益进行权衡，若银行所负的披露义务所保护的利益大于保密义务所带来的收益，无可置疑，应是前者优先。实质上，从有效金融监管的角度来考究，银行负有向其金融监管者披露的义务，若在这两种义务发生冲突时，基于金融安全及经济可持续发展的考虑，银行所负的披露义务应优先，因为整体利益总是大于局部利益的。

四、银行保密义务外延问题分析

一般而言，银行只对与其发生业务往来的客户负有保密的义务。然而，在实践中往往会出现这样的情况，即作为客户的当事人可能会与其他银行发生借款等业务关系，那么基于安全交易的需要，放款银行往往要求借款人提供几家曾与其发生过业务联系的银行名称，以便于放款银行了解借款人的资信情况。再者，有的国家还建立了信用体系，以供银行相互进行信息的交流。此外，在客户欠款不还违约的情形下，银行是否可以自动地解除些保密义务？同时，银行对客户的保密义务是否平等地适用于银行之借款人与存款人？这些问题都与银行的保密义务问题存在着关联，这也是在银行法律制度中所必须得到解答的重要事项。

结合英、美的实践，除非银行可以基于上述的几种保密义务例外规则而不履行所负的保密义务外，否则，银行不应当向任何第三方透露其客户的信息。在实践中，有时银行相互间交换或透露客户的资信。对于此种做法是否与银行所负的保密义务相背，目前在学界还颇有争议。有的学者认为，既然银行的做法未受到客户的质疑，且这一做法已成为银行业内的一种惯常实践，因此它已形成了一项不成文的法律规定。① 另外，有些学者则认为从实然上讲，银行的做法已违背了保密义务，尽管他们的违法行为没有受到追究。同时，若一客户将与其原来发生业务关系的其他银行的名字或主管职员的名字告知银行，这也并不意味着该客户已默示允许银行向相关的公司或个人透露其财务状况。近几年来，为了建立征信制度，银行保密义务的外延问题再次唤起了公众的关注。在我国香港，有些银行曾建议建立资信中心或银行客户的黑名单，但其适用范围只限于银行内部。然而，这种建议并没有取得法律界的支持，因为法律界人士认为除非政府通过立法或法院通过判决改变现有的银行保密义务，否则，银行便没有权利相互交换客户的信息。

另外，对于保密义务是否平等地适用于银行之借款人与存款人问题？我们也可以从美国法院在该问题上态度的转变进行一定的分析。在早期，美国法院的态度是比较保守的，其认为银行的保密义务仅适用于银行之存款人。比如在 1969 年的 Milohnich v. First National Bank of Miami Springs 案中，法院便对银行保密义务的主体进行限制，认为银行与客户间的默示合同上的保密义务仅适用于银行与存款者之间，且在判决中明确表明这种默示性的保密义务不适用于银行之借款人。在后来 1978 年的 Graney Development Corp. v.

---

① 传统上，银行认为客户在银行开立账户即已经默示地同意银行能对其信息进行披露。然而，在 Turner v. Royal Bank of Scotland 案中，这一观点受到法院的驳斥。在该案中，银行辩称银行对客户资信调查的信息进行披露是银行惯常的做法。客户在银行的开户行为即表明认可了银行这一惯常性做法，并默示同意银行披露相关信息。这一观点未得到法院的采信。实际上，对于这一问题，英国《银行准则》规定，银行要求另一银行提供资信证明前，必须征得客户的书面同意。对于这一要求，有学者认为过于苛刻，因为一方面若银行每次提供资信证明都必须经客户同意，则银行的资信证明所起到的商业功能将会受到削弱，另一方面客户也不会同意银行提供不正确的资信意见。

Taksen 案①中，这一观点再次得以肯定。不过，该案有了以下突破：其一是法院首次对银行于借款人及存款人的保密义务进行了区分，并认为对两者所负的保密义务不尽相同；其二是法律对银行与存款人及借款人的关系进行了区分，认为在存款关系中，银行具有代理人的身份，但在借款关系中，只有借贷性质的债权债务关系而没有任何代理关系，银行获得借款人的信息是贷款协议的一个条件。在随后的 Djowharzaden v. Citynational Bank and Trust Company of Roman 案中，法院的判决又有了实质性的发展。在该案中，法院不仅确认了银行与借款人之间的默示保密义务关系，而且还将些关系扩大到贷款的申请人。在该案中，法院发表了以下意见：借款人在借款时基于银行的要求有义务向银行提交大量的个人方面的信息。这种提交具有一定的被迫性，因为银行具有相对的比较优势，借贷双方不是一种完全平等的关系，因此法院感到法律必须防止银行利用已经从申请贷款中所知悉的信息与客户进行不正当竞争，认为银行对贷款申请的内容亦负有保密义务。

结合上述判例及所发表的学理上的意见，应该如何对银行保密义务的外延进行界定呢？笔者认为，从保护客户的权益出发，银行的保密义务应该，且必须扩展到银行之借款人，这是因为相对于银行而言，银行处于一种优势地位，若在借贷业务过程中不对其课以保密义务，则可能导致权力的滥用，这实不足以维护处于弱势地位之借款人的利益。而且，从传统的银行资产与负债业务的性质出发，银行的客户既包括存款人，也包括借款人。另外，信息也是一种社会资源，也具有一定的价值性，所以也有必要将其纳入法律调整的范围。不过，亦应明确的是，借贷业务毕竟不同于存款业务，获取借款人的信息是银行决定是否借款的前提条件。就这一点而言，在借贷业务中，银行所负的保密义务明显少于对存款人所负的保密义务。

除借款人在借款中有披露义务之外，在与存款人发生业务的过

① 400 N. Y. S. 2d 717 (Super Ct. 1978), off' d, 414 N. Y. S. 2d 756 (App. Div. 1978).

程中，基于金融监管与打击洗钱等犯罪行为，银行亦负有法律义务，以了解存款人的基本情况。如1997年巴塞尔银行监管委员会发布的《有效银行监管核心原则》第15条便规定，银行监管者必须确定银行具有完善的政策、做法和程序，其中包括“了解你的客户”的政策，以促进金融部门形成较高的职业道德与专业标准，并防止有意或无意被罪犯所利用。对于银行而言，所谓客户身份识别，就是指银行机构在与客户建立业务关系或进行交易时，应当根据有效的证明文件或其他可信的身份识别资料，确定与记录其客户的身份，防止洗钱者利用匿名账户、假名账户或不正确名称的账户进行洗钱活动。具体而言，该原则包括以下三层内容：一是要求银行应获取其直接客户的完整有效的身份信息；二是要求银行应努力获得其间接客户的真实身份；三是要求银行应掌握和熟悉其重要客户的经营范围。① 早在1988年的《防止犯罪分子利用银行系统从事洗钱活动》文件中，巴塞尔银行监管委员会便表明，为了确保金融系统不被用做犯罪资金的转移渠道，银行应采取适当的措施，以确保所有要求该机构提供服务的客户之真实身份。特别应注意辨别所有账户的所有权与使用保险箱设施者的身份。所有银行均应设置有效的程序，以了解新客户的身份。应明确规定，不可与未能提供身份证明的客户进行重大业务交易。② 实际上，巴塞尔银行监管委员会的这些建议也在许多国家的国内法中得以体现，如我国2000年的《个人存款账户实名制规定》第7条的规定就是对这一精神的翻版。尽管如此，我们还是必须明确，在银行与借款人或存款人建立法律关系过程中，银行要求这两者进行公开信息的出发点是不相同的。对于借款关系而言，银行是基于安全交易，以防范可能的信用风险，所以借款人进行信息的公开并非法律的直接要求，而多源于当事人之间的契约性规定。相反，在存款关系中，要求存

---

① 参见梁英武：《支付交易与反洗钱》，中国金融出版社2003年版，第149页。

② 参见巴塞尔银行监管委员会：《巴塞尔银行监管委员会文献汇编》，中国人民银行译，中国金融出版社2002年版，第204页。

款人公开自己的身份的基本信息则源于法律的直接约束。实质上，无论如何，在无法律规定及缺乏当事人明示或有确切证据默示可以公开等情况下，银行对其所获取的信息都应负有保密义务。

第三节 对我国银行信息保密义务的反思与立法建议

一、问题之提出

隐私权是公民的一项基本权利。从国外对公民个人信息的保护立法来看，对公民个人信息隐私权的保护已基本上步入了法治化与系统化。这一点在美国表现得更为明显，如其于 1966 年制定了《信息公开法》，该法明确规定消费者有要求信息公开的权利，并阐明这是法律保障的权利，是宪法所保护的公民权。该法的立法宗旨就是确立个人对自己信息的控制权与支配权。后来考虑到，以往的法律没有对作为个人信用信息对象的个人进行充分的保护，所以 1971 年美国议会将《消费者信用保护法》第 6 编规定为《公平信用报告法》，尽管该法是针对征信调查的，但是根据该法，征信机构所提供的消费者信用信息，必须具有正当性与合法性。后来美国又陆续出台了《诚实借贷法》、《平等信用机会法》及《公平信用账单法》等多部法律，其或多或少地都涉及了对作为消费者的公民的信息保护事项。

另外，英国早在 1894 年便颁布了《数据资料保护法》。该法规定，其适用对象为公共部门与民间部门两方面。作为数据资料主体的公民，对自己的数据资料享有所有权、订正和消除请求权、损害赔偿请求权。1990 年 6 月，英国内务省发表了题为“关于隐私权及关联事项委员会的报告书”，该报告的主要内容是针对在宣传媒体方面对个人隐私权的保护。在该报告中，其认为所谓个人信息是指姓名、出生年月、根据其他的记述或个人的证件号码、记号或其他可以识别该人身份的东西。

目前，西方发达国家多已确立了系统性的法律规则，以对公民的信息隐私权进行保护，这表现为对于信息的获取、公开与使用等都有严格的法律规定。那么，相比较而言，我国对公民隐私权的立法保护状况如何呢？实际上，我国在这方面的立法存在有严重的滞后性，法则的制定已落后于社会经济的发展，且在立法特点上表现为零散性与欠系统性。时下，我国对隐私权保护的规定大多散见于一些部门法的规定中，无统一性的隐私权保护立法，而且我国的法律也并没有将隐私权作为一种独立的民事权利加以保护，在实践中往往是采取间接保护的方式。在这种情形下，我国对银行客户金融隐私权保护的立法更是单薄，仅有的关于银行对金融隐私权保护的法律条文也较为零散、原则、抽象。这种状况必将导致以下几个结果：其一是致使银行客户的金融隐私权保护落空，从而使我国银行在业务过程中所负的保密义务仅仅停留于形式意义上；其二是规则创新的滞后性亦极大地阻碍了银行基于征信之需要而进行合理、必要的信息公开；其三是伴随着经济一体化而来的全球规则趋同化趋势，我国在此方面的法律构建缺少相应的国际衔接性，这不仅会影响我国法治建设的国家形象，更严重的是也会间接地使我国银行业在国际业务中处于不利的竞争地位。为了对我国立法的滞后性有较好的认知，在下文中，将对我国银行保密法的现状作进一步的阐述。

二、我国银行保密义务的法则与评价

（一）银行保密义务的法律规定

我国最早规定银行保密义务的法则是1992年的《储蓄管理条例》。该条例第5条规定：“国家保护个人合法储蓄存款的所有权及其他合法权益，鼓励个人参加储蓄。储蓄机构办理储蓄业务，必须遵循存款自愿、取款自由、存款有息、为储户保密的原则。”第32条规定：“储蓄机构及其工作人员对储户的储蓄情况负有保密责任。储蓄机构不代任何单位和个人查询、冻结或者扣划储蓄存款，国家法律、行政法规另有规定的除外。”

我国1995年及2003年的修订的《商业银行法》第29条第1～2款规定：“商业银行办理个人储蓄存款业务，应当遵循存款自愿、取款自由、存款有息、为存款人保密的原则。对个人储蓄存款，商业银行有权拒绝任何单位或者个人查询、冻结、扣划，但是法律另有规定的除外。”第 30 条规定：“对单位存款，商业银行有权拒绝任何单位或者个人查询，但是法律行政法规另有规定的除外；有权拒绝任何单位或者个人冻结、扣划，但法律另有规定的除外。”第 53 条规定：“商业银行的工作人员不得泄露其在任职期间知悉的国家秘密、商业秘密。”

《银行结算办法》第 11 条规定：“银行依法为单位、个人的存款保密，维护其资金的自主支配权。除国家法律规定和国务院授权中国人民银行总行的监督项目以外，其他部门和地方委托监督的事项，各银行不予受理，不代任何单位查询、扣款，不得停止单位、个人存款的正支付。”

银发［2000］152 号文件——中国人民银行关于严格执行《个人存款账户实名制规定》有关问题的通知再次对银行的保密义务进行重申，该通知表明各金融机构必须认真执行为储户保密的原则，不得向任何单位或个人提供个人存款账户的情况，并有权拒绝任何单位或者个人查询、冻结、扣划个人在金融机构的款项，但是法律另有规定的除外。金融机构工作人员要严格遵守法律的规定，为储户保守秘密。违反规定泄露个人存款情况的，应予以严肃处理，造成严重后果的，要追究法律责任。

2003 年的《人民币结算账户管理办法》第 9 条规定：“银行应依法为存款人的银行结算账信息保密。对单位银行结算账户的存款和有关资料，除国家法律、行政法规另有规定外，银行有权拒绝任何单位或个人查询。对个人银行结算账户的存款和有关资料，除国家法律另有规定外，银行有权拒绝任何单位或个人查询。”

2003 年《银行业监督管理法》第 11 条规定：“银行业监督管理机构人员，应当依法保守国家秘密，并有责任为其监督管理的银行业金融机构及当事人保守秘密。”

2010 年 7 月 1 日起实施的《侵权责任法》第 2 条规定：“侵害民事权益，应当依照本法承担侵权责任。本法所称民事权益，包括生命权、健康权、姓名权、名誉权、荣誉权、肖像权、隐私权、婚姻自主权、监护权、所有权、用益物权、担保物权、著作权、专利权、商标专用权、发现权、股权、继承权等人身、财产权益。”

此外，我国《刑法》也有对商业秘密保护的规定。该法第 219 条规定：“有下列侵犯商业秘密行为之一，给商业秘密的权利人造成重大损失的，处三年以下有期徒刑或者拘役，并处或者单处罚金；造成特别严重后果的，处三年以上七年以下有期徒刑，并处罚金：以盗窃、利诱、胁迫或者其他不正当手段获取权利人的商业秘密的；披露、使用或者允许他人使用以前项手段获取的权利人的商业秘密的；违反约定或者违反权利人有关保守商业秘密的要求，披露、使用或者允许他人使用其所掌握的商业秘密的。明知或者应知前款所列行为，获取、使用或者披露他人的商业秘密的，以侵犯商业秘密论。”同时，该条将“商业秘密”定性为，不为公众所知悉，能为权利人带来经济利益，具有实用性并经权利人采取保密措施的技术信息和经营信息。

（二）保密例外的规定

银行信息保密例外与银行保密是银行法中并行的两个法律问题，在我国法律规定银行负有保密义务的同时，为了执法与司法的方便我国亦在许多法律中对保密义务例外进行了规定，具体如下：

《民事诉讼法》第 221 条规定：“被执行人未按通知履行法律文书确定的义务，人民法院有权向银行、信用合作社和其他有储蓄业务的单位查询被执行人的存款情况，有权冻结、划拨被执行人的存款，但查询、冻结、划拨存款不得超出被执行人应当履行义务的范围。人民法院决定冻结、划拨存款，应当作出裁定，并发出协助执行通知书，银行、信用合作社和其他有储蓄业务的单位必须办理。”又《民事诉讼法》第 65 条第 1 款规定：“人民法院有权向有关单位和个人调查取证，有关单位和个人不得拒绝。”①

《刑事诉讼法》第 45 条规定：“人民法院、人民检察院和公安

---

① 经过 2012 年的第二次修订后，原法第 221 条被变更为新法的第 242 条，原法“银行、信用合作社和其他有储蓄业务的单位”被简化为“有关单位”；原法第 65 条表现为新法的第 67 条，基本内容与措辞保持不变。

机关有权向有关单位和个人收集、调取证据。有关单位和个人应当如实提供证据。对于涉及国家秘密的证据，应当保密。凡是伪造证据、隐匿证据或者毁灭证据的，无论属于何方，必须受法律追究。”①

《行政诉讼法》第 65 条第 2 款规定：“公民、法人或者其他组织拒绝履行判决、裁定的，行政机关可以向第一审人民法院申请强制执行，或者依法强制执行。强制执行的手段包括查询、冻结、划拨等。”又该条第 3 款第 1 项规定行政机关拒绝履行判决、裁定的，第一审法院可以通知银行从该行政机关的账户内划拨。

1983 年全国人大常委会通过的《关于国家安全机关行使公安机关的侦查、拘留、预审和执行逮捕的职权的决定》赋予国家安全机关查询、冻结和划拨个人储蓄账户的权利。

《税收征收管理法》第 38 条规定：“税务机关认为从事生产、经营的纳税人有逃避应纳税义务行为的，可以在规定的税期之前，责令限期缴纳应纳税款，当事人在有明显的转移、隐匿其应纳税的商品等行为而不提供担保的，税务机关可以书面通知纳税人开户银行或者其他金融机构冻结纳税人的金额相当于应纳税款的存款。”此外，第 54 条第 6 项规定：“经县以上税务局局长批准，凭全国统一格式的检查存款账户许可证明，查询从事生产、经营的纳税人、扣缴义务人在银行或其他金融机构的存款账户。”

《海关法》第 60 条第 6 项规定：“海关可以书面通知纳税义务人开户银行或者其他金融机构从其存款中扣缴税款。”

中华人民共和国《价格法》第 34 条规定，价格主管部门有权查询个人存款。

中华人民共和国《行政监察法》第 21 条规定，监察机关有权

---

① 在 2012 年修订后的《刑事诉讼法》中，该条表现为第 52 条，新规定最大的创新与突破在于将保密的内容进行了扩张，将其从“国家秘密”扩展至商业秘密、个人隐私类的证据。同时，增加了“行政机关在行政执法和查办案件过程中收集的物证、书证、视听资料、电子数据等证据材料，在刑事诉讼中可以作为证据使用”的内容。

查询并向法律申请冻结个人存款。

《证券法》第180条第6项规定："国务院证券监督管理机构依法履行职责，有权查询当事人和与被调查事件有关的单位和个人的资金账户、证券账户，对有证据证明有转移或者隐匿违法资金、证券迹象的，可以申请司法机关予以冻结。"

（三）法律责任承担的规定

法律责任是对义务人的一种约束与限制，若在法律机制运作中缺少配备的责任制度，则可能导致权利人权利的落空及法律信用的灭失。这一点对于银行的保密义务而言更是如此。对于银行违背保密义务的责任承担，1992年的《储蓄管理条例》第34条规定，违反本条例规定，有泄露储户情况或者未经法定程序代为查询、冻结、划拨储蓄存款的……由中国人民银行或其分支机构责令纠正，并可以根据情节轻重处以罚款、停业整顿、吊销经营金融业务许可证；情节严重，构成犯罪的，依法追究刑事责任。《商业银行法》第73条规定第3~4款规定，商业银行非法查询、冻结、扣划个人储蓄存款或者单位存款的，或违反本法规定对存款人或者其他客户造成损害的其他行为，对存款人或者其他客户造成财产损害的，应当承担支付迟延履行的利息以及其他民事责任。同时，在发生该类情形时，国务院银行业监督管理机构可以责令改正，有违法所得的，没收违法所得，违法所得五万元以上的，并处违法所得一倍以上五倍以下罚款；没有违法所得或者违法所得不足五万元的，处五万元以上五十万元以下罚款。虽然此处的其他行为是一种模糊的表述，但是这种兜底性的规定应包括违反保密义务的行为。若客户因银行泄露其秘密而造成损失，则可依据此款向银行主张民事损害赔偿的请求权。此种损害既包括积极的损害，也包括消极的损害，前者例如客户身体受到危害，后者例如客户因某种营运计划的泄露，而经营受到妨碍，结果计划不能实现，从而不能得到预期利益。①

① 参见阮品嘉：《银行对客户的保密义务》，载《金融法苑》1998年第5期。

(四) 分析

尽管银行保密义务已在我国相关的法律制度中得到散乱性的体现，并且也被配置了违规时的法律责任，但是我国对于银行保密义务的法律制度设计还是存在较大缺陷，这不仅表现在立法的欠系统性、粗线条性、肤浅性，而且也表现为从法律的价值取向来看，例外性的法律规则过多地展示与突出了公权力的重要性与主导性，而没有在彰显私权的银行保密义务与公权力之间形成制约性的合理平衡。对此，可以进一步作如下探讨。

银行保密制度内容上过于抽象。纵览我国银行保密的法律规则，不难得出这样一个结论，即尽管银行保密这一制度已在银行法等规则中得到承认，但是我国的法律并没有对银行保密义务的范围与外延等问题进行具体的界定，这种范式无疑会使我国的银行业监管者与国家有权机关在具体的执法与司法过程中处于一种无法可依或无法无天的极端式选择中。另外，从我国《商业银行法》第53条来推定，银行保密义务的范围似乎仅限于国家秘密与商业秘密，而且该法并没有对何谓国家秘密与商业秘密进行明确的解释。虽然我国《反不正当竞争法》规定，商业秘密指不为公众知悉的，能为权利人带来经济利益，具有现实性并经权利人采取保密措施的技术信息和经营信息，但是从英、美、法的实践来看，银行法中的保密信息应是有关账户的信息、有关客户交易的信息及银行因保管客户的账户所获取的与客户有关的任何信息。银行客户信息界定的不明确无疑弱化了银行的保密义务，同时也加剧了客户隐私权保护落空的风险。

银行保密义务例外规定上的不足。细细品味我国银行保密义务的例外规定，很容易发现这些例外条款具有以下特点：其一是能行使查询、划拨、冻结等权力的机关众多，如根据我国现行法律的规定，有权查询单位存款的机构有公安机关、检察院、人民法院、国家安全机关、监察机关、税务机关、审计部门、价格主管部门、军队保卫与审计部门、工商行政管理机关、中国证监会、海关总署走私犯罪侦查机关等。其二是例外性规定欠缺立法形式上的严谨性。银行保密义务与公民的权利保障直接相关，是一个不可不认真对待的原则性问题，这一特质决定该法律的位阶不能太低，最起码应采取正式法律的形式。然而，事实上，我国在该方面的立法随意性较大，在规范构成上，其既包括基本法律，一般法律，也包括以“通知”为主流的部门规范性文件。形式上的轻视必须会导致银行保密义务效应的递减。其三是保密义务例外只限于法律的明示规定，而将当事人的明示或有充分证据证明的默示同意下的信息公开、银行基于自身利益而进行的信息公开、基于社会征信而进行的信息公开及基于社会公共利益而进行的信息公开排除在外，因此我国在银行保密义务法则上的处理上欠缺全面性与系统性。这亦与国际银行界的现实不符，这种规则的设计也不利于我国诚信国家的建立。

法律救济手段上的不足。法谚曰：无救济则无权利。然而，现行的银行保密义务规则侧重于公共机构获得个人信息的权力，缺乏对被保护对象（客户）救济手段的规定。① 从我国对银行违背保密义务所负的法律责任来看，在责任形式上，表现为民事责任、行政责任与刑事责任等，但是我们不难发现法律对行政责任的规定较民事责任的规定具体，更加具有可操作性。如此反差必然会导致当事人在其合法权益受到侵犯时无法得到应有的救济方式，而且笔者认为即使规定了民事责任，也很有可能停留在形式意义上，因为虽然银行将客户信息作为隐私权保护的一项内容予以认可，但是我国立法对隐私权并无明文的立法规定，且《民法通则》亦没有规定隐私权为具体人格权，② 这无疑增加了银行客户在其金融隐私权受到不法侵犯时所可能寻求救济的难度。

实质上，我国对银行所负保密义务的规定与我国法治的现实需要及金融市场的做大做强之间存在着较大的差距，一方面源于法律规则内容的不明晰，其既不能满足银行对客户金融信息保密的要

---

① 参见唐应茂：《电子货币与法律》，法律出版社 2002 年版，第 239 ~ 240 页。

② 参见王利明主编：《中国民法案例与学理研究》，法律出版社 1998 年版，第 141 页。

求，也不利于银行在特定情况下为了保护自身利益而进行的合理信息公开；另一方面，尽管我国银行保密义务的法则并不具体，但是法律上的约束依然有形存在，且正是由于这种法则的不明确有时使得法院在司法实践中无所适从，令征信机构在进行征信调查中时刻面临可能的诉讼风险。毫无疑问，这种情势阻滞了我国社会信用体系的构建，不利于我国经济运营的法治化与市场化，因为从社会信用体系的功能看，其能推动信用管理行业的健康发展，并依照市场规律建立失信惩罚机制，以经济手段打击经济失信。在这个流程中，政府是失信惩罚机制的监督管理者，征信机构是法律规范下的执法纽带与工具，因此规范与完善我国银行保密法律制度已是迫在眉睫。

三、立法建议

建立征信国家是我国法治化市场经济进程中的一个重要方面，也是市场经济的必然要求，因为市场经济既是法治的经济，亦是信用的经济，因此就我国银行法的规则创新而言，在银行信息保密问题上，我国应一方面明确信息保密是银行在处理业务过程中应尽的义务之一，在另一方面我国亦应在内敛的基础上对客户信息的合理合法公开予以肯定。在这一问题上，既要保证银行与客户之间在信息保密与公开上权利与义务分配的公正性，又要保证公开程序上的透明性。

实践证明，在当事人的隐私权受到侵犯时，仅依赖于《民法通则》进行矫正还并不能满足现实的需要。这固然有源于我国立法滞后与规则失语方面的原因，但是从另一个视角看，隐私权保护法律意识的淡薄，加之隐私权侵权案件起诉、举证、审判等方面都存在有一定的难度。在商务资讯日渐便捷的当下，消费者的个人资料和个人隐私如何保护，银行对取得的资料如何处理与流通等问题更加需要与时俱进的法律规则。必须明确的是，在事实上承认金融隐私权作为一项金融新概念的存在与在法律上对其进行确认，并配以保护性措施并不是完全等同的。在对金融隐私权法律创新的过程中，我国一方面应采取借鉴与移植立法模式，另一方面更应关注所引进或借鉴的规则与我国本土金融法律资源相容性问题，以防止出现“水土不服”现象。对规则创新问题，可从两方面进行分析。

（一）宏观上的建议

隐私权作为一项独立的民事权利已被许多国家的宪法、法律以及国际人权组织的文件所确认。就我国而言，对于隐私权的保护时间真正起始于20世纪80年代，但我国关于隐私权的法律规则比较零散，且无直接的保护规则。之所以这样定论是因为我国对隐私权保护的规则散见于《宪法》与《民法通则》等部门法之中。如《宪法》第38、39、40条关于公民人格尊严、私人住宅、通信自由与通信秘密的保护规定即为其他部门法及司法解释保护公民个人隐私权留下了应有的空间。在刑法、民法、诉讼法、未成年人保护法、统计法及妇女权益保护法等法律中都可见零散性的关于隐私权保护的规定。另外，九届人大常委会第31次会议审议的民法草案首次明确提出保护公民的隐私权。该草案规定，自然人享有隐私权，禁止以窥视、窃听、刺探、披露等方式侵害他人的隐私。其规定，隐私的范围包括私人信息、私人活动和私人空间；自然人的住宅不受侵扰；自然人的生活安宁受法律保护；自然人、法人的通信秘密受法律保护；禁止以开拆他人信件等方式侵害自然人或法人的通讯秘密；收集、储存、公布涉及自然人的隐私资料应当征得本人同意，但法律另有规定的除外。尽管目前最高人民法院《关于贯彻执行中华人民共和国民法通则若干问题的意见》(试行)、《关于审理名誉权案件若干问题的解答》及《关于确定民事侵权精神损害赔偿责任若干问题的解释》等皆为我国目前处理隐私权保护的主要法律依据。然而，以上规则并没有从法律上将隐私权确立为一项独立的民事权利。虽然随着2010年《侵权责任法》的实施，隐私权作为一项独立的民事权利的“名分”问题已得到缓改，或者说是解决，但是对于“隐私权”的内外延问题，该法却语焉不详，这种重形式而轻实体的格局无疑使得我国隐私权的保护裹足不前。

基于上述状况，在我国厘清银行对其客户的保密义务问题之前，有必要先解决一个边缘性的法律问题，即可先考虑出台个人隐私保密法。实际上，个人隐私保护在许多国家不仅得到了理论上的论证，而且也在许多已建立了征信法律体系的国家中得到体现。如早在20世纪60年代美国不法行为法研究专家William就认为，许多判例显示出来的结果不是简单的事情，对于隐私权的侵害不仅是一种不法行为，而是盗用（appropriation）、侵入（intrusion）、隐私公开（public disclosure of private facts）及公众误认（false light in the public eye）等四种不法行为的集合。① 在日本，有的法学家主张若民法中规定的对个人秘密领域的侵害属于不法行为，那么银行随意泄露客户秘密的行为也是对个人秘密领域的侵害，也应作为不法行为来处置。在立法上，英国《消费者信用法》即规定，消费者在被拒绝提供信用即贷款的情况下，有权了解贷款人作为的原因，尤其有权了解信贷咨询机构是否存有对其不利的记录或登记。该法明确规定消费者在该种情况下享有以下权利：其一是消费者有权向与之订立合同的贷款人或租借人了解对方曾咨询过的信贷咨询机构的名称与地址；其二是在提交书面申请并支付1英镑的前提下，可要求信贷咨询机构提供有关档案的副本；其三是在必要的情况下有权采取相应的措施来补充或更正其档案副本。美国《公平信用报告法》规定，信息使用者在收集个人信息时必须通知信息主体；信息主体对争议的信用信息可以要求重新调查；若该信息被认定为不正确，则信息主体有权要求取消；若取消不成，信息主体可在档案中附上自己的声明；只有在征得信息主体的同意后，或者根据法院的命令或出于真正的业务需要，才可以制作信用报告；向政府机构透露信息只能限于身份方面，负责实施该法的政府部门是联邦贸易委员会；违反该法规定的人将受到刑事制裁或民事制裁。②

研究发达国家与隐私权保护相关的信用管理法律可以发现，其法律最主要的目的是要体现出人权保护与市场公平竞争维护两项基

① See William L. Prosser, Privacy, California Law Review (1960), Vol. 48, p. 383.

② 参见钟楚男主编：《个人信用征信制度》，中国金融出版社2002年版，第75页。

本原则。如1977年的德国《联邦信息保护法》便规定本法的宗旨在于：防止信息机关在信息处理中滥用信息，保护信息主体的利益，以保护信息主体的利益不受侵害。其后于1990年重新制定的《联邦信息保护法》则明确规定了本法的目的是防止在个人信息处理中，信息主体的人格权受到侵害。“我们的时代是权利的时代。人权是我们时代的观念，是已经得到普遍接受的唯一的政治与道德观念。”① 基于现实的民主、人权、法治国家的追求，我国亦有必要借鉴英、美等关于个人信息保护的规定出台专业性的个人信息保护方面的法律文件，以加大与强化对公民信息的隐私权保护。然而，利益的保护向来不是单向性的，“认识所涉及的利益、评价这些利益各自的分量、在正义的天平上对它们进行衡量，以便根据某种社会标准去确保其间最为重要的利益的优先地位，最终达到最为可欲的平衡”。② 因此，在另一方面基于公共利益、执法与司法的需要及确立征信国家制度，“个人信息保密法”亦必须对个人信息的合理公开予以承认。具体而言，在对信息资料的收集、保管、使用、变更等环节中，法律必须明确资料所有人的知情权、修改权、取消权及在受到不法侵害时的损害赔偿请求权等；对于信息的收集者与使用者而言，法律应根据商业目的或非商业目的进行资质认证，对信息使用与传播的方式、权限及程序等进行严格的限制，并明确所可能产生的侵权责任，以保证信息的合法性、准确性、完整性与适当性及公开程序的公正性。从总体上来说，我国的个人信息保密法应包括以下几方面内容：目的与适用范围、信息的处理及利用、信息收集与提供、信息主体之权利及罚则等。

（二）微观上的思考

明确银行保密义务的范围。在银行创新中，必须首先明确银行对其客户信息保密的法定义务，同时对保密义务的范围进行明文的

---

① ［美］路易斯·亨金：《权利的时代》，信春鹰等译，知识出版社1997年版，第1页。

② Richard Grosuut, The Free Scientific Search of Franceois Geny, 17 American Journal of Jurisprudence 14 (1972), pp. 415-416.

限定。在这一点上，必须确立保密义务是原则，例外公开为补充的理念。笔者认为保密义务的范围应包括三个方面，即有关客户账户的信息、有关交易的信息及银行在业务过程中所可能获取的与客户相关的其他信息。在具体的内容设计上，既不能过于宽泛，也不能过于狭窄。

明确银行保密义务免除的具体情形。目前，我国银行保密义务的免除仅限于法律的规定，这种立法模式不足以保证个人金融信息的合理利用。结合英、美的实践，我国银行保密义务例外情形亦应扩展到以下几方面的内容：源于法律的规定而进行的信息公开、出于公共利益的考虑而进行的客户信息披露、基于征信的需要而进行的信息共享、银行基于自身的利益而进行的合理披露及基于客户的许可而进行的信息公开等。在当事人利用例外规则进行信息公开或获取信息时，为了保证信息公开的合理性及取得的合法性，必须对信息的公开与取得规定严格的程序，以通过程序的正义来实现实质上的正义或缩短其与实质正义之间的距离。近年来，随着对毒品交易与洗钱等犯罪控制的逐渐强化，该领域的国际合作越来越密切，这种趋势对客户的金融隐私权保护产生了巨大挑战，因此为了使个人隐私权保护与打击重大犯罪行为之间的需求达成合理的平衡，我国立法应明确以下几点：确立认定毒品交易和洗钱等犯罪的严格标准，以避免个人隐私轻易受到侵犯；确立认定犯罪行为存在的合法证明方法与程序，以避免错误推论与轻率结论；明确银行的协助义务①；对犯罪行为的认定必须基于充分、有效的证据，而非基于主观的臆断；国家间的谅解备忘录应规定信息交流与合作的目标、交流之程序及信息的用途。

---

① 巴塞尔银行监管委员会在1988年的《防止犯罪分子利用银行系统从事洗钱活动》的报告文件中就一再重申，银行应在当地有关客户保密法规则允许的范围内与国家司法当局通力合作，其应谨慎地避免通过提供经删改的、不全面的或具有误导性的资料为试图欺骗司法当局的客户提供支持或协助。当银行得知可以从中推断存款资金可能来源于犯罪活动或参与交易本身是为犯罪提供服务的事实时，其应根据法律的规定采取适当的处置措施，如拒绝、断绝与该客户的关系及关闭或冻结其账户。

明确银行保密义务与信息披露义务冲突的处理规则。向银行业监管者披露监管所必需的信息是银行应尽的义务，这也是银行有效监管的必须要求。我国有必要对这两种义务的冲突制定相应的规则。结合前文的分析，美国法院的实践是值得深思与借鉴的，如在R. A. Peck vs. Liberty Federal Saving Bank一案中，上诉法院认为：两种义务平衡处理的标准是不能解决问题的，而且在某种程度上这样的义务权衡是无意义的。实际上，两种义务并非平等的，必定有一种义务优先于另外一种。相比较而言，信息披露义务优先于保密义务。实质上，从银行所负的两种义务所保护的社会关系来看，保密义务注重的是银行客户的个人隐私权，为私利，而信息披露义务则以银行体系的安全与稳健为出发点，为公利。不证自明的是，在两种利益发生冲突时，社会利益的保护应优先。

法律责任的完善。很久以前，贝卡里亚曾言：“任何一条法律，如果它没有能力保卫自己，或者社会环境实际上使它毫无根基。那它就不应当被颁布。”① 此论表明，法律效能的保证必须以法律责任的确定与践行为保证。为了使客户的金融隐私权能得到切实的维护，我国必须对目前的法律责任形式规则进行相应的重构，从而摆脱那种以行政责任或刑事责任代替民事责任的做法。在银行违规公开或兜售客户信息时，其实质上是直接地侵犯了存款人或借款人的合法权益，对此作为当事人的存款人或借款人具有理所当然的诉因来追究银行的法律责任。银行保密义务责任的强化不仅能加速我国银行业的市场化与国际化，而且在法治国家这个大概念中，其也得益于国民法律信仰意识的萌芽、发展与壮大。

尽管英美等金融发达国家为我国银行信息保密法律制度的构建提供了较好的营养，但是有一点还是值得我们关注的，那就是无论在这方面的立法与司法判例的理论依据是如何完美，其总是存在这样或那样的不足，因为银行业所提供的服务正在日益复杂化与多元化。在这一点上，英国的某些实践可能是值得我们回味的。在具有

① ［意］贝卡里亚：《论刑罚与犯罪》，黄风译，中国大百科全书出版社2003年版，第88页。

里程碑意义的Tournier案判决后，1987年英国财政部与英格兰银行联手成立了与银行服务相关的法律调查委员会，该委员会对Tournier的判决进行了重新的审视，最后得出的结论是：单从法律原则框架而言，该判决经受了时间的检验，该判决中所阐述的保密义务本身及所确定的四个例外仍然还是比较中肯的，但是有一点应引起人们的关注，即缺少对这四个例外的精确解释，这为权利的滥用埋下了伏笔。如关于信息公开的第一个例外（源于法律的规定而进行的公开），目前的法律规则已有了极大的发展，如在立法上，基于反洗钱的需要要求或者允许银行披露客户相关的信息。此外，关于第三个与第四个例外（基于银行自身的利益而进行的公开及基于客户的明示或者默示而进行的公开），调查委员会认为，可能在Tournier时期，人们一般不会存在太多的异议，但是自20世纪80年代起，情况则有所改变。如有些银行在没有客户明示同意与声明的情形下，将客户的信息提供给公司集团内的其他成员，其理由是基于客户的默示同意或自身利益的需要。其次是银行将客户信息向信用中介机构披露所滋生的法律问题。1988年5月，英国银行业与信用中介机构达成了一项协议，协议规定银行有义务将违约的借款信息提供给信用中介机构。最后，委员会得出的结论是，银行保密义务的范围需要精确的界定，因为由于时间的变迁，Tournier案所设定的原则已被模糊化，如固然基于犯罪预防与侦查要求银行进行信息公开是值得称颂的，但是它直接导致了法定规则对银行保密义务的侵蚀，且此方面的法律规则还呈日益增长之势；另外，在以信用为基础的经济活动中，债务人的风险日渐增加，同时来自商业竞争的压力也日益导致银行寻求其客户保密信息在同一银行集团中的自由流动，日益增长的违约风险也迫使银行将这样的信息提供给信用中介机构。①

正是基于以上的忧虑，后来英国出台了《银行业、购房互助协会及银行卡发行机构与客户关系中所必须遵循的行为准则》

① See Peter Cartwright, Consummer Protection in Financail Services, Kluwer Law International, 1999, pp. 81-83.

(Code of Practice to be Observered by Banks, Building Aocieties and Card Issuers in Their Relations with Personal Customers)。该准则的第一版生效于1992年3月16日，第二版出台于1994年，目前的第三版生效于1997年。该版本的第四段对1924年的Tournier规则作了如下修正性的重述："我们将所有个人的信息视为私有与保密的，即使其不再为银行之客户。我们承诺不向任何人，包括我们同一集团内的其他成员，透露与客户账户相关的信息、姓名及地址，但以下情形除外：基于法定的义务、基于向公众的披露义务、基于银行自身利益的需要（但该项规定不得成为银行向任何人披露客户账户信息的理由）及基于客户的要求或同意所进行的披露。

从英国银行信息保密义务的历史沿革来看，我们不妨得出这样一个结论，即尽管法律可以明文规定银行对客户负有信息保密的义务，与此同时并设定相关的例外条款及配以违规时的法律责任，但是有一个问题是我们不能回避的，即无论规则的供给如何完善，基于打击洗钱、反恐等犯罪的需求，在利益博弈中，银行客户的信息都不可能得到至善的保护与救济，银行保密义务例外的界定也不可能具有严格的边际，其必定在确定性与模糊性之间进行游离。从这一点看，银行保密义务永远是受到日渐增多的法律、法规与规章的侵蚀与挑战，其边际亦非永远尘封不动的，相反，是永远处于一种波动、难以确定的模糊状态。如即使我国法律也可以作出这样的规定，要求银行在向同一集团内的其他成员披露信息时必须取得客户的明示同意，但是这一要求很可能是形同虚设，因为在当事人于银行开立账户时，在开户单据上都可能会载有要求客户允许银行向其同一集团的成员披露信息语句。在实力不对等的情况下，开户人往往必须接受这样的格式条款，否则就不能成功开户。故而，明智的做法是立法者在出台相关规则时必须在国家利益、银行利益及客户信息隐私权之间寻求最公正的契合点。人民法院在具体的司法过程中，也必须基于社会的整体利益，在最大限度地维护当事人的私权及坚守银行负有保密性义务基础上作出以价值权重为基础的判决，从而起到示范性的作用。

再者，银行对客户所负的保密义务具有默示性亦是我国在司法实践中所必须考虑的问题。虽然历经坎坷之后，依法治国是我们的梦想，但不可否认的是，我国国民的权利与义务意识并不浓厚，那么在这种情况下要求人们来理解隐性的权利则更是难上加难。虽然在法律的适用原则上，我们必须遵循“以事实为依据，以法律为准绳”的准则，但是在保护当事人的金融隐私权方面，我国应扩大对“法律”的解释，即在涉及金融隐私权被银行机构侵犯时，所援用的规则不仅应包括《商业银行法》等法律所涉及的显性规则，而且也应包括隐性的规则，如银行所负的谨慎行事的注意义务、存款人的合理信赖等。若能如此，则不仅能彰显银行法本身的特殊性，而且也是一个通过理性的司法判决向国人展示其应享有权利的机会。依法理，虽然超脱于法治精神的法学教育与普法行动能使权利意识得以萌芽，但是理性的司法判决更能直观地表现法律的人性关怀，及使权利从文本走向现实。

第三章　我国商业银行市场准入法律制度研究

市场准入监管是金融监管法律体系的首要环节。这主要是由市场准入监管所要致力于解决的问题之重要性所决定的。客观而言，市场准入监管主要涉及以下两个方面的问题：其一是对拟入市的银行合格与否进行识别与筛选，从而避免由于信息不对称所可能对金融体系的安全性造成冲击；其二是维护适度的竞争。由于银行体系巨大的外部性，过度竞争对产业造成的损害会直接危及整个经济社会的稳健发展。尽管从传统的银行监管法之功能来看，入市监管的初衷在于金融风险的防范，而不在于对银行机构入市可能造成的垄断之甄别与处理，且金融业的特别许可也表明其经营具有一定的垄断特点，但是这并不妨碍监管者在入市阶段的反垄断审查。而且，金融业运营的自由化与跨国化，及金融风险的日益创新化也要求金融市场保持适度的竞争来强化市场对金融风险的约束力，从而弥补正式监管制度的不足。

虽然通过设置入市壁垒来限制竞争并非绝对的公平，但在银行法律体系不具备有效的市场退出机制及存有明显信息不对称的情况下，这种方法显然又是必不可少的。必须自知的是，过于严格的准入监管对于产业竞争亦是有害的，这主要表现于两个方面：一方面，严格的市场准入监管会降低银行业的竞争度，造成不当的行业垄断，从而由于市场主体逆向选择的结果致使整个产业缺乏必要的效率，及损害作为市场关键活性力量存在的金融消费者的利益；另一方面，严格限制外资银行的准入及对非银行业务的限制在金融自由化的态势下会阻碍金融业务的创新，及金融监管手段与能力的充分发展，因此在金融监管法的体系构建上，入市阶段的监管是后续有效监管的前提与基础，是对“法律的目的不在于制裁，而在于防范”理念的贯彻。那么，我国目前银行业入市监管法律制度的现状如何？是否需要进行必要的调整？……在现时的情况下，虽说我国银行法律体系已日渐完善，但是在大的法律环境下，在银行入市监管方面，我国银行法还存有亟待扶正的空间。

第一节　我国商业银行法关于入市的规定

从宏观上讲，我国关于银行业入市的规范体系主要由法律、法规及部门规章三个层级的规则融合组成。就法律层面而言，主要有《商业银行法》(2003 年修订)、《银行业监督管理法》及《公司法》中的相关规定；条例方面，主要有《外资银行管理条例》及其实施细则；部门规章主要由两大块组成：一是由原中国人民银行所发布的银发［1994］198 号《金融机构管理规定》、2000 年的《金融机构高级管理人员任职资格管理办法》及银发［2002］105 号《中国人民银行关于中资商业银行市场准入管理有关问题的通知》等文件，二是由中国银监会所发布的《境外金融机构投资入股中资金融机构管理办法》、《商业银行与内部人和股东关联交易管理办法》、《关于调整银行市场准入监管方式和程度的公告》及《商业银行服务价格管理暂行办法》等。

一、1994 年《金融机构管理规定》对入市的规定

该法律文件对金融机构入市的规定主要体现在第 2 章“金融机构设立的原则与条件”及第 3 章“金融机构审批的权限与程序”中，如第 2 章就原则性问题及入市的基本条件作出了规定，其规定设立金融机构应依据下列原则：符合国家经济发展的需要；符合金融业发展的政策和方向；符合银行业，信托业，保险业，证券业分业经营，分业管理的原则；符合金融机构合理布局，公平竞争的原则；符合经济核算原则。

同时，在申请设立金融机构时应具备以下条件：其一是具有规定的最低限额以上的人民币资本金与营运资金，经营外汇业务的，

另应具有符合规定的外币资本金或营运资金；其二是法定代表人和董事长，副董事长、行长、副行长、总经理、副总经理、主任、副主任必须符合规定的任职资格，同时其从业人员中应有60%以上从事过金融业务工作或毕业于大中专院校金融专业；其三是具有符合中国人民银行规定的营业场所及完备的防盗、报警、通讯及消防设施等；其四是其他条件。

评：从该文件的条文内容及出台的时间来评价，可以感受到这个文件已明显落后于我国银行业发展及银行法律制度创新的要求。这其中的原因有以下几点：其一是文件的内容过于宽泛。文件“金融机构管理规定”的名称表明，该文件只能对金融机构入市的一般性问题作原则性的规定，而不能分门别类地深入到商业银行入市的实质要求，如银行机构设立时究竟需要多少资本及内部治理机制应如何设置等；其二是在内容上，在这一阶段我国关于商业银行入市监管的规范建设还只是一个尝试阶段，如该文件第8条在对具体条件进行规定时，就没有提及内部治理的要求，且规则的内容比较简单与粗糙；其三是与现时代金融业的发展脱节。2003年，我国已实现了央行货币政策职能与监管职能的分离，成立了中国银监会，因此文件中关于监管权限问题的规定显然已陈旧化。再者，文件还比较固守原来的“分业经营、分业管理”的模式。中国金融业演进的实践告诉我们，这一格局已有实质性的松动，因此从总体上分析，我们可以得出这样一个结论，即无论是从哪个视角考证，这一文件已明显落后于时代的要求，应当进行必要的清理，或废止或修订。

二、《关于中资商业银行市场准入管理有关问题的通知》之内容与述评

2002年4月，为了适应加入世界贸易组织后我国商业银行发展与监管的需要，及逐步统一与规范中外资商业银行入市管理，央行出台了《关于中资商业银行市场准入管理有关问题的通知》(本部分内容中后称《通知》)。通知要求：商业银行应逐步减少分支机构层次，提升分支机构功能。各商业银行应以总行—分行—支行

的机构层级模式为目标，并结合自身控制能力设置与调整分支机构。各国有独资商业银行总行要依季向人民银行总行报送各级分支机构增减变动情况，并于每年第一季度报年度分支精简与调整方案。该文件指出，央行原则上不再受理各商业银行支行（不含支行）以下分支机构的增设申请，对于商业银行分支机构总量过多、人均资产较少、地域分布不合理的，允许其对同城或在同一省（自治区）范围内跨城的同一层次分支机构进行结构调整。人民银行将取消对商业银行各级分支机构升格的规划审批，人民银行将主要按照审慎监管要求，根据各商业银行上级行的批准文件，按金融监管责任制规定的权限，对商业银行分支机构升格申请进行审批。商业银行人民币业务范围的变更，可在不超过其上级行业务范围的前提下，人民银行依据其上级行的授权文件一并核准。对支行升格为分行的，除满足审慎监管要求外，人民银行要求商业银行总行按设立分行的条件增拨营运资金。

按照通知规定，人民银行不再对商业银行分支机构营业部单独颁发《金融机构营业许可证》，现有已发放许可证的分支机构营业部，要由独立经营业务逐步过渡到作为内设部门，以其所属分支机构名义经营业务。通知规定，商业银行总行及其分支机构新开办外汇业务，可在机构开业或升格时与人民币业务同时申请，由人民银行根据有关标准，对其人民币与外币业务一并核准。结售汇业务的准入管理仍按现行规定执行。商业银行申请增开人民币或外汇业务，由其总行向中国人民银行总行提出申请，人民银行按照一级法人管理的原则予以核准或备案。通知还提出适当调整人民银行对商业银行各级高级管理人员任职资格的审核权限。

评：通知是在我国“入世”之后出台的，诚如文件所言，其根本目的是为了增强我国商业银行的实力，并与国际接轨。那么，如何评判央行的这一通知呢？笔者认为，从入市监管的良法来看，这一文件是比较失败的，因为它呈现为运动型特点，政治的色彩浓于法律的色彩，如在内容上该通知并无实质内容，在主体上仅仅是要求减少银行分支机构的设立。而且仅凭机构设置的精简也并不能达到有效银行监管的目的，因为通知根本没有触及入市监管问题所要关注的问题之实质。另外，还有一个问题是值得我们深思的，在中国银监会成立后，如何正视原由央行发布的部门规章的效力问题。在我国银行法构建中，由于部门规章的数量多且庞杂，那么，在银行业的监管权发生移转后，原来的部门规章之效力该如何认定？是全部自然继承，还是有条件地继受？笔者认为，这是我国银行法完善进程中所必须首先加以考虑的问题。古语说得好："千里之行始于足下。"金融法治与此同理，金融法治始于良好的金融法律文本。有一点是可以肯定的，这些过去就已层出不穷，现在仍然频出的被冠以"通知"、"试行"与"暂行"的规范文本绝不是我们所期待的金融良法。我们知道，好的法律并非一时之需的救急之物，而是具有强劲的时空穿透力的"传家宝"。虽然就目前来看，这可能是一种苛求，但是金融法律绝不是可以朝三暮四的立法人手中的玩物，因此若改革者真正有志致力于中国的金融法治，那么我们就必须创新这种"临时抱佛脚"式的法律供给范式，而踏上一条求真务实的金融法治化之路。

三、《商业银行法》与《银行业监督管理法》的相关要求

2003 年《商业银行法规定》的入市规定载于该法第 2 章"商业银行的设立及组织机构"中，其主要规定如下：

其一是关于核准的规定。设立商业银行，应当经国务院银行业监督管理机构审查批准。未经国务院银行业监督管理机构批准，任何单位和个人不得从事吸收公众存款等商业银行业务，任何单位不得在名称中使用"银行"字样。

其二是入市实质要求的规定。设立商业银行，应当具备下列条件：有符合本法和《中华人民共和国公司法》规定的章程、有符合本法规定的注册资本最低限额、有具备任职专业知识和业务工作经验的董事、高级管理人员、有健全的组织机构和管理制度、有符合要求的营业场所、安全防范措施和与业务有关的其他设施及设立商业银行还应当符合的其他审慎性条件。

其三是程序方面的规定。设立商业银行，申请人应当向国务院银行业监督管理机构提交下列文件、资料：申请书（应当载明拟

设立的商业银行的名称、所在地、注册资本、业务范围等)；可行性研究报告；国务院银行业监督管理机构规定提交的其他文件、资料。同时，在此基础上填写正式的申请表，并提交以下材料：章程草案；拟任职的董事、高级管理人员的资格证明；法定验资机构出具的验资证明；股东名册及其出资额、股份；持有注册资本百分之五以上的股东的资信证明和有关资料；经营方针和计划；营业场所、安全防范措施和与业务有关的其他设施的资料；国务院银行业监督管理机构规定的其他文件、资料。设立商业银行分支机构，申请人应当向国务院银行业监督管理机构提交下列文件、资料：申请书（应当载明拟设立的分支机构的名称、营运资金额、业务范围、总行及分支机构所在地等)；申请人最近两年的财务会计报告；拟任职的高级管理人员的资格证明；经营方针和计划；营业场所、安全防范措施和与业务有关的其他设施的资料；国务院银行业监督管理机构规定的其他文件、资料。最后，由国务院银行业监督管理机构颁发经营许可证，并凭该许可证向工商行政管理部门办理登记，领取营业执照。另外，《商业银行法》第17条规定："商业银行的组织形式、组织机构适用《中华人民共和国公司法》的规定。本法施行前设立的商业银行，其组织形式、组织机构不完全符合《中华人民共和国公司法》规定的，可以继续沿用原有的规定，适用前款规定的日期由国务院规定。"

《银行业监督管理法》对入市的规定主要体现于第3章"监督管理职责"中，如其第16～20条规定："国务院银行业监督管理机构依照法律、行政法规规定的条件和程序，审查批准银行业金融机构的设立、变更、终止以及业务范围；申请设立银行业金融机构，或者银行业金融机构变更持有资本总额或者股份总额达到规定比例以上的股东的，国务院银行业监督管理机构应当对股东的资金来源、财务状况、资本补充能力和诚信状况进行审查；银行业金融机构业务范围内的业务品种，应当按照规定经国务院银行业监督管理机构审查批准或者备案。需要审查批准或者备案的业务品种，由国务院银行业监督管理机构依照法律、行政法规作出规定并公布；未经国务院银行业监督管理机构批准，任何单位或者个人不得设立银行业金融机构或者从事银行业金融机构的业务活动。国务院银行业监督管理机构对银行业金融机构的董事和高级管理人员实行任职资格管理。具体办法由国务院银行业监督管理机构制定。

评：从上述两法关于银行业入市规定的内容看，我们有一个明显的感觉，即我国在银行业入市法律制度的构建方面已有了初步的规模，步入成熟化。如在内容上，其已慢慢摆脱了原1994年《金融机构管理规定》的风格，内容比较翔实与具体；在入市监管上具有了可遵循的实质标准。如在具体的资本要求上，《商业银行法》第13条规定："设立全国性商业银行的注册资本最低限额为十亿元人民币。设立城市商业银行的注册资本最低限额为一亿元人民币，设立农村商业银行的注册资本最低限额为五千万元人民币。注册资本应当是实缴资本。国务院银行业监督管理机构根据审慎监管的要求可以调整注册资本最低限额，但不得少于前款规定的限额。"

另外，在审查的材料内容上，两法已显然折射出了风险管理的理念，即监管者已不全然地将监管的视角定位于准入阶段，而且也将后续性的监管预期进行统筹思考，如在对股东适格问题的判断上，不仅要关注其资本提供的量，而且也关注其资本的质，如股东的诚信度及后期资本的补充能力等。同时，在措辞上，《银行业监督管理法》也使用了一些全新的概念，如审慎经营之原则，并将其界定为包括"风险管理、内部控制、资本充足率、资产质量、损失准备金、风险集中、关联交易、资产流动性等"指标；在业务的交叉许可方面，银行法明显已有较大的松动，如第43条规定："商业银行在中华人民共和国境内不得从事信托投资和证券经营业务，不得向非自用不动产投资或者向非银行金融机构和企业投资，但国家另有规定的除外。"这一但书部分无疑为我国将来的混业经营留下了必要的缓冲余地。

四、《关于调整银行市场准入管理方式和程度的决定》与评价

2003年5月中国银监会出台的《关于调整银行市场准入管理方式和程度的决定》从三个方面调整了银行市场准入管理方式和

程序，即调整新设分支机构审批权限、调整新业务审批方式及调整高级管理人员任职资格核准方式。该文件具有以下几个特点：

其一是简化了入市审批程序，基本实现了属地化管理。《决定》明确银行新设分行、分支机构筹建申请及审核、开业核准和许可证颁发，均由各地银监局或直属分局办理，外资银行新设分行的审批方式及程序不变。

其二是取消对部分新业务的审批或备案制。在新业务审批上，银监会取消了对中资商业银行部分业务的审批：国内保理、代理证券资金清算（银证转账）、代理保险、证券公司受托投资托管、信托资产托管、企业年金托管；取消了对中资商业银行部分业务的备案：买方或协议付息票据贴现、法人账户透支、代理信托产品资金收付；并取消了对外资银行部分业务的备案：国内保理、买方或协议付息票据贴现、法人账户透支。

其三是进一步强调了一级法人审批原则。对银行增开新业务，银监会按照一级法人管理的原则，并视业务性质予以审批或备案，其分支机构经上级行授权即可增开相关业务，仅须在开办后的10个工作日内向当地银行业监管机构报告。换言之，各银行分支机构经上级行授权即可开办新业务，不仅限于此次取消审批或备案的业务。此举将以前对银行分支机构向监管部门事前报告并接获回执后才能开办业务的要求，改为事后报告。

其四是放宽了对银行机构内部作平行调动的高级管理人员的任职资格审查的限制。按照规定，各中资银行、外国独资银行和中外合资银行在本机构内作同级职责平行调动的高级管理人员，若已经经过任职资格审核，原有任职资格仍然有效，无须重新进行核准。同时取消了外资银行支行副行长任职资格的备案。

评：该文件的出台意味着我国在银行业监管理念上的进一步深化，是我国适应金融自由化与全球化所作的一种积极反应。实际上，其是2000年《关于中资商业银行市场准入管理有关问题的通知》的延伸与发展。它在一定程度上标志着我国在加强监管的同时，也适度地放松了监管，但是这种放松的基点主要是为银行业的运行营造一定有利的条件，节约银行业的运作成本。监管越严格就意味着被监管者成本的加大，因此在一定程度上，该文件是银行业监管者换位思维后法律松绑的结果。文件所规定的属地化管理、审批与备案制的取消及一级法人管理的原则已表明我国银行业的监管已逐渐驶离了原来僵化的监管模式，具有了一定的灵活性。尽管如此，在“家长制”作风下，中国银监会的这种“分权”理念还是有一个值得我们关注的地方，即监管权的下放不能意味着银监会职责的减轻，相反，这种分权是对我国现行银行业监管体系调整后是否具有快速反应性的考验与挑战，同时也是对我国银行业自身是否具有良好的自律意识的一种检测。

五、《外资银行管理条例》的相关内容与评价

在对外资银行监管的规则供给方面，我国历经了递进式的发展和完善过程。1994 年国务院颁布了中国第一个外资金融机构监管的文件——《外资金融机构管理条例》。同年，中国人民银行公布了《外资金融机构管理条例实施细则（试行）》。这两部法律文件的发布，标志着对外资金融机构的监管步入法制化、规范化与程序化的轨道。此后，中国人民银行对 1994 年《细则》进行修订，于 1996 年颁布新的《细则》。2001 年底，中国加入世贸组织后，根据我国承诺，国务院对 1994 年《条例》进行了修订，中国人民银行亦相应地修订了 1996 年《细则》。2006 年 11 月 15 日我国出台了《外资银行管理条例》(该部分内容中后简称《条例》)，同年 11 月 17 日中国银监会发布了《外资银行管理条例实施细则》。

(一)《外资银行管理条例》的相关内容

《条例》的出台都是我国金融监管立法演进中所迈出的关键性一步。《条例》自酝酿以来就一直吸引着公众的眼球，这是因为该法则的推出必将在实质上影响中外资银行在市场上博弈的力量之平衡。同时，也必将使中国银行业的监督与管理跨入一个良性循环的轨道。此正如文件第 1 条所述一样：“为了适应对外开放和经济发展的需要，加强和完善对外资银行的监督管理，促进银行业的稳健运行，制定本条例。”《条例》分为七个章节，共 73 条，其由总则、设立与登记、业务范围、终止与清算、法律责任及附则等组成。结

合原《中华人民共和国外资金融机构管理条例》(本部分内容中后简称旧《条例》)来考察,《条例》的特色主要表现于以下几个方面。

1. 关于人民币业务开放方面的规定

根据“入世”时所作的承诺,我国必须在2006年12月11日取消外资银行在中国经营人民币业务的地域限制和客户限制。也正是本着一种恪守诚信的原则,《条例》的出台标志着对外资银行原有的业务范围的法律松绑。该规范文件第29条明文规定:“外商独资银行、中外合资银行按照国务院银行业监督管理机构批准的业务范围,可以经营包括吸收公众存款、发放各期限贷款、办理票据承兑贴现等13项中部分或全部外汇业务和人民币业务。”这一规定表明,外资银行在法律上已与中资银行站到了同一起跑线上,可以平等在国内市场中争夺客户,分享中国经济高速发展所带来的商业机遇。然而,必须注意的是,我国人民币业务的松绑并非无条件的,因为该《条例》还设定了一个对外资银行法律形式要求的前置条件,即以“法人导向”为原则。这一要求就表明,非法人型的外资银行机构在中国经营人民币业务的资格是受到一定限制的,对此该文件第31条规定:“外国银行分行按照国务院银行业监督管理机构批准的业务范围,可以经营吸收公众存款、办理票据承兑与贴现、提供信用证服务及担保等12项业务中的部分或者全部外汇业务以及对除中国境内公民以外客户的人民币业务。外国银行分行可以吸收中国境内公民每笔不少于100万元人民币的定期存款。”

尽管上述规定并没有绝对地封杀外国银行分行的人民币业务,但是定期存款额度的要求却也确实抬高了其业务经营的门槛,具有一点变相性的“差别对待”的色彩。也正因为这一点,许多在华的外资银行机构及相关国家的反应比较强烈,如在《条例》意见稿出台后,美国贸易代表施瓦布就指责中国有意阻碍美国金融业在华扩张,并告诫中国“不要用伤害自己的方式来伤害别人”。同时,他威胁说,在必要的时候将采取诉讼手段,将中国告上WTO。那么,该如何来评判《条例》对人民币业务所作此种松绑呢?是不是这种松绑真的是如同国内媒体所报道一样的“全面开放”呢?

若公正地考察，在华外资银行机构的愤愤不平及美国的诉讼恐吓还是有一定的依据的，因为无论如何“法人导向原则”及“定期存款数额”之要求还是引发了一个事实上“不同型银行，不同待遇”的问题。尽管从法规出台的本意来看，我国是出于“恪守自己的国际义务，彰显大国形象”之目的，但规则处理上的拙劣与事实上的反差仍给外国投资者及其政府留下不满的口实，同时也使我们品尝了一种“做得好讨不得好”的无奈。(对于该问题，在后文中有进一步的论述。)

2. 审慎监管原则之体现

审慎监管是现代金融监管法构建中的基本理念。早在1983年，被誉为“神圣公约”的《巴塞尔协定》便提出了“任何银行机构都不能逃避监管，且这种监管必须是充分”的金融监管新思维。基于这种理念，该文件从母国监管和东道国监管两个方面确立了母国并表监管及东道国属地监管两大核心原则。前者要求母国监管者负责在综合并表的基础上对国际性银行或银行集团在全球范围内从事的所有业务予以监管；后者则要求东道国监管者在单一的基础上对其境内的外国银行机构予以监管。也正由于考虑到监管的方便性与关联性，该文件将对子银行的监管责任更多的赋予了东道国监管当局，而母国则有协助监管之义务。巴塞尔银行监管委员会的这种监管划分的审慎监管精神也深深植根于《条例》之中。对此，分析如下：

其一是全面经营人民币业务的法律形式要求。法律是关于权利与义务的艺术，讲究的是适度、折中与平等，因此在外资银行享受更多的权益时，它也必须同时承担更多的责任，及付出更多的代价。这不仅仅是权利与义务相一致性理论的要求，而且更多的是立法者出于金融安全之思考，笔者的洞见是，尽管子行全面入市人民币业务掺杂了一些不和谐的反对之声，但是这恰恰在一定程度上也体现了立法者的理性与冷静，因为作为监管法，《条例》之目的并不在于法律松绑，其基点仍在于约束性监管。再者，对法人银行与外国银行分行监管要求之所以有所不同就是在于两者不同的特点决定的。法人银行为一国境内注册的独立法人，理由东道国监管机构承担主要监管责任，相反，分行为境外注册银行的分支机构，其由母国监管当局承担主要监管职责。也正是由于这些本质的差异性，对法人银行都有注册资本、资本充足率、存贷款比率与同一借款人贷款上限之要求，而对分行性的银行则只有流动性与营运资金配备之要求，因此在人民币业务松绑之时给外资金融机构再套上“防范与化解金融风险”的绳索是完全符合国际金融监管新思维的。

其二是审慎监管在规则设计中的实践。审慎监管只是一个抽象的监管性大词，其效果还有待于微观上规则的充分设计。纵览《条例》的全部条文，不难发现这一监管理念已基本上从申请者的金融状况、申请者母国的监管水平、资本金要求、机构高层管理人员的任职资格、机构内部权力配置及公司治理等多个方面被脚踏实地地贯彻到了具体的条文中。如《条例》第 9 条对拟设外商独资银行、中外合资银行的股东或者拟设分行、代表处的外国银行应当具备的条件作了如下规定：一是具有持续盈利能力，信誉良好，无重大违法违规记录；二是拟设外商独资银行的股东、中外合资银行的外方股东或者拟设分行、代表处的外国银行具有从事国际金融活动的经验；具有有效的反洗钱制度；三是拟设外商独资银行的股东、中外合资银行的外方股东或者拟设分行、代表处的外国银行受到所在国家或者地区金融监管当局的有效监管，并且其申请经所在国家或者地区金融监管当局同意；四是国务院银行业监督管理机构规定的其他审慎性条件。另外，该条又规定：“拟设外商独资银行的股东、中外合资银行的外方股东或者拟设分行、代表处的外国银行所在国家或者地区应当具有完善的金融监督管理制度，并且其金融监管当局已经与国务院银行业监督管理机构建立良好的监督管理合作机制。”其实，只要细细地品味一下这里面的内容，我们就不难发现它移植了 1992 年《国际银行集团及其跨境机构监管的最低标准》所阐发的并表监管与单一监管相结合、双重许可及信息交流与合作及东道国监管者适度的自由裁量权之精神。

此外，若细读《条例》第 4 章“监督管理”之规则，也不难推出这样一个结论，业务开放下的审慎监管是该法的核心与主旨。其实，要得出这一推论并不困难，只要比照一下新旧条例在同一内容上设定的条文数量即可，新《条例》在该内容上有 23 条（第 35 ~ 57 条），旧《条例》只有 16 条（第 22 ~ 37 条）。除了条文数量上的相对充实外，在内容上新《条例》也表现得更务实，如其第 35 ~ 38 条便规定："外资银行营业性机构应当按照有关规定，制定本行的业务规则，建立、健全风险管理和内部控制制度，并遵照执行；外资银行营业性机构应当遵守国家统一的会计制度和国务院银行业监督管理机构有关信息披露的规定；外资银行营业性机构举借外债，应当按照国家有关规定执行；外资银行营业性机构应当按照有关规定确定存款、贷款利率及各种手续费率。"再者，该章第 50 条所述的特别措施更是显露出了我国对外资银行进行审慎监管之决心，因为该条规定："国务院银行业监督管理机构根据外资银行营业性机构的风险状况，可以依法采取责令暂停部分业务、责令撤换高级管理人员等特别监管措施。"综合其他条文评判，可以说这种业务松绑与强化监管的双管齐下的审慎思维是新《条例》的一大特色与亮点。

3. 中外资银行统一监管理念上的确立

同样的业务、类似的风险与同一的市场实质上隐藏着一个宏观金融监管上的命题，即内外资银行监管上的统一化。若说旧《条例》被烙上了浓厚的内外分流监管之印记的话，那么新《条例》在塑造中外资银行国民待遇性监管问题上就已迈出了里程碑式的一步。如《条例》第 8 条规定："外商独资银行、中外合资银行的注册资本最低限额为 10 亿元人民币或者等值的自由兑换货币。"这一要求与《商业银行法》第 13 条的规定基本一致。

实际上，这种统一要求方面的规定在《条例》之中随处可见，如第 40 ~ 46 条关于资产负债比例管理、计提呆账准备金、公司治理、关联交易、资本金要求及流动性资产余额与流动性资产负债余额的比例等规定无不体现了内外统一监管的原则。客观来说，这种内外统一不仅是出于对市场调整所作出的一种法律上的回应，更重要的是它也昭示了上述务实的金融监管理念。同时，若将这种法律上的演变放置于国际的大场景下，它也显示出了中国作为一个正在日益崛起的大国在金融改革与金融法律创新中的国际诚信、自信与勇气。

4. 入市法律形式意思自治原则之体现

跨国银行采取何种形式进入东道国市场，直接关系到其在东道国的法律地位、权利能力、行为能力以及接受何种程度的监管。也正是出于银行业安全、稳健、高效经营的政策目标，东道国也往往对跨国银行准入的形式加以甄别、取舍及政策性引导。① 如1980年的加拿大《银行法修正案》就只允许外国银行以“外国银行子公司”的形式进入当地银行市场。在外资银行采取何种形式入市问题上，《条例》并没有硬性地采取非此即彼的一刀切式的处理方法，而是在充分尊重当事人意思自治的基础上采取了弹性变通的原则。对此，《条例》第24条规定：“按照合法性、审慎性和持续经营原则，经国务院银行业监督管理机构批准，外国银行可以将其在中华人民共和国境内设立的分行改制为由其单独出资的外商独资银行。申请人应当按照国务院银行业监督管理机构规定的审批条件、程序、申请资料提出设立外商独资银行的申请。”如此，跨国银行在采取何种形式进入中国市场问题上便掌握了主动权，而这也是新《条例》的一大特色。

（二）评价：良法与劣法视角的分析

法谚云：有好法，才会有好秩序，因此对《条例》的态度是我们不能只停留于规则的表层，不能肤浅地只在意洋人的满意度与不满度，不能过多地痴迷于国际金融发展的大背景，而应更多地潜进《条例》设计的规则所折射出的法意与社会意中来将它分析个彻彻底底。在中国法治的初级时代，法条主义不仅过分地模糊了人们理性的判断，而且也注定滋生了一种法条主义下“只见树木而不见森林”的可怕后果，因为法条主义就是人们将法条视为不可置疑的权威，要求社会生活都服从法条。② 如此而言，新法关注的

---

① 参见蔡奕：《跨国银行监管的主要法律问题研究》，厦门大学出版社2004年版，第56页。

② 参见苏力：《也许正在发生——转型中国的法学》，法律出版社2004年版，第234页。

要点就并不在于洋人或褒或贬的评判，或是否完全契合了金融发达国家阐述的国际金融监管的新理念，而在于是否有助于中国民族银行业的发展壮大，在于是否有益于构筑“防范与化解金融风险”的中国金融法律墙。那么，新法究竟是良法，还是劣法，或两者相杂，对此发表如下拙见。

1. 正面的评判：良法之视角

评定《条例》是否为良法之关键在于考察该法是否顺应了中国金融业发展及金融监管安全的内在要求，因为尽管人定的法律规则可以通过权利与义务分配的方式促进社会资源配置效益的极大化，但其作用毕竟是外在性与辅助性的。对此，哈耶克曾言：“我们能够为社会秩序的型构创造一些条件，但我们却无力为各种要素安排一种确定的方式，以使它们在恰当的条件下有序地调适它们自己。从这个意义来看，立法者的任务并不是要建立某种特定的秩序，而只是创造一些条件，从而在这些创设的条件下，一个有序的安排得以自生自发地确立起来，并被不断地重构。”① 沿着这种命题，那么《条例》这种“外部的规则”是否发现了“内在的规则”呢？笔者认为，结合中国民族银行业所处的困境及我国所负的国际义务，这些“内在的规则”在某些方面还是被“外部的规则”发现了的。这主要表现于以下几点：

其一是新法的主旨仍在于金融安全。从前文对新法条文的解读，可以感知虽然新法在于创设内外资银行之间于业务范围上的一种平等竞争的法律地位，但是这种业务的开放不是没有代价的，它是以更加严格的审慎管理为前提，因此细化的审慎监管规则贯穿了外资银行入市、运营与退市的整个环节。目前中国金融业改革的关键与难点在于国有商业银行的改革，而国有银行步出困境的关键又在于缺乏应有的竞争与危机感。虽说国有商业银行经过股改后大多已穿上了股份公司的法律外衣，然不可否认的是问题依旧在。对于解决问题的进路，维特根斯坦有一番如下的见地：“洞见或透识隐

① ［英］哈耶克：《自由秩序原理》（上册），邓正来译，三联书店 1997 年版，第 201 页。

藏于深处的棘手问题是艰难的，因为如果只是把握这一棘手问题的表层，它就会维持原状，仍然得不到解决，因此必须把它连根拔起，使它彻底地暴露出来；这就要求我们开始以一种新的方式来思考。难以确立的正是这种新的思维方式。一旦新的思维方式得以确立，旧的问题就会消失，因为这些问题是与我们的表达方式相伴随的，一旦我们用一种新的形式来表达自己的观点，旧的问题就会连同旧的语言外套一起被抛弃。"① 因此，中国民族金融业市场化的改革就需要外力的参与而引进一种"置之死地而后生"的博弈机制。无论新法对外资银行在业务范围上的松绑在客观上是出于一种遵循国际义务而不得不作出的举措，抑或是出于通过竞争来激发民族金融业的斗志，它都现实地影印了中国银行业尴尬的现状。然而，必须明确的是，在法律致力于打造一个中外银行公平竞争的平台之时，安全性依然是该法的核心所在。

其二是新法导致了国家应负的金融监管责任之归位。尽管旧《条例》也规定了外资银行可采取子银行的模式入市，但是长期以来外资银行在法律形式上呈现为一种"分行遍地开花，而子行则凤毛麟角"的畸形发展态势。如截至2006年6月底，在华外国银行分行为183家，法人机构仅为14家。这种失衡的分布格局无疑犯了金融风险防范中"不要将所有鸡蛋放在一个篮子中"的大忌。同时，这种分行主导型的现实也导致我国对分行风险管理的可控制性差，因为分行的生存能力与运营的安全性在很大程度上受制于总行及母国的有效监管。且由于分行与母行之间的密切联系，金融风险在这两者之间具有强烈的交叉传染性，无论是分行，还是总行陷入危机，这两者都将陷入危险的境地。② 正因为这样，在全球范围

---

① 德维希·维特根斯坦：《札记》，转引自皮埃尔·布迪厄、华康德：《实践与反思——反思社会学导引》，李猛等译，中央编译出版社1998年版，第1~2页。

② 参见岳彩申：《跨国银行法律制度研究》，北京大学出版社2002年版，第37页。

内，加拿大、澳大利亚、荷兰等国家都不允许外国银行在本国以分行形式入市。与此思路一致，巴塞尔银行监管委员会在监管权配置上，也更多地建议分行的监管权由其母国来行使。联系我国外资银行分行入市为主的实践，我们很难不说多年来中国银行业的监管者一直存在一种偷懒的不作为，因此可以说新法采取的将子银行入市与人民币业务全面经营捆绑处理的做法正好是对上述不作为的矫正。

尽管在前文中，笔者不惜笔墨地介绍了《条例》的四大特点，但是若历史地看，新法最大的成功倒并不在于人民币业务开放什么的，而在于中国对外资银行机构监管权的收回。客观而言，这种外国银行分行入市范式对于中资银行来说也是显失公平的，因为分行在一方面享有国家所给予的优惠政策，而在另一方面却享有国外较宽松的监管，可以说，子银行入市要求与全面人民币业务之相绑是新法中最亮丽的一道风景线。

其三是规则供给技术上考量。我们的国家是一个法治资源比较匮乏的国家，这表现于金融法治上更是雪上加霜，因此借鉴基础上的法律供给模式也是一种节减成本与时间的理想选择。通观我国银行法推进的历程，我们很容易得出一个结论，即中国银行法的创新与美国金融法的发展呈现为一种亦步亦趋的关系。如 1995 年我国《商业银行法》所确立的分业经营与分业管理的构架便是对 1933 年美国银行法的学习，2003 年该法的修订也是出于一种金融自由化国际背景下对美国《金融服务现代化法案》的回应。当下，《条例》对子银行与分行人民币业务范围的不同处理亦是借鉴了美国的经验。在美国，大多数银行分行只能吸纳 10 万美元以上的存款，而只有在 1991 年以前加入了联邦存款保险系统的部分外国银行分行才有资格从事零售业务。根据美国法律的规定，若某外国银行拟在美国从事零售业务，其必须满足以下条件：一是为法人型银行；二是参加了美联邦存款保险系统。新法这种借鉴处理的做法尽管在一定程度上增加了外资银行入市的成本，但这是符合中国银行业的安全与民族银行业发展的。①

2. 负面之评判：劣法视角的分析

法学大师边沁曾说过，理解法律就是要了解法律的漏洞。再说回来，无论人类对法律规则如何进行精雕细刻，任何法律制度的构建都只能相对地反映事物发展的内在要求，所以新法固然为我国银行法构建中的一个重大飞跃，但是若总体考察该法，它也还是存有许多不尽如人意之处。笔者认为，《条例》存在以下不足：

其一是规则构成的抽象性。作为我国外资银行业监管的“基本法”，《条例》的重要性是不言而喻的，但该法只有区区的73条。若我们期望依托于这为数不多的条文而使中国对外资银行的监管能达到有效监管的佳境，那么这也是一种难能之奢想，因此笔者认为至少在立法理念上，《条例》就再次重复了我国素有的宏大立法之习惯。我们知道每一条法律规则都是由词所构成，而每个词都具有核心义与扩展义。若立法者企盼用有限的条文来包容外资银行管理的全部内容，那么其只能尽可能地扩张词的扩展义，而限制其核心义。如此道来，笔者就认为，《条例》只是给我国对外资银行的监管制造了一个罗盘，而不是绘制了一份监管所需要的详细之地图。也正因为这点，对于所涉及的银行来说，在现阶段可能它们关心的还不是这个《条例》，而是该《条例》究竟会有哪些实施的细则。若说到这一点，作者就心存一点疑虑，那就是与其说《条例》的出台为我国银行法跨越式的迈进，还不如说新法给予我们的更多是挑战与考验；与其说《条例》代表了新的金融监管理念，还不如说新法又一次诉说了我国金融法规则供给中的苦恼与无奈；与其

---

① 也正是由于人民币业务的全面开放是以外资银行子行入市的形式为轴心的，所以这一规定也遭遇了相关国家与外国金融机构的责难，有的将其责之为“违背了世贸组织所确立的国民待遇原则”。实质上，结合英美等金融发达国家的实践、中国金融安全之要求及中国“入世”时所作的承诺，这种“歧视对待”的方法并不悖于国民待遇原则。那么，为什么外资银行在中国市场“得了便宜而又不卖乖”呢？这主要是源于外国投资者已在国内市场上享受诸多优待而生的一种心理上的反差性反应。同时，也在一定程度上说明我国金融业前期开放的步子迈得太快。

说《条例》在一定程度上表露了规则制定者的理性与务实，还不如说它也同时反衬了其不足的法律修养。很早以前，赫拉克利特说，人不能两次踏进同一条河流，但是在粗线条的立法上，我们却在一次又一次地重蹈历史的覆辙。虽然这是由我们的立法传统所决定的，但这毕竟也是一大学人皆知的陋习。

其二是边缘规则协调上的不足。虽然《条例》松弛相合的特点彰显了立法者的法学素养，但是该法所可能引发的内外不讨好的反响也是情理之中，因为在中资银行看来，外资银行一如既往地在税收、业务与监管上享有超国民性的待遇，如在所得税上外资银行享有15%的税率优惠，而中资银行却必须承担33%的所得税；在业务上外资银行也享有一些优惠措施，如外资银行拆借资金的最长期限可达2年，而中资银行却只有4个月，因此在业务范围一致化的情形下，若不消除这些歧视待遇，也无疑不利于民族银行业的竞争与壮大。另外，对于外资银行来说，虽然它们享有一些优惠的待遇，但是在另一方面也遭受一些行政性的限制，这也是我国在金融业开放问题上“吃亏不讨好，里外不是人”的根本原因。这样一种现实说明在创新外资银行监管制度时，我们的目光不能仅仅流连于外资银行采取何种形式入市的问题，相反，应从整个市场出发，来考虑中外资银行之间应有的公平性问题。如此而言，在我们为外资银行的业务范围作松绑之时，我国亦有必要本着市场化之目的适当地减轻中资银行的负担，从而消除外资银行在机会均等下仍享有的某些超国民待遇。

另外，外资银行及其本国政府之所以对《条例》心存非议，其原因并不在于该法的某些规则真正违背了所谓的“国民待遇”，而在于我国在开放金融市场的过程开放得过快，让外国投资者从中国市场上尝到了更多的甜头，因而在我国银行监管法律制度稍有调整而“侵犯”它们的既得利益时，其就表现得有点无所适从。实际上，市场开放中所表现出的这种急功近利心态又反衬出了我国在金融创新与法律创新之间的一种非理性的态度。法律创新是市场开放的先导与合法性的保障，但是这种创新并不是没有原则的，它必须被置于法律自由的框架下进行设计，因此在金融市场一步步开放的进程中，法律革新性的许可应是克己型与保守型的。外国银行机构及其母国的反应就向我们昭示了这样一个立法教训，即中国金融业的法律松绑必须是稳步渐进式的，而非毕其功于一役式的。

其三是规则衔接上的不足。《条例》附则第72条规定："香港特别行政区、澳门特别行政区和台湾地区的金融机构在内地设立的银行机构，比照适用本条例。国务院另有规定的，依照其规定。"对这种比照适用之规定，笔者认为有些匪夷所思。虽说香港、澳门在政策上与内地有所不同，但其毕竟属于中国主权所辖范围，因此大可不必将该两地金融机构在内地设立的银行机构视为"外资银行机构"，正所谓"一家人不说两家话"。再者，该附则第73条规定："本条例自2006年12月11日起施行。2001年12月20日国务院公布的《中华人民共和国外资金融机构管理条例》同时废止。"此规定的逻辑性还是有待于我们推敲考证的，因为此处只是提及旧《条例》的废止，那么对于中国银监会于2004年通过的《外资金融机构管理条例实施细则》又该做如何处理呢？当然，从常理来看，在旧《条例》失效的情况下，其细则也自然而然地无效，因为皮之不存，毛将焉附。然而，法律就是法律，法律不相信推理，所以在法律无明文规定的情况下，上述细则的效力也就处于一种悬而未决的状态。

第二节　对我国商业银行入市监管法律制度的评价

一、对我国商业银行入市监管规则体系的正面分析

根据前文的规则清理，笔者认为我国银行业的入市监管法律构建的演进可以分成三个阶段：第一个阶段是1994年《金融机构管理规定》及《外资金融机构管理条例》出台之前，在这一阶段我国银行业的入市管理基本上处于一种无序的状态。银行业的入市完全是以行政主导的个案审查为基础，入市与否呈现为严格的计划控制，而非市场化管理。对于这一见解，我们可以从当时中国市场上银行业的主体数量的多寡可以得到佐证；第二阶段是1994年《金

融机构管理规定》及《外资金融机构管理条例》的实施至2003年《中国人民银行法》及《商业银行法》的修订这个时段，在这一时段内，银行业的入市已基本实现了“有法可依”，但是事实表明在这一阶段，无论是从规则本身或监管体制，还是从入市监管的实践与手段来考察，我国仍处于一个“摸着石头过河”的探索时期，监管所体现出的仍然是合规则性理念，而非持续性的风险监管理念；第三阶段是自上述两法的修订至今，在这一阶段我国在银行业入市管理方面已步向成熟化。在规则供给理念上表现为“实用主义”，入市监管的法则无论是从量上，还是从质上都有显著的提升，规则的供给明显能与金融市场的需求基本保持同步，规则的内容透射出强烈的实用性与务实性。另外，在监管理念上，已具有既面向国内又面向国际的理性规则完善观，如在入市监管规则中便糅合了国际银行业监管所倡导的公司治理哲学、监管的程序化与透明化、监管成本与监管效益的对比观及严格管制与放松监管相适的原则等。这三个阶段的演变历程说明，在银行业的入市监管上，我国表现得越来越务实化、规范化、专业化与系统化。

从总体上看，我国入市监管的考核内容主要包括机构审批、业务审查及高级管理人员任职资格审查三个方面。我国银行法规则体系明确了银行机构的市场准入标准，如银行机构的设置需符合国民经济发展的客观要求，符合金融发展的动向，符合最低资本金、股权结构、股东资格及公司治理等要求；银行开展新业务应依据业务风险特征建立完善的风险控制系统，并确立严格的业务操作规程与安全保障机制。

此外，中国银监会成立以后，明确了“管法人、管风险、管内控及增强透明度”的监管思维和促进金融稳定与金融创新共同发展的六项监管标准，并通过宣传与实施《银行业监督管理法》及出台新的规则，在一定程度上提高了监管的自觉性与主动性。在入市方面，中国银监会开展了以下工作：一是根据《商业银行法》重申了新设商业银行的六条标准（即《商业银行法》第12条之规定），将风险评级结果作为商业银行入市的重要依据，并鼓励城市商业银行根据自愿和市场原则实施兼并重组；二是出台《商业银行与内部人和股东关联交易管理办法》，加强对投资人及其关联方入股金融机构的管理；三是发布《境外金融机构投资入股中资金融机构管理办法》，鼓励民间资本和外国资本入股现有商业银行；四是发布了《关于调整银行市场准入监管方式和程序的公告》、《商业银行服务价格管理暂行办法》、《金融机构衍生产品交易业务管理暂行办法》和《关于非银行金融机构开办新业务有关审批事项的通知》等部门规章，通过对银行业务行政审批事项的规范和梳理，简化行政审批手续，提高监管效率。

纵观我国银行入市监管法律制度的变迁，我们还可以得出这样一个结论，即金融监管无论是在立法上，还是在监管实践上，我国更加注重实用性。如《关于调整银行市场准入监管方式和程序的公告》所倡导的属地管辖及一级法人审批原则等说明监管者开始关注监管成本、效益等问题。另外，2004 年《外资金融机构管理条例实施细则》的出台本身就是实用主义的产物，因为该次修订先于亟待修订的《外资金融机构管理条例》，同时又保持该条例的主体框架不变。审慎监管原则是巴塞尔银行监管委员会一直以来极力推崇的监管思维，其目的在于构建一张结实的金融风险防范网，修订后的细则文件便增加了审慎监管要求及非行政性监管措施，参照国际惯例对外资金融机构的非审慎性经营行为视情况进行特别监管。这种作为表明在中国金融业日益国际化的同时，中国的金融监管立法亦力求与国际对接，以从国内与国际两个角度来打造中国的金融法治安全网。

二、银行入市监管所存在的问题

尽管在金融法治化的进程中，在商业银行入市规则体系构建及监管实践上我国已有了一些实质性的发展，但是上述积极的评价并不表明我国在银行业入市法律制度的构建上就不存在纰漏与缺陷。综合考虑，我国在该方面还存有以下之不足：

其一是规则的零散性。从以上的介绍，我们不难发现银行业入市监管方面的规则多散见于各法律、法规与部门规章之中。这样的一种规则体系无疑给人一种零散且杂乱的感觉，从而直接影响到法律规则指引、评价、预测、教育功能的发挥。同时，从该规则体系的构成来看，我们还可以发现另外一种现象，即真正法律层面上的规则比例并不高，相反，部门规章在整个入市标准评价方面起着支配性的影响与作用，因而该规则体系形成了较异态的“部门规章为主、法律规则为辅”的特色，因此这种条理性差的规则体系，附加上规则成分构成上的错位是我国银行法律制度创新中的一个难题。

其二是入市标准设定上的不足。拟设银行机构能否入市应以严格的标准为据，这不仅是法律规则本身的要求，且亦是法律正义、有效竞争与监管效率之体现。纵观发达国家在核准问题上的规定，其规则大多比较明确而具体。如美国《国民银行法》要求，其通货监理署在审查入市银行是否符合注册标准时，必须审慎考虑以下因素：资本充足性、合格的管理标准、社会的便利与需求、已有设施的供求关系、未来盈利前景分析、银行业内部竞争因素及申请者的守法情况说明等。与此相似，英国1987年的《银行法》对于入市亦有明确要求：最低实收资本、谨慎行为标准、专业技能要求、非执行董事之配置、人员适格性说明及四只眼原则等。另外，若对这些标准进行深究，还可以发现在实践中，这种入市的规定具有两个动态的特点：一是上述标准的非确定性，即这些标准并非盖棺定论式的，相反，会伴随着现实经济环境及受其影响下的银行业监管者的政策倾向而有相应的浮动。如20世纪80年代以来，美国银行业监管者在核准标准问题上，关注的重点已从强调银行注册对市场规模的影响移转到强调该银行的经营能力、组织结构、未来营运计划及对社区的贡献等。其主要原因在于这种考察指标体现了风险监管意识，能在一定程度上确保拟入市银行未来的持续运营能力；二是标准的适度模棱两可性。虽然监管者设定了明确的标准，但是这并不意味着若申请者达到该标准，其就可以成功入市。为了对业内营运者与业外机构都能时刻起到必要的警戒作用，如原英格兰银行在进行核准时即保留了相当的自由裁量权，若其认为申请者对“存款人或存款人的潜在利益有任何显著的威胁”时，则即使申请人符合了法定的标准，监管者也可以拒绝颁发许可。这与英国金融监所一贯表现出的自律性、灵活性及非正形式性不无关联。

笔者认为，我国在银行业入市标准的设定上是“刚性不足、软性有余”，即在入市条件上，我们的有些标准过于弹性，如《商业银行法》第 11 条规定：入市银行应具有健全的组织机构和管理制度及有符合要求的营业场所、安全防范措施和与业务有关的其他设施。然而，何谓健全的组织机构与管理制度？何谓符合要求的场所与安全防范措施呢？对此，法律并没有作出明确的解释。在中国特有的社会环境下，法律规定的不明确不仅给权力寻租创造了机会，而且也使得被申请人处于一种被动的无可适从地位。可能有人会认为，这样不是很好吗？与英国模式相近，但在中国的社会环境中，由于缺乏必要的法治土壤与文化，弹性的规则恰好为监管者创造了发挥权力的空间，易于导致监管的腐败。从构建金融法治出发，在现时阶段我们所需要的并不是弹性规则，因为这样的规则不易于培育监管者依法监管的意识。我们所渴求的是刚性的规则，因为只有这样的硬性规则可以驯服掌握权力的监管者，防止监管者与被监管者善意或恶意地偏离规则设定的轨道。

其三是入市监管还没有达到银行有效监管的境地。早在 1997 年巴塞尔银行监管委员会在《银行有效监管核心原则》便提出了有效监管的七要素，其中在要素二“发照与结构”中对入市提出了四项原则要求①：必须明确界定已获得执照并接受银行监管的各类机构可以从事的业务范围，并且严格控制“银行”一词的使用；发照机关必须有权制定发照标准并拒绝一切不符合标准的申请。发照程序至少应包括审查银行组织的所有权结构、董事和高级管理层、经营计划和内部控制，以及包括资本金在内的预计财务状况等。当报批的所有者是外国银行时，首先应获得其母国监管机构的批准；银行监管机构必须有权审查和拒绝银行向其他方面转让大笔股权的申请；银行监管机构必须有权制定用以审查银行的大笔收购

---

① 这七要素包括有效银行监管要求、发照与结构要求、审慎法规与要求、持续银行监管手段、信息要求、正式监管权力、跨国银行业监管等。其中，关于“发照与结构”主要涉及原文件的 2 ~ 5 四项原则。

和投资的各项标准，确保其附属组织或组织结构不会带来过高的风险或影响有效的监管。

若依该国际标准进行衡量，不难发现在银行入市方面我国与《银行有效监管核心原则》的要求还存有以下差距：市场准入审批的程序透明度不够、效率低下及可预期性差；在对银行股东资格和股权结构的监管方面还亟待完善，如对关联股东没有明确的界定，从而为投资者直接地通过关联企业入股商业银行，获取实际的控制权制造了空间；在高级管理人员审核方面，没有建立起有效的商业银行高级管理人员的信息管理系统，如黑白名单制度，不利于对拟任人员的专业能力、职业品性、业绩情况及守法记录等进行系统而有效的评估；现行银行法规则体系对银行大额收购与投资行为以禁止性规定为主，这种定位与市场发展的需求不适；市场入市监管与后续监管存在脱节现象，如对银行高级管理人员的监管偏重于任职资格的核准，而严重欠缺持续性的跟踪考察；银行机构的内部治理是完善监管体系的必然要求，但是由于目前中国银行业的股权过于集中及入市对股东身份的隐性要求，“内部控制先行”的监管理念在中国还难以有效实现。

其四是中外资银行入市法律制度内外分置模式所存在的问题。从上文所列的法律文件，我们可以看出我国现有的银行入市监管法律制度明显分为内外有别的两大块。《商业银行法》、《银行业监督管理法》及其附属的规章原则上不适用于外资银行，外资银行的入市监管适用具有针对性的《外资银行管理条例》及其《实施细则》与《外国金融机构驻华代表机构管理办法》及其附属规章等，因此我国商业银行入市监管便人为地形成中资性与外资性的两套法律规则体系，从我国目前银行法规则供给的趋势看，这种分流模式并没有表现出缓改与弱化的迹象。虽然“内外分流格局”的形成有其历史、国别差异、与本土国情等原因，但是伴随着我国金融自由化的加深及入世对我国银行法改革所提出的规则相应调整的内在要求，这种分立模式已不能适应我国银行业发展与银行法创新的诉求。其原因如下：一是分立模式易于给他国制造我国违背入世所作承诺的口实。事实上，分立模式只是针对不同的主体创设不同的法律规则，且外资银行还享有一些税收上的超国民性的优惠待遇，因而这种模式本意上并不是制造歧视待遇。然而，这种善意的内外分流模式人为地从形式上在中资银行与外资银行之间划出了一道不平等的鸿沟，易引起外来投资者的误解与不必要的法律纷争。二是分立模式存在的意义不大。从目前银行法的内容上看，虽然中资性银行与外资性银行在入市方面存在一些差别，但是从入市条件、入市形式、业务许可、市场区域等角度来衡量，不难发现中、外资银行在入市监管方面的差异正日益缩小与拉平。2003 年银监会出台的《关于调整银行市场准入管理方式和程度的决定》、2004 年所公布的《外资金融机构管理条例实施细则》、2006 年的《外资银行管理条例》等无不表明外资银行在入市方面基本上可以适用相同的规则。三是尽管 WTO 规则体系对入市环节的国民待遇问题无硬性的规定，但是在金融自由化的浪潮下，“竞争机会均等”与“事实上的国民待遇”的呼声此消彼长，若我国在争夺国际金融市场中无视这种呼声，且中、外资银行在待遇上的差距正在日益趋同化的情形下，固守目前的“内外分流”的规则供给模式，无疑容易使部分国际银行削减其在中国的投资，并对中国的投资环境进行负面的评价。这种状况不仅仅是一个市场萎缩问题，而且易于对中国的金融法治化形象产生不应有的消极性国际影响。

其五是外资银行机构入市法律形式上欠缺平衡。根据我国现行法律的规定，外资银行准入的法律形式与世界上主要国家基本上相同，为子行、分行、合资银行及代表处等。然而，从统计数据来看，在营业性外资银行中，外资银行分行占绝对的优势，其数量远远超前于子行与合资行。虽然这种分行入市的结构易于减轻中国银行监管机构的监管责任，分行也能取得母行全球性的资金、技术与人员等的战略扶持，但是这种过于单一性的现状也给我国银行业的稳定埋下了不必要的隐患。分行的生存能力与经营安全性依赖于两个条件：一是总行的稳健情况，若总行经营良好，则分行就能得到总行各方面的支持。反之，若总行经营失败，分行亦必须纳入破产清算。二是母国的有效监管，分行的生存能力与母国的充分监管存在紧密的关联，而海外分行的跨国性又给这种有效监管的可能性制造了一个障碍。以上两要素都是东道国所难以控制与预防的，所以许多东道国从总体上对分行的准入持较谨慎的态度，或是禁止跨国银行以分行形式的入驻本国金融市场，如澳大利亚、加拿大、荷兰、葡萄牙等，或是有限制地允许分行进入，如美国 1991 年《存款保险公司改革法》就对外国银行分行的业务范围作了限制性规定。笔者认为，目前外资银行入市法律形式的构成有些逆于“不要将所有鸡蛋放在一个篮子中”的金融风险分散处理的基本原理。虽然子行入市增加了监管者的责任，但是要看到子行属于中国法人，中国对其本土与海外的运营握有完全的监管控制权，其经营也摆脱了母行的控制。无论是从风险监控，还是从货币政策的执行来权衡，子行都具有分行无法比拟的优势，因此明智的做法是使入市结构从单一的分行式走向“分行、子行、合资银行等”并存的多元模式。

其六是外资并购入市问题。2003 年中国银监会出台了《境外金融机构投资入股中资金融机构管理办法》，虽然这一文件的发布及时地弥补了我国在调整外资通过并购进入中国银行市场的规则空白，但是在外资并购入市方面还存在诸多问题需要我们的思考：

一是根据上述文件的规定，外资并购入市的主体仅限于境外金融机构。这一规定就留下了许多令人回味的问题，如在非金融性的境外机构并购中资银行时，就会面临“规则之盲区”。同时，若境外的中资金融机构并购境内的中资银行机构，是否又适用上述规则呢？二是文件对并购的效果认识不够。虽然并购可能给重组后的银行业带来风险治理的新理念及促使银行技术等方面的创新，但是必须看到，这些效果的取得是以外资取得一些实质性的效益为基础的，如相比较合资银行而言，业务范围相对的放宽及通过股权持有获取一定的话语权等。如我方不能实质性地满足外方的要求，则我们美好的预期也是一厢情愿的。另外，还有一点是值得我们密切关注与仔细考量的，即从国家安全的角度看，如何把握外资并购入市的度。虽然近期中国银监会发布的文件规定单个境外金融机构入股不得超过 20%，且多个入股若超过 25% 时，即依外资金融机构进行监督管理，但是文件第 9 条又规定“多个境外金融机构对上市中资金融机构投资入股比例合计达到或超过25%的，对该上市金融机构仍按照中资金融机构实施监督管理”。这表明我国法律还是为外资的绝对控股提供了合法依据，这无疑考验着我国金融业与国家安危（在本章第三节将对这一问题作进一步的论述。）三是出资形式规定的欠慎重性。该文件第6条规定，境外金融机构投资入股应当用货币出资。这一规定限制了通过股权置换、非货币化实物、实效之经营技术及其他国际硬通货如黄金等形式的出资。四是我国针对银行并购所出台的规章在功能定位上欠全面性，因为这些规则的出发点仅在于如何引进境外资金及附带来的技术与管理经验等，而没有从竞争法的角度进行思维，这无疑使我国对外资并购中资银行业的反竞争监管问题处于一个盲区。

其七是入市监管实践方面的问题。金融法治是我国金融法创新的终极目标，这一目标不仅包括金融立法之法治，同时更重要的是金融法治必须体现于金融监管的实践中。然而，迄今为止，对于我们来说，金融法治仍是一个“任重而道远，士当弘毅”的理想问题。在过去影响与决定还在的现状下，虽然金融法律文本的丰富也使我们迈出了可贵的第一步，但是归根结底，金融监管仍受国家政策的影响较大，受法律的影响少。时下，我国银行入市监管部门的独立性与权威性不足，易受政治体制等各方面外部效应的影响，上至中国银监会下至各银监分局，在审核银行入市时，容易受到各级政府部门的干涉与人际攻关。如此，“银行机构的设不设及该如何设”就异化为一个并非由银行监管者依法而行的法律问题，而是一个由多种利益集团相互博弈，或各级政府部门与申请者之间讨价还价的政策问题。在实际监管中，政策因素胜于法律因素。再者，入市监管权责不适也是一个棘手的问题。入市监管是有效金融监管的第一道防线，起着银行机构优劣的筛选与识别作用，但是在入市监管非完全依法办事的情形下，若后来事实证明初期的选择是错误的，那么该由谁来承担监管不力的责任呢？这一问题对于有效的入市监管法律制度的构建是至关紧要的，因为这种责任追问机制能促使当事人尽到谨慎合理的注意义务。在我国的实践操作中，由于监管人员倾向于认为既然上级机构已同意设立，那么只要根据授权从形式上审查拟设机构是否具备法定条件即可。这种形式合规意识直接导致审核成为一种机械的不可能发现新问题的程序化工序。虽然笔者在前文中提到《关于调整银行市场准入管理方式和程度的决定》在取消部门业务审批与备案制方面提高了监管效率，但是该文件同时也对我国目前被动式监管实践提出了一个挑战，即被监管者的自律不到位及法定监管不力的责任“该花落谁家”的问题。

其八是业务准入方面的缺陷。客观而言，各银行之间的资产规模、资本充足率、内部控制、管理水平、高级管理人员的素质及业绩等情况是存有事实上的差别。这也表明不同的银行存在着不同的风险，即使是同种银行业务也蕴藏着不同的风险。这一事实实质向我们展示了这样一个金融监管原理，即银行业务的准入应据银行自身业务的内在风险而有所区别，而不能一视同仁。目前我国银行业主体日渐多元化，既有四大国有商业银行、股份制银行，又有城市商业银行与农村信用社等，且在这之中又有上市银行与非上市银行之分，这表明各银行抗风险的能力及资本水平等风险管理的量化与质化指标是纷繁复杂的，但是各银行之间的业务同质化明显，缺乏创新下的差异性。作者认为，至少从风险的控制来看，目前这种基本上一刀切式的业务准入做法是欠理性思考的，因为它可能产生以下负面效应：一是滋生道德风险，即在没有区别的情况下，抗风险能力低的银行在经济人的意识下会致力于业务同质性的拓展，而忽视与业务配备的金融风险防范；二是挫伤高质量银行的业务创新意识，因为这种规则定位会使其认为，既然银行之间业务的开展并不需要特别的审查程序，银行之间的业务大同小异，且业务开发需要高额成本，因而开发与不开发并无实质差别，且竞争能力也不会由此得到实质性提升。

第三节　对我国商业银行入市监管法律制度完善的思考

金融监管法是一个由入市监管、营运监管及市场退出监管所形成一个相互衔接与互为依托的系统性法律工程。在这个系统中，事前性的入市监管无疑是后两个环节发生有效性的前提与基础，因此在一定程度上我们可以说入市监管法律制度的完善与否是评估一个国家金融监管法律制度完善与否的首要参考因素。从前文的探讨，我们可以感知虽然我国银行法呈现为一个螺旋形的递进模式，但是这其中仍有许多问题是值得我们进一步斟酌与思考的。作者认为，从金融是经济可持续发展的核心出发，在入市法律制度的构建方面，对我国银行法的完善，可作如下思考。

一、宏观立法思维方面的创新

（一）牢固确立“法律规则为主、部门规章为辅”的规则供给理念

古希腊先哲亚里士多德曾言：法律就是秩序，有好法律，才会有好秩序，因此良好的金融法律是金融法治与安全的根本。法律真理性的知识来自立法者的修养，因而立法思维之转变与提升是我国银行法创新中的关键所在。在这一方面，我国银行法规则的供给者应致力于使我国银行入市监管法律制度摆脱杂乱无章的局面。目前，我国银行入市监管的法律制度是由众多抬头为“通知”、“暂行”与“试行”之类的部门规章为主所形成的一个混杂无序的规则群。尽管这种部门规章效力等级低，但是在同一问题上与上位法发生竞合时却更加具有事实上的规则优先力。这样的一种矛盾体系无疑对我国的立法哲学与理念产生巨大的挑战，因为它影响了我国银行法则之间所本应具有的一致性与逻辑性等。法律规则体系应该是，也必须是一种具有严格逻辑的体系，每一法律规则都必须依照其目的、调整的对象、发布者的权威、功能定位与调整方式而被归入其应属的类别，并注意上下层级的规范之间应有的协调。为了实现金融法治及从银行入市的风险有效识别出发，我国应对立法原理予以必要的尊重，在银行法入市规则体系的构成上确立“法律规则为主、部门规章为辅”的思维。

实际上，我国银行法规则体系中的大多数规则供给层次低的主要原因根源于作为上位法之法律的抽象性与模糊性，上位法的这种特征直接导致了其在适用中并不那么可靠，如虽然作为中国银行法

核心的《商业银行法》经历了2003年的修订，但仍只有区区的95条。与此同时，作为商业银行监管基本指南的《银行业监督管理法》亦只有屈指可数的52条。① 且对于两法，全国人大常委会也并没有出台相应的法律解释。显然，仅依靠上位法这些为数不多的条文是远不足以使银行业的监管实现“有法可依”，因此为了寻求紧急出口，就只有出台相关的实施细则及由归口的行政机关发布数量众多的部门规章来填补法律规则的空白。然而，这些部门规章及由银行监管者所发布的通知类行政命令等文件都有一个“只生而不死”的通病，即其效力的时间维度无从确定。这就必然导致当某一部门规章或某个行政命令已远远落后于金融关系发展的内在要求时，其仍然处于一种漂浮的有效状态，如前述的1994年《金融机构管理规定》。这样一种局面不仅使入市申请者茫然，而且亦使银行业的监管者无所适从。

客观而言，目前我国金融格局无论是在金融业的交融上，还是在金融监管框架的调整上都有极大的改变，如金融混业日益明显、金融监管越来越突出分工合作等。众所周知，中国银监会成立以前的关于银行业的规章都是由中国人民银行发布的，那么从银行法规则梳理来看，是否仅仅意味着只要将规则条文中的“中国人民银行”改成“中国银监会”即大功告成呢？事实上，问题远非如此简单。当下，中国银行入市法律思维调整的根本之根本就是必须克服作为上位银行法律的抽象性，尽量在“法律不可能穷尽一切，但立法者必须本着尽力去穷尽一切”的意识下使每一法律条文具体化与详细化，从而弱化部门规章的补充释义功能。为了达到这一目的，银行法律的汇编是极其重要的，因为只有通过规则汇编才可

---

① 虽然抽象的立法可以在一定程度上保证监管者的自由裁量权，从而对被监管者形成必要的心理压力，如前文所谈及的英国就保留这种威慑型监管风格，但是这种风格对于我国而言是不适用的，因为在传统礼法文化的熏陶下，中国的社会是一个以个体为中心的关系社会，这一点从古至今都没有改变。在实现金融法治的进程中，我们需要的是实用性的规则，而不是可能扩大个体社会关系边际的弹性规则因此从这一点我们也可以感觉到中国的金融法治需要我们置换抽象的立法传统。

使我们对自己银行法的家底了如指掌，才能知晓哪些规则之间存在冲突，哪些规则已滞后于金融业发展的内在要求，从而真正决定某些部门规章的去留。

（二）有效入市监管意识的确立

有效监管并非一个捉摸不定的凭空臆想的概念。从《银行有效监管核心原则》来看，无论是在银行监管流程的哪个环节中，都有具体的指标与有效监管阶段相对应。如在该文件原则3中，其就要求在发照程序中应审核银行组织的所有权结构、董事与高级管理人员资质、经营计划及内部控制等入市条件中的核心要素。若与这些要求相比较，似乎我国商业银行入市监管在量化指标上已考虑了这些要求，但是在事实上我国在这些要素的要求上仍停留于形式意义，即指标的质性较差，这不仅体现于上文所述规则的衔接性差，而且也体现在某些指标在目前的情况下根本难以达到实质性的效果，如内部控制就很难在国有银行内部起到分权制衡的作用，因此在确立有效入市监管意识上，我国更应由表及里地来解决银行入市监管中的难点。要达到这一目标，在规则设置的过程中，规则供给者必须清醒地意识到入市监管是步向整体性银行有效监管的起点，因此在参照《银行有效监管核心原则》等文件来整合与完善我国银行法时，我们关注的重点不仅是对入市前置要求的量化，而且更应是这些量化要求的质与实际上的效果。

（三）确立中外资银行入市监管统一立法的模式

实际上，中外资银行入市监管立法的分流模式在实质上并不会构成对WTO规则的违反，因为WTO《金融服务附录》第2条明确规定：“尽管有本协议（GATS）其他条款，但不能阻止一成员方出于审慎的原因采取的措施，包括保护投资人、存款人、投保人、金融服务提供者对之负有责任的人，或者为确保金融体制的完善与稳定而采取的措施。”然而，正如前文所析，这种分立的合理性与正当性并不在它事实上是否营造了一种中外资之间歧视相待的结果，而在于形式上的不平等给人留下了维权的正当理由。我们知道，法律上的平等、公平与正义实质上都是一种形式上的诉求，而在平等的形式下公民能否取得事实上的平等与正义有时未必就是法律应予关注的重点。若从法理上考证，这种分流的模式就违背了正义所必须恪守的“程序正义”的准则。结合理论与实践，在我国中外资银行于入市前置要求基本趋同的情形下，我们无需再去制造外资与我国政府之间的紧张关系，相反，应从实际出发，确立中外资银行入市统一立法的模式。① 可能有学者会认为，这种立法格局会使民族银行业失去了附有权利与义务倾向性的保护伞。对于这一论点笔者的看法是：进行统一性的立法只是一种法治良好姿态的表现，只是向国际银行界传达这样一种信息，即中国政府着力于让外资银行在中国得到国民待遇及保护其应有的权益；其并不表明外资银行会在实质上享有中资银行的待遇。事实上，我国还是可以援用WTO 规则中的保护条款来对外资的准入设置一些障碍性的要求，或在入市的后阶段出台了一些没有违背中国承诺义务的、保护中资银行的条款。此外，也有必要看到，将中外资银行置于同一起跑线上对于我国民族银行资本来说也未必全是坏事。我国古语云：置之死地而后生。在政府不再对民族银行一味护短的背景下，中资银行在生存的抗争下也会更具有自力更生的创新力与竞争力，而这也就是我国银行业面对外来资本一退再退的根本原因。

只要比较一下中外资银行在业务范围上的规定，我们便可以感觉到中外资银行之间的差距正日益缩小、拉平。我国《商业银行法》第 3 条规定：商业银行可以经营下列部分或者全部业务：吸收公众存款；发放短期、中期和长期贷款；办理国内外结算；办理票据承兑与贴现；发行金融债券；代理发行、代理兑付、承销政府债券；买卖政府债券、金融债券；从事同业拆借；买卖、代理买卖外汇；从事银行卡业务；提供信用证服务及担保；代理收付款项及代理保险业务；提供保管箱服务；经国务院银行业监督管理机构批准的其他业务；及商业银行经中国人民银行批准，可以经营结汇、售汇业务。虽然《外资银行管理条例》在第 24 ~ 29 条中，根据外

① 实际上，笔者认为这种统一的模式不仅体现于银行入市监管中，而更应体现于银行监管的其他各个阶段，即在银行监管法上，我国可采取法典化的形式对中外资银行进行系统性的规定。

商独资银行、中外合作银行及外国银行分行而对业务范围进行了一些区分，但是在总体上中外资银行之间的差别并不太大，如其第29条规定："外商独资银行、中外合资银行按照国务院银行业监督管理机构批准的业务范围，可以经营下列部分或者全部外汇业务和人民币业务：吸收公众存款；发放短期、中期和长期贷款；办理票据承兑与贴现；买卖政府债券、金融债券，买卖股票以外的其他外币有价证券；提供信用证服务及担保；办理国内外结算；买卖、代理买卖外汇；代理保险；从事同业拆借；从事银行卡业务；提供保管箱服务；提供资信调查和咨询服务；经国务院银行业监督管理机构批准的其他业务。外商独资银行、中外合资银行经中国人民银行批准，可以经营结汇、售汇业务。"①

另外，在中国银监会出台《外资金融机构管理条例实施细则》后，其就向外界传达了一种声音，即体现中外资银行管理规定的一致性是该次修订的原则之一。银监会认为，无论是入市程序，还是监督管理要求，新《细则》增加的条款都致力于依据中外资银行均适用的法律法规进行修改的。如依照《商业银行资本管理办法(试行)》来界定外资金融机构的资本充足率的核算方法、依银监会2003年第5号令——《商业银行集团客户授信业务风险管理指南》等相关法规来界定"关系人"、"授信"与"关联企业"等术语的内涵；及根据《贷款风险分类指导原则》来要求外资金融机构的风险资产分类制度。在必要的情况下，参照管理中资银行的有关规定，在核准高级管理人员任职资格前，银监会或银监局可约见拟任高级管理人员面谈。其后，《外资银行管理条例》及其细则的

① 法律上的规定并不代表中外资银行的业务是无差别的。事实上，外资银行法律上的国民待遇与事实上的非国民待遇存在脱节之处。实践中，为了调整这种差异性，一般是授予银行监管机构进行业务的个案审批，从而决定某外资银行能否从事上述13项业务的部分或全部业务。然而，对于许可的标准，我国并无明确的法律规定，这无疑使外资银行的业务准入处于不规范与不透明状态。可以说，如何使外资银行业务的许可透明化，及解决法律上的准国民待遇与事实上的非国民待遇之间的矛盾也是我国银行入市监管法律制度整合中必须务实思考的问题。

更是强化了外资银行在中国国民待遇的法律地位。

实质上，从我国外资银行监管法的演变中，我们可以深刻地感知在法律上中外资银行之间已趋于平等，这一趋势在我国入世之后的银行法变革中，无论是从银行法的实体上，还是程序上来考察，都表现得非常明显。若说在外资银行入市方面，或其他方面仍存有不透明之处，那么综合评估我们也可以发现中资银行所面临的法律与政策不透明问题可能更加尖锐与严重，这就是在上文的论述中我国必须从规则抽象立法转向规则具体立法之原因。总体评判，为了构建一个系统而完善的银行法规则体系，在未来的银行法创新中我国有必要突破现行的内外分流的两极规则供给格局，而采取内外合一的统一性格局。采取这种模式有以下比较优势：一是可以借此使我国银行法达到一个比较和谐而系统的体系，因为合二为一即意味着立法者必须对目前所有的银行法则进行考证、反思，进而作为取舍，这种清理的过程也就是一个对包括入市规则在内的银行法则进行“升级补丁”的过程。具体的做法是这种合并可以目前的《商业银行法》及《银行业监督管理法》等为基础，然后将调整外资银行的规则纳入其中。在体系的结构上，对于中外资银行共性的问题可以适用共同的银行法则，但是由于外资银行毕竟属于一种产权性质不同的银行主体，而应有所区别，所以在《商业银行法》等银行核心法律中可以另辟专章进行规定，即在整合的银行法规则体系中，做到求大同，存小异。若如此，则可以向国际银行界及对中国金融法治怀有质疑的批评人士传递一种信息，即中国是在WTO规则系下恪守自己的国际义务，同时致力于构造一个良好的以法律规则为依托的金融投资环境。

二、规则供给中微观视角之思考

（一）银行入市分级牌照制

前文已阐述不同的银行具有不同的风险，因而在业务范围上应视银行对金融风险的抵御能力而“量体裁衣”，这说明我国有必要引进分级牌照制度。事实上，银行入市分级牌照制不仅能起到风险防范与增加银行业之间的竞争之目的，同时也可以使我国在中外资银行入市方面进行灵活处理，从而为民营资本入主银行市场创设铺垫性的条件。

我国香港作为国际级的金融中心，其分级牌照制是值得我们参照的。香港根据《银行业条例》将其域内的银行分为三个级别：持牌照银行、有限牌照银行与接受存款公司。作为原英属殖民地，在金融立法方面，香港不可避免地受到英国金融法律制度的影响，三级牌照制就是对英国商业银行以该三类机构为基础架构的传承。这种以业务范围划分为基础的牌照管理制度不仅优化了银行业的规模与结构，避免了恶性竞争，同时也保证了业务范围广泛、社会影响较大的银行会受到与此相适的严格监管。反之，业务面窄、对金融体系及社会影响不大的银行之监管相对比较宽松柔和。另外，这种银行持牌制度已使香港的银行业整体层次比较鲜明，结构具有一定的合理性。事实上，这种区别对待的牌照制对于银行业而言也体现了一种公平的价值感，因为资产规模雄厚、抗风险能力强的银行理应享有更多的业务与权利。与此同时，根据权责相适的原则，在享有更多业务利益的同时，其也应面临更严格的监管。再者，这种分级制也具有风险逐一分解与消融的色彩，因为一般而言大银行具有更大的风险，小银行的风险相对较小。这种监管关注依业务而有所倾斜的做法不仅减轻了监管者的责任，同时更能让监管者进行有针对性的管理。这既节约了监管成本，又提高了监管效率。

笔者认为，基于创造公平的银行市场与加强入市监管的双重目的，我国也可以引进三级牌照制度。具体做法是，根据拟入市银行的资产规模、管理素质、守法记录及内部控制等情况，对现有的中外资银行及未来将入市的银行发放不同的牌照，即 A 类（全面业务牌照）、B 类（有限业务牌照）与 C 类（特殊业务牌照）三大类。持 A 类牌照的银行可以从事《商业银行法》所规定的所有业务，持 B 类牌照的银行则仅能从事银行法所规定的部分业务，C 类银行之业务则严格限于特殊目的之业务。另外，为了建立一种惩罚与激励机制，银行持有牌照的种类是动态的，即若发现 A 类银行的经营效益、信誉、风险管理水平与守法情况等下滑时，银行监管者可对其进行降级处理，使之成为 B 类或 C 类牌照银行。反之，若B类与C类银行达到了持A类牌照之要求，也可以将之提升为A类银行。这种动态的牌照发放与管理制度无疑会激励银行确立良好的内部风险管理机制。从有效金融监管理论出发，良好的内部风险治理无疑优于外在性的监管，因此目前我国在中资银行业务范围几乎雷同的处置方法是值得进一步调研、论证与创新的。

在目前的银行业主体结构下，这种牌照究竟该如何实行呢？对此，以分级牌照制为目标，我国可以对当下的银行业结构作如下调整，即国有商业银行或凡资产规模超过一定规模及风险管理水平达到一定评级的非国有商业银行可作为第一个层级，发放A类牌照，可经营全面的银行业务，不受展业空间的限制；大量的地方商业银行与城市信用社及获准进入的民营银行等可作为第二个层级，可考虑发放B类牌照，主要对其经营业务的范围及地域进行限制；农村地区的信用社可为第三层级，发放C类牌照，限制其服务的对象、区域与业务范围，主要遵循服务“三农”与服务农村所在地原则，避免农村资金的外流。

（二）构建动态的进退机制

市场准入与退出是两个相辅相成、相互支撑的问题。目前，我国银行业具有高社会准入壁垒与社会退出壁垒。为了削弱这些有形与无形的壁垒，在完善入市监管的同时，我国可以考虑以下做法：一是通过上文所述的银行分级牌照制建立预警机制，从而在银行出现问题与退出市场之间构建一个整改的缓冲区，避免问题的积聚；二是以存款保险制度为基础构建市场化与政策化相辅助的退出机制，从而解决我国银行业“难进又难出”的问题，发挥市场退出机制所起到的“杀一儆百”的警示效果。当前所采取的政府主导型强制退市制度是欠科学的，相反，依市场规律及法律所确定的合理预期，分类处理银行机构退市的问题能更好地体现金融监管者的理性政策取向；三是以分级牌照制为基础，通过银行并购入市来整合市场。由于计划经济的影响，我国银行业机构的地域分布是依行政区划为基础的，即在省、自治区与直辖市级的省会所在地一般配备分行，而在市、县、区级等再设置次级分支机构，这种“总行——分行——支行”的结构明显不符合银行发展的市场定位与战略要求，因此尝试允许有能力且网点资源有限的银行通过并购入市不仅能减轻某些银行维持分支机构的成本压力，而且又能使并购者利用这些网点资源实现金融资源的有效组合。在另一方面，对于民营银行而言，这种并购入市的方法不仅降低了其入市的高壁垒，而且还能促进银行明晰产权，完善银行公司的内部治理及扩大规模效应。

（三）对外资银行入市法律调整的思考

入市法律形式的调整：当下，我国外资银行入市的法律形式包括子公司、分行、合资银行及代表处等四种形式，但如前文所述我国外资银行入市的形式多表现为分行，这种布局无疑不利于金融风险的分散化及有效的后续监管，因此在将来的外资银行准入中，我国应确立外资银行入市法律形式多元化的格局，在这之中我国可以考虑要求外资银行以子公司的形式入市。虽然这一法律形式对于中国银行业监管者而言意味着监管责任的加重，但是在另一方面由于子行具有东道国法人资格，在东道国内独立地享有民事权利和承担民事义务，因此东道国可完全将其纳入本国法制的调控范围，可以采取适用于本国其他银行的监管手段，如资本要求、检查、审计、贷款等措施，以确保子行的安全稳健经营，与分行不同的是，东道国不甚关心跨国银行母行的经营状况，母行的破产倒闭会导致子行股权之变更，但对子行的安全稳健经营不会造成实质性的影响。①

外资并购入市调整问题：从国外的立法经验来考察，对外资以并购方式进入银行市场的均设置了关于存款人利益保护、股权限制、并购方资产质量、市场竞争等方面的审核要求，如西班牙的《信贷机构的引导与干预法》就明确指出：所有自然人或者法人试图直接或者间接收购某一家信贷机构中的重要持股时，必须将这种影响事先通知西班牙银行，表明持股的数量、收购的条件和要求、计划交易执行所需的最长时间等。美国《银行持股公司法》亦规定，美联储审查外国银行或外国持股公司兼并国内银行的申请时应

① 参见韩龙：《对外国银行准入形式的法律监管分析》，载《法学评论》1999年第4期。

重点考虑以下三个方面：一是申请行的财务与管理能力；二是被并购银行所服务社区的便利与需求；三是对美国竞争和资源集中的影响。① 这些经验是值得我们借鉴的。

针对前文所述的不足，在该方面我国应作如下的矫正：② 一是适当扩大外资并购入市的主体，而不限于境外的非中资性金融机构；二是从维护有序的市场出发，应对外资出于市场垄断或其他限制竞争而进行的收购进行限制；三是金融业具有很强的敏感性，其与实体企业之间存在着密切的裙带关联，直接或间接地知晓或掌握着后者的商业秘密，其不仅事关民族企业的发展，而且更可能触及到国家的安全，因此基于核心商业机密及国家安全的保护，适度是对外资并购说不也是不得不考虑的问题；四是在业务范围上进行适度的放宽，即当外资并购入股中资银行比例超过 25% 被视为合资银行时，在审核的基础上可以允许其继续经营原中资银行的部分业务。否则，在并购入市价值基础完全丧失的情况下就必然会导致并购入市彻底退出市场，这无疑与我们的初衷相悖。另外，对于外资持股比例是否应作上限规定之问题，作者的看法是由于银行业为我国金融业的核心所在，为了避免外来资本对我国的金融体系产生不应有的挑战与冲击，我们必须对外资的持股规定一个上限，但这个限额又不能太低，因为这种极低股权结构决定了跨国银行只能作为一个被动的决策者和简单的资金投入者，跨国银行缺乏必要的表决权，对改进合资银行的治理机制，加强内部监控及提高服务质量等方面缺乏必要的动力与能力，这就使得东道国引进跨国银行的好处

---

① ［美］查理 · W. 赫尔特曼：《国际银行业环境分析》，邱建良等译，中国经济出版社 1992 年版，第 105 页。

② 笔者主张金融的民族性的观点并不是绝对排斥外资并购我民族银行资本。本人的实意在于外来金融资本的并购入市不应以挑战我民族金融的垄断地位为代价（实际上，纵观全球，又有哪个国家的金融业不是由本民族金融资本主宰的呢），我们引进的目的在于促进国内银行市场竞争的多元化与内部治理的规范化与常态化，而不是为了让外来资本在中国银行市场上达到喧宾夺主的结果。外来银行资本在功能上只能是点缀与附属型的，因此我国银行法有必要，且也必须对外资持股的比例的上限作出严格的规定。

大打折扣;① 事实上，并购入市对我国金融业的影响远非三言两语就能了结的问题，在随后的第四节中笔者将重点阐述并购入市对我国金融安全的影响及我国应有的法律态度。

三、结论

金融法治首先是规则供给之法治，然后才是规则适用之法治。从这两者的关系来看，前者是基石与前提，后者则是检验金融法治与否的关键所在。客观而言，在商业银行入市法律制度上，目前我们所直面的最艰难的问题还不是无法可依的问题，我们所面临的是面对自上而下或自下而上的挑战与冒犯时，诸多金融法律规则还没有武装到牙齿。事实上，我们正处于一种“有法难依”与“有法不依”的尴尬境地。法语所云的“徒法不足矣自行”说明的就是这个道理。作如此之定论并不表明我们应将我国银行法的不足与缺陷置于一种放任自流的自生自灭状态。笔者的本意在于阐明这样一个道理，即从惯常的法学研究出发，当法律不能对现实的法律问题提供正确的答案，及法律面对现实时偏离了规则设定的轨道时，职业法律人的本能反应就是，法律怎么了？及法律应该如何能动地自我修复与完善？然而，事实告诉我们，痴迷于法律规则万能主义是赤裸裸的对法律精神的疏离与曲解。就我国的金融法治而言，目前我们就陷于这样一种悖论之中。当然，要解开这个结的方法并不是要我们将全部法律扫地出门，而是要提醒我们注意到从规则之治到秩序之治还有一段艰难的行程。

在经济学理论中存在这样一个命题，即经济基础决定上层建筑，而金融又是经济的核心。这一递进式的命题说明金融自始至终会受到政策的影响与干预，如在理论上，大家都清楚为了执行货币政策与保持币值稳定，政府就必须确保中央银行的独立性，但事实上中央银行永远摇摆于独立性与政府干预之间，而往往担当的是一个不大光彩的政策温和修正者之角色。从这一点，我们也可以得出

① 参见陈已昕：《逐步放松金融服务领域外资股权限制问题初探》，载《上海金融》2000年第10期。

这样一个结论，即商业银行能否入市、入市的区域、入市的法律形式及业务范围等问题与其说是一个法律问题，还不如说是一个法律与政府决策相交融的问题，因此在目前的情况下，期望政府不动用政策影响银行入市是不现实的，期望政治问题与法律问题绝对的泾渭分明也是过于矫情，问题的关键在于如何把握其中的度，或者说是如何将政府的决策纳入法律规则之中。在另一方面，我们还必须正视另外一个难题，即中国银监会与中国人民银行之间的协调。虽然 2003 年中国银监会成立了，但是这并不必然地意味着我国银行监管已步入了专业化与规范化的轨道。困境是，中国银监会还要度过一段比较艰苦的探索时期，如怎么样协调与央行的关系？原央行发布的规章应如何清理等。

第四节　专论：对中国金融业招商引资所引发的问题之思考

在利益冲突的社会，法不仅是一套最具权威性的人类社会的价值体系和规范体系，而且也是一种维护国家主权与安全的利器，因为主权国家可以从价值判断的角度对国家、社会、团体与个人等的利益借助法律规则进行利益排序，以保证国家的安全不受到外来因素的侵害。从这一点来看，在主权国家林立的世界里，尽管法律文明并无国界之分，但是在法的价值识别上却是存有价值差别。金融是一个国家经济循环的血液，为国家的第二国防，它表明国内金融业的对外开放是一个需要深思熟虑的问题，然而在中国的大地上正在上演着一场民族金融企业向外资争相抛售股权的大跃进式的招商引资运动，似乎谁向外资出售的速度快、出售的比例高，谁就更能赢得政绩与媒体的掌声。事实上，国内金融企业在境内与境外竞相甩卖金融股权，甚至多家金融机构向同一境外投资者压价竞卖股权所造成的后果不仅是中国财力的大量外流，而且使中国正面临着一种经济殖民及金融主权渐失的危险。笔者认为，我们有必要对外资并购我金融业的始作俑者泼点冷水，让其清醒一下。现在我们的法律必须从金融安全及国防安全的角度对这场非理性的金融改革实践作出应有的回答。

一、从外资入股我国金融业中我们收获了什么?

近年来，洋资入股我国金融业的大型案例有：2001 年汇丰银行、香港上海商行与国际金融公司分别持有上海银行 8%、7% 与 3% 的股权；2002 年国际金融公司持有南京市商业银行 15% 的股权；同年国际金融公司、加拿大丰业银行分别持有西安市商业银行 12.4% 与 12.5% 的股权；2003 年花旗银行收购浦发银行 4.62% 的股权，成为其第四大股东，而花旗集团有权在 2006—2008 年内增持浦发银行股权至 24.9%；同年香港恒生银行、国际金融公司与新加坡政府直接投资有限公司与兴业银行正式签订投资入股协议，分别占增发后兴业银行总股本的 15.98%、4% 与 5%；2004 年 8 月交通银行增发约 377 亿元人民币，其中汇丰银行入股 144.61 亿元人民币；2004 年 9 月 22 日深圳发展银行发布公告同意吸收美国新桥投资公司入股，入股比例为 17.89%，新桥成为深发展的第一大股东；2005 年 3 ~4 月荷兰国际集团与国际金融公司出资 17.8 亿元人民币与 4.47 亿元人民币收购北京银行 19.9% 和 5% 的股权；2005 年 8 月苏格兰皇家银行耗资 31 亿美元收购中国银行 10% 的股权而入主该年度的“十大并购案”之一，同年美洲银行和新加坡淡马锡分别以 25 亿美元与 14 亿美元入股中国建设银行；2005 年 8 月高盛集团、安联保险公司与美国运通公司共出资约 30 亿美元购得中国工商银行 10% 之股权；2005 年 9 月德意志银行出资 1.1 亿美元收购华夏银行 5% 之股权；凯雷投资集团等出资 4 亿美元收购太平人寿 25% 的股权，并有权增持到 49%；2005 年 8 月施罗德投资管理公司与交通银行合资成立交银施罗德基金管理公司，外方持股 30%；2005 年 9 月瑞银集团出资 17 亿元人民币获得北京证券 20% 之股权……①在金融业竞卖股权、私募融资的同时，海外上市也似乎成为一种中国大地上“超女选

① 数据的整理源于《外商投资中国金融企业表》，见丛亚平：《警惕外资对中国金融资产的廉价购买——中国金融版图告急》，载《董事会》2005 年第 11 期。

秀”式引资时尚。如中国建设银行已于2005年10月27日在香港上市吸收了92.3亿美元的资金；2006年6月1日在香港上市的中国银行之集资规模已从原计划的60~80亿美元提升至最高98亿美元，已超过建行2005年IPO（初次公开发行）募集的92亿美元，这刷新了建行创下的6年来全球最大上市集资纪录，同时也将成为香港证券市场有史以来最高金额的招股活动。与此同时，中国工商银行、民生银行也候于待选名单之列。

层出不穷的洋资涌入确实使我国的金融业人气大增，但是我们必须冷静地自问一下这样一个问题：洋人资本的介入，我们得到的回报是什么？在这种单向式交易的幕幕闹剧中，我们的付出与收获并非成比的，我付出的是对中国民族金融业可能的控制权及对国家安全的主导权，与外资及其政府的收益相比我们得到的只是数量可怜的回报，或者可以这样说，这种大规模甩卖民族金融业的行为，无论其经济上的回报是多或是少，从对金融主权及国家安全的支配权来评估，这本身从一开始注定就是一个兼吆喝还亏本钱的买卖。作者的这种定论并非无中生有，对此分析如下：

其一是股权压价出售导致金融资源外流。对此，笔者以国有商业银行私募资金所产生的中外资持股比例为证，在三大国有商业银行中，建设银行用15%左右的股权换来了约40亿美元的资金，中国银行则用10%的股权换来30亿美元左右的资金，工行用10%左右的股权换来约30亿美元左右的资金。事实是，洋人用近100亿美元换来国内三大国有商业银行10%~15%的股权，这表明我们正在贱卖整个银行业。最让人不能接受的是，我们还在求着把股权卖给别人，而这种毫无顾忌的渴望正迫使国外各投资银行改变它们与中国打交道的手法，以俯就的姿态砍压价格。交通银行于香港上市就是一个很好的说明。汇丰入股以及2005年6月在港上市不到半年，交通银行便从原来亏损19亿元之多的“丑小鸭”一跃而成盈利46亿元的“金凤凰”。难道外来资本真的具有点石成金的特异功能吗？答案当然是否定的，这主要源于两个方面的原因：一是汇丰入股交行之前，交行已将不良资产进行了剥离与重组，以求上市有好的财务表现；二是没有将无形资产考虑到股份定价之中。众所周知，银行股份的价值不只体现在其有形资产上，其价值还重点表现于网络、品牌和信用度、客户源等无形资产。且在中国，由于监管当局对银行业入市进行严格的管制，这种银行特许权本身就具有巨大的价值。然而，在中国商业银行业股份定价时，其巨大的网络、品牌和信用度的价值、特许经营权以及十几亿人的客户资源，都远未体现在股权溢价上。交通银行在 2005 年 6 月底在港上市后，股价屡创新高，两个月内已上涨了近 30%，这说明发行当初定价过低。另外，在这场置换交易中，引资方与投资方的最终效益亦并非对称的。如交通银行 2005 年上半年报显示，该行在上半年净利润 46.05 亿元人民币，而去年同期则亏损 19.05 亿元人民币。① 税前利润 68.84 亿元人民币，比去年同期增长 173.5%。按此估计，汇丰银行 2005 年就可从交通银行创造的利润中分得 20 亿元人民币左右，5 年左右就可收回在交行的投资，并获得了对中国第五大银行的永久控制权。从这一系列的数据我们就可以一眼得出这样一个结论：洋资才是最大的受益者，中国金融企业的眼前利益是以牺牲长远利益、自贬身价为代价的。单从效益对比来看，这也是一个吃力不讨好的买卖。

实际上，在主权国家的因素下，从货币金融学的角度看，外来资金只是一些虚拟的货币符号，其自身并没有多大价值，但就是这些并无实质价值的符号换取了对中国金融企业现实股份的占有权、控制权及巨额利润的分配权。有一个事实是我们大家都非常清楚的，那就是，在这种资产置换交易游戏中，外国投资方只是动用了这些以美元或其他外币显示的财富数字符号，其并没有动用实际的物质资源，而我方所付出的却是实实在在的以股权占有为中心的实有权利。单从这一点来看，这就不是一单单公平合理的交易。让我们再来看下，占有这些财富的数字符号，我们收获了什么？目前商业银行的外币资本金并不能用来发放贷款，只能用于境外国债投资等，主要是购买回报率低的美国国债。以高盛当年购买平安保险为

① 参见刘雯亮：《交行半年报闪亮登场》，载《证券时报》2005 年 8 月 23 日。

例，中国以高收益的保险股权为代价换来了美元，而这部分美元又重新投入到美国国债市场，美国仅仅支付了很低的国债利息。我们苦求换来的美元在完成一次中国之旅后又回到了它的出生地，同时从这次长途旅行中它也带走了中国金融业的股权。如摩根斯坦利和高盛分别以3500万美元投资平安保险11年共获得了9.7亿美元的回报，但我们取得的3500万美元资本金换成了美国国债，11年只能取得大约2000万美元的收益。① 在综合实力悬殊的情况下，这种资产的置换事实上是给外国金融投资者及其政府提供了一个直接瓜分中国金融资源与财富的机会。在这场思维意识定错位的不平等角力中，我们表现出的不只是谈判中的一味防御与妥协，而且是收益回报数字上的天壤之别。

其二是内部治理上的批判。可能有人士认为，我们将股权卖给洋人可以改善我国金融企业的内部治理结构，去除原有的痼疾。然而，我们必须注意到即使外资的进入能重构我国金融业的内部治理机构，但是那也不是我们自己的，而以外资控股的治理结构。我们知道股权是一个附有着深刻法律内涵的概念，它不仅意味着股权所带来的利益分配权，而且也意味着对企业的控制权。这表明在我国金融业凭借洋资对内部治理结构进行重整时，在我国金融机构的董事会、监事会与经理层中便随处可见洋董事、洋监事与洋经理了。这对于中国的经济安全来说并不是什么好兆头，因为在洋资像血管一样密布中国的金融业时，其瓜分走的将不只是利润，它更意味着中国的经济已没有什么商业秘密可言，因为金融是经济循环的血液，中国民族经济所进行的任何重大国际经济行为及与国家安全密切相关的行为都可能通过洋董事、洋监事与洋经理成为国际上公开的秘密。这说明，中资性的金融企业不能也不应像一般企业一样向外资敞开其轻易接纳的胸怀。

其三是金融主权渐失上的思考。资本具有一定的私有性，但是我们必须认清这样一个事实，在主权观念与意识形态各异的国际大

---

① 参见余云辉、骆德明：《谁将掌控中国的金融?》，载《财经科学》2005年第6期。

背景下，趋利性的资本都或多或少地附带有政治的色彩，或本身就是被隐性地作为政治工具使用的，历史说明这种外来的资本随时可能随着国际形势的变化而蜕变为干涉他国内政的工具。在金融现代化的时代，金融为国家的第二国防，是有钱买不到的奢侈品。洋资与中资企业的融为一体可从以下几个方面对我国金融主权产生巨大的挑战：一是对货币政策的影响。一国货币政策的运作是以金融体系，特别是以银行业为中心，在中资与外资一体共存，且比例渐高的情形下，外资就可能通过其持股对国家的货币政策进行直接或间接的干预，从而影响货币政策可能的失灵。二是金融安全在一定程度上也意味着金融信息的安全，这种一体共生的局面无疑对我国事关国家金融安全的信息保密带来影响。三是金融监管主权丧失独立性的可能性。金融主权的重点在于金融监管权，虽然在巴塞尔银行监管体系的影响下，母国与东道国的监管合作是未来国际金融安全网构建的主流理念，但是我们必须注意到在没有一体共存的情况下，这种合作对东道国而言是一种独立性的积极主动的合作，但是一体共存的格局却有可能改变母国与东道国在监管权博弈上的权力分配之对比，因为一体共存必定使东道国投鼠而忌器。中国有句古话：堡垒往往是从内部攻破的，因而可以说中国金融企业向外资敞开胸襟对其进行接纳无异于“引狼入室”。

综述：金融是国家经济的命脉，民族安危的核心。这说明“在谁掌控中国的金融业这一问题”的决策上我们是不能无原则退让的。对于一个国家及负有民族责任感的企业来说，不是什么东西都可以轻易走出国界的。君不见，尽管中海油喊出了以 185 亿美元收购尤尼科的天价，但是美国国会最后还是对我们毫不客气地说了“不”；我们可怜的中国建设银行在英国伦敦与美国纽约开设十年之久的代表处仍然不能升级为分行。毋庸置疑，目前这场具有“羊群效应”的竞价贱卖中国金融股权的现状是一种头脑发热的败家子行为。与其说这种“自贱”行为是出于一种美好的使民族金融业改头换面的善良动机，还不如说是源自一种历史性的潜藏于国人心中的对洋人、洋资万能的盲目敬畏与崇拜。事实说明，有时我们的家花也比野花香，招商银行既无境外战略投资者，也没有鼓噪什么境外上市，但是在国人的心目是它是一家好银行。自成立 15 余年以来，它踏踏实实地创造了中国银行业的奇迹，并连续四年荣膺世界前 25 家最佳资本利润率银行。与此相似，中国银联同样创造了中国金融业的奇迹，捍卫了中国银行卡业的经济版图。

可能有人会说，国际银行业之间的并购已是金融自由化与全球化场景下的大势所趋，那么让我们来看下作为并购领头羊的美国是如何并购的：1995 年 8 月美国化学银行与大通曼哈顿银行合并、1996 年 4 月富国银行和第一洲际银行合并、1998 年 4 月美国花旗银行与旅行者公司合并为世界最大的金融服务公司、1998 年 1 月美国国民银行和巴耐特银行合并、1998 年 4 月美国国民银行与美洲银行合并成为美国最大的商业银行、同年 4 月美国第一银行与第一芝加哥也宣布两家银行联姻。① 从这系列并购案中，可以发现这些案例都是在美国的本土展开的，即美国金融业内部之间的资产重组，其目的在于：一是实现强强联合，从而在国际金融市场上与他国金融机构进行重量级的抗衡；二是以美国本土为中心，向外进行辐射型的以美国银行为主导的跨国并购，因此其本意并非像我们一样向国外金融机构敞开接纳的胸怀，制造一体共生的局面。无论是在金融业的发展模式探索上，还是在法律文明制度的构建上，西方发达国家一直以来都是我们学习的榜样，但是实践证明从民族利益的视角看，我们并非是合格的学生，往往一部好经被我们念歪了。

法律是社会利益的调节器，在人们于实践中迷失自我与方向时，法律无疑能起到指点迷津，使人勿入歧途的效果。那么，对于这场“跟风”式的金融股权大甩卖，我们的法律在事实上又是如何给人们启迪的呢？

二、现实的法律规则给出了什么答案？

法律中所存在着的价值，并不仅限于秩序、公平和个人自由这

---

① 参见沈锐：《论银行并购的效益》，载《国际金融研究》1999 年第 4 期。

三种。许多法律规范首先是以实用性、以获得最大效益为基础的。① 同时，法律也不仅仅是强制性的起推动作用的力量，它的主要任务是指导和协调，对这个任务而言，积极的推动经济比强制的措施有效得多。② 那么，对于并购行为，我国目前的法律是持一种什么样的态度呢？

目前，我国关于并购监管的规则散见于《公司法》、《证券举》及有关的行政规章。在规则构成上，其具有“部门规章为主、法律规则为辅”之特点。具体调整并购的部门规章主要有：2001 年 11 月的《关于上市公司涉及外商投资有关问题的若干意见》（中国证监会与原外经贸部联合发布），2002 年 4 月的《公开发行证券的公司信息披露编报规则第 17 号——外商投资股份有限公司招股说明书内容与格式特别规定》（中国证监会发布），2004 年修订的《外商投资产业目录》（商务部发布），2002 年 10 月的《上市公司收购管理办法》（中国证监会发布），2002 年 11 月 1 日的《关于向外商转让上市公司国有股和法人股有关问题的通知》（中国证监会与中国财政部、原国家经贸委联合发布），2002 年 11 月 5 日的《合格境外机构投资者境内证券投资管理办法》（中国证监会与中国人民银行联合发布），同年 11 月 8 日的《利用外资改组国有企业规定》（财政部与国家工商总局等联合发布），2003 年以上四部委联合发布的《外国投资者并购境内企业暂行规定》，2003 年 12 月中国银监会专门出台的《境外金融机构投资入股中资机构管理办法》，及 2006 年 2 月生效的《中资商业银行行政许可事项实施办法》等。

从这些规范性文件来看，我国关于外资并购规则的效力层级都比较低，且在并购我金融业的法律规则供给上，我国呈现为相对滞后状态。尽管如此，有一点我们是可以肯定的，即从金融监管规章

---

① ［英］彼得·斯坦、约翰·香德：《西方社会的法律价值》，王献平译，中国人民公安大学出版社 1990 年版，第 3 页。

② 参见［英］麦考密克、［奥］魏因贝格尔：《制度法论》，周洁谦译，中国政法大学出版社 1994 年版，第 107 页。

来看，目前的金融监管者是倾向于支持并购的。这一点，我们可以从中国银监会所发布的文件感觉得到。承接前文对中外资一体共生的利弊分析，笔者认为在这一问题上，中国金融业监管者是比较无能与失职的，因为他们通过对金融业具有权威性的规章向社会传递了一种错误的声音，即一体共生是一种合法合理的金融行为。在此，以中国银监会的作为进行具体的分析。《境外金融机构投资入股中资机构管理办法》在第1条便开门见山地说明："为规范境外金融机构入股中资金融机构的行为，优化中资金融机构资本结构，制定本办法。"这无疑对外资向我银行业的渗透起到了推波助澜的作用。尽管该文件对防止外方控股进行了比例了的限制，如其第8条规定，"单个境外金融机构向中资金融机构投资入股比例不得超过20%"，但是在第9条却又规定："多个境外金融机构对非上市中资金融机构投资入股比例合计达到超过25%的，对该非上市金融机构按照外资金融机构实施监督管理。对上市中资金融机构入股比例超过25%的依中资金融机构进行监管。"这就为洋资在我银行业中取得控股股东的地位提供了法律依据，其事实结果则可能是导致民族资本对本国金融控制权的旁落。可能有无知人士会说，只要外来资金进入了我国主权所辖范围，其还能逃得出如来佛的手心不成？实际上，这种耍赖的心态已不能适应于目前的国际经济社会，要知道现在的社会不是一个孤立的社会，自我封闭就意味着可能的落后，历史已向我们揭示了这一命题。目前我国在国际经济关系中的顾虑重重就说明经济问题并非一国主权独能解决的。立于中国的金融安全，笔者认为中国银监会就犯了一个价值判断上的错误，此其一。其二是规章所反映出的"自贱心态"。引进境外战略投资者似乎成了中国金融业现代化的百病包治的灵丹妙药，如2006年2月开始实施的《中资商业银行行政许可事项实施办法》第7条规定有"设立股份制商业银行法人机构，发起人股东中应当包括合格的境外战略投资者"的内容。这一规定不仅仅在中外资本之间制造了一种不平等待遇，而且此种自我作贱的行为也给外资在谈判中营造了一种优势地位。无论是从对境内战略投资者的信任度出发，还是从现实出发，这一规定不能不说明是立法者的低能。

法律应反映现实，它是现实社会关系的再现。这也是对一个立法者自身法律修行的基本要求，但是我们也必须注意到并非所有再现社会关系的法律规则都是合理的。法律从其自身来看，是一种介于主观与客观的产物。目前的国际社会并非一个太平的社会，而是一个存有众多意识形态分歧与利益冲突丛生的社会，这就说明在法律的价值定向上我们必须对国内法与国际法进行务实的区分，而不能采取泛国际化的态度。尽管国际经济一体化带动了全球法律规则的趋同化，但是我们必须注意到这种趋同是有一个大前提的，即以维护国家主权为基础。这一种观点说明，民族金融应是以民族资本为核心的“纯种金融”，而不能是一种与夷族资本共一体的“杂交金融”(对此，作者在后文中有进一步解释)。目前在中国金融业开放问题立法上的泛国际化的态度就不是一种理性的务实态度。可能有人会反驳说，若我国金融业自我封闭，不就构成了对 WTO 体系相关入市规则的违反了吗？那么，请注意，笔者此处所说的“纯种金融”是指中国已有的主导型金融企业不能吸纳外来资本的金融，它并不会妨碍外来资本采取分行及其他可行方式的商业存在，因此这种自我封闭并不会构成对国际义务的违反。批判是事物更新与演进的动力，作者认为在金融业大肆招商引资的这股热流下，我们有必要对其注入一股股更强劲的冷流使其冷却。因而，在目前法律规则引导错误的情况下，我们必须对其进行批判、反思而进行必要的自我修正。

三、应有的法律态度是什么?

法律是一定社会和文化条件下的一种自主力，它是由立法者制定并用于有目的地影响和设计某种社会关系使之形成一定的模式，而立法者的目的显然不同于大多数受法律约束的公众要求。因而可以这样认为：法律是社会中的某些精英创制的，它不为公众舆论所左右。① 虽然从形式上看，中外资本一体共生已是我国金融业整合

① 参见［英］罗杰·科特威尔：《法律社会学导论》，潘大松译，华夏出版社 1989 年版，第 76 页。

的普遍趋势，但是这并不表明中国金融业的这种改革实践就是理智且符合我中华民族国家安全利益的。立法哲学告诉我们，在社会舆论一边倒之时，立法者更应保持着一种冷静的超脱态度来思考法律何处去的问题，而不应是一种鹦鹉学舌式的人云亦云。笔者认为，在我国入世后国内金融市场即将对外全面开放，民族金融业市场亟须另辟蹊径保护时，立法者不是在思量如何更隐蔽地翼护我民族金融已占领的市场份额，相反是对这种非理性的中资金融机构招商引资行为通过法律规则进行纵容与许可，这事实上就是一种立法弱智与欠缺对金融安全与国家安全内在关联的现实考虑。对于这股招商引资之风，应有的法律态度是：

其一是禁止中国金融业竞卖股权。金融业不同于一般的企业，不仅事关国计民生，更关系着我国经济的安全及社会的长久稳定，因而对于中国金融业试图通过引进洋资来进行再造的行为，我国的金融监管者及其规章的态度应该是原则上严格禁止，但是对于外国资本与中国金融业共同投资新设另一家金融机构的做法可以作为一种禁止的例外，这是因为这样的一种引资方式不会对中国金融业已占有的市场份额产生实质影响。若从这一点来看，中国金融业的监管者们就必须对目前许可外资入股中国金融业的部门规章进行系统的清理，并废止。

其二是取消新设金融机构中必须包括战略投资者的做法。事实上，我国已有的金融实践表明我们的民族资本运作效果并不比外来资本差。洋资并非万能的根治中国金融业传统弊病的最佳良药。实际上，要求包括外国战略投资者的做法不单纯是中国人自己营造了内外资本之间的不平等法律地位，而且更是一种传统殖民意识的延续。这是国人的一种自贱心态在法律规则上的再现。这种自贱的心态表现出的是对民族金融及其投资者能力的狐疑与极度不信任。客观而言，对于民族金融业痼疾的根源，作为在中国土地上土生土长的专业人士我们是非常清楚的，那就是主要源于金融业产权的单一、委托——代理控制链条的过长，控制成本过高。其实，治疗这种“疾病”的处方从理论上来说是很简单的，即使金融业的产权多元化，从而在其内部形成一种有效的分权与制衡机制，以保证经营与决策的理性化与市场化。目前的现实是，我们并不缺少民族金融资本，我们缺乏的是正规金融机构外的民营资本如何突破体制的僵局而进入以国有产权占主导的金融机构，并与之共生共存共竞争。目前中国大地上存在的或明或暗的金融资源庞大的民间金融就是一个很好的说明。这种分析表明，引进外国战略投资者并非我们对中国金融业结构进行破局的唯一选择。在这一问题上，我们应有的法律态度是：对正规金融体制外的民族资本多一分宽容与多一点信任，从而引导其与正规金融机构进行必要的合作与竞争。

其三是以交叉持股作为招商引资的前提条件。引资心切的心理无疑给洋人人为地创造了居高临下式的谈判条件，非洋资不行的部门规章规定更是加剧了中资商谈中的劣势。沿袭前文的思路，若我国拟确立以洋资来实现中国金融机构的良好治理，但是也必须对引资设立一个前置条件，即等价式的股权互换。如若苏格兰皇家银行欲耗资 31 亿美元收购中国银行 10% 股权，即么苏格兰皇家银行也必须向中方承诺出售同等的股权或等价值的股权。如此，中方就可以通过交叉持股的方式与外方及其政府之间达成一种权力与影响的平衡效应，从而防止未来金融问题演变为政治问题。从法律上分析，这种金融互换是以平等为基础的，其目的在于互利，此种处理不仅克服了中国人在与洋人打交道时可能或事实上存在的随历史而来的崇洋与畏洋心理，而且也对内与对外地通过法律彰显了我们对洋资应有的法律态度。

其四是产权与经营权分离上的考虑。国有金融产权把持着我国金融业的命脉，若期望短期内民营资本与国有资本之间形成一种有效的实力的抗衡也是欠现实的。对此，笔者的想法是，我们可以采取产权与经营权相脱离的做法，从而真正实现我国金融业运行的市场化与商业化。要达到该目的，我们必须解决两个问题：一是政府对金融业干预的问题。政府对金融业的不当干预是我国金融业非市场化运作的原因之一。若我们真正想实现金融业营运的市场化与商业化，政府就必须摆正其应有的角色。事实上，从金融法与金融学的角度看，政府的角色是外在的，其不是金融企业直接或间接运营的领导者与决策者，而是企业运营的引导者与不当行为的修正者。

即政府是在尊重市场规律的前提下对金融业起到合法合程序的监督与管理功能，其作用应是隐性的，而不能直接走到前台对金融企业的营运进行指手画脚。否则，就是越界行为。二是法律责任配备问题。目前我国金融业贪污腐败的大案要案频出就暴露出了法律运行失灵的问题。对于违法与犯罪等行为，笔者的陋见是在寻求克服这种不良行为的方法时，我们的第一视角不应是从“这种行为本身是否构成违法，并以作出个案的裁判为终结”来理解行为人行为的不当性。实际上，无论人们受教化程度如何，人在本能的驱使下都具有或多或少的违法倾向，那么为什么违法的人相对少，守法的人相对多呢？这也是一个与每个人的品德、职业及更与该职业相配的法律制度完善与否相关的问题。笔者认为，目前我国金融业有时运作的失灵就与我国金融法、金融刑法自身的漏洞及运行失败不无关联。为了保证产权与经营权分离成功，在正确定位政府功能的前提下，我们也必须对作为经理人的经营者的责任进行具体的限定，加大其违法成本，以防越界而为。

四、余论

在西学法治理论的早期，西方学者们便提出了自由、平等、人权、博爱等非常感人的富有人性化的概念，并且也通过社会力量对比的方式使这些价值变成了他们法律文本中的文字与现实中的权利，但是我们也必须注意也就是在西方法治理念趋于成熟的时期，他们也正在世界范围内肆意殖民，奴役与剥削被他们视为劣等的民族。这种事实就说明，虽然法律文明是没有疆域的，但是法律价值适用的对象与范围却是存有严格的边际。法律价值泛化永远，也绝对不是主权国家林立背景下的正确思维与应有的选择。实际上，法律价值的泛化是人类实现大一统下的一种难能的理想，它并不适用于价值意识形态多元场景下的单个独立的民族国家。对于单个的民族国家而言，理性的选择观是一种在保证自我生存、民族利益安全与社会民众福利等前提下的务实观。虽然国际经济的一体化加速了金融的自由化与跨国化，但是这并不表明在市场开放问题上，我们不必作任何防范而对外来投资主体敞开我们中华民族一贯豁达与宽容的胸襟。若如此，这就是一种比较愚蠢的行为。目前在对中国金融业于外招商引资的法律引导上，我们的立法者就犯了一个法律价值泛化的错误，即忽视了法律价值的国界性。这对于已经受过惨痛历史教训的中华民族而言，绝非什么好的福音。法律不仅是使松散的社会凝结到一起的黏合剂，而且对外而言更是保障民族国家安全、公民的利益不受他国侵犯的有效工具，因此在现时代，作为研讨法律价值的法律人，我们的目光不能仅盯住法律的传统价值，如平等、秩序、自由与效益等，我们更应将国家安全的维护与保障视为法律的使命之一。

第四章　金融自由化下我国金融监管法律体制的调整分析

金融监管是一个“监管→创新→再监管”的动态发展过程。这一点对于我国金融监管法律制度的创新而言同样如此。金融自由化与综合化趋势在我国已日益加强，现有的三足鼎立的机构型监管体制已明显不能快速机动地适应金融业务所需的同步监管要求。虽然我国三大金融监管机构的协作也算是一个对这一难题的初步回应，但是这种以联席会议为模式的协作并没有真正地触及问题的实质。从全球金融监管体制的调整来看，金融发达国家都先后对各自的机构型监管体系进行了调整，而确立了与金融自由化相配的功能性监管模式。我国银行法的演进在很大程度上都是复制或仿造英、美银行法的结果（特别是美国）。至少从目前来看，我国银行法的创新与美、英法之间为一种亦步亦趋的关系，如我国银行法与证券法的分合之争几乎是与美国在该法律问题上的历史演变一脉相承。同时，英格兰银行货币职能与银行监管职能的分拆也无形中对我国央行的角色转变起着示范效应，因此解析这两个国家金融监管体系的调整及创新对我国来说是具有一定现实意义的。

第一节　英国金融监管法律制度的变迁及对我国的启示

在金融法律监管史上，英国的监管体制一直被烙上了“非正式管理”的标签。然而，随着英国金融业的进一步开放，在金融监管法律制度上，其已从非正式的管理步入了法定性监管与自律性监管并举的模式，从机构型监管步入功能性监管的行列。以历史为线，抽象出英国金融监管法律创新所体现出的法律上与金融学上的风险分散与规制理念，对于惯于模仿的我国来说具有现实的意义。

一、机构性监管阶段与分析

尽管在1986年以《金融服务法》为主导的金融法律大爆炸中，英国金融业已经实现了混业经营，但是其金融监管法律框架仍然承袭了原有的以行业为监管边界的机构型监管模式。其分工大体如下：英格兰银行负责对银行业的监管；1985年设立的证券投资局（SIB）及1987年成立的严重欺诈办公室（SFO）负责证券市场的监管与处罚，SIB主要通过各自律机构对证券市场进行监管，该局下设三个主要的自律性机构，即个人投资局（PIA）、证券期货局（SFA）及投资管理监管机构（IMRO）；工贸部负责监督保险机构的偿付能力；伦敦的劳埃德保险社则主要实行保险业的自律管理。在此阶段，英国的金融监管体制在整体上为分业经营与分业管理，且在该体制中其自律管理遥遥领先于法定性监管。比如长期以来，英格兰银行的监管并不是依据缜密正式的法律规则与监管制度，而更多是依于“君子协定”或“道义劝说”① 来达到其监管目的。这种非正式监管的最大优越之处就在于它具有极大的灵活性，同时这也是它致命的弱点，因为该种监管较多地强调监管者人为因素的作用，监管者的自由裁量权过大，此即意味着对不同的被监管者可能实行不同的监管措施，且这种监管实践也有悖于人性恶的法律制度设计基础。如此，非正式监管的公正性、效率性与透明性也是值得让人们怀疑与揣测的。也正基于这一思维，长期以来，英国一直致力于使其金融监管走上以成文法为主导的改革之路。其银行业的监管法制化进程就说明了这一观点。在其银行业的监管法治化中，1979年与1987年的《银行法》起着举足轻重的作用。

《1979年银行法》的特点主要表现在以下几个方面：其一是在

① 所谓道义劝说是指英格兰银行不以法律或指令，而是以自己的地位与声望，通过召开一定的会议或会谈等形式，提出一些指导性原则，以促使受其监管的银行自觉地配合其监管。

金融机构的审批上，其依据金融机构所提供的产品及其信誉的不同而将之区分为认可银行（recognized banks）和许可接受存款机构（licensed deposit-taker），然后在此基础上对其实施差异性监管，英格兰银行监管的重点是后者，而对前者的监管仍然是以自律为主；其二是该法确立了存款保护制度，这在一定程度上完善了英国金融监管中的市场退出机制。1979 年《银行法》是英国金融监管走向法治化的第一次尝试，尽管其并没有从根本上改变英格兰银行传统的监管方式，但它毕竟使英格兰银行过去的实践得以按照法律程序进行。① 这本身就是一种金融监管的创新，这也是英国的金融监管体制步入功能化的起点。

鉴于 1979 年《银行法》并没有从实质上刷新英格兰银行非正式监管的特色，与改革的预期还有一段遥远的距离，如其双轨制②的监管思维在现实中就与立法者的初衷相左。另外，其后爆发的银行危机也表明存在进一步改革的必要性与紧迫性，所以英国随后又推出了《1987 年银行法》。该法的主要内容有：以单一授权制度（single authorization）取代双轨制，同时从资本要求、人员素质、经营原则等方面提高了对从业银行的最低标准；提高了会计师及审计师对银行进行独立审查的要求；提出了审批银行从业资格时应优先从保护存款人利益出发；英格兰银行在内部设立银行监管委员会，就银行监管问题为其提供建议；加强了对存款人利益的保护，将存款保险制度中的保险金额由 10000 英镑提升至 20000 英镑。

深入地考察英国在分业监管阶段的改革，我们可以得出这样的结论，即其改革是不保守与彻底的，体现了英吉利民族固有的“绅士精神”。虽然英国金融立法者想改变其非正式监管方式的形象，而且也作出了诸多努力，但是在该阶段的金融监管中，英国并

---

① 参见孟龙：《市场经济国家金融监管比较》，中国金融出版社 1995 年版，第 26 页。

② 双轨制的监管策略是英国《1979 年银行法》所确立的一种监管方式。在监管实践中表现为英格兰银行根据商业银行的金融信誉度的高低来进行有所区别性的监管，对其认可的银行以自律为主，而对于许可性的存款接受机构则采取较严格的监管。

没有完全使其金融业自律监管达到脱胎换骨的效果，在其监管实践中仍然是自律的成分多，法定的成分少。比如以其银行业的监管法治化进程为证，即使其 1979 年与 1987 年的银行法及其他规范文件的颁布，使得英国金融监管走向了法治化与成文化，但是英格兰银行仍保留了较多的“只可意会而不能言传”的灵活性，如在决定何时及怎样行使干预和监督权时，就拥有较广泛的余地和自决权，即“弹性原则”。固然这在一定程度上给被监管的银行业在心理上形成了一种不确定性监管的威慑力，但是它也会产生监管不力、不到位与监管难以预期的负效应。在这一阶段，习惯法与成文法相结合的非正式监管体系以及弹性原则和谨慎原则，构成英格兰银行监管的主要风格。①

另外，就其证券业的监管者（SIB）而言，其主要是通过证券业的自律机构对证券市场进行管理，但没有权力对违规机构处以罚款或其他处罚，其唯一的手段就是取缔不服从管理的自律组织。②在证券交易方面，证交所规则的效力要远远优于其 1958 年的《预防投资欺诈法》和《商业行为规则》这些议会创制的立法。对于收购行为的监管则都是通过收购小组的自律机构进行，即由该小组代表收购的利益当事方来实施收购法规。③ 1986 年的《金融服务法》是其金融大爆炸的标志性法案，但是英国金融业的自律性传统在该法中却大有扩张之势。在该法案中，各监管机构仍保留了金融参与者的身份，行业规则中保留一定的技术成分，各类行为的管理权力被下放给个别金融企业，且是否实施和制裁由管理者自行决定，而不能诉诸法院，因此该法形成了法典框架下的自律性监

① 参见王桂梅：《国外金融监管组织结构的演变及我国的对策》，载《国际金融研究》2000 年第 9 期。

② 参见王琪琼等：《80 年代以来英国金融体制的变革》，载《国际金融研究》2001 年第 8 期。

③ See Lain Macneil, The Future for Financial Regulation: The Financial Services and Markets Bill, The Modern Law Reviews, Sep. 1999.

管。① 再者，英国1986年“金融大爆炸”后形成的金融监管体制也具有监管多元化的特点，比如在金融监管机构的配置上，就存在有多个监管者各自对不同的金融行业进行监管。不仅如此，就是在同一行业内也有存在多个监管主体重叠的现象，如对于证券与投资业务就实行了双重监管的做法，SIB就下设了3个自律性管理组织，分别对证券业务、个人投资业务、投资咨询与信托业务进行监督与管理。这种机构多元化的金融监管体制无疑与其《金融服务法》所要求的金融业务综合化规定不相配备，因为其导致了金融监管机构的重复构建、监管成本与守法成本的增加、被监管者效益的减少及可能的监管真空的存在。

一言蔽之，在金融自由化理论与实践方兴未艾之时，在1997年之前，虽然英国已将构建统一性的监管体制作为目标，但是在结果上，其还没有成功确立与跨行业相协调的监管框架。在这一阶段，英国有志于构建一种以成文法为主打的监管法律体系，然而英国的金融监管法律制度仍然没有摆脱非正式监管的历史痕迹，仍然停留在功能性监管体制建设的探索阶段。不可否认的是，这种前期的法律调整也为其后期的金融监管体制的剧变奠定了坚实的基础。

二、功能性监管法律框架的确立与评判

1986年，英国实现金融大爆炸之后，就一直没有停止过对金融监管体制构建的思考，如1997年，在劳工党上台后英国政府便成立了金融服务监管局，以负责对银行、住房信贷机构、投资公司、保险公司的审批和审慎监管，并负责对金融市场、清算与结算体系的监管，但是英国真正实现其金融监管体制焕然一新的改革——从行业监管步入到跨行业的监管，是从2000年6月14日其下议院通过《金融服务和市场法》开始的。该法分为30个部分，共433条，它的主要内容就是确立新的金融监管体系与监管机构——金融服务监管局（FSA，Financial Services Authority），其主

① See Treasury and Civil Services Committee, Sixth Report 1994-1995: The Regulation of Financial Services in The United Kingdom.

要旨趣在于给金融服务监管局提供一个全能型的单一性法律框架，以替代以前的机构型监管框架，因此该法赋予了金融服务局监管金融业所需的全部法律权限，要求它于 2001 年下旬在英国全面实施《金融服务和市场法》及该法所赋予的权能。

新法出台后，英国继续保留了 1986 年《金融服务法》所认可的投资交易所与清算所的构架，但是金融服务监管局的权力比以前的更大，有权监管劳埃德保险市场。此外，1986 年《金融服务法》规定认可的组织框架将不复存在。从事主要受监管投资业务的专业公司，如律师、会计师及精算师，将直接受金融服务监管局的授权与监管。① 另外，就《金融服务与市场法》与其他以前相关的金融监管法之关系而言，它将协调下列各法律规定的金融监管安排：1979 年《信用机构法》、1982 年《保险公司法》、1986 年《金融服务法》、1986 年《住房协会法》、1987 年《银行法》及 1992 年《互助协会法》。在新法生效后，以上法律的相应条款将会废止，其他法规，如 1975—1997 年的《保险客户保险法》，1923—1948 年的《工业保险法》也会部分废止，因此该法在金融监管体系重构的基础上也对原有的法律进行了一次系统的清理与整顿。分析如下。

2000 年的《金融服务与市场法》以法律的形式宣告了金融服务监管局为英国唯一的、独立的对金融业实行全面综合监管的机构。根据该法的规定，金融服务监管局还具有制定相关法规、实施行业准则及对被监管者以指引和建议方式借以开展工作的一般政策和准则的职能。自 2001 年 12 月 1 日起，原有的监管机构一律停止运作，原用于监管金融业的法规都将被该法取代。同时，该法所规定的需要受其监管的金融机构、某些专业机构等也将无条件地接受其监管。

实际上，金融服务监管局的雏形在 1986 年的《金融服务法》实施期间就已经存在，它只不过是原证券投资管理局的延续与发

① 参见杨进军：《金融衍生品市场的监管》，中国物价出版社 2001 年版，第 21 页。

展。从这个意义上讲，2000 年的《金融服务与市场法》也是 1986 年《金融服务法》的升级，而非实质性的突破。① 因此，若要了解金融服务监管局，就有必要弄清楚证券投资管理局的性质与来龙去脉。在 1986 年的金融大爆炸后，英国对其证券市场的监管制度进行了重新的打造，为此该法特设了一个半官方半民间的监管机构，即证券投资管理局，由其负责行使工贸部国务大臣委托的部分证券管理权力，依法对投资业及证券市场进行监管。② 在证券监管制度的建设中，该法设计了一种“授权模式”，即由财政部将监管权力授予一个“指定的代理机构”，但仍由其对监管负主要责任。这样一旦出现问题，财政部就可以收回或撤销该项授权。在新法中，其对以前的分业监管体制进行了全面性的再造与整合。做法是，完全摒弃了原授权监管的模式，而将金融监管权直接赋予给金融服务监管局，其目的在于确保监管的独立性与权威性。此外，根据新法，英格兰银行审慎监管银行业的职责被剥离，其任务被限定为执行货币政策，发展和改善金融基础设施，充当最后贷款人以及保持金融体系的稳定。同时，所有的自律组织合并为一个单一的机构，所有金融机构的审慎监管由金融服务监管局一家独揽。此正如其内部人士所言，这一新机构将成为世界上监管范围最广泛的金融管理者。③ 关于这一点，我们可从以下几个方面得到印证：其一是金融服务监管局是一个名副其实的跨行业的监管者，其监管的范围几乎囊括了银行、证券、保险等所有的金融领域；其二是它将同时监管行业内部的行为与外部事务的处理；其三是从其所配置的监管权来看，其权力包括授权、立法、监督、调查与管理。④ 至此，英国在法律上就实现了从行业监管步入跨行业监管、从“自律性监

① See Financial Services and Markets Bill, Part I “Overview of Financial Regulatory Reform”, cha. 2.

② 参见李仁真主编：《国际金融法专论》，湖北人民出版社 1995 年版，第 153 页。

③ See Eva Lomnicka, Financial Services, British Business Law, Sep. 1999.

④ 参见宋海鹰：《金融服务与市场法对英国金融监管的变革》，载《国际金融研究》2001 年第 5 期。

管为主，法定性监管为辅”的传统步入了法定性监管与自律性监管并重及将自律界定为法律范围内自律的现代化监管时代。

评判：无论一个国家的金融法律如何创新与突破，它都必须服膺于金融法治这一最终目的。不言而喻，法治意味着分权与制衡，而非权力的集中与滥用。对于集权的危害，孟德斯鸠曾说过：权力导致腐败，绝对权力导致的是绝对的腐败。若以此立论来评判，这种功能型的监管框架在制度的比较优势上是逊于分而治之的机构型监管体制的。从上文的分析可知，英国新法构造的似乎是一个无所不包的百货公司型金融监管巨人，结合法治的命题含义，不难发现新的框架是难以承受一般法理语义推敲的。虽然历史不会复制式的自我重演，但是在人类有限的理性下，历史有时会以一种自我改良的模式推进。英国金融监管体制的法制化与创新化可能就是这种否定之否定哲理引导下改良的结果。只不过，在金融监管服务局一统监管权时，虽然内部的权力相克已是不可能，但是金融监管权力的外部牵制却是可能与现实的。如此的循环则又回归到了法治理念下的以权力对抗权力的模式。虽然从道理上这种解释似乎是可以自圆其说，但其是否能得到实践的认可却让人拭目以待。

三、功能性监管法律框架的再监管①与剖析

权力是毒药，集权更是毒药中的毒药。对于这一点，英国2000年《金融服务与市场法》的立法者有着清醒的认识。为此，新法规定了以下四项反制措施，以确保金融监管的透明性与可归责性，即市场信任、信息公开、消费者保护及犯罪预防。为了使这些目标在实践中能切实可行，新法构筑了一系列的监督机制，以从内

① 实际上，对于此处所论及的再监管问题，各国其他法律还是有相关的规定，这主要体现在各国的行政法、行政复议法与行政诉讼法之中。比如，在受监管者对监管当局的监管措施存在异议时，其可以申请行政复议或提起行政诉讼。然而，这些法律上的救济措施并不具有特别的针对性，而且其也具有事后性的特点，不符合效率与效益的要求。再者，金融业是一种经营金融产品的特殊产业，所以从效益与成本出发，立法者也必须另外设置一套法律机制，以保证监管的程序化、合法化与效益化。

部与外部两个维度对金融服务监管局的监管权力形成了一个环环相扣的制约体系。

（一）内部的制衡机制

虽然金融监管者权力的可能滥用一方面是由于权力的过于集中，但是另一方面也更源于内部本来就缺少自我监督与制约的机制。基于这一认识，新法采取了三种方法来达到权力内部环环相制与相克之目的：其一是规定了金融服务监管局董事会成员的比例，要求大部分董事必须为非执行董事。① 其二是依新法的规定，金融服务监管局必须建立一个完全由非执行董事组成的委员会，并赋予其金融检查的权力，行使类似上市公司中的非执行董事之监督权。该委员会的职能再分成三个层次：一是负责审查金融服务监管局是否以最有效、最经济的方式行使其职能。二是审查金融服务监管局内部的金融控制工具。三是决定委员会主席与其他执行委员的薪酬。其三是内部监督机制应采取上市公司股东大会的形式，金融服务监管局必须举行年度公开会议，以讨论其年度报告，并公布会议的程序与内容。②

（二）财政部与议会的监督

尽管新法已经废除了 1986 年《金融服务法》中的授权模式，但是新法仍然保留或增加了议会在一定程度上的监督权与检查权。这表现在以下几个方面：

首先，人事任免权上的控制。据新法的规定，财政部继续有权指定或撤销金融服务监管局董事会成员及其主席。③ 同时，其亦有权指定董事会下属的非执行委员会主席的人选。在《金融服务与市场法》的第三部分，政府声明其指定行为应遵循“Nolan 原则”，即政府指定人选时，应考虑到所指定人选的经验与资历等情况，且不应受到某一利益团体的影响。另外，政府否决了其所指定的人选

---

① Financial Services and Markets Bill, Sched. 1, para. 3 (1) (a). 金融监管局现有 10 个非执行董事，4 个执行董事。

② Financial Services and Markets Bill, Sched. 1, para. 11-12.

③ Financial Services and Markets Bill, Sched. 1, para. 2 (3).

应通过议会听证会提议的要求，因为它认为若这样的话，“部长任免负责制”的原则将会受到破坏，或形同虚设。①

其次，为了确保财政部的监督权能有效地行使，新法赋予了它对金融服务监管局的调查权。这种权力的发起表现在两个方面：一是在涉及公共利益的情况下，财政部可以对某些严重监管失误事件行使独立的调查权，这一权力的设立是从国际商业信贷银行与巴林银行倒闭事件的调查中得到启发的，其目的在于为提取重要证据创设一个法律保障；二是财政部有权对金融服务监管局的工作每隔一段时间进行调查，随后发布独立的审查报告，并将报告提交给议会。为了确保调查程序的提起不存在任何法律上的障碍，新法赋予了财政部是否调查的自由裁量权。这种随时随地都可能发起的调查权无疑给金融服务监管局施加了无形的压力。

再次，据新法的规定，金融服务监管局每年负有向财政部提交年度报告的义务，具体阐明其如何履行了监管职能，同时便于财政部向议会提交。为了达到这一要求，新法又对年度报告的内容以及其附带的文件等作出了具体的安排。为了让金融服务监管局无时不在地感到外部制约力量的存在，新法赋予了财政部对年度报告具体内容作出特别要求的权力，如财政部可以要求金融服务监管局在其年度报告中必须列明其拟达到的监管目标，及所可能采取的监管措施，同时必须附带有非执行委员会的报告或其他具体事宜报告等。

由此，可以看出，英国财政部或明或暗的、确定与不确定的监督权正如同一座座大山一样压在金融服务监管局的肩上。即使英国金融服务监管局取得了形式上的对所有金融业的监管权，但是其付出的代价也是相当沉重的，其取得的是一种时刻处于被监视下的全面金融监管权。

（三）公共监督机制

虽然金融监管的目的是在于维护整个金融体系的稳健，但是从

---

① Financial Services and Markets Bill: Government Response to the Reports of the Joint Committee on Financial Services and Markets, HM Treasury, June 17, 1999.

金融机构亦是市场经济场景下的经济人身份考虑，监管的实质目标也是保护与体现金融产品消费者的利益与要求，因此从完善的监管机制来看，金融监管者的监管活动也应置于广大金融消费者的市场选择之下，应借助公众作为消费者所形成的压力迫使金融监管活动的合法性、合理性、及时性、规范性及程序性。这一“市场纪律约束”的监管思想便在新体制下找到了应有的位置。事实上，早在 1997 年 10 月，英国就已为该目的成立了“消费者小组”与“金融参与者论坛”。在新法中，这一做法得到了发扬光大，新法要求金融服务监管局必须建立与维持这些小组与论坛，其小组成员由金融监管服务局来确定。为了保证小组成员的独立性，新法规定成员的选定应遵守“Nolan 原则”，且这些机构主席的任免还必须经过英国财政部的认可。

虽然新法并没有对这些民间性团体的职能作出明确规定，而且其监督行为也只局限于对金融监管服务局的监管工作提出建议与批评等，但是这并不能表明这种监督机制就不能达到所预期的法律效果。其原因有二：其一是财政部可以对金融服务监管局行使制约权，其可以直接要求金融服务监管局在提交报告时必须载明上述小组的工作建议，从而使公共监督机制间接牵制的目的得以实现；其二是在传统上，英国成文法较欠缺，深受习惯法的影响。这就使得英吉利民族比较能自重自律，节制克己，无需太多外在强制力的束缚。可以说，由于财政部的涉入，这种来自市场的约束就并非走走过场而已，相反，其与上述的调查权形成了一个紧密相连的整体。

（四）其他监督措施

为了保证对在功能性监管法律体制中处于最高位的金融监管者的制约体系的完善性，英国《金融服务与市场法》还配备了另外两类监督机制，即司法审查机制、特别调查与补偿机制。

关于司法审查机制，新法继承了 1986 年《金融服务法》的经验而决定成立“金融服务特别法庭”(Financial Services and Markets Tribunal)，其目的在于审理被监管者与金融服务监管局之间的争议案件。这种诉讼制度是双向性的：其一是当被监管者在认为监管者的监管行为不合法时，其可以行使诉权；其二是金融服务监管局可以将那些严重违反市场行为守则的金融机构送上法庭，将之绳之以法。尽管有人对后一情形提出了质疑与争论，但是作者仍以为这种权力的存在是合理且正当的，因为这也正是金融监管职能的体现，且法庭判决的示范效应也会极大地培育与加强被监管者的守法行为。再说，这也是对消费者诉讼权的对应性平衡。对于这些非议，金融服务监管局表示其将谨慎地运用其职权，将其注意力重点放在那些严重违法的事件上，而不会将轻度违法或偶发性事件中的金融机构等当事人送上法庭。客观地看，这种特别设定的监督机制是比较成功的（尽管当事人可以启动一般的行政诉讼程序），因为一方面它可以通过案件公开审理的方式让消费者的知情权得以实现，另一方面这种诉讼机制也可以迫使金融监管服务局进行合法与合理的监管，同时也可以迫使被监管者严格遵守金融监管的法律规定。

另外，为了防止当事人滥用其诉权，新法亦依惯例①规定了在一定情况下金融服务监管局免于承担损害赔偿的责任，但恶意所造成的损害除外；② 关于特别调查权，新法规定可以设立独立的意见调查机构，以对金融服务监管局的监管实践进行调查。③ 调查完毕，调查机构必须作出报告，并由金融服务监管局根据该报告中所查实的情况进行改进。

存款保险是一国金融安全网构建中不可或缺的组成部分。新法对此也作出了特别要求，它声明建立补偿计划的目的是当金融机构破产时，向投资者与存款人提供有限度的补偿，以保护其利益。为此，金融服务监管局成立了“金融服务补偿有限公司”，以作为该计划的管理人。应特别注意的是，虽然该公司由金融服务监管局设立，但是其运作是独立于后者的。如此，金融服务监管局的头上又

---

① 权力的滥用即意味着社会资源配置的效率低下，法律成本的增加，所以在各国的金融监管法律中其一方面赋予了相关当事人的诉权，但是在另一方面其又规定了监管者的豁免权。如美国的证券法便规定了其证券交易委员会（SEC）的豁免权。巴塞尔银行监管委员会的核心原则也提议有必要对监管机构进行法律保护，以保证监管的权威性与一致性。

② Financial Services and Markets Bill, Sched. 1, para. 19.

③ Financial Services and Markets Bill, Sched. 1, para. 7 (2).

多了一道相互制约的紧箍咒。

四、后危机时代英国宏观审慎监管体制的创新

2008年危机之后，围绕宏观审慎监管框架的构建，英国推出了系列的文件：2009年2月的《银行法案》、2009年7月的《改革金融市场白皮书》、及2010年7月的《金融监管的新方法：判断、关注和稳定》、2010年12月的《金融法案》、2011年2月的《金融监管创新方案：建立更稳定的体系》及2011年6月的《金融监管新方案：改革蓝图》等①。这些形式多样化但目标统一的文件对英国的宏观审慎监管框架作了以下创新性的建议与安排。

2009年《银行法案》明确规定了英格兰银行作为中央银行在金融稳定中的职责与核心地位，并强化了相关的金融稳定政策工具和权限。该法案建议在英格兰银行理事会下设与英格兰银行已有的货币政策委员会平级的金融稳定委员会（FSC），该委员会由英格兰银行行长（担任主席）、两位副行长及四位英格兰银行非执行理事组成，其主要职责是在收集信息的基础上对金融系统风险进行监管。为了防控系统风险，法案赋予英格兰银行保障金融稳定的政策工具，如赋予其对银行支付系统的监控权以及对问题银行的流动性提供支持等。

《改革金融市场白皮书》则提出新设金融稳定理事会（CFS），以全面负责监控金融业的风险。该理事会将由英格兰银行、金融服务局和财政部共同组成，由财政大臣担任主席。这三个机构将定期进行会商，报告并讨论与系统性风险和金融稳定相关的问题。其目标是分析、调查、评估英国经济金融稳定中出现的风险，并提出应对之策。该文件强调通过金融服务局的监管执法来降低系统风险的危害，其主要措施包括强化对具有系统重要性大型复杂金融机构的审慎监管，通过改进公司治理机制，提高市场透明度和其他激励机

---

① HM Treasury: A New Approach to Judgment, Focus and Stability, Consultation Paper, 2010; HM Treasury, Financial Bill 2011; HM Treasury. Consultation on Draft Legislation for Finance Bill 2012, etc.

制来强化市场纪律约束；强化对具有系统重要性的证券和衍生品市场的监管；加强市场基础设施建设，抑制过度信用条件要求，防止过度的风险承担行为，以降低金融风险的传染，缓和金融系统与实体经济的波动；强化金融服务局在监控、评估和缓解由于金融体系中的相互关联所导致的系统性风险方面的职能等。

由于英国保守党并不满足于上述措施，2010 年 7 月英国新政府公布了最新版改革草案——《金融监管的新方法：判断、专注和稳定》，计划对英国的金融监管体系进行彻底改革，撤销目前的金融服务局，新设消费者保护与市场管理局，以专门负责消费者保护和金融业务的监管。如在英格兰银行理事会下设金融政策委员会，赋予其强有力的宏观审慎监管权，专司金融稳定的职能，将金融服务局的职能移交英格兰银行下属的审慎监管署。

在这些文件的推动下，时下金融的金融监管新架构表现为三驾马车的形式，即将原金融服务局（FSA）的职能一分为三，即金融政策委员会（Financial Policy Committee，FPC）、审慎监管局（Prudential Regulation Authority，PRA）及金融行为局（Financial Conduct Authority，FCA）。其中，FPC 类似于美国的 FSOC，主要负责宏观审慎监管和系统性风险的监控；PRA 负责对存款机构、保险机构及其他重要的投资公司进行微观审慎监管；FCA 则负责金融消费者保护与行为监管。

作为全球重要的金融中心之一，在传导效应下，英国在本次危机之中也损失惨重，因此在贯彻宏观审慎监管理念中，英国的意志也是比较坚定且识时务的。在对系统重要性金融机构和金融体系的顺周期性监管方面，其也存在一些亮点。如在新的金融监管改革方案中，英国根据宏观审慎监管所关注的跨行业与跨时间维度制定了审慎监管方案。① 在对系统重要性金融机构的监管问题上，新方案的主要措施有：对金融机构的总杠杆比率设定上限；对银行资本的数量和质量实施更高的要求；增加交易账户的资本金，并严格进行

① 参见彭刚等：《宏观审慎监管框架构建的国际借鉴与中国的选择》，载《经济理论与经济管理》2010 年第 11 期。

检查。对顺周期的反制措施应建立逆周期的资本缓冲机制；用“全周期法”取代“时点法”对银行的信贷风险进行评估；借用压力测试来加强对流动性的监管；抵消公布账户中的顺周期效应。然而，英国惯有的保守性也在其改革中得到传承。如“媒体和分析人士普遍认为白皮书安于现状，过于温和，不够激进，丧失了一次结构性改革的时机。包括英国《经济学家》杂志在内的一些媒体对于白皮书没有就改革银行资本充足率等问题拿出更实质计划表示不满”。① 相对于美国“重典性”改革，无疑这些评价还是比较中肯的。

五、对我国未来金融监管体制重整的几点启示

效益是法律的价值取向之一，但是这种效益的实现并不是没有条件。法律秩序下的效益观必须是社会秩序安全与稳定下的价值观。若这一立论是正确的，那么我们就可以说金融自由化只是为扩大效益创造了条件，而要成为必然，就必须将这种效益的追求置于有效的金融监管体制下。这就说明金融自由化下的效益应存在功能性监管法律框架，以实现跨行业性的审慎监管、以保证监管资源的合理与有效的配置、以达到金融监管信息的共享及减少监管者的监管成本与被监管者的守法成本。从英国金融法律制度的改革历程来看，我们不难得出以下的结论：金融监管是法定型监管与自律监管的有机统一，功能性的宏观审慎监管框架是金融业务综合化的内在要求，毒剂性的权力需要内在的与外在的制约与平衡。就英国的金融监管体制改革而言，以下经验是值得借鉴与学习的。

其一是自律与他律关系上的处理。英国的历次改革都基本上贯彻了一个理念，即运用谨慎的规则来监管，而非以控制为基础去实现监管目的；大量运用外在的监管方式，而非以到金融机构内部进行调查为基础去实现监管目的。在监管中充分重视被监管者的会计报告与专业人员的作用。从上文的分析中，可以感觉到尽管英国的金融监管仍然没有摆脱与史俱来的自律传统，但是这

① 胡滨：《英国的金融改革》，载《中国金融》2009 年第 17 期。

种传统已发生了根本性的转变，即英国在尊重传统的基础上，将自律与法律捆绑在一起，使这种传统的自律风格上升为法律框架下的自律。如此就达到一石二鸟的目的，一方面传统被得以继承，另一方面也跟上了严格金融监管对成文法的要求。尽管此种非正式监管的哲学并不全然地能适用于我国，但是它至少给我们昭示了一种金融监管创新新思维，即在构建一国的法定性监管制度时必须，亦有必要将自律性的监管思维反映于其监管法律制度之中。在有效金融监管中，若人类过分迷信于理性的设计而漠视自律的作用，那么有时我们并非在创造金融法治，相反，我们是在阻滞或破坏金融法治。

从法理上看，任何社会秩序的形成都是在人类理性构建与自我演进中相混而成的。如此同理，作为引导金融秩序“领头羊”的金融监管体制也必须遵循这一规律，必须重视自律型管理对法定型监管不可替代的弥补功能。虽然我国金融业的发展还没有达到必须对目前的金融监管体制改头换面的程度，但有一点是肯定的，那就是随着中国金融业交融的进一步深入，监管体制的重组只是一个时间问题。而且，笔者认为目前的“联席会议”就可被视为调整前的一个信号。结合英国在该问题上的突破，可以看出其法律沿革中的上述创新点也正是我国金融法律制度发展中的弱点，因此在我国一方面为金融业的相混大开绿灯放行之时，金融监管体制的互动反应也是亟待解决的问题。

其二是对被监管的金融机构之主要管理者责任的明确。在英国的新法中，其一改以前的做法，而要求被监管机构的主要管理层直接对执行监管规则承担责任。否则，就必须承担相应的法律责任。这就彻底地改变了过去的个人责任与公司责任相分离的高层管理人员“只同甘而不共苦”做法。此种举措无疑有利于金融机构内部治理的优化。

其三是对功能性监管机构的制约机制。权力本身就是对人性弱点的一种诱惑，其必须存在着另外一种权力以达到以毒攻毒的效果。否则，就会导致权力的滥用及可能的监管权力的寻租效应。虽然功能型监管框架是与金融业务综合化相配的一种应然型的监管体制，但是这种监管体制本身就意味着监管权力过分或绝对集中。若对其不存在外在或内在的权力制衡，那么该种监管体制的制度优势就会丧失殆尽。对此，英国的改革给我们提供了良好答案，它在一方面赋予金融服务监管局集权性监管权的同时，其又在另一方面从司法、行政与社会等的多个层面对这种体制进行了反约束与反限制。这不能说不是该法中的一个伟大创举，其为我国未来功能性监管法律框架的创建树立了一个良好的效仿典范。

其四是金融法治的本土性问题。尽管笔者并不信奉什么法律的本土资源性对于金融法治（乃至国家法治）的强大魅力，但是在法律制度构建中，理性的立法者不能，也不应该轻视与怠慢本民族的传统与行事风格对未来法律发展的影响。对此，卢梭认为："这种法律既不是铭刻在大理石上，也不是铭刻在铜表上，而是铭刻在公民们的内心里；它形成了国家的真正宪法；它每天都在获得新的力量；当其他的法律衰老或消亡的时候，它可以复活那些法律或代替那些法律，它可以保持一个民族的创制精神，而且可以不知不觉地以习惯的力量代替权威的力量。"① 虽然在行文中，笔者一再强调英国金融法的改革走的是成文法化方向，但是必须正视这样一个现实，即改来改去英国金融监管的自律色彩并没有被弱化，相反，这种成文法的进程是以肯定、尊重与吸收英国的传统为出发点的。基于此，我们可以说英国金融体制改革之所以在短期内能取得成功，立法对传统的尊重与容忍是功不可没的，因此对于我国来说，尽管我们鼓吹法律文明具有"四海之内皆可用"的普适性，但是要注意的是有时完全脱离民族传统的法律未必就是最真与最有用的法律。

第二节 美国金融监管法律制度的演变及启示

1999 年 11 月 4 日美国通过了《金融服务现代化法》，废止了

① ［法］卢梭：《社会契约论》，何兆武译，商务印书馆 2003 年版，第 73 页。

在其国内实行了达66年之久的《格拉斯·斯蒂格尔法》，从而结束了美国银行业、证券业与保险业等分野的历史。同时，该法的颁布也对美国以前的分业经营与分业监管的机构型监管体制进行了重新的矫正与重构。由于我国金融法，特别是在银行业与其他金融业的分与合及监管体制的确立方面，对美国的借鉴与移植比较多。现时下，无论是我国金融业的实践，还是在与之相配的法律制度方面都与美国改革前的法律制度存在着惊人的亦步亦趋性。因而，观古思今，美国金融监管体制的调整无疑对我国具有极重要的示范与启迪效应。

一、《金融服务现代化法》出台前的监管体制及评析

三权分立、相互制衡是美国整个政府体制的核心所在。① 这种分权与制衡的思想也在其金融监管体制中得到活灵活现的体现。就金融监管机构而言，美国存在着多家法定的金融监管者分享金融监管权力，并由之形成一种相互制衡的金融监管体制。这种权力相克的体制不仅显露于联邦级监管机构之间，而且延伸至联邦与地方监管机构之间的分权相制，如美国各州都有各自的金融法规与相关的银行监管机构。现详细分析如下：

银行监管方面，美国实行二元银行制度，即美国银行有国民银行与州银行之分。其国民银行根据1864年《国民银行法》的规定，由通货监理署（OCC）② 批准，且必须加入联邦储备体系

---

① 参见奕体宁：《美国三权分立漫议》，载《世界知识》1989年第5期。

② 据《国民银行法》的规定，通货监理署的主要职责有：审批国民银行注册登记、宣布国民银行的清理；制定相应的管理条例和法规并组织贯彻执行；检查监督国民银行的资本营运；贷款结构和质量、存款安全管理、存款贷款利率水平等经营情况、对经营管理混乱或违反金融法规要求的银行，有权命令其停业整顿直至吊销营业执照、有权撤换国民银行的正副行长等高级负责人的职务、有权对国民银行及其负责人处以罚款、有权接管国民银行的资产或指派专人代理经营等。

(FRS)① 与联邦存款保险公司（FDIC)②，所以美国的国民银行除受到OCC的监管外，其还必须接受美联储与联邦存款保险公司的监管。此外，州银行则根据各州银行法的规定，由各州银行局批准设立，相应地也主要受州银行局的监管。然而，若州银行加入了FRS或FDIC体系，则应受到FRS或FDIC监管，由此州银行就存在联邦与地方两级监管。

实际上，深入地分析一下美国在分权思想的指导下所形成的这种二元式的银行监管体制，我们不难得出以下结论：虽然分权式的监管权力的配置在一定程度上可以使监管者之间形成一种相互牵制的作用，有利于监管的程序化与规范化，但是在另一方面由于联邦与州银行设立所依据的法律不同、所认可的业务范围不同，所以这也导致了联邦银行与州银行之间的不公平竞争。此外，由于监管主体的多元化，在金融监管实践中也会形成监管者各自独立的势力范围。③ 在美国的金融法律改革中，这也是常受到抨击的问题之一。

证券业的监管，美国对证券市场的监管由三个层次构成：一是美国证券交易委员会（SEC)，其负责全国证券市场的监督与管理；二是各州的证券管理机构，负责本州证券发行与交易的法规在本州范围内实行；三是全国性的证券交易所与全国证券商协会，其负责

① 联邦储备系统的监管对象包括州注册的会员银行、银行持股公司、外国银行在美国的分支机构、会员银行的海外业务活动、银行跨州设立的分支机构等。其监管手段主要有现场检查与非现成检查两种。其监管内容包括资本充足性、资产质量、经营管理、盈利水平、与流动性等。

② FDIC是美国1933年银行法的产物，其对所有参加存款保险的银行都具有监管的权力，其可以要求参保银行按期提交业务经营、财务管理等的报告与统计，并对其实行检查。此外，根据1989年《金融机构改革、复兴与实施法》，FDIC还可以通过储蓄协会保险基金对储蓄存款机构实施存款保险，并对其进行监管。

③ 在实践中，这些法定的监管者在一定程度上成为了受其监管者的利益保护者。如美国的全国信贷联社管理总署与联邦住宅贷款银行局所采取的政策便是一个较好的说明。如全国信贷联社管理总署，一方面为信贷联社的存款进行保险，并主张放宽加入联社的条件；另一方面又为联社的免税权利辩护。

对本组织成员的监督与管理，为自律性的管理机构。在其证券监管体系中，SEC 处于中心的位置，SEC 是一个独立的准司法性管理机构。其使命是执行由国会制定的各项与证券有关的法律，以保护投资者的利益及维持证券市场的有序运转，具体负责解释证券法的有关条文，负责证券发行的注册登记，负责证券交易所与证券交易人的注册与管理，及对违反证券法的行为进行法律制裁等。此外，SEC 还通过其管理和控制证券交易所，实施监督管理职能。根据 1934 年《证券交易法》的规定，所有证券交易所都必须在 SEC 处注册。证券交易所在管理、组织证券交易、提供证券交易的通讯、服务设备、制定各自证券交易所规章制度等各方面，都必须无条件地服从 SEC 的管理。①

保险业的监管，在美国，保险业主要由保险厅依据各州的法律对保险公司与中介公司实行监管。此外，为了通过交换意见来提高金融监管效率，美国成立了全美保险厅长官会议（NAIC），其职责是综合各州保险厅的意见，制定具有示范性的规范，以保证各州的保险法与对保险业的监管在一定程度上能达到统一性。

评析：任何法律问题的分析都必须置于特定的历史与文化语境中才具有意义，才能保证结论的正确性与合理性。美国是在殖民地的基础上所形成的一个现代化国家，其国民主要是由移民及其后裔所组成。若这样的一种松散式的民族构成共同体要形成一个具有一定凝聚力的民族国家，那么其成员之间就必须相互包容相互认同，并进而共享有一种民族精神或者说是共同意识。美国国家构成的这种特殊性决定了这个民族的国民具有非常深厚的自由与平等思想，并对专制与集权深怀畏惧与敌视的心态。从传统与法律制度的关联上考证，这样的一种民族心态与对自我安全的忧虑就必定反映于其整个法律制度的创建中。

事实上，可以说美国历史上所形成的二元式银行制度、银行控股公司及双线多头的金融监管体制无一不是在其民族风格与文化传

① 参见胡英之：《证券市场的法律监管》，中国法制出版社 1999 年版，第 50 页。

统的基础上，并结合其自身的政治与经济制度，历经无数次讨价还价的权力与利益的博弈才形成的。分权是美国法律制度的品性，若美国的法律制度中没有体现出分权特点，那么他们就不是美国人。尽管第一批踏上美国土地的是英国人，但是在身处异国他乡之时，具有良好自律传统的英国人出于未雨绸缪并没有将与生俱来的自律传统发扬光大，相反，是通过白纸黑字将他们的权利及如何保障权力的机制记载下来。这也是为什么人类第一部成文的宪法诞生于那片土地的实质原因。与此同理，这样的一种法律思维也决定了美国的金融监管法律风格必然迥异于他们的故乡（英国），因此美国的双线多头监管模式并不大信奉自觉的自律规范，相反，它重视监管的制度化与法制化。由此，美国的监管法规为数众多，并以英文字母为顺序出台了详细的实施细则与条例，以确保对银行业等的监管权威性、连续性与客观性。从这个角度看，在金融法律框架的构建上，尽管英美之间都遵守了分权法治原则，但是它们走的并不是同一条路线。那么，在其《金融服务现代化法》出台之后，这一风格是否被异化呢？

二、《金融服务现代化法》关于美国金融监管体制的规定与分析

《金融服务现代化法》允许以金融控股公司的方式实现银行、证券、保险业之间的相互渗透，这就必然要求美国的金融立法者立于金融创新与金融监管之间的辩证关系对以前的金融监管体制进行相应的矫正。考察该法下的金融监管体制，不难发现它具有兼容了功能型监管框架与机构型监管框架的特点。具体分析如下：

依该法的规定，由 FRB 作为综合监管的上级机构，对金融控股公司实行全方位的监管。另外，由 OCC 等银行监管机构、SEC 和州保险厅分别对银行、证券公司、保险公司进行分业监管，所以从美国金融监管机构的设置、监管机关的从属关系及各监管机关的监管对象与范围来看，它采取了功能型监管与机构型监管相结合的模式。为了对这种兼收并蓄的监管模式进行协调，该法对监管权的配置作了相应的划分，如在 FRB 与其他分业监管机构的监管优先权上，其明确规定，FRB 对金融控股公司集团进行整体性的监管，

必要时可对银行、证券与保险等子公司的监管问题进行裁决。另外，该法规定，若分业监管机构认为 FRB 的限制监管内容有重大不良性影响时，分业监管机构具有裁决权。除此之外，为了确定对未来金融产品监管权的归属问题，该法也作了相应的规定，具体如下：首先，在对产品金融性质进行认定时，由 FRB 负责；其次，对某种产品是否属于证券产品的审定权，由 SEC 行使；最后，对某种产品是否属于保险产品的审定权，基本上由州保险厅负责，但是当 OCC 认为有关产品属于银行性质，且在解释上与州保险厅发生分歧时，应遵循税法之规定。

分析：如何现实地评价该法创立的金融监管法律框架呢？笔者认为，我们可以从两个视角来解析：毫无疑问，该法解开了原来套在银行等金融业脖子上不能交叉经营的枷锁，为美国金融业的国内与国际竞争展示了更广阔的舞台，比较契合崇尚实用主义哲学的美国人的行事风格。然而，也必须看到，这种改革是保守与不彻底的，是一种“新瓶装旧酒”式的创新。为什么如此定调呢？虽然该法赋予了 FRB 对整个金融控股公司全面的监管权，但是这种权力只是一种应然而未必就是必然，因为其监管权时刻受到原有的联邦级分业监管机构的制约，如即使该法将金融产品定性的权力授予了 FRB，但是 SEC 与 OCC 等也同时分享了这一权力。这说明，FRB 的金融监管权最终将蜷缩于原来圈定的范围内。功能型监管体制之所以叫做功能型监管体制就在于从金融产品的功能与特性上来决定监管权的归属，就在于避免不同金融业的监管者各自为政的现象，因此它潜在的命题就是创造一个巨无霸式的金融监管者。《金融服务与现代法》的权力配置说明，美国恰好背离了这一功能型监管的实质要求。尽管美国目前的金融监管体制具有兼容并包的特色，但是这也只是形式上的。事实上，美国严重分权的思想在新体制中得以保留，要说得不客气点，其现状是在金融自由化下挂着“功能型监管体制的羊头”，卖着“机构型监管的狗肉”。在对美国 2008 年的金融危机进行反思时，众多仁人志士将危机的发生归责于次级债等原因，但是透过现象看本质，其最真实的原因在于金融监管的失灵，而这也从另一角度说明，美国 1999 年的金融改革的保守性与不彻底性。

三、《多德——弗兰克法案》的相关规定与评析

（一）新法的主要内容

法律的世俗性与功利性决定了法律媚俗与朴素的本原，而这一特点在一定程度上也体现于规范性法律文本的抬头中。实际上，顾名思义，新法案的名称已不证自明地表明其侧重点有二：一是针对华尔街金融风暴的系统性风险监管；二是消费者的权益保护。为了达到这一目标定向，新法从以下几个方面进行了大刀阔斧式的革新。

成立金融稳定监督委员会——以防控系统风险为目标：为了抑制系统风险及洗涤当下多头监管下的监管重叠与监管真空并存的历史积弊，法案创设了一个由“财政部主管并由财政部长担任主席及10多家联邦金融监管机构组成”的金融稳定监督委员会（Financial Stability Oversight Council，FSOC），以统摄监管标准，协调监管矛盾，处置监管争端，鉴别系统性风险，并决定监管行为。依据该法第112条的规定，其职能主要表现在以下几个方面：其一是有权从各个联邦及州监管机构收集监管信息。其二是预防金融企业演变过大。对于美国金融市场的稳定性、有效性与竞争性问题，该委员会可以向美联储提出建议，有权对大型金融机构在资本充足率、杠杆比例、流动性、风险管理等方面制定更加严厉的规则。其三是对非银行类金融机构具有“先发制人式”的监管权。若委员会认为某个非银行类金融机构的倒闭或者其行为对美国金融体系的安全性有造成重大影响之虞时，在获得2/3之多数及委员会主席同意之后，其有权要求该机构接受美联储的监管。其四是强制分拆与资产剥离权。作为最后救济的手段，在获取2/3多数及委员会主席授权之后，其可以批准美联储要求某个大型金融机构出售部分可能给金融系统带来重大风险资产的决定。其五是特定情况下，有权就具体的金融监管问题向主要监管机构提出意见，被提意见的机构必须遵照执行，并就执行情况向国会报告。

新设消费者金融保护局①——以消费者权益保护为核心：据新法规定，将在美联储体系下增设消费者金融保护局（Consumer Financial Protection Bureau，CFPB），该局有权对资产超过 100 亿美元的银行机构、信用社、所有从事与住房抵押贷款相关的机构、助学贷款机构及其他大型非银行类金融机构进行监管，并对消费者的权益进行保护，如该机构将确保按揭和信用卡的书面协议更加明确、易懂，从而防止银行变相地提高客户的交易费用。同时，CFPB 将加强与美联储、货币监理署、储贷机构监管办公室、联邦存款保险公司、全国信用社管理局等负有消费者权益保护职责机构的合作，以强化对消费者的保护，防止出现权益保护真空。此外，CFPB 将下设金融知识普及办公室（Office of Financial Literacy），以加强对民众的金融知识教育，并通过设立社区热线的方式来处理消费者对金融产品与服务的投诉案件。

完善了监管机制——“大而不倒”问题的历史突破：“大而不能倒”是有效金融监管中一个“强盗逻辑性”的两难问题。为了终结政府因金融机构“过大”而被“绑架”的现象，法案从事前、事中及事后三个阶段进行了分层次的规划。在事前预防方面，法案确立了新的系统风险防控框架，力图将所有可能对系统风险产生冲击的关键性银行与非银行机构纳入美联储的监管视野中，从而弱化“大而不能倒”类金融机构对整体金融安全的胁迫；在事中阶段，则引入了“沃尔克规则”（Volcker Rule），即限制银行和控股公司从事自营性交易、银行拥有或投资私募股权基金或对冲基金的投资总额不得超过银行核心资本的 3%、禁止银行做空或做多其销售给客户的金融产品；在事后处置方面，为防止类似雷曼兄弟和 AIG

---

① 虽然许多学者对该机构的设立持一种肯定的态度，但是我们必须对其设立的真实意图有一个客观的认识。实质上，消费者的行为与危机的发生并无直接关系。那么，为什么增设这一机构呢？其因就在于美国的民主及舆论的压力，将消费者权益保护作为立法的重点之一无疑能起到慰藉的作用，并直接地麻痹美国民众的思维。在层层压力之下，法案最终没有被夭折，就得益于这一杰作。无论如何评说，强化对金融消费者的法律保护意味着金融监管理念的转变及理性的回归。

危机的重演，该法案从三个方面进行了设计：一是赋予联邦存款保险公司破产清算的权限，即在超大金融机构运营失败时，对其启动安全有序的破产程序，与此相关的费用则由金融企业界，而不是由纳税人买单；二是对危机期间美联储实施的所有应急借款计划进行一次性审计，限制美联储向私人公司发放紧急援助贷款，所有贷款方案必须在获得美国财政部长的批准后方可实施，并禁止破产机构参与紧急贷款计划；三是通过向大型金融机构集资建立清算基金，以用于应对濒临破产金融机构的清算。

强化了对衍生产品、信用评级机构与对冲基金的监管——突显充分监管的理念：针对危机中所反映出来的监管漏洞，新法案从场内与场外两个方面进行了全面的监管覆盖，其要求绝大部分的金融衍生品交易都必须通过公开的中央清算及交易所交易完成。虽然银行可保留利率、汇率、黄金、白银以及投资等级证券的信用违约掉期等业务对冲风险，但是2年内必须通过子公司的方式将农产品、金属、能源商品的掉期交易、信用违约掉期等高风险衍生品业务进行剥离；针对信用评级失信问题，新法规定在证券交易委员会下设新的信用评级监管办（Office of the Credit Ratings），其至少应对全国性的统计评级机构每年检查一次，并公开监管报告；要求信用评级机构披露包括内部运作、评级方法、历史表现、报酬来源等方面的信息；降低评级机构与被评级机构、承销商之间的利益关联度，在评级机构人员跳槽至其客户时，可对其实施离职审查；允许投资者对恶意和草率的评级行为提起诉讼；鼓励投资者建立内部信用评级标准，以弱化投资者与监管者对评级机构的依赖；对于长期评级质量低劣的评级机构，证券交易委员会可以吊销其营业执照；对于对冲基金与私募基金，新法要求该种类型的投资顾问必须在证券交易委员会登记注册，并提交其交易与资产组合等方面的信息，以对系统性风险作出评估。同时，新法将投资顾问的联邦监管资金的最低标准从3000万美元提升1亿美元。

革新管理层薪酬制度——完善企业的内部治理：新法要求联邦金融监管机构专门颁布和执行针对金融机构的薪酬条例，以强化对公司高层人员的监管。这主要体现在两个方面：一是赋予股东在高管薪酬分配问题上更多的话语权，授予股东在高管薪酬和离职补偿方面的投票权，使出资者有权选任有责任感的公司高层管理人员，并否决对公司可能带来威胁的不合理的激励机制；二是成立薪酬委员会。交易所上市规则将要求董事会下设的薪酬委员会完全由独立董事组成，其有权聘请薪酬顾问，从而加强薪酬委员会在奖惩管理层的独立性与公正性。授权监管机构强行中止金融机构内部不适当、不谨慎的薪酬方案，并要求被监管机构披露薪酬结构中所有激励计划。同时，对于上市公司基于错误财务信息所发放的高额薪酬，证券交易委员会有权进行追索。

（二）特点分析

《多德——弗兰克法案》内容纷繁复杂，整整有2300页之多，对其特点进行归总无疑有益于我们进一步了解该法的是是非非。纵观这部厚重的法律，其主要具有目标明确、重点突出、步步推进的特点。对此，分析如下。

其一是以金融稳定监督委员会为表象，构建了跨行业的监管协调机构，以凸显金融合业下的功能性监管理念。三权分立与分权制衡的精神决定了美国的金融监管体制呈现出“双线多元与分权相制”的民族特色，即在联邦和州两个层次上同时并存多个监管机构，如在联邦层面上，并存有美联储、通货监理署、联邦存款保险公司、证券交易委员会、全国信用联社管理局、商品期货交易委员会、联邦住房金融管理局、联邦保险署（据新法设立），而在州层面上，各州均设为自己的银行监管局、证券与保险监管专员。虽然1999年的《金融服务现代化法案》废止了原分业经营与分业管理的机构性监管框架，建立了以美联储为主、各职能监管机构为辅的统一性监管机制，但事实上，司空见惯的各监管机构分权掣肘现象为系统风险的爆发埋下了隐患。为了消除这一遗弊，新法成立金融稳定监督委员会，其成员由各行业监管机构的负责人组成，在不影响既定权力架构的情况下，FSOC承担着全面的监管协调职责。

其二是以防范系统风险为重点，突出有效金融监管中的实用主义哲学。传统上，人们倾向于认为只有商业银行经营失败的挤提才会引发系统风险。然而，此次金融危机表明，作为金融风险源的机构不单局限于银行机构，而且可以扩展至大型的投资银行、保险机构、基金管理公司，甚至是像雷曼兄弟公司、房地美与房利美这样的非金融类的机构。在美国此次的金融立法改革中，其更注重规则设计与监管定性上，而非定量上的考察。无论是对衍生产品交易的场内化要求，还是对私募基金的监管不作为到作为……整个新法制度的创新都是围绕系统风险的防控铺展开来的。

其三是美联储的职能得到进一步的扩张与强化。尽管次贷危机的爆发将美联储的无为推至批判的风口浪尖之上，但是改革的结果却适得其反，美联储不仅保留了原有对全国性大型银行控股公司的监管权，而且在改革的浪潮下，其被推到了一个更重要的位置，如其新增了对重要性非银行金融机构的监管权，继受了原储蓄监理署对储蓄类控股公司的监管权，同时新设的 CFPB 也是内置于美联储系统之中。尽管人们对这一做法的正当性与科学性褒贬不一，但是它至少向外传递了一个强烈的信号，即有效的金融监管需要适度的集权，合业经营需要监管的统筹兼顾，而非各监管机构的各自为战。

法案的出台无论是对于美国的社会，还是对于国际社会来说都是一石激起千层浪。或是出于学理上的评判，或是基于现实效果的预判，在真相还没有揭开之前，人们用了诸多表述描绘了自己对该法的态度。如有人认为，迄今为止，是美国历史上最为严厉的立法，它是危机之下，政府权力一次最大规模的放大，它标志着美国金融服务业将发生彻底改变，可以被推广作为国际金融改革的楷模。对于摩根大通、高盛集团、美国银行此类大型金融机构来说，几乎所有的业务（从信用卡到衍生品交易，再到投资对冲基金的能力）都将面临着剧变与重整。可以说，在该法能否有效预防与遏制下一次危机到来之前，这些观点都是公说公有理，婆说婆有理。然而，一种制度的好与坏并不是如何被写出来与被说出来的，而是它如何被成功实践及被公众所接受。对此，近代的法学大师哈耶克曾言："制度的源始并不在于构设与设计，而在于成功且存续下来的实践。”① 无论如何，这并不妨碍我们对美国新法作出辩证的认知。

（三）《多德——弗兰克法案》的优与劣——一个利弊的评价

1. 风险系统性防控——一次大胆的尝试

毋庸置疑，作为市场重压下政治博弈产物的新金融监管法案不可避免地存在或这样或那样的不足，且其能否如愿地牢牢钳制住华尔街未来的系统金融风险亦是一个有待实践检验的大问题。然而，作为一项具有深远意义的改革成果，该法案仍存在以下可圈可点之处。

其一是实用主义原则的色彩浓厚。法律必须回应社会发展的要求注定了法律的功利性与世俗性，并决定了任何一种法律制度创新都必须遵循一条“问题是什么→法律是什么”的路径。在这一点上，美国人具有优良的传统，学者詹姆斯在其名作《实用主义》一书中就直言：“实用主义的方法，并不是什么特别的结果，只不过是一种确立方向的态度。这个态度不是去看最先的事物、原则、范畴和假定是必需的东西，而是去看最后的事物、收获、效果和事实。”② 这种“目的决定手段”的逆向思维模式在此次新法的酝酿中再一次被发扬光大。

传统上，无论是在功能性，还是在机构性监管框架中，被监管的对象一般局限于金融行业。然而，在经济金融的时代，非金融类实业与金融机构之间的关系日益密不可分而展现出“动一发而动全局”的联动效应。本次源于次贷危机的美国金融大风暴所表现出的银行业与房地产业之间的“荣辱与共”的“唇亡齿寒”蝴蝶效应就揭示了金融监管法演化中一个被人遗忘的问题，即作为公共产品的金融监管法究竟是服务于谁？可能，大众性的表达是服务于普通民众的，《多德——弗兰克法案》鲜明的冠名，以突出对消费

① ［英］哈耶克：《自由秩序原理》（上），邓正来译，三联书店 1997 年版，第 64 页。

② ［美］威廉·詹姆斯：《实用主义》，陈羽伦译，商务印书馆 1979 年版，第 26 页。

者权益保护就是一个“最有说服力”的解说。然而，这种概括并没有触及问题的本质。事实上，当我们基于“金融外部效应、金融垄断、金融信息不对称”等市场缺陷来为金融监管介入披上合理性与正当性的外衣时，所有金融监管的法律制度在指向上是服务于金融市场的。如果我们对这个“金融市场”只是做一个孤立的解释，那么自然而然的结果就是，金融监管法服务的对象就是银行、证券、保险之类的金融企业。在市场只是处于一个初级发展、在社会分工比较落后及市场下的子市场之间的关联度不高的情况下，可能这一结论还是比较合乎逻辑的，或者说，在非金融实业对金融业依赖性不大的情形下，即使法律理念与法律制度还不太完善，但是由于经济发展的“小作坊性”，金融安全还是相对触手可及的。然而，当经济金融的时代被揭开序幕时，“金融监管法只是指向金融业”这一隐性的命题就必然滞后于社会发展的诉求。卡多佐曾言：法律就像旅行一样，必须为明天做准备，它必须具备成长的原则。紧随时代的召唤打破法律创新中的僵局就是法律人天生的职业使命。在这一点上，法案有了一个质变性的突破，即将一些非银行类的机构也纳入美联储的监管视野中。

定性监管与定量监管是监管有效性建设中互为犄角的两个环节。自不待言的是，定性监管是优于定量监管的。这一思想也一直闪烁于巴塞尔银行监管委员会的系列文件中，如 1998 年 9 月的《增强银行透明度》就将定性特征归结为全面性、相关性、及时性、可靠性、可比性与实质性。次贷危机愈演愈烈的原因之一即在于金融监管失灵，而这不得不令世界上以“美国模式”为标杆的国家对美国金融监管法的先进性与科学性产生深深的质疑。事实上，此次危机也从另一侧面放大了国际金融监管理念与实践的不足，即全面的合规风险管理不应只是追求效率而不求效果的指标化管理，而必须是指标监控基础上以效果为终极价值的定性监管。新法案对待系统风险所采取的定性分析法就是一次对危机反思后的理性回归。

其二是民众权益保护的态度明确。制度创新的双刃剑性决定了金融监管法繁荣所引发的大量私法公法化必然会导致公权力渐进式的膨胀，及公民私权空间的进一步合法化蚕食，从而在一定程度上有可能背离法治就是“限制政府权力”的大众化知识，并引发人们对“法律是什么”的危机。在另一方面，监管机构的增设、金融机构运营失败的退出等成本也考验着公众对新法的态度。法律必须考虑民众情感是一项法律效果如期释放的有力保证。而且，服务于民的权利性法治意识在西方国家也历史久远，如霍布斯就认为：“良法就是为人民的利益而又清晰明确的法律。”① 萨维尼的看法是，只有在人民中活着的法才是唯一合理的法。如何确保以危机拯救为由头而出的新法能最初被人接受，并最终能较长久地“活”于人们心中呢？这是新法的立法者们在尊重传统的基础上所必须绞尽脑汁解决的难题。

当下，至少在形式上，美国立法者的处理是比较成功的：一是将消费者保护直接白纸黑字地体现于新法的名称中。无论这是出于一种政治上的欺诈性伎俩，还是一种真实的立法意图，它在事实上必将唤起公众在情感上向新法的倾斜与靠拢，直至最终的认可。二是专设消费者金融保护局，以保障消费者在金融交易中不受不公正与欺诈行为的损害，从而张扬政府对消费者权益保护的信心与决心。三是明确破产等成本不由纳税人承担，从而扩张民众对新法的理解与宽容。虽然在结果上，民众都可以从金融安全为轴心的新法受益，但是长远地看，权益保护的非直观性、间接性、高成本性也无形中会增加人们对新制度的排斥，因此化解这种矛盾、获取民众的支持是至关紧要的。在这一点上，“法律文明的高低在于立法者的修养”的灼见在新法中得到淋漓尽致的表现。该法“强干预、增权力、补缺陷、堵漏洞”的设计从形式上考究都是以民众利益保护为基点展开的。可以说，这也是新法的一大亮点，其之所以没有被半途而废可能也与这存在一定的关系。

其三是对“太大而不能倒”理论有了一种质的突破。尽管在实践中，由政府对巨人型金融机构经营失败进行兜底的隐性担保在

---

① ［英］霍布斯：《利维坦》，黎思复译，商务印书馆 1985 年版，第 270 页。

很大程度上抑制了市场恐慌，但是此举在制造厚此薄彼的不公同时，也加大了金融机构逆向选择的道德风险。正因为如此，学者沃尔特·白哲特的观点是：援助一家现存的坏银行就是阻止建立一家未来的好银行。实际上，在优胜劣汰与物竞天择的市场竞争中，金融机构的巨人化是市场经济发展进程中的必然结果。然而，与此同步的是，规模化与集团化的效应也放大了金融市场的系统风险。金融危机中华尔街"绑架"了政府而使政府欲罢不能的事实使美国监管者深深地意识到如何在发展与规范中求得金融安全是经济可持续发展的根本所在。

基于以上判断，如何防控因金融机构做得太大而滋生一种倒逼政府行为的出现就成了立法中的重中之重。对此，新法采取了多管齐下的方法：一是增设金融稳定监督委员会，以强化不同监管者之间的协调；二是确立了"分拆法"，即当某个机构将对金融市场的稳定产生威胁时，即可对其拆解，以达到各个击破的效果；三是客观而言，进行了监管资源组合，如首次在联邦层面设立保险监管机构（联邦保险办公室）；四是成立消费者金融保护局，以强化市场对金融机构的约束力。不可否认，从理论上看，这些思路是理性且正确的，它不仅可以使金融业之间的竞争回归到应有的公正与安全的轨道，而且它也可以提前破灭大型机构试图让政府为其运营失败买单的梦想。客观而言，虽然在未来的实践中，新法究竟能在多大效果上制止大型金融机构"太大而不能倒"的"流氓"行径仍是一个拭目以待的问题，但不可否认的是，在对这一世界性难题进行突破时，美国新法案所确立的"分拆法"至少在道理上还是令人称道的。

其四是突出了审慎监管的理念。早在1975年巴塞尔银行监管委员会在《巴塞尔协定》中就明确提出了"任何银行机构都不应逃避监管，且这种监管应当是充分"的理念。这表明对系统风险监管的有效性而言，监管是"一个也不能少"，及"零容忍"的。在此次革新中，从内容上看，新法从注重宏观审慎监管、严格监管标准、扩大监管范围覆盖、强化跨机构监管协调四个方面恪守了这一思想。尽管在评论中，有学者认为，在此次创新中，"虽然银行业监管部门得到了一定的精简，但是美国负责金融部门监管的机构非但没有减少，反而增加了。不仅增加了几个微观层面的监管机构，而且还成立了超级监管协调机构——金融稳定监督委员会”。① 笔者认为这一观点是值得商榷的。事实上，监管强化不仅意味着公权力对于私权力的正当的干预，而且更意味着监管成本的递增。为了实现防范系统金融风险于未然，在监管公共产品供给中，“既要骡子好，又要骡子不吃草”的设想是不太贴合实际的。虽然新法对银行自营业务的限制等严厉措施有矫枉过正之嫌，但是从安全的角度来看，这也是制度在私益与公益相权中所必须支付的成本，问题的关键在于这种监管成本的支出是否真正“物有所值”。

2. 效果如何——一个引发众议的问题

法律即妥协，其不可能营造一种皆大欢喜的氛围。对于一部会使美国金融服务业的格局在不久的未来将发生翻天覆地变化的法律来说更是如何描述都不为过分。而且，“新法以最惹眼的方式表明它是以治疗华尔街金融资本过度投机行为为目的”的做法也极其容易招惹众怒。对于其不足，笔者分析如下。

其一是法律自身的伪命题性。法律之本在于正义，而正义则在于惩恶扬善，在于实现应有的公平与公正。然而，新法结果上所表现出的“几家欢喜，几家愁”局面再一次使法律露出了“法律即政治”的狐狸尾巴。客观上，新法案就是美国所谓民主下政治斗争的产物，长期以来，美国共和党主张金融自由主义，认为政府应尽量超脱于市场，而民主党则坚持加大监管。金融危机的突发及后期的经济萧条使人们对曾被奉为圭臬的自由主义生产质疑。两党对新法案截然不同的态度可窥见一斑：一方面，民主党认为通过新法案可以降低金融危机再度爆发的风险。而且，即使事与愿违，新法律体系也可以将犯规的金融机构进行强制拆分，而不需动用纳税人的钱救市，同时对普通消费者的保护也兼顾了民生与民权。另一方面，共和党则认为，虽然《多德——弗兰克法案》内容繁多，却

① 尹振涛：《美国金融监管改革法评析》，载《中国金融》2010 年第16期。

过于宏观，缺乏具体的实施细则，而只是宣布将成立多个工作小组和多达10个监管机构，以研讨、制定和实施具体的细则。当下，还很难看出法案究竟是好还是坏的端倪，其最大的特色莫过使政府干预金融市场的权力得到合法的扩张，因此有人将其形容为“多达2300页的废纸”。此外，和所有的金融立法改革一样，该法的另一个弊端就是，由于其是作为治疗本次金融泡沫及遏制下一次金融泡沫而诞生的，那么在制度创新中，监管泡沫也不可救药地被创造出来。

尽管在总体上法律与政治是并行不悖的，或者说，在事实上，法律本就是服务于政治目的，但是当一项法律的创新表现为政治利益集团之间的要价之时，那么其直接后果就可能是法律信仰危机。对此，学者昂格尔就曾精辟地指出：“法治是对社会秩序衰落的一种反应。它把人变为机械规则的附属，用冷冰冰的权利义务关系取代了人与人之间的感情与和谐，它忽略社会的丰富多彩和个体的不同，把所有的一切都整齐划一，而且，更为危险的是，它可以成为统治集团以社会的名义追求某种政策目标的工具。”① 对于一种理想的社会治理模式来说，这种附随性的风险是不可不察的。

其二是安全与效益之间的博弈问题。无须赘言的是，严格的监管意味着被监管经济实体盈利空间的缩小，而这又反过来影响到被监管者的市场生存。如果说高压的监管之下，金融是安全的且金融业整体效益是有保障的，那么这种监管就是比较适中的；否则，就是物极而反。虽然在影响度上，我们将新法案标识为与美国1933年《格拉斯——斯蒂格尔法》齐名的又一座金融监管史上的里程碑，但是这并不能掩盖它自身存在的瑕疵。为了克服系统风险，新法试图匡正美国当下庞杂的监管体系，而达到真正的监管资源最高效率的“功能化”组合。然而，这种革命是不彻底的，因为改革的结果是机构越来越多，联席会议式的金融稳定监督委员会可能并不能有效抑制美国当前多头与重叠监管并进的分而治现象。监管的

① ［美］昂格尔：《现代社会中的法律》，吴玉章等译，译林出版社2001年版，第125～130页。

有效性与协调可靠性是新一代监管者所必须迎接的严重挑战。

虽然民主是一个时尚性的概念，但是有时民主并不是个好东西，因为民主妥协下的利益商讨必定植入一些不利于制度良性发展的因素。《多德——弗兰克法案》就展示了这一缺陷。在多方角力之下，改革的内容不断被软化、弱化、抽象化。从最初的 85 页到定稿时的 2300 余页，美金融监管改革法案被不断地“填实”。虽然在形式上，其符合法律必须明确而具体的内涵，但是游说扩编后的法案并不具有可操作性，而只是构思了未来改革的蓝图。与之前的系列版本比较，其最大的差异在于，定稿后的法案没有先发制人地对金融机构的规模进行限制，并保留了金融机构扩大自营交易的机构，没有要求大型金融机构剥离所有的衍生产品交易及交纳特别税，如新法一方面强调“沃克尔规则”而限制银行机构发起设立对冲基金或私募股权基金，但是在另一方面其又对银行机构从事该方面的业务及衍生品的坐盘交易采取“怀柔”政策。这些妥协表明新法并没有完全从市场与安全的角度来考察制度应该如何创新问题，或者说民主下的法治消解了美国金融法律创新本应有的使命。金融突发事件的处置需要的是效率，而冗长的民主决策程序很可能迁移恶化风险，如新法创设金融稳定监督委员会的初衷在于提高监管协调实效，然而在金融情势危急之时，各执一见的 2/3 多数票通过的决策程序很有可能使危机救助的最佳时机失之交臂。在安全与效率、民主与专制之间的取舍上，新法并没有实现理想的均衡，并没有现实地贯彻“救危机如救火”的理念。在一点上，笔者认为，基于对民主与法治的膜拜，美国人并没有恪守其民族性的实用主义。

其三是空洞性与责任的缺失——新法的软肋所在。虽然《多德——弗兰克法案》在一定程度上表明了美国政府使上了“吃奶的力气”试图“毕其功于一法”地解决后危机时代其本土内的系统风险问题，但是这种急功近利性又使得美国的金融监管面临一个法无明文规定的险区，因为法案更多的是告诉监管者“为什么非要这样做”，而不是“到底应该怎么做”。随后制定实施细则是确保法案预期目标实现的前置条件。“据法律专家估计，11 个联邦机构将需对应新法案制定最少 243 项新法规，以落实新的监管措施，单是 SEC 就必须制定 95 项法规。”① 又如筹备成立消费者保护机构可能耗时数月或更久，限制银行参与对冲基金交易的规则出台亦可能是一年半载。诸多问题的交织决定了对于金融安全的防范及民众权益保护来说该法案推出的好坏还是一个前途未卜的事情。

法案是市场倒逼式的产物。为了达到“惩前毖后”的效果，新法必须就引发危机的直接当事方的法律责任问题给公众一个明明白白的交代。然而，新法并没有追究房地美与房利美的责任，而是让美国联邦住房金融管理局对其进行接管。责任的缺失所引发的不仅是一个不服众或难服众的问题，也许更严重的是，监管者对危机始作俑者的放纵与姑息的示范效用可能在整个市场中诱发一种普遍的道德风险，从而为下次危机埋下“野火烧不尽，春风吹又生”的可怕契机。

其四是监管适度问题。虽然笔者并不反对“放松金融管制有可能是金融稳定的终结”之类的命题，但随之而来的另一个问题是，这是否又预示金融监管机构及监管人员越多，金融就越安全呢？如果我们认为这一结论是正确的，那么就会产生一个悖论：即金融危机前，全球范围内横向比较，美国的金融监管机构无论是在机构设置，还是在人员配备及法律制度建设方面，其无疑是“最完美”的。然而，这种“完美”的配制并没有使美国逃脱金融危机肆虐的厄运。由此，可推知金融安全与干预的强度之间并不存在一种正向的比例关系。问题的关键在于这种政府对市场的干预是否适度，或者说在制度创新中，立法者必须致力于在金融自由化与金融抑制之间寻求一个折中的平衡点。如果基于“一朝被蛇咬，十年怕井绳”的心态而对市场进行一味的高压，那么这就是对市场正常秩序的不当冒犯。虽说过度的自由主义受人诟病，但是过度的干预也是“五十步笑百步”。

新法之下，作为矛头指向对象的华尔街将面临苛刻的监管标

① 冯宗敏等：《美国金融改革法案终成法律》，载《中国金融》2010 年第 16 期。

准，更严格的薪酬限制，甚至是面临被强制拆分清算的风险。虽然与之前相比，成定局的“沃尔克法则”已有较大松动，但是高盛、摩根士坦利等投行的自营业务将被极大压缩，而危机前回报丰厚的场外衍生品交易量也将大幅萎缩，对冲基金和私募股权基金更是从无监管的影子银行系统中被纳入了严格监管的大框架之下。虽然新法案打出了保护金融消费者的旗帜，但是前瞻地看，对广大消费者与投资者来说，新法也未必是福音，因为严格的信贷审查必然会加大消费者的交易成本，同时高压监管下的利润损失也必然会诱导金融机构向消费者与投资者进行成本转嫁。在另一方面，虽然新法从税收安排等方面向美国公民承诺，新法的实施不会增加公民的负担，但是新增机构与人员的成本毕竟还是由公共财政来解决的，其最终的结果还是“羊毛要出在羊身上”的。从这一点来看，政府是以危机为由头变相地掠夺与挤占了公民的权利，强化了对社会的控制，从而不露痕迹地改变了政治社会与市民社会对抗的平衡。对于这一点，经济自由主义的斗士耶克曾言：“在过去一百年的岁月中，通过大量的社会立法把私法转换成公法而严重损害了自生自发的秩序。这种立法的目的乃在于把私人的活动导向特定的目的并有利于特定的群体。正是受‘社会正义’之幻象的激励而做出的这些努力，使得那些目的独立的正当行为规则（或私法规则）一步一步地变成了目的依附的组织规则（或公法规则）。”① 在人类的生存与繁衍中，风险是从生而无所不在的，但是当我们在人类生活中，以组织化的名义防控某一种风险而衍生另一种制度返祖的风险时，那么可以肯定的是，后一种风险可能更可怕，因为它毁灭的是平等、自由等一些人类本原性的价值。从这个层面来看，过度强化监管权力的构造而淡化民事主体的权利也是当下社会演进中所不得不引人警醒的法哲学问题。

---

① ［英］哈耶克：《法律、立法与自由》，邓正来译，中国大百科全书出版社 2000 年版，第 220 页。

四、对我国金融法创新的启示

（一）应吸取的教训

三权分立的思想是美国法律制度构建的基石所在，所以当这一思想也被植根于其金融法律制度之时，我们就见怪不怪了。虽然在分业经营与分业监管的模式下，及从法治的内涵出发，分权的金融监管模式的确能较好地起到防范与化解金融风险的作用，因为权力之间的相互平衡保证了监管权力的合法与有效之行使，但随着时间的推进，这种分而治之的监管权配置也促动了以部门为中心的监管利益的形成，并在一定程度上达到根深蒂固的程度。反思美国的金融立法改革，笔者私自揣摸，其立法者未必就不想借着改革的时机彻彻底底地推翻原来的金融监管体制，但是部门利益的牢固不会允许这种立法构想变成现实，因此可以说美国目前的这种监管权的守旧性的配备也是一种实出于无奈之下的艰难选择。

十余年前我国也将美国的分业经营与治理的模式搬进了中国，难道我们就能断言在这一时期之内中国人民银行、中国证监会、中国保监会及后来的中国银监会就没有形成自己的势力范围吗？事实是，以权力为中心的利益共同体之存在就必然会带动各自领地的形成。任何制度都是一柄锋利的双刃剑，若使用不当，个人与国家的利益就必将受其损害。金融监管分权的比较劣势说明的就是这个道理。现时下，中国也被卷入到金融自由化与国际化的洪流中，思考中国金融监管体制的创新也是我们迟早必须面对的现实问题。哲人们曾说过：人不能二次踏进同一条河流。这说明在法律制度的构建上，尽管我们采取“拿来主义”的原则，但是我们更应知道“此一时与彼一时”的深刻哲理，因此笔者认为，若我国在不久的将来，致力于打破现存的体制而创新出一个崭新的体系，那么美国目前的金融监管体制所体现出的尴尬对我们来说未必就不是前车之鉴。

（二）积极方面的启示

尽管笔者对美国版的金融大爆炸表现出强烈的怀疑、不信任与有待现实检验等复杂的感情，但是这并不表明美国的改革是一无是处。事实上，任何大幅度的法律调整都是经历了充分与细致的调研及反复论证的，它总是会存在这样或那样的一些可借鉴之处。若将美国的这种改革在中国的场景下放大，笔者认为它具有以下值得我们正面思考的。

其一是民族文化传统与法律制度之间的关联上。文化是一个非常宽泛的、集成一个民族品性，并能发散到这个民族的政治与经济等制度的方方面面的概念，是一个国家立法中所必须密切关注的问题。如此之论说明，文化传统的度量衡是一个国家法律制度构建中所不能割舍的。美国的金融监管体制的立法调整之所以没有突破原有的局限，其根本原因就是传统的影响，即长期固有的分权意识使美国人对功能型监管体制所需的金融监管集权产生天然的抵触、敌视与排斥，即使可能，理性也告诉他们分权是必要的。正所谓："文化传统是指现实中的文化，是一个动态的流向。文化传统像血缘一样，不会一刀两断，无论自觉不自觉，它都会在我们民族的血脉里流淌。因为文化传统像语言一样，而获得某一种语言就意味着接受某一套概念和价值。在成长的儿童缓慢痛苦地适应社会成规的同时，他们祖先积累了数千年逐渐形成的所有思想、理想和成见也都铭刻在他的脑子里了。"① 从传统与法律的动态关系上看，美国的这种尊重传统的做法对痴迷于法律文明的普适性与万能性的中国来说，是有现实启发意义的。

其二是美国在立法中所表现出来的实用主义哲学。从一般的法学理论来看，法只具有相对的稳定性，其永远地落后于社会关系的发展，所以要求现在的法能够永远紧跟未来社会关系的发展也是强求之事。从功能上看，法律是世俗与功利的，其目的在于对社会中出现的法律问题及时地进行解决。由于法律与社会关系之间的这种紧张关系，在法律出现失语症时，若期望启动严格的立法程序来修补法律，不仅立法成本高，且也有可能等新法出来之时又事过境迁了。因而，法律的生命力不在于概念理论的推演中，而是在于快速机动地对现实生活作出回应，关照现实的需求。对于经济高速发展

① 转引自梁治平：《法律的文化解释》，三联书店 1998 年版，第 19 页。

中的我国来说，立法与现实需求之间的紧张则表现得更为明显。那么，如何解决急需的法律规则缺口呢？笔者认为，美国的实用主义法律观给我们提供一个非常可行的答案。早在1840年托克维尔就谈道："在文明世界里没有一个国家像美国那样最不注重哲学了……但是我们不难发现几乎所有的美国居民，都在用同样的方法指导他们的头脑，根据同样的准则运用他们的头脑。"① 美国的这种实用主义在立法与法律实践中是无处不在的，霍姆斯更是没有丝毫保留地说："对法院将实际做什么的猜测，而不包含任何的夸夸其谈，就是我所谓的法律。"② 综合考虑新法之前业已存在的合业经营及其与旧体制之间的藕断丝连之关系，我们可以说美国现行的金融监管法律体制亦是这种实用主义的产物。

在金融领域，金融的创新更是领先于法律的回应。这就说明，金融法律的创新更需要实用主义的法律思维。实际上，我国以"通知"、"试行"及"暂行"等部门规章为主流的金融法律体系构建史也说明了实用哲学的快捷性与方便性。然而，在这里，我们要注意一个问题，实用主义的法律思维并不是要我们背弃应有的立法（广义说）原理，如法律的明确性、条理性、稳定性及一致性等。就我国对实用主义的运用来看，我们走向了另外一个极端，即我们的实用是以牺牲上述长期立法品性为代价的。比较中、美两国在对待实用主义的态度，可以发现它们的出发点与恪守的原则是截然不同的。美国的出发点是能有效地解决问题，是本着一种宁缺毋滥的态度，而我们的出发点是填补法律的空白，本着法律万能主义的法律信奉；美国的实用主义是源于对尊重传统的自然反应，而我们的则更多是源于规则之模仿；美国的实用并不是以牺牲法律体系应有的逻辑性等特征为代价，而我们的则正好走向它的反面。"金融是经济的核心"这一不变的命题决定了中国对于金融法域的实用主义必须是更加慎重与小心的。因而，笔者认为，美国对原金融

---

① ［法］托克维尔：《论美国的民主》，朱尾声译，商务印书馆1991年版，第518页。

② Homles, The Path of Law, Harv. L Rev (1897) 10, p. 41.

监管体制之调整所表现出的以文化传统为基础的实用主义是值得我们来检讨本国实用主义法律思维所应遵守的基本准则的。这一点，对于未来中国版的金融法律大爆炸来说是至关紧要的。

其三是法律制度的继承与发展问题。无论对美国的金融体制改革或贬或褒，在美国金融法律发展史上它毕竟已经成功地迈出了关键性的一步。美国的这种法律沿革还向我们阐述了法律发展中的一个特点，即任何法律制度的创新都是踩着原有法律的肩膀实现质的飞越的，新的法律是旧法律的有条件的继承与伸展。实际上，当我们在论及功能型监管体制时，人们可能不经意地以为这就是要将机构型监管体制的一切全部“斩尽杀绝”，而后另开一片天地来。若作如此理解，则与法律文明的演进的事实不符的，比如说若没有法国人与德国人对罗马法的研究与吸收，会有今天法、德两国人奉若圭臬的民法典吗？人类目前所拥有的法律制度都是在对过去法律文明的批判与吸取中演进的。如此而言，功能型监管体制的倡导与确立并不是以完全推倒机构型监管体制为起点为目的的。美国的模式就向我们演示了法律发展进路中，职业立法者所应遵循的一个客观规律。如在大框架下，FRB 是代表功能型监管的最高监管者，但是在其内部它们又继承了原来的分治结构。法谚云，特例不得作为立法的依据。那么，让我们将目光投向英国，在英国的金融服务监管局的旗下不是同样地存在着一种井井有条的分工负责式监管体系吗？其差异只在于，英国式的是金融监管权大包大揽型的，而美国式的则是外在的机构分立相制型。

美国的这种新旧模式之处理说明了这样一个道理：若数年后我国有志于对目前的三足分立的监管体制进行改造，那么我们就必须直面目前的分立机制所滋生的体制阻碍。现实与理性的思考是，在宏观上打破目前这种分而治之的监管模式，而将这种模式放置于服务功能型监管的框架下。如此，不仅可以消融体制调整所可能造成的震荡，而且使新旧体制之间有一个较长的磨合期与适应期。古语说得好：冰冻三尺，非一日之寒。中国金融监管体制未来的创新不仅会考验我们的耐力，而且也需要我们在体现耐力的同时客观地来看待新旧法律交接之间所必定存在的继承性与发展性。

五、结论

虽然模仿性立法可以使一个无法治传统的国家在短期内达到法律文本遍地开花的效果，但是要知道在这些被模仿的法律背后潜伏的法治精神是我们模仿不来的。可以说，这也是为什么我们的法律并没有变成期望的法律秩序的根本原因。在金融法治的创新方面，我们与美国之间似乎是一种“美国的金融法律打下喷嚏，中国的法律可能就会感冒”亚健康关系。事实证明，无论我们学得有多快，但总是跟不上作为世界金融领头羊的美国法律创新的步伐。

冷静地思量，借鉴性立法并不是不好，但是问题在于该如何借鉴？借鉴的基础是什么？如何克服借鉴而来的法律制度水土不服？……可以说，在金融法律的引进中，这都是我们没有深思熟虑，或者说没有得到有效解决的问题。如同美国人一样，我们的民族也有崇尚实用主义的传统，且这种传统也在大量涌现的金融法律法规中得到体现，但是不可否认的是法律创新中的极端式的实用主义正在侵蚀与破坏我们的金融法律体系的规范性、系统性与逻辑性。结合我国借鉴式与移植式立法的成败，在我国法律职业团体日益强大与成熟的今天，我们是否又应该扪心自问一下这样一个问题，即在法律的创新方面，我们是否真有必要与这些金融发达的国家时刻保持着警醒的亦步亦趋之关系？是否可以克制一下我们在法律供给时的按捺不住的急性子，做到应有的宁缺毋滥呢？笔者认为，这些就是在我国未来金融法律创新时，我们必须先思考的前置性问题。

第三节　对我国金融监管法律体制创新的思考

一、对我国目前金融监管法律体制的分析

我国目前的金融监管法律体制发端于 1993 年国务院发布的《关于金融体制改革的决定》，该文件规定，国有商业银行不得对非金融企业投资，及国有商业银行在人、财、物方面要与保险业、

信托业及证券业脱钩，实行分业经营。1995年《商业银行法》的出台，标志着金融分业经营体制在我国的正式确立，而与之相对应的分业监管模式直到1998年前后才正式形成，其标志是中国证监会的成立、中国证券会“三定”方案以及原《证券法》的通过及实施。尽管2003年我国对原《商业银行法》进行了修订，但在金融监管权力配置上“三分天下”的格局并没有实质性的改变。那么，在目前的情势下，应如何评价我国的金融监管体制呢？笔者认为，无论评价的结论如何，有一点必须肯定，那就是金融监管法律体制必须与一国金融关系的发展相适应。过于滞后或超前都不符合学理上法与其调整的社会关系之间的动态关联。

客观而言，在我国金融业处于一个探索的发展期间时，本着居安思危的观念，“分业经营与分业管理”的监管模式基本上是与我国金融关系的发展同步的，它起到了抑制过度投机行为，消除金融泡沫的作用。1997年前后，我国能成功地避开亚洲金融危机的冲击，固然与我国金融市场开放程度不够等因素有关，但安全至上、谨慎经营的金融分业主义不能说不是一个重要因素。① 随着我国金融业发展的演进，计划经济体制下的金融监管机构的行政地域设置已极大地影响了金融监管的效率，因此中国人民银行跨省区设置九大分行，以摆脱地方政府的影响。同时，在2003年国家将金融监管权自中国人民银行剥离出来，成立了中国银行监督管理委员会。此外，为了增强证券监管的自主性与机动性，证券监管机构与地方政府彻底脱钩。保险监管机构亦取得了对保险业监管的独立权。近些年来，金融监管机构的调整表明我国在新的金融形势下已相应地进行了一些监管创新。然而，问题是，这些调整是否与我国金融业发展的深度与广度同步而行呢？是否在一定层面上兼顾了国际金融监管体制发展的新动向呢？对于这些问题我们并不能提供一个让自己信服的答案。实际上，我国目前所作的一些金融监管调整仅停留于形式意义上（如联席监管会议及央行与中国银监会之间一时还

---

① 参见程宗璋：《创新我国金融监管体制的问题研究》，载《金融法苑》2001年第5期。

难以理清的关系），还是比较浅层次的，其根本问题在于调整的结果并不能与我国目前的金融形势保持一致。而且，从法学理论上分析，我国目前一些关于金融机构经营的法则还经受不了学理上的推敲。对此可作以下分析。

（一）金融法律监管体制与金融形势不一致问题

1995 年《商业银行法》第 43 条明确规定："商业银行在中国境内不得从事信托投资和股票业务，不得投资于非自用不动产。"修正后的《商业银行法》也只是在该条增加了但书部分，即国务院另有规定的除外。原《证券法》第 6 条规定："证券业和银行业、信托业、保险业分业经营、分业管理。证券公司与银行、信托、保险业务机构分别设立。"（修订后的《证券法》增加了但书"国家另有规定的除外"）原《保险法》第 104 条规定：保险公司的资金运用，限于在银行存款、买卖政府债券、金融债券和国务院规定的其他资金运用形式。"（新法将第 105 条第 3 款修改为"保险公司的资金不得用于设立证券经营机构，不得用于设立保险业以外的企业"）这就说明，在原则上我国实行的是大分而小合的金融业经营模式，但是在 2003 年《商业银行法》修订前，严格的金融业分野已受到了下位规则的严重挑战，如中国人民银行在 1999 年 8 月颁布了《证券公司进入银行间同业市场管理规定》和《基金管理公司进行银行间同业市场管理规定》，允许符合条件的券商和基金管理公司进入银行间同业拆借市场，从事同业拆借和证券回购业务；中国证监会和保监会在 1999 年 10 月又一致同意保险基金进入股票市场；2000 年 2 月央行和证监会又联合发布《证券公司股票质押贷款管理办法》，允许符合条件的证券公司以自营的股票和证券投资基金作为质押，向商业银行贷款；《开放式证券投资基金试点办法》也规定，商业银行可以买卖开放式基金，开放式基金管理公司也可以向商业银行申请短期贷款。2005 年 2 月 20 日，中国银行业监督管理委员会发布了由其与中国证监会及中国人民银行共同制定的《商业银行设立基金管理公司试点管理办法》，这标志着我国银行与基金业的合作又迈出了关键性的一步，因为允许商业银行设立基金管理公司，不仅打通了我国货币市场与资本市场的通道，而且也进一步松动了我国银行业与证券业分业经营的隔离墙。同时，商业银行设立基金管理公司这种“法人分业、集团混业”的模式无疑也在一定程度上对我国目前金融法律制度产生一定的冲击。

对于上述现状，若单从法律规则供给的原理考察，其是有悖于逻辑的，因为证券会、央行及保监会所发布的关于金融合业的文件为部门规章，属于下位法的范畴，当其与上位法，即《商业银行法》及《保险法》等发生竞合时，无疑上位法优先。然而，银行法与证券法等修订前的法律规则运行实践表明，下位法已凌驾于上位法之上。毋庸置疑，这是对我国法律制度构建中系统性的原则性冒犯与不恭。即使后来我们可以凭借修正后的《商业银行法》等的但书部分对部门规章的效力进行确认，但是这也不能轻易抹去一个长达数年的“违法经营”时期，且《商业银行法》第43条但书部分规定的是“国务院另有规定的除外”，而并非是“中国人民银行、证监会及保监会另有规定的除外”。另外，法律之间的对接性差异，如新《商业银行法》在第43条但书中规定的是“国务院另有规定的除外”，而《证券法》第6条但书部分规定的却是“国家另有规定的除外”，那么笔者就想问一个这样的问题，即国务院与国家是不是同等的概念？这几乎是一个孩童都可不假思索回答的问题。这种以扰乱正常的法律体系为代价的实用主义至上的规则供给逻辑确实让人匪夷所思。

与此同时，在金融业之间的藩篱已被打破的形势下，我国已出现了一些异质性的金融集团，如由广发证券公司、广发源企业托管公司与广东发展银行所组成的广发集团；由光大银行、光大证券及相关保险业所组成的光大集团；由平安证券与平安保险所组成的平安集团等。在应然度上，与金融合业相适的监管框架的确立应依金融产品的功能来确定其监管归属权，但是我国依然采用的是分业监管的机构性监管体制。这说明在制度的调整上，我们已有所迟缓。

为了缓解我国已出现的金融业务混合化现象对既存金融监管体制的冲击，2004年6月28日中国银监会、中国证监会与中国保监会出台了《三大金融监管当局分工合作备忘录》（后称《备忘录》)，该《备忘录》在第2条明确规定，其宗旨在于明确银监会、证监会及保监会在金融监管方面的职责，为三家机构协调配合，避免监管真空与重复监管，提高监管效率，鼓励金融创新，以达到所有金融机构及其从事的金融业务都能得到持续有效的监管，保障金融业稳健运行和健康发展。第3条提出了五项指导原则，即分业监管、职责明确、合作有序、规则透明、讲求实效。《备忘录》第11~14条对信息收集与交流作出了相应的规定，如第11条规定根据授权，银监会、证监会、保监会分别向其监管对象收集信息与数据，并负责统一汇总、编制各类金融机构的数据与报表，按照国家有关规定予以公布；第12条规定，三大金融监管机构应密切合作，就重大监管事项和跨行业、跨境监管中复杂问题进行磋商，并建立定期信息交流制度，需定期交流的信息由三方协商确定。接受信息的一方应严格遵循客户保密原则，保证该信息使用仅限于其履行职责，除非法律规定，不得将信息提供给第三方。

此外，在工作机制方面，《备忘录》第15条规定，建立银监会、保监会与证监会之间的“监管联席会议机制”。监管联席会议成员由三方机构的主席组成，每季度召开一次例会，由主席或其授权的副主席参加，讨论与协调有关金融监管的重要事项、已出台政策的市场反映和效果评估以及其他需要协商、通报与交流的事项。监管联席会议协调有关三方监管的重要事宜，原三方监管机构的职责分工和日常工作机制不变。联席会议成员每半年轮流担任会议召集人。任何一方认为有必要讨论应对紧急情况时，均可随时提出召开会议，由召集人召集。监管联席会议三方分别设立“联席会议秘书处”作为日常联络机构，并确立专门联系人。在正常情况下，联席会议召开前五个工作日，三方日常联络机构应将拟议事项和各方意见建议等书面材料送达联席会议成员。会后召集方负责拟定会议纪要，在征求参与方意见后发送各方。监管联席会议纪要报国务院领导审批后执行。

《备忘录》的出台是否意味着我国原有的金融监管格局已有了实质性的改变呢？对此，笔者认为，文件并没有对我国原来的金融监管体制产生根本性的影响，而且《备忘录》的实际效果还应受到人们的置疑。其原因如下：

其一是《备忘录》本身的性质问题。从法律上分析，该《备忘录》并不具有法律规则上的约束力。充其量，我们也只能将其定性为一种“君子协定”，所以《备忘录》中所规定的内容能否得到实际履行还依赖于各当事方的诚信及当时金融形势的发展态势。而且，从《备忘录》的内容来考察，我们不难发现它也缺乏一种责任承担机制，因此在缺乏或不可能设立一种约束机制的情形下，《备忘录》的效果是可想而知的。

其二是参加主体的局限性。《备忘录》的当事方只限于上述三方当事人，这显然不符合我国监管权分配的现实。尽管中国银监会的成立从形式上标志着央行对银行业监管权的被剥离，但是我们必须现实地看到在金融监管中，央行仍然充当着一个不可缺少，也不能被忽视的角色，如其最后贷款人职能的发挥。此外，即使根据新《中国人民银行法》的规定，央行仍负有一定的法定监管权，如该法第2条明确规定：“中国人民银行是中华人民共和国的中央银行。中国人民银行在国务院领导下，制定和执行货币政策，防范和化解金融风险，维护金融稳定。”同时，该法第33～34条也规定了央行在一定情况下的监管建议权与调查权。这样一种参与主体的缺陷也说明《备忘录》是不成功的。

其三是《备忘录》仍徘徊于原有的机构型监管模式。虽然《备忘录》给人们一种这样的迹象，即我国已开始渐入了功能性监管模式，但事实并非如此，《备忘录》并没有伤及原有监管体制的根本，其第3～6条及第8条便是很好的说明。其中，第8条的内容则更是具体，其规定对金融控股公司的监管应坚持分业经营、分业监管的原则，对金融控股公司的集团公司依据其主要业务性质，归属相应的监管机构，对金融控股公司内相关机构、业务的监管，按照业务性质实施分业监管。可以说，该文件之所以能产生就是基于承认机构型监管体制为前提的。正如同前文对美国的金融监管体制一样，在没有强大的外力的作用情况下，若想重新瓜分旧有监管体制所形成的“奶酪”利益是几乎不可能的。再者，平等者之间无管辖权的理论也说明人们不能对这种“备用性”的安排有过高的，或不切实际的期望。

实质上，在一定层面上，我们也可以得出这样一个结论，在缺乏明确法律规定的情况下要求我国的三大金融监管机构严守《备忘录》的内容几乎是不太现实的。且在无明确立法或一个具有更高权威的第三方参与的情况下，要求三方相互放弃各自已取得的监管权及所附随的既得利益也几乎是不可能的。《备忘录》第4～6条对银监会、证监会及保监会各自金融监管权的重述也充分证明了这一点。

（二）规则的统一性差

立法应具有统一性，即法律体系内部要和谐统一，它要求一国法律体系内部各法律部门之间、各项法律、法规及部门行政规章之间以及法律规范之间要相互衔接、相互协调、互为支撑。这是一国法律体系充分发挥作用的内在因素。① 我国《立法法》第2条即规定立法应当依照法定的权限和程序，从国家整体利益出发，维护社会主义法制的统一和尊严。然而，我国金融法域的法则就对我国立法思想上的立法统一性原则产生了巨大挑战，或者说它在一定程度上也滋生了我国特有的立法危机，因为各部委所出台的大量规章在效力上已实质上优于法律与行政法规，这明显有悖于法律适用中的“上位法优于下位法”理论。如从上文分析，可知我国的《商业银行法》、《证券法》及《保险法》在总体上还是坚守“分业经营、分业管理”的理念，即使经过修订后金融业之间的相互渗透已有所松绑，但要注意的是这三法所使用的措辞则各有千秋。无论如何，有一点是可以肯定的，即中国金融业防火墙的不防火是以公然的违反法律层级之间应有的规范关系而自我突破的。如央行所出台的《证券公司进入银行间同业市场管理规定》与《基金管理公司进入银行间同业市场管理规定》，央行与证券会联合出台的《证券公司股票质押贷款管理办法》，保监会出台的《保险公司管理规定》等都是一个个违法行为的结果。

我国《宪法》第58条规定，全国人民代表大会与全国人民代

① 参见李龙主编：《法理学》，武汉大学出版社1996年版，第300页。

表大会常务委员会行使国家立法权。《立法法》第7条对此进行重申，其规定全国人民代表大会和全国人民代表大会常务委员会行使国家立法权。全国人民代表大会制定和修改刑事、民事、国家机构的和其他的基本法律。全国人民代表大会常务委员会制定和修改除应当由全国人民代表大会制定的法律以外的其他法律；在全国人民代表大会闭会期间，对全国人民代表大会制定的法律进行部分补充和修改，但是不得同该法律的基本原则相抵触。尽管我国2003年已对《商业银行法》及《中国人民银行法》进行了修订，并出台了《银行业监督管理法》，但是它们并没有对原有的法律规则进行伤筋动骨的处理，而只是用语上的修改或弹性条款的增加。事实上，在金融法域作为上位法的金融法律已被大量的行政规章架空，这很容易导致国家在该法域的立法权被变相地挤占与剥夺。虽然央行、证监会及保监会所出台的规章在一定程度上也反映了中国金融市场的内在需求，但是从传统观念出发，制度调整或变革的基础必须由立法机关先予以奠定，行政、司法部门的权力只有在立法者确立的规则框架内活动才具有正当性。

上述金融法则统一性差及夹杂的“违法”现象对于我国金融监管法律体制的完善与改造存在反作用力，因为它一方面可以导致国家立法机关应有立法权的旁落，从而影响规则本应有的连续性与一致性，在另一方面由于各个部门都具有实然上规则供给的权力，这种状态非常容易形成各自圈定的势力范围。实际上，在2004年《备忘录》中，三大金融监管机关花费大量的笔墨来重申各自的监管范围是不是出于“跑马圈地”的目的呢？这也是值得让人们回味与思考的。在金融全球化、自由化与国际化的趋势下，面临国内金融业防火墙的日益突破所引发的金融监管危机，我国金融监管机构也面临着一个痛苦的决策，因为一方面其面临一个与他方监管者协调的问题，另一方面又要面对如何在“守业”的前提下的“创业”问题，而《备忘录》就是这两难决策下应一时之急的产物。

二、对我国金融监管法律体制完善之思考

对于我国金融监管体制之完善，作者认为有两种模式可供我们

选择：其一是改良型；其二是激进型。以下对这两种模式作更进一步的探讨。

（一）改良型

所谓改良型，即不对现有的金融监管权力配置格局进行大幅度的改革，而只是在现行的机构型监管体制下融入具有法律约束性的功能型监管内容。具体而言，鉴于我国金融业务的主流仍然是“分业为主、合业为辅”的模式，在金融监管体制中全面植入功能型监管的内容可能也不太现实，因此在对我国金融监管权力整合法治化过程中，可以基本上保持现有的金融监管体系不变，但是应当对业已出现的混合业务的监管配以功能型监管的框架。为了达到这一目的，国务院可考虑出台一部内容类似于《备忘录》的行政法规，该法规应依据混合业务本身所具有的金融业务的性质来对其监管权归属作出明确的规定，同时对监管者之间的信息合作交流机制作出应有的安排，并对监管者之间的联合工作的方式进行详细规定。为了确保规则能得到有效的实施，该行政法规应对不作为的法律责任承担机制进行明确的规定。

在这种改良模式中，美国1999年《金融服务现代法》所确立的金融监管模式是值得我国借鉴的。在前文的分析中，我们知道美国新的金融监管体制实为一种功能型监管与机构型监管相融合的模式，如据该法的规定美联储是金融控股公司的最高监管机关，另外该法又对OCC等银行监管机构、SEC与州保险厅等对银行业、证券业、保险业的监管权予以肯定，因此从实质上而言，美国的金融监管新体制亦是一种改良型的。

（二）激进型

即对我国目前的金融监管体制进行根本性的改头换面，从而确立一种全新的以宏观审慎监管理念为基础的功能型监管体制。为了达到这一目标，笔者认为我国可以考虑成立在国务院领导下的中国金融监管委员会，该委员会行使对金融业的全面监管职能。委员会下设银行监管局、证券监管局、保险监管局、期货监管局与信托监管局等部门。作者认为，虽然我国金融业的主线是分业经营模式，但是这并不妨碍我国设立这种功能型监管体制，因为在这种体制中各金融业的监管权仍由特定的部门来行使，只是其要受金融监管委员会的统一领导与协调。事实上，这种模式也是我国未来金融监管体制发展的走向所在。

在构建这样的模式中，日本与英国在这方面的法律创新也是值得我国反思的。日本是金融业务混合化较早的国家，但是其在金融监管法律体系的创新上却存在有明显的滞后性，因此2003年日本设立的金融厅对以前的金融监管权进行置换，从而确立了以金融厅为主导的功能性监管体制。此外，英国的模式更是值得我国立法者关注，因为一方面英国注意到英格兰银行兼负货币政策与对银行业监管职责的不足、非正式管理的内在缺陷，及“合业经营、分业监管”与现实的严重脱节，在另一方面也注意到即使设立功能性监管框架，但是权力也必须存在相应的约束机制，于是在2000年《金融服务与市场法》中功能性监管体制也被植入了再监管的内容，如内部制衡机制的设置、财政部与议会的监督、公共监督机制、司法审查机制及特别调查与补偿机制等。在我国对目前的金融监管体制进行彻底的置换时，也有必要在功能型监管框架中植入再监管机制，以克服功能型监管体制中所可能存在的监管权力滥用。具体借鉴的内容可从以下几个方面考虑：

其一是在新的金融法则中必须赋予国务院或其他相关部门对中国金融监管委员会的监督权，这不仅包括人事上的任免权，而且也包括财政的支持权，及对金融监管委员会监管工作的检查权与建议权等。

其二是在金融监管委员会内部应创建一种制衡机制。为了达到这一目标，金融监管委员会的成员可考虑由两部分组成，即其中一部分委员由熟悉金融监管法则的专业人士来担任，另一部分可考虑由知晓金融监管理念与法则的兼职人员来担任，如知名的金融专家或通晓经济宏观调控的专家等。

其三是严格贯彻“阳光是最好的消毒剂”的原则。客观而言，功能型监管体制体现的是监管的集中与统一，缺乏相应的监管民主，这也是功能型监管受到众多学者批驳的内容之一，因此在功能型监管框架中应借鉴证券法中的“阳光法则”，以保证功能型监管的透明性与监管的民主性。在这一点上，英国的做法是值得我国立法者品味的，如其《金融服务与市场法》规定，内部监督机制应采取仿效上市公司股东大会的形式，金融监管服务局必须每年度举行公开会议，以讨论其报告，并公开会议的程序与内容。

其四是我国也可以考虑设立“金融特别法庭”，以审理被监管者与中国金融监管委员会之间的诉争。这种司法审查程序一方面可以通过法庭公开断案的方式使金融监管委员会的监管行为处于公众的监督之下，从而确保监管的合法性、规范性；另一方面也可以通过司法程序加强被监管者对监管者的约束。此外，为了避免使金融监管委员会疲于诉讼，从而影响监管效率，新的金融监管法则也应赋予其一定的损害赔偿的豁免权，但因恶意所造成的损失除外。

事实上，在金融监管法律体制的构建中，自律亦是目前金融监管法律体系完善中所必须深思的事项之一。从全球金融监管法律创新的走势来看，已出现了自律与他律相互融合、彼此渗透之态势。如英国一直被贴上“非正式监管”的标签，但是近年来其出台了大量的关于金融监管的法律规则。实际上，自律也在我国的金融监管中得到一定的反映，如 2000 年 3 月，我国银行同业公会正式宣告成立。至此，我国银行业、证券业与保险业等都成立了各自的金融机构自律组织。尽管如此，自律性监管在我国金融监管体制中的应有作用并没有得到发挥，仅仅停留于象征意义，因此借鉴国际金融监管理念的新发展，在我国对目前的金融监管体制进行整合与矫正中，也必须对自律型监管在我国金融监管体制中的地位与功能进行重新的定位与反思。

另外，正如笔者在前文对英、美两国金融监管法律体制演变的分析，任何法律制度的创新都呈现为继受式发展，都是一个过去、现在与未来叠加的问题，正所谓：“法包含一个民族经历、发展的故事，因而不能将它仅仅当做好像一本数学教科书里的定理、公式来研究。为了知道法是什么，我们必须了解它的过去以及未来趋势。”① 尽管从前瞻性及目前金融业的内在关系看，我国应确立功能性的金融监管

---

① Oliver Wendell Holmes, The Common Law, Harvard University Press (1963), p. 5.

框架，但是这并不意味着我国就必须全部否定时下的“分业经营、分业监管”的格局。客观而言，功能性监管框架功效的发挥是以机构型监管体制为基础的，在金字塔形的监管机构下，仍然遵循的是分业管理的格局，因此从这个角度而言，我国金融监管框架的调整亦并非十分复杂，其关键在于如何设定一个凌驾于中国银监会、证监会与保监会之上的金字塔形机构。

三、结论

经济学大师熊彼特曾言：“一个时代离我们越近，我们就对它了解得越少。”① 然而，这并不能阻止我们在综合考虑国内金融发展、金融全球化及自由化的情形下对我国目前的金融监管法律体制进行客观公正的反思。金融业的分与合历经了多年的沉淀，从这些沉淀中我们可以发现这样一种规律，即无论金融业经营模式的走向如何，新的金融监管体制都是原有监管法律制度的继承与发展，且无论一国选择何种金融监管模式，其所设计的法律规则必须确保避免专制型监管的存在，并确保监管的透明性及程序性。

另外，就金融监管模式的选择而言，也并不存在绝对的机构型监管模式与功能型监管模式。事实上，在一国选择创立功能性监管框架时，其最终的结果体现为功能性框架下的分业监管，这是我国金融监管体制创新中所必须明确的理念。尽管在行文中，笔者对《备忘录》的出台及其效果并不是非常乐观，但是在中国目前的形势下，还是有胜于无的。就目前来看，《备忘录》的症结在于如何确保其能得以彻底执行。

第四节　“中国银监会”与中国央行之间法律关系的分析

自2003年4月中国银监会挂牌以来，基于监管机构的专业设

① ［美］熊彼特：《经济分析史》(第3卷)，朱泱等译，商务印书馆1994年版，第14页。

置，我国银行业的监管无论是在监管规则建设方面，还是在实践方面都有了一定的改观。尽管从理论上分析将金融监管职能从原央行剥离比较符合中国金融业监管内在发展的需求，但是由于这种分工的不彻底性及银监会所处的相对“有职无权”状态，目前我国银行业的有效监管并没有达到预期的要求。正相反，这种不彻底的分离已给我国银行业监管的有效性伏下了监管失灵及监管成本扩张的风险，因此有必要从中国银监会的角度来考察一下我国银行业监管所面临的困惑，并以此为基础提出相应的对策。

一、独立监管基础的欠缺：中国人民银行抽空了中国银监会独立监管的基础

金融监管的有效性必须依赖于一个前提，即相应监管者必须具有正式的权力及以有效的信息为依托。对此，1997 年及修订后的《有效银行监管核心原则》就有明确的要求。然而，考察一下目前中国人民银行在分离后所保留的职责，我们不难发现银监会有效监管基础基本上呈现为一种相对的真空状态，且在监管实践上目前中国银监会还摆脱不了受中国人民银行的影响与制约，这在一定程度上使其成为中国人民银行进行间接监管的“影子”。这正如有些学者所言，中国银监会与中国人民银行的关系是“分手不分家”的婆媳型关系。固然笔者并不完全赞同这种偏激的观点，但是这一说法也毕竟反映出了一定的问题。关于中国银监会独立监管的缺失，分析如下。

（一）信贷管理问题

中国银监会成立后信贷管理的去留问题成为人们讨论的热点。保留派认为：在中国经济体制向市场经济体制转轨的过程中，央行的信贷政策一直是货币政策的一个重要组成部分。同时，由于在这个时期，商业银行缺乏有效的自我约束与激励机制，货币政策的传导效应还不能完全依于市场，所以央行对商业银行的行为还要进行一些必要的窗口指导与监督检查。此外，目前央行的主要目标是维护币值稳定，而这一目标的核心在于防止泡沫经济的产生，而房地产又是泡沫的主要生产源。于是，2003 年 6 月央行以发布《关于

进一步加强房地产信贷管理的通知》的形式事实上占据了这一滩头阵地，该文件详细地规定了商业银行从事房地产信贷业务的有关指标，这似乎与银监会应行使的职能有所交叉。

笔者认为，央行的这一“明修栈道，暗度陈仓”的做法是值得质疑的，因为信贷政策是规范商业银行经营管理的重要内容，若银监会要依法履行其监管职能，除了根据现行法律法规进行现场检查和非现场监管外，其中的一项重要任务就是制定与完善包括信贷政策在内的银行业的监管制度与法规。同时，信贷政策的制定要以“银行监管过程中所发现的问题及商业银行在业务创新中对现行监管所提出的要求”为依据，而非脱离银行监管的实践。由于实现职责分离后，央行主要依赖于运用利率、再贷款、存款准备金及公开市场业务活动等宏观经济杠杆来对金融市场进行调控，而不直接涉及微观上的商业银行之经营管理，因此从这一角度分析，央行制定的信贷政策就失去了应有的基础。虽然《银行业监督管理法》在第 3 章“监督管理职责”中并没有明确规定中国银监会享有对信贷管理的职能，但是该章却明确地提出了审慎监管的理念，这事实上表明信贷管理应属于银监会的职能，因此央行目前所造成的一种“事实状态”已在一定程度上抽空了银监会有效监管的基础。

（二）反洗钱监控权的归属问题：一个值得重新审视的问题①

随着经济金融的全球化，国际洗钱活动日趋猖獗。由于洗钱能让黑钱洗白进入流通领域，有可能造成货币量增加的假象，从而致使经济统计产生误差，甚至导致国家宏观经济决策走偏，因此自 2001 年起，央行就开发了一套商业银行内大额资金统计分析系统和大额资金可疑支付交易系统。2002 年 7 月央行又成立了反洗钱

① 对于反洗钱问题，尽管修正后的《中国人民银行法》第 4 条第 10 项规定了“中国人民银行指导、部署金融业反洗钱工作，负责反洗钱的资金监测”，但是笔者认为这一规定的合理性是值得人们斟酌的，因为中国银监会设立的根本目的在于银行监管的专业化与保证监管的效率性、有效性，而分离后的央行之主要使命在于实现其货币政策。另外，由于央行的监管主要是宏观上的，一般不会深入到银行机构的日常管理，所以其监管的有效性也是一个值得考核的问题。

工作处、支付交易监测处，专司反洗钱的具体工作。2003 年初，央行发布了《金融机构反洗钱规定》、《人民币大额和可疑支付交易报告管理办法》及《金融机构大额和可疑外汇资金交易报告管理办法》；修订的《中国人民银行法》第 4 条在央行的职责范围中规定，央行指导、部署金融业反洗钱工作，负责反洗钱的资金监测；2006 年的《反洗钱法》第 4 条规定，国务院反洗钱行政主管部门负责全国的反洗钱监督管理工作。国务院有关部门、机构在各自的职责范围内履行反洗钱监督管理职责。这些规范文件初步勾勒出了我国金融机构领域反洗钱的基本法律框架。中国银监会成立后，反洗钱的职能目前仍滞留于中国人民银行。

从国外反洗钱机构的设置来看，当金融监管职能与央行分立后，对金融机构反洗钱的职能一般都集中于分立后的金融监管机构，而非央行。如英国的金融服务局根据《金融服务与市场化法》负责金融机构的反洗钱监管工作，日本的金融厅则设立专门的金融情势办公室来专司反洗钱的监管。这种配置的原因何在呢？其根本原因在于反洗钱是与银行机构的日常监管紧密相连的。洗钱与简单的存贷款不同，而是一个通过银行往来账户、邮政汇票、旅行支票及其他流通工具而发生的连锁过程，这种洗钱几乎会渗透银行业务的各个环节，这说明反洗钱职能必须伴随机构的分离而发生移转。

（三）支付结算监管权归属：一个两难性的问题

中国银监会分设后，央行继续保留了原有的对商业银行支付结算情况进行监督与检查的权力。作为央行直属事业单位的清算中心不仅为商业银行的支付结算活动制定相关规章，对业务活动中产生的纷争进行协调，提供网络设备支持服务，而且还对商业银行的支付结算业务负有检查与监督的职能。支付结算业务不仅是银行内部与银行之间进行资金清偿与余缺调配的润滑剂，而且更重要的是资金安全与市场稳定的基础。目前各国的做法一般是，在金融监管机构与央行分设的国家，支付与结算的管理仍由央行负责，但许多国家的支付结算系统都倾向于非官方化，如澳大利亚的支付清算协会、韩国的金融电信与清算协会及新加坡清算所协会等，其会员都由会员银行组成。对于我国而言，支付结算的民间化可能性不大，现在的问题是央行仍持有的该项职能是否移交给银监会。在该问题的处理上会出现一个两难：

一难是若将该职能移转给银监会，则涉及如何移转的问题。多年来，央行在“总行至县支行与央行至各商业银行”之间已构建了庞大的支付清算网络，虽然专职的管理人员可以“人随业务”，但是支付系统的物理转移则是一项复杂的工程。另一方面，央行宏观政策上的公开市场活动也必须依于支付结算系统。

二难是若维护现状而将支付结算系统保留于央行，那么对银监会而言则意味着其对商业银行经营监管链的断裂，因为商业银行的支付与结算是与其他业务密不可分的。若将支付结算的管理与日常业务的管理进行切割处理，则无疑不利于银监会对银行业进行整体性的监管。同时，从修订后的《中国人民银行法》来看，也只是在该法第 4 条规定央行“维护支付、清算系统的正常运行”，而没有明确地决定这项权能的归属。既然如此，作为法定监管者的银监会基于监管之目的就有可能直接要求商业银行接受此方面的管理，在面临两个“婆婆”的情况下，商业银行可能一方面无所适从，另一方面法律规定的不明也增加了商业银行的合规成本。

（四）“最后贷款人制度”所衍生的挑战

最后贷款人制度长期以来都是央行不可推卸的责任，即使在金融监管机构分立的情况下，各国央行仍然保留了这一职责。然而，这里有一个问题是值得我们思考的，即如何确保央行最后贷款人的角色与真正需要救助的程度评估的一致性。客观而言，由于银监会没有创造货币的功能，所以也就没有为陷入困境的银行体系提供流动性的能力，因此最后贷款人职责的行使央行是责无旁贷的，但是这项职能的行使是以充分了解银行的经营状况及风险水平为基础的。若央行没有微观的监管职能，则存在信息、权责等不对称等问题，因而可以说央行在行使最后贷款人职能时将更多地依赖于银监会对银行困境与资金需求额度的判断，而非源于央行自身的判断，这容易引发新的道德风险；或者在另一方面，若银监会运用过于严格的监管标准，或援助请求过迟，则又有可能使援助错过防范银行风险的最佳时机，因此我们可以下这样一个结论：在银监会设立后，央行在决定是否援用最后贷款人制度时已不是基于应有的“建设性模棱两可”原则，其更多的是基于银监会对被救助银行机构状况的说明及银监会自身的请求。同时，由于银监会的存在，央行在该项职能的决策上也易滋生责任转嫁的心理效应，由此导致其决策时的审慎性被削弱，而非原有的市场中立姿态，这也是金融监管权剥离后所衍生的新问题。

此外，银监会也面临着“独立信息获取”的难题。充分、及时与有效的信息是银行业有效监管的基本保证。基于分析金融信贷收支、资产负债、金融监管及货币供应量等考虑，在银监会设立前央行已与商业银行建立了良好的数据传输机制。中国银监会成立之后，央行的信息统计部分也一分为二，然而作为银行监管的信息平台设施——商业银行统计系统，仍然保留于中国人民银行，这无疑在一定程度上制约了银监会的独立性。实际上，上述几个方面还没有全部涵盖央行所持有的与银行监管相关的职能，如修改后的《中国人民银行法》第 4 条便添加了央行监管银行间同业拆借市场与银行间债券市场及外汇管理等职能。① 虽然从理论上说，央行对银行业的监管是宏观上的，银监会的职责主要是微观上的，且两个机构的出发点都是一致的，即确保整个银行业的稳定与健康发展，但是在职能分配两极化及缺乏有效的协作机制下，则可能会产生事与愿违的结果。

二、分立理论与现实基础的薄弱性：银行业有效监管所面临的危机

（一）“分拆理由”的检讨与反思：角色冲突的消除

央行货币政策的执行与银行监管的双重角色是人们倾向于将央行与监管部分机构分拆的主要理由。持该种观点的人认为：央行身兼两任时，为了保证整个金融体系的稳定性，央行会倾向于保护银行机构的利益，而忽略对存款人利益的保护。客观分析，这是一个

---

① 参见朱大旗、邱潮斌：《关于中国人民银行与银监会职责分工的探讨》，载《甘肃政法学院学报》2004 年第 4 期。

带有悖论性的观点。分拆是否能更有效确保央行货币政策职能的实现及银行业监管的更有效性呢？笔者认为，由于货币政策的执行与银行监管的关联性，这是一个颇有意思的问题。

从理论上看，分拆后能保证央行执行货币政策的中立性，能够使用更多的时间、人力与物力资源等专司其职，这一点对于分立后的银监会而言亦似乎如此。然而，务实考证人为地将这两种紧密关联性的职责进行切割，也会引发诸多理论上与现实上都难以有效解决的问题，如信息不对称现象。在分离的情形下，央行与银监会无疑都具有各自的信息比较优势，如央行拥有较充分的货币政策信息与不完备的监管信息，而银监会则拥有较充分的监管信息与不完全的货币政策信息。这两种信息链的断层无疑影响了货币政策与银行监管的有效性。虽然目前可以借助信息交流机制来克服这一难题，但是其效果还有待人们的进一步检验。

此外，从现实考察，虽然可以通过有形机构及通过法律颁布的形式来实现货币职能与金融监管职能的分拆，但是由于央行宏观上的监管职责仍然存在、新设立的金融监管者并没有创造流动性的功能及职责交接中的有所保留等，分离出的监管机构往往易于成为央行影子下的监管者。即使是像德国那样将货币政策与金融监管分离较早的国家，其《银行法》仍然承认德国银监局的功能与德意志银行的功能密不可分。① 事实上，其银监局缺乏自有的分支机构，必须借助于德意志银行的机构与网点才能有效实施金融监管，这说明其央行事实上参与了金融监管。同时，在涉及银行资本与流动性的重大政策上，其银监局必须征得德意志银行的同意。英国金融改革的实践也几乎提供了一样的答案，1998 年《英格兰银行法》赋予了英格兰银行独立制定货币政策的权能，同年成立了全能的金融监管机构——“金融服务局”，但是随后英格兰银行与财政部及金融服务局达成备忘录，明确了英格兰银行仍需负有维护整个金融体系稳定的职责。为此，英格兰银行在内部设立了“金融稳定委员

① 参见钟伟：《论货币政策和金融监管分立的有效性前提》，载《管理世界》2003 年第 3 期。

会”与“金融市场稳定局”。这些事实说明，分立后的金融监管机构职能的有效发挥无论是从信息平台的需求上，还是从提供流动性所需资金上等都离不开央行的支持；而对于央行来说，其对分立后机构的依赖则小得多，因此分立后原有的“双重角色冲突”问题并没有得以有效解决，这种矛盾只不过是借助机构的外设而被外部化。在机构分离的情形下，若央行与金融监管机构就金融风险的评估及金融稳定所须采取的措施发生分歧而相持不下，则会面临一个最终裁决者的问题。在原有的模式下，无论这一问题是多么复杂，问题总是可以有相应的答案，但是在分离情形下，若法律地位上平等的双方互不相让，则最终只能诉求于共同的上级部门。另外，为了保证宏观金融体系的稳定性，各国一般都保留了央行的“建议权”与“监督检查权”，如我国《中国人民银行法》第 33 条就规定：“中国人民银行根据执行货币政策和维护金融稳定的需要，可以建议国务院银行业监督管理机构对银行业金融机构进行检查监督。”第 34 条规定：“当银行业金融机构出现支付困难，可能引发金融风险时，为了维护金融稳定，中国人民银行经国务院批准，有权对银行业金融机构进行检查监督。”这两种权力又为央行间接地“侵蚀”金融监管权营造了可能的空间。

就中国的情况分析，作者认为可能我们面临的难度要大得多。目前中国银监会与中国人民银行之间不仅存在“剪不断、理还乱”的关系，而且从监管的流程来看，银监会无论是在物理平台上，还是在监管规则平台上都必须依存于央行的协作与配合。另外，有一点是值得我们特别关注的，即目前世界上倾向于机构分立的基本原因。若在金融自由化与全球化的背景下考察一下该问题，我们不难发现机构分立的根本原因在于两点：其一是金融业的发展与演变已使得金融的业务功能之间的界限日益模糊，基于金融功能说的角度就有必要对原有的金融监管体系进行重组；其二是在央行已享有较高独立性时，出于对央行权威性过高与身兼两任所带来的角色冲突的考虑。那么，金融机构重组在我国具有类似的分离背景吗？笔者认为，答案是否定的。比如就金融业务而言，尽管业务交叉已日益频繁，但是不可否认我国的金融业务仍是以银行业务为主导的，且各种类型的金融业务基本上处于发展中的浅层次阶段；另外，在货币政策的执行中，我国央行更多的是扮演着货币政策的执行者与温和的修正者之角色，而非真正意义上的决策者，因为央行毕竟是受命于国务院的。

可能“借鉴说”是我国银行监管分立的原因之一，那么事实情况是什么呢？在金融监管体系的配置上我国非常类似于美国以前的模式，即针对银行业与证券业等设置相应的监管机构。然而，有一点是值得我们深思的，尽管1999年美国的《金融现代化法案》与2010年的新法案使美联储成了能同时监管银行、证券、保险行业的唯一的一家联邦机构，但是我们应注意的是美国是将货币政策与金融监管均集中于美联储，而不是另行设立机构。若有学者认为我国的分离是参照了德国模式，因为其最早实行了货币政策与金融监管职能的分离，但是正如前文所述，德意志银行是享有高度独立性的中央银行，其银监局职能的行使必须以德意志银行为依托。同时值得关注的是，自1999年欧洲中央银行成立后，德意志银行便失去了独立制定货币政策的功能，只具有相关的分析与建议权。这些变化正迫使德国重新考虑央行与其银监局融合的必要性。基于此，若说机构分立是以前瞻性或金融监管的国际化为基础的，那么笔者即认为这种思维是比较牵强的，因为在不具备分立的前置条件下贸然采取央行、中国银监会分立的格局，不会必然导致金融监管权彻底地自央行分离。这种状态不仅会导致银监会在夹缝中生存，而且也可能会导致金融监管事实上向国务院的集中。

（二）金融监管专业化：一个比较模糊的概念

构建专业化的监管体制是我国一直在追求的目标。在这方面，我国已作了许多努力，如1998年的央行机构变动及2003年银监会的设立等。然而，在这里有一个问题是值得我们思考的，即监管的专业化是否就是机构的设置？答案显然不是。监管专业化是一个系统性的工程，它不仅需要高业务素质的金融监管人员与相对独立的监管机构设置，更重要的是它需要在另起炉灶设立新机构时就必须具备完善的以持续性风险管理为框架的规则体系，而非沿用以前数量繁多，参差不齐且矛盾丛生的监管规则体系；它需要专门进行审慎风险监管研究的专业人员、能真正发挥作用的金融业协会及金融业内部有效的治理机制；它必须考虑货币政策与银行监管政策的信息共享，使央行和银监会之间进行合理分工和协作，必须使非现场监控与现场检查能规范有序协调，既能充分监管，又不破坏商业银行经营的规律，上述种种问题是在实施机构变革之前应予充分考虑的。①

从中国银监会目前的情形来考察，不难发现我国只是在机构上进行了有形的变动，只披上了一张专业化的“壳”，机构的分立还远没有触及一些金融监管专业化所要求的实质内容。如在人员的配备上，中国银监会主要是由原人民银行总行的“银行一司、银行二司、非银司、合作管理司、银行管理司”等负责银行监管的部门来充实的，即人随业务转移。另外，在监管规则上，目前的监管依据也主要是沿用原人民银行颁布的千头万绪的部门规章。再者，央行与银监会之间的信息共享机制还没有有效确立。同时，内部治理及行业协会在中国银行业监管中也只是起到装饰性作用，中国银行业的监管自始基本上处于“跛行”状态，因此我们可以得出这样一个结论：机构变动不是金融监管专业化的必要前提，正确的态度是：我们必须审慎地反思原有监管为什么效能不佳的体制因素，并充分考虑作为发展中国家的中国由于其特殊的经济环境、较低的经济发展阶段、不同的法律体制和抑制型金融体系本身的惯性对有效金融监管的种种制约。②

三、对策：以“中国银监会”为视角的分析

公正而言，在事实分立的情形下，我们现在要解决的问题不在于论证“孰是孰非”。分析的目的仅在于让人明了我国目前银行监管体制中所潜伏的问题，并寻求问题的答案。在目前的情形下，为

---

① 参见陈工孟、林朝华：《银行监管脱离央行适合中国吗?》，载《中国人民银行金融研究报告》2001 年第 37 期。

② 参见张俊喜：《央行是否应该有监管职能?》，载《金融研究》2001 年第 12 期。

了保证中国银监会在有效监管中能有所作为，在规则配置上我国可考虑作如下调整：

（一）调整目前的金融监管协调机制

在这方面，我们具有较充分的法律依据，如《银行业监督管理法》第6条规定："国务院银行业监督管理机构应当和中国人民银行、国务院其他金融监督管理机构建立监督管理信息共享机制。"《中国人民银行法》第9条明确规定了："国务院建立金融监督管理协调机制，具体办法由国务院制定。"其第35条亦规定："中国人民银行应当和国务院银行业监督管理机构、国务院其他金融监督管理机构建立监督管理信息共享机制。"事实上，早在2000年9月，央行曾与中国证监会、保监会建立了监管联席会议制度；在2004年6月，中国银监会、证监会及保监会又签订了《金融监管方面分工合作备忘录》，建议建立监管联席会议与经常联系机制，并提出了对金融控股公司的"主管人"概念。① 虽然我国已开了金融监管协调机制的先河，但是这种机制却存在很多缺陷：一是上述《备忘录》并没有央行的参与，只是像征地规定三机构应与财政部及中国人民银行密切合作，这无疑使银行业的有效监管大打折扣；二是从性质上分析，《备忘录》并不具有法律约束力，只是三机构之间的君子协定，因而在不遵循的情况下，只能诉诸道德方面的谴责及向上级部门投诉；三是从文件出台的目的上看，其关注的焦点并不在于银行业的有效监管，而是针对金融业务的相融而引发的新监管问题提出对策，至于银监会与央行之间的关联问题则不是文件的重点。可以说，这也是在缔结《备忘录》时没有央行参加的原因。那么，在目前的情况下，监管协调机制的出路何在呢？笔者的看法如下：

鉴于目前的协调机制并不理想，我国可以考虑由国务院出台一部《金融监管协调机制条例》，该条例所涉及的当事方应包括中国人民银行、中国银监会、中国证监会、中国保监会及财政部等五

① 参见秦国楼：《我国中央银行与金融监管协调问题研究》，载《武汉金融》2005年第9期。

方。在内容上可以原《备忘录》为基础进行适当的细化与内容上的扩展，但是主体的内容应围绕各方之间的信息交流与分享、金融突发事件的磋商、监管联席会议制度、信息共享平台的构建、现场与非现场检查请求权的实施、监管联席日常机构的设立及法律责任追究机制等。另外，由于银监会的监管与央行具有更紧密的关系，所以在出台上述条例时，国务院有必要对这两者之间的协调问题作出更具体的规定。

（二）央行与银监会之间职责分工明确化问题

虽然中国银监会自成立之初就提出了“一管机构、二管人”的口号，但是客观而言在实践监管中，银监会处于一种比较尴尬的相对无权状态。这无疑有悖于《有效银行监管核心原则》中所倡导的“监管者正式权力”的主张。笔者认为，若我国意图让分离的模式发挥真正的作用，其就必须赋予银监会比较全面的、实质性的监管权力。

基于上述思维，就有必要将一些现在由央行所把持的、目前《银行业监督管理法》规定不明确的权力自央行进行再次剥离，以实质增强银监会的监管权力。这些可考虑移转的权力包括信贷政策的管理、支付结算的监管、对反洗钱的监管与存在于央行内的与银行紧密相关的信息系统及人员的分离等。另外，由于《中国人民银行法》第33～34条所规定的央行之监督检查权与建议权行使的条件是“经国务院批准”，但是具体批准的条件并不明确，规则的模糊性无疑不利于银监会对此种行为有个合理的预期，因此我国有必要使这种检查权与建议权行使的条件具体化，以避免在央行与银监会发生冲突时，央行滥用此种权利来制约银监会的监管行为。

（三）银行监管法律规则平台的构建

尽管自银监会成立以来，其已发布了为数众多的监管规章，但是不可否认目前的银行监管依据主要是原中国人民银行所颁布的行政规章。客观而言，虽然这些行政规章暂时性地弥补了法律规则的不足，但是其同时也存在许多问题，如许多规章被冠以“试行”、“暂行”与“通知”等，它们都有一个共同的特点，即“只生而不死”或“生而难死”，这就导致了虽然某些规章已经时过境迁，但其效力仍然处于游离状态，如人民银行于1997年5月发布的《商业汇票承兑、贴现与再贴现管理暂行规定》及于1990年12月发布的《利率管理暂行规定》历经十余年仍处于暂行之中。监管规则是金融监管法治化与专业化中的核心问题，因为它直接指引着监管行为的走向，直接地左右着被监管者对自我行为的评价与预测，并引导着金融的可能创新及展现一个国家金融法治化的质与量，因此可以说金融监管的专业化的第一个条件就是法律规则平台的构造，而非单纯机构的物理转移。

从银行监管法治化来考察，现在中国银监会工作的重心还应在于对原有的监管规则进行系统性的汇编，其目的有四：其一是使银监会对所有的监管依据有个全面的了解；其二是消除规则之间的矛盾与冲突现象；其三是决定某些陈旧性规章的去留；其四是为未来严格的统一立法提供依据。

四、余论

理性而言，中国银监会的分设是一个价值取舍问题，具有一定的合理性，如为中国银行业监管的专业化创设了机构平台，在一定程度上缓解了央行身兼两任的“角色冲突”，同时也考虑到了金融监管权力配置的国际发展态势。然而，银行监管机构的分设只是银行业有效监管的一个因素，而非绝对的条件。若要真正达到预期的价值定位，就必须摆正中国银监会的位置，使其具有比较实质性的独立监管权力，而非停滞于形式上的分离。

由于央行的货币政策职能本身就与银行业的运行及其监管密不可分，所以若对央行与中国银监会断然地进行“一分为二”，而形成一种“井水不犯河水”的状态，这也是不现实、不理性的，有矫枉过正之嫌，英、德、日等国的发展流变也说明这一关系。我们现在所面临的问题在于，无论是从《中国人民银行法》及央行发布的规章与把持的职能来看，还是从机构网点、技术基础等来评判，中国人民银行都或多或少地成为了银监会的“影子”。这种局面是非常不乐观的，因为它可以造成两种不好的后果：其一是形式上独立的中国银监会出于对自身独立地位的敏感性，一方面会以比较积极的姿态来捍卫自己的利益，从而可能会在央行实施货币政策需援助时而进行冷处理，另一方面由于处于一种相对无权的状态中，会以消极的态度来对待监管；其二是对于央行而言，虽然权力职能的多项拥有能带来一定的优势，但是从另外一个角度来看，这也是事实上导致银行监管的责任向央行的集中，这说明央行仍可能徘徊于原有的执行货币政策与监管职能的怪圈之中。总而言之，职能的分离与机构的分设只是表明向专业化监管与有效化过渡的一种姿态，分设的实质还应在于权力分配的适度、平衡及协调，这种权力分配的标准是各方都能运用配置的权力在职能范围内得心应手地履行各自的职责，而不感到在对方的影子下而左右为难。否则，机构分设的价值便会黯然失色。

第五章　我国银行信息监管法律制度的反思与完善

第一节　信息监管学理上的探讨

一、问题之提出

秘密或者神秘开始的地方，堕落或者欺诈已经离我们不太遥远了，因为在信息无法获取的地方，秘密助长了不信任。秘密在事实上变相剥夺了人们做决定的权力。为了使人们就其将如何生存，如何就他们应该为之负起责任甚至代价的行为作出至少自己看上去是明智的或不受欺诈的决定，他们也必须能够获得各种各样与此相关的信息。① 若将这一命题类推适用于金融监管者，则意味着在监管者缺乏充分、有效、及时、准确与可靠的信息时，其也可能成为被监管者欺诈的对象，这种欺诈所产生的直接后果就是金融监管的失灵，其间接后果是公众因为金融体系可能的崩溃而利益受损，公众与监管者都可能成为信息欺诈的牺牲品，所以从有效监管的角度出发，信息监管便是监管框架的核心所在。

实质上，从金融监管的通论出发，信息不对称现象的存在是金融监管产生的基础。自由竞争的金融体系必须存在一个前提，即信息占有的完全性，所有交易当事方对信息有充分的掌握，如银行的存款人、其他债权人和股东对银行的财务、投资情况、损益等都有比较好的了解。然而，这又是不太可能的，其原因何在呢？其一是

---

① 参见齐斌：《证券市场信息披露法律监管》，法律出版社 2000 年版，第 1 页。

在金融信息使用者和供给者之间存在信息不对称。金融机构财务信息的非公开性，不利于客户评估其财务状况和资产质量，客户无法对金融机构作出准确的判断与理性的选择。此外，对金融机构进行评估需要大量的精力与成本，且需要专业的知识，仅仅查阅资产负债表是无济于事的，因为存款人不可能得知表内所列的贷款项目究竟是贷给可靠的借款人，还是贷给了有风险的借款人。① 从这一角度出发，市场也需要政府通过监管来降低与消除信息不对称所可能导致的消极影响。其二是对金融信息的认知程度。随着金融产品及服务品种的日新月异，信息不对称的概念已不限于银行业等被监管者所提供的信息不足，其也包括信息的接受者对所受信息的理解与认知程度。若接受者不能理解所受的信息，则实质上也形成了信息的不对称。从金融消费者的角度来看，这种不对称的现象可能更加严重。再者，信息所具有的公共产品性也决定了政府必须对其进行应有的管理。在金融安全网的构建中，市场约束亦是有效金融监管法律体系中不可或缺的一个环节。对此，《联合国消费者保护指南》(The United Nations Guidelines for Consumer Protection) 曾作了如下表述："政府应对消费者进行必要的信息理解教育。若可能，这种教育应该成为教育系统基础课程中不可缺少的一个组成部分。"②

二、金融监管法上的信息界定：证券法与银行法角度的分析③

信息是有效金融监管的基础，那么这是否意味着受监管者的披

---

① 参见［美国托马斯·梅耶等：《货币、银行与经济》，林宝清等译，上海三联书店 1994 年版，第 34 页。

② UN Guidelines for Consumer Protection (UNGA Res 39/248 (9 April 1985)) para. 31 and 32.

③ 从传统上看，银行法是金融法的核心（目前这一地位也没有实质上的改变)，且金融自由化加速了银行业向其他行业的渗透，因此在论述与银行监管相关的信息要求时，笔者将其置于整个金融法（特别是证券法与银行法）的框架下进行论述，其目的有二：其一是表明不同金融监管规则与实践之间正在趋向于融合与相互参照；其二是说明金融自由化下的有效监管并非局限于某一法律部门的深思熟虑，而必须心怀整个金融业，是一种相互交融的整体规则思维。

露信息义务是无限制的呢？当然答案是否定的，无限的披露义务对于双方当事人而言都是效率低下与权利义务不对等，因为它不仅增加了守法成本，同时也加重了执法成本，因此银行等金融监管法就必须对信息即受监管有义务进行披露的信息进行尽可能精确的界定。

通义上，信息是指有目的地标记在通讯系统上的信号，表示传达的过程与内容。最开始，传达仅仅意味着告知，而被告知者只能是以语言为外壳的人的思想。随着人们对信息认识程度的加深，信息便具有了哲学上的意义，其成为对物质的运动及物质间运动的一种描述，因此从哲学的角度而言，信息必须以物质为载体，以能量为动力。① 在哲学意义上，信息具有普遍性、客观性、无限性、传播性、动态性、依附性、可计量性、共享性、异步性、时效性与可伪性等诸多特征。② 在金融监管法中，信息就具有上述的大多数特征，如客观性、无限性、传播性、动态性、依附性、可计量性、共享性、时效性等。这其中，信息的客观性即指监管者所掌握的或被监管者所披露或提交给监管者的信息必须是现实存在的，而非主观的臆断或凭空的假想；信息的无限性即指被监管者的信息披露义务或告知义务是持续性的，其应当及时地保证监管者对相关信息知情权的实现；信息的共享性是指信息具有公共物品的某些特性，这为监管者对信息监管的必要性提供了理论依据；信息的时效性即具有两个方面的特点：其一是指信息本身的价值具有一定的时间性；其二是指被监管者应以最快的速度向公众或监管者提供信息，并保证所披露的信息处于最新状态。

此外，信息还具有不对称性，这种不对称性产生的原因是多种多样的，如它既可以因地区差异而形成，也可以因传播环节的差异而形成，也可源于社会身份的不同。从信息经济学的角度来看，信

① 参见吕富强：《信息披露的法律透视》，人民法院出版社 2000 年版，第 1 页。

② 参见张守文、周庆山：《信息法学》，法律出版社 1995 年版，第 3 ~ 7 页。

息的不对称性可以从两个方面划分：一是非对称信息发生的时间；二是非对称信息的内容。从非对称信息发生的时间来看，非对称信息既可发生在当事人签约之前，也可能发生在签约之后，研究事前非对称博弈的模型称为逆向选择模型，研究事后非对称博弈的模型称为道德风险模型。① 客观而言，监管者与被监管者之间、被监管者与其投资者及监管者与公众之间的信息不对称性因素是导致金融监管无效或失灵的主要原因所在，因此从这一命题出发，金融监管法真正的使命即在于消除上述主体之间的信息不对称现象，这就要求通过法律的规定及严格的法律实践来保证信息流通环节的畅通、信息传播的速度及确立信息的认证程序等。然而，在金融监管中，又应如何对信息进行界定呢？是否需要将与金融机构有关的信息全部纳入金融监管所需的信息范畴呢？……要对这些问题具体化也是非常困难的，如对银行业与证券业的监管要求不同也必将反映于信息监管的要求上。相比较而言，证券业的监管更注重的是信息的披露，而对银行业的监管注重的是借助现场与非现场检查，以保护存款人的权益。尽管存在这种差异，但是在银行业务与证券业务日益相融的今天，银行业的监管也正在逐步借鉴与吸收证券监管的杀手锏，即“阳光下无秘密”的法则，因此作者试图从证券法与银行法两个层面抽象出金融监管法上的信息之界定。

在证券法中，信息是指必须予以披露的信息。那么，又如何确立必须披露的标准呢？现在世界上的大多数国家对证券法上的信息的认定标准可以分为两类：其一是“重要信息”，只有那些具有重要性的信息才是证券法上的信息，如美国便持有这种观点，不过其1933 年《证券法》与 1934 年《证券交易法》却并没有对“重要信息”进行厘定。该术语的定义主要依赖法院在具体案例中的解释及 SEC 对此的说明，如在 TSC Industries vs. Norway（1976）案中，美国最高法院就认为：“若一个理性投资者很可能在决定如何

---

① 参见张维迎：《博弈论与信息经济学》，上海人民出版社 1996 年版，第 397 ~400 页。

投票的时候认为该事项是重要的，则该遗漏的事实便具有重要性。”① SEC 在 1937 年的《管制规则 C》(Regulation C) 中将重要信息定性为普通且谨慎的投资者在购买注册证券之前必须被合理地告知的信息；其二是“价格敏感性信息②”，如德国《证券交易法》第 15 条第 1 款规定，发行人有及时披露股价敏感信息的义务，其中股价敏感信息是指关于公司业务领域的尚未公开的新信息，由于其对公司的资产负债、金融状况或一般业务经营以及在发行债券情况下可能对其履行债务的能力产生影响，而必须予以公开的信息。

虽然必须予以披露的信息可从以上两种标准进行理解，且证券法上的信息认定的标准似乎也比较合理，但是事实上，这两种标准都具有模糊性与不确定性，其并没有完全解决信息认定的标准问题。如美国所主张的重要信息主要依赖于法院在具体案件中的解释，具有法官立法的特点，为一个动态的发展过程。另外，SEC 作为法定的监管者，其意见也具有重要的影响。实际上，确立标准困难的症结在于：每个发行人都有义务根据自身的情况决定某一信息是否重要。这并不意味着重要性概念或标准的多样化，也不意味着重大性标准确立的不现实性，而是意味着每个发行人都面临一个统一标准在个案适用与演绎的过程。而且，信息重要性也因为发行人的资产规模、利润、商业运营性质与其他因素的不同而得出不同的判断。再者，就价格敏感信息来说，该定义表面上看较为客观，信息是否重要不以投资者的主观识别为准，而以证券市场的价格变动作为判断依据。然而，这种界定也有不足之处，如究竟由谁来确定信息是否具有价格敏感性，是证券发行人或是其监管者？此外，该标准也具有事后性，因为信息能否影响证券市场价格的波动只有在

---

① TSC. Indus. V. Norway, 426. U. S. 438, 96. S. Ct. 2126 (1976).

② 我国证券法大体上也采用了此种认定标准，因为我国《股票发行与交易管理暂行条例》、中国证监会的《公开发行股票信息披露实施细则（试行）》及《证券法》便有相类似的规定，其将应予以披露的信息表述为“可能对上市公司股票交易价格产生较大影响而投资者尚未得知的重大事件”。(具体见《证券法》第 62 条、《股票发行与交易管理暂行条例》第 60 条、《公开发行股票信息披露实施细则（试行）》第 17 条。)

该信息被披露后才能得到验证，所以在决定某信息是否应该披露之前，这又变成了一个主观判断的问题。

在银行法中，上述的“重要性”与“敏感性”标准是否可以借用呢？若不能照葫芦画瓢，那么银行法中受监管的信息又该作如何判断呢？由于信息公开原则在银行监管中并不具有普适性，一般而言，与银行监管相关的信息的公开对象主要是监管者。然而，随着商业银行的上市及出于银行公司内部治理的需要，现在各国银行法也大多规定银行有向其股东及社会公开相关信息的义务。由于在监管实践中，银行业的监管大多体现为非正式监管，正式监管只是作为监督与验证非正式监管真实性与有效性的补充手段，因而各国的银行法并不采取归纳的方式要求银行必须提交与公开某些信息，相反，是采取列举法来对公开与提交的信息作出要求。如我国《银行业监督管理法》第33条即规定：“银行业监督管理机构根据履行职责的需要，有权要求银行业金融机构按照规定报送资产负债表、利润表和其他财务会计、统计报表、经营管理资料以及注册会计师出具的审计报告。”尽管如此，从银行法对信息披露的要求考察，我们可以感觉到银行法与证券法在该问题上并无实质上的差异性，即所要求披露的信息必须与金融监管存在有“最密切联系”。然而，何谓“最密切联系”呢？从各国对商业银行所规定的必须披露与公开的信息内容来看，美国司法实践中的“重要性”标准是可以与之相配的。结合以上分析，对于金融监管法上的信息，我们可以得出以下结论：

其一是金融监管法上的信息是指对金融机构的稳健运营或对金融监管机构的监管决策具有重要性的信息。这就说明在金融监管法中，信息是具有特定含义的，并非所有的信息都属于金融监管法中的信息范畴。若某信息影响到金融机构的安全，或会对监管机构的监管行动产生影响，则其应被纳入金融监管的范畴。实际上，在重要性的认定准则上，我们也可以借鉴巴塞尔银行监管委员会的观点，即重要性是指遗漏或误报可能会改变或影响信息使用者的评估或判断。其认为一个“理性投资者”对信息是否重要的看法在特定情况下也可以作为判定重要性的依据。同时，委员会并不想设定一个限值来决定信息披露的重要性，因为这样容易导致操纵市场，且也很难决定，因此它相信“理性投资者”是确保信息披露充分且有效的标尺。

其二是在立法上，对金融监管法上的信息不应进行硬性的规定，而应从务实的角度，给信息的认定标准留出足够的弹性空间，因此在立法技巧上应采取概括与列举相结合的方法，如在银行法与证券法等法律中应对所必须公开的信息进行概括式的规定，以尽可能地将可能会影响金融监管的信息包括在其中。在另一方面，为了保证监管的灵活性，也可以附加一些弹性要求。

其三在信息重要性的认定主体上应包括监管机构与被监管的金融机构。这就要求在立法时，应赋予监管者此种正式的权力。同时，法律也应对被监管的金融机构的信息重要性的认定权在一定程度上予以确认，因为相对来说，被监管者对自己拥有的信息是比较了如指掌的，知道孰重孰轻。此种要求，不仅可以节约监管成本，且也无形中增加了被监管者合规的压力。

三、信息与金融监管法的关联分析

在经济学中，人的经济行为被推定为是“理性”的，或是“合乎理性”的。“理性说”是西方经济学研讨中最基本的出发点。在完全竞争的市场模型中，个体理性实际上包括以下两个假设：一是决策者在行动中以自己的利益为目标，决策者追求以最小的代价获取最大的收益；二是决策者具有最优决策所需要的完全信息。前一假设实际上是确立了决策者的决策原则，也可将之称为“理性原则”，它包括两个方面的内容，即利己原则与效率原则；后一假设的完全信息占有，假定了决策者具有作出最优决策的全部信息，这一假设显然是不太符合实际的，因为这一前提并不会自然形成，在决策主体进行决策时，其都会面临信息失灵的问题。这种信息失灵既可以表现为信息不完全，又有可能是信息供应不充分，也有可能是人为的故意隐瞒事实、掩盖事实或是提供虚假的信息，因此在金融监管中就必须将相关信息纳入监管的范围。

实际上，就单从信息与法律的关系来看，不仅私权主体的信息失灵需要法律克服,① 公权机关在制定、实施法律之时所面临的信息失灵问题也需要由良好的法律机制加以克服。不过，法律对私权主体信息失灵的解决主要侧重于法律对信息的影响，这类法律规则的主要作用在于使私权主体的决策信息更具有充分性、准确性及信息分布的更均匀性。在另一方面，法律对其自身的信息失灵的调整则是以信息对法律的影响为突破点，因为信息也是随着社会的发展而发展，从而在此基础上形成了新的社会关系，这种以新的信息为基础所形成的社会关系就必然对以前的法律制度产生冲击，因此立法者就必须对目前的法律规则进行修正或重新立法。这种理论反映于金融监管法上同样也是如此，这可以从宏观与微观两个角度进行理解。

在宏观上，信息不对称现象极大地妨碍了金融监管的有效性，同时也在很大程度上阻滞了社会金融资源的最佳配置。由于信息具有公共产品性，保密性较差，所以就可能导致许多搭便车者没有付费而使用信息，这样那些曾付出高成本进行信息研究的人由于低补偿或无补偿就会丧失从事信息研究的积极性，从而致使市场上信息供应不足。市场交易主体在信息供应不足的情况下，很难作出使资源配置极大化的决策。② 对于监管者而言，若被监管者不提供信息，或提供虚假性的信息，或提供的信息不足，则会导致监管失灵，因此金融监管法对信息的要求是自不待言的。

在微观上，在金融监管法对私权主体信息失灵进行回应时，其首先要求被监管者都应及时地提供信息，并保证信息的准确性、真实性、充分性、完整性等。然后，在此基础上采取措施保证相关信息公开地域分布上的均衡性及公开时间上的一致性，从而达到公众对被监管的金融机构进行间接监督的效果。就信息对金融监管法的影响而言，作者认为这也是个互动的过程，即虽然金融监管法应将相关信息归入法律调整的范畴，从而造就一种信息的获取、发布与

---

① 参见应飞虎:《从信息视角看经济法的基本功能》，载《现代法学》2001 年第 6 期。

② See Kerry Copper, Donald R. Fraser: Banking Deregulation & the New Competition in Financial Services, Ballingen Publishing Company (1987), p. 37.

保密的秩序，但是信息的发展也必将对法律的创新产生效应，如在金融全球化、金融信息国际化的趋势下，如何进行国际间的信息分享与合作问题便对各国相关信息的法律制度产生了挑战，如对各国银行保密法的影响等。

四、评述

法律本身就是一个信息系统。法律的形成过程就是一个信息的收集、分析、归类与加工的流程。在这个流程中，各种信息经由特定的机制汇总，并由特定的组织处理后形成法律。若进行这样的分析，所输入的信息的质与量就必然影响着法律的质与量。若将这种理论作用于金融监管法，则要求监管者在监管中必须以监管所需的信息为重点，要求其在监管中不仅应关注信息的数量，同时更要注重信息的质量，因为金融监管法上的信息直接地决定着金融监管法所倡导的秩序、安全、效益等宏观上价值取向的实现，同时也直接影响着微观上金融监管的有效性与可行性。在巴塞尔银行监管委员会所倡导的金融监管理念的主导下，银行监管中的信息披露问题日益彰显出其重要性与紧迫性，如 2010 年的第三版资本文件就专门在第 4 部分“市场约束”中对信息披露的原则、适用范围、风险评估等事项提出了明确的建议。在一定层面上，可以说有效信息的获取、评估与合理使用是一切金融监管有效性的出发点与中心所在。借鉴与模仿式立法是一种便捷且成本低廉的规则供给技术，若我国银行法的改革与完善致力于构造一种系统且有效的监管法律体系，那么在规则设计的意识上就必须正确把握金融信息披露在有效监管中的作用。从这一角度看，正视有效监管与应披露信息之间的关联为我国银行法创新中的关键性问题。为了拓宽研究的视野，笔者拟对相关国家在这方面的实践进行相关的介绍与分析。

第二节 金融发达国家银行信息披露的立法实践与分析

诚如在前文所言，银行信息公开是对银行进行有效监管的基本前提之一。巴塞尔银行监管委员会在《有效银行监管核心原则》中就将“银行的信息要求”列为有效监管的基本要素。鉴于信息公开的重要性，这一金融监管理念也必定会在各国的金融监管法中得到反映，如加拿大《银行法》、澳大利亚《银行法》、法国《银行法》、新西兰《联邦储备银行法》、英国《银行法》与《金融服务与市场法》及美国《联邦存款保险公司法》与《国民银行法》等都专门对银行的信息监管事项进行了规划。虽然各国在具体的内容上与公开的程序上有所不同，但是在各国的银行法中，有关公开披露的主要内容包括以下几个方面：银行公开披露的信息内容、信息公开的程序与方式、信息公开的保障机制、不履行披露义务的法律责任及信息公开监督机制等。

一、银行披露的信息范围

银行是经营金融产品的特殊企业，有自己的效益追求，但在另一方面正因为银行经营的产品具有特殊性与相对的垄断性，所以在其追求效益的同时，亦要保持本企业的安全性及资产的相对流动性，因此银行监管法中的信息公开与证券法中的信息披露在功能定位上有着本质上的差别，银行法上信息公开的目的在于经营的稳健性，证券法上的信息披露则在于证券交易实质上的公平性。综观各国银行法对银行信息公开内容的规定，一般不外乎以下几个方面：资本构成、资本充足情况、资产质量、盈利性、风险管理水平、流动资产与固定资产的比率等。以下对新西兰、新加坡与加拿大等国家与地区在此方面的法律规定进行必要的介绍。

新西兰《联邦储备银行法》第 81 条规定，银行应披露但不限于以下信息：董事、高层管理人员、秘书、审计人员、银行家及律师等人员的情况；财务、会计制度及控制措施；银行的组织与所有权结构；收入与支出；资产与负债；费用，包括支付的利率；贷款的集中度与大额风险的程度；资本结构；流动性；债务与承诺；正在进行的诉讼与仲裁程序；并购；外汇与利率的情况等。

新加坡关于银行信息公开的规定主要体现于其《银行法》第 25 条之规定，该条的内容具体表现于三个方面：其一是银行应提交一份最近审计的年度资产平衡、利润与损失账目，并附载备注的报告。另外，还应提交一份审计报告。若银行是成立于新加坡之外，则这些报告的制作方式与要求应依照银行成立地或最初所在地的法律进行完成。其二是银行应提交一份当时银行所有在职董事的全部名单。其三是应提交所有子公司的名单。同时，若监管机关认为必要，根据授权，可以要求银行提供额外附加的信息。

加拿大对银行信息公开的规定主要体现在其《银行法》第308条，该条第1款要求在每次股东年会前应提供如下信息：可比较的年度财务报告、银行审计员的审计报告、关于银行状况的其他信息及银行规章要求在年度会议前向股东提供的各种经营结果；该条第2款要求，银行的年度报告必须包括该财政年度末的资产负债表、财政年度收支、该年度财务状况的变化情况、股权的异动等；其第3款规定，年度报告应附有该银行子银行名单、每一子银行的名称与管理中心或主要办公场所、该银行及其他子行所拥有子银行的总股份之票面价值、政务会长官要求的其他信息。

我国香港《银行条例》所要求提供的信息资料主要为两个方面：其一是与银行资产及经营相关的信息，这包括经审计的年度账目、依据《公司条例》第141条作出的核算师报告、在大会上已提交或将提交给公司审阅的董事会报告书、由核算师作出的该年度资产负债表及损益表报告书、经机构审计的年度资产负债表与年度损益表、董事会就机构在该年度的利润与亏损、机构在年度终结时的事务情况所作出的报告书等；其二是与银行自身相关的基本信息，具体包括：银行的名称及其在香港的主要营业地点；有本地代表办事处的每一银行的名称以及每个本地代表办事处在香港的营业地点之地址；每家有限制牌照银行的名称及其在香港的主要营业机构地址；每一接受存款公司的名称及其在香港的主要营业场所地址；如属在香港之外成立为法团的银行、接受存款公司或有限制牌照银行，其主要营业地址；金融管理专员认为适当的其他与银行、本地代表办事处、接受存款机构或有限制牌照银行相关的信息。

法国《银行法》规定，信贷机构应该按照会计委员会要求的条件来拟定会计账目，并进行公开；德国银行法没有具体规定银行披露的信息，只是笼统地要求提交年度会计报告；英国 1987 年的《银行法》仅规定，银行应该在每一财政年度结束后，若财务大臣认为存在必要性，则其应尽快地向财政大臣提供并公开本年度活动的情况报告，财政大臣应将报告提交给议会。

美国《联邦存款保险公司法》要求存款机构提交机构经理人或独立会计师根据该法要求的信息及存款保险公司或其他联邦银行监管机构所要求的相关信息。该法亦规定，经理人对财务报告和内部控制措施负责，财务报告应根据一般接受的会计准则及存款保险公司、联邦银行监管机构所要求的披露条件作出，且在报告形式上应由首席执行官与会计师或财务官签字。同时，报告还必须载有一份经理人员的责任声明与一份分析机构在最近一个财务年度内出具的报告。该报告应载明以下信息：该存款机构内部控制结构和程序的有效性、该机构对存款保险公司和联邦银行监管机构所要求的安全性与稳定性相关法则的遵守情况。再者，该法还对年报所依据的会计准则作了以下要求：其一是在会计准则目标上，存款机构的财务声明与报告应能准确地反映出该机构的资产状况，能加强机构的有效监管，能使存款保险公司以最小成本的紧急纠正措施来解决机构出现的问题；其二是在会计标准方面，统一的会计准则应与国际公认会计原则相一致，即使在存款保险公司或者联邦银行监管机构决定对存款机构适用具有不同目标的准则时，该适用的会计准则也不能低于一般可接受的会计准则要求；其三是在审查与执行会计准则方面，联邦银行监管机构应采取适当的行动来审查存款机构所适用的会计准则。

评析：从上述国家及我国香港对银行信息披露的立法来考察，其在立法技术上大体表现为直接规定式（即在银行中法直接将银行所必需披露的信息进行列举处理，如新西兰就属于直接要求模式）、间接规定式（即通过要求银行提交年报或其他报告的方式来要求银行披露相关信息，如加拿大、新加坡与我国香港就属于这种模式）、概括式（即银行法并不直接或间接规定银行所必须公开的信息，而是一般性地要求银行披露其财务报告等信息，如英、法两国就属于这种模式）及美国的综合模式。就这几种银行信息公开的立法模式而言，其有各自的比较优势，如直接公开模式所要求的信息内容明确而具体，便于银行提供，亦便于银行监管当局进行监管检查；间接模式一方面避免了银行立法内容与会计法内容上的重叠，另一方面又兼顾了信息披露在银行监管中的特殊要求。

横向比较地评价，美国博采众长的立法模式是比较务实可行的，因为该种范式一方面从宏观上对银行的信息披露进行了原则性的要求，另一方面又在微观上对银行所必须披露的信息采取了列举式的规定，这种处理符合银行有效监管的理念。此外，众所周知，银行的年度财务报告等信息的真实性与准确性是与会计法则的要求密不可分的，因此美国银行信息披露法则无不与会计准则相联系，而这也是美国《联邦存款保险公司法》之所以花大量的篇幅来阐述有关会计准则的原因所在。银行业履行法定的信息披露义务在大多情况下是采取非正式检查的形式进行的，因而信息的可信度就是一个尤其值得关注的问题。从这一点来看，如何确保信息的客观性与公正性就是信息监管的中心课题。在这方面，美国人给我们提供了一种启发性的思维，即要求会计师与银行高层管理人员在提交系列报表时附载一份责任书。如此，信息的真假就与相关人士的责任捆绑在一起。随“安然丑闻”而出的《索克斯法案》更是通过严刑峻法的形式来加重信息造假者的违法成本。这种立法处理的模式不仅突破了传统公司法中公司管理人员法律责任与公司责任相分离的理论与实践，而且极大地顺应了信息时代对信息质量的要求。

另一方面，也必须注意的是，虽然概括式的信息披露要求可以增加监管者的弹性，但是对于我国来说是不足取的。我们知道，之所以英国能采取该种模式是与英格兰民族传统的自律与遵循先例的要求密切关联的，因此相比之下，美国的范式是契合金融监管法治之要求的。

二、银行信息披露的程序要求

“程序优于权利”的格言表明法律命题下的正义是从程序开始的，因为法律程序自身不仅记载和表达着程序（形式）正义，而且是人们行为迈向实质正义的必要途径。在银行法治比较成熟的国家，其银行法律的相对先进性不仅表现于实体权利与义务的配置上，而且更表现在确保权利与义务得以实现的程序要求上。实际上，这也揭示了一种金融监管立法上的理念。就银行信息披露的程序要求而言，其主要表现于两个方面，即公开披露信息的时间与地点，前者能保证所披露信息的及时性，后者能方便信息的获取与查阅。对此，笔者作以下列举性的说明。

信息公开的时间要求。新加坡的银行法规定，银行应该在每月末的最后一天起的10日内，根据法定的格式要求向监管当局提供其在新加坡境内的各经营机构或分支机构的上月资产与负债情况报表；应在每财政年度结束后的6个月内按照法定的要求向监管当局提供机构在新加坡经营的收入与支出报表；应在每一季度末最后一天起的一个月内根据法定要求向监管当局提供银行在新加坡经营地的贷款与预付的分析报表。

我国香港《银行条例》第20条规定，据本条第3款授权金融专管员要求呈交的任何资料如在递交后有所改动，则提交该资料的银行、本地代表处、接受存款公司或有限制牌照的银行必须在该项变动发生之日起不超过21天的时间内，将该项变动书面通知金融管理专员。此外，在向社会公众披露事项上，该条例指出对于被要求载明名称并登记在册的银行、接受存款公司或有限制牌照银行，金融管理专员必须在切实可行的范围内尽快在宪报上刊登该记录入册的记载事项。同时，凡不再为接受存款公司、有限制牌照之银行，金融监管专员亦须于合理范围内尽快将该类存款公司与银行的名称从记录册中删除，并在宪报上予以公告。此外，对于所许可机构的撤销，金融监管专员亦负有在合理范围内及时予以公告之义务，而对于所许可机构的暂停营业，金融监管专员必须在记录册内在该被许可机构名称旁加载暂停的说明，详细说明暂停的期限，并将该事项公告。

信息公开的地点要求。新加坡银行法第25条第1款明文规定，每一银行都应在新加坡的每一经营场所或分支机构的显著位置展示法律要求公开披露的信息。与此同时，该法还进一步要求银行在法定的时间或监管者批准的时间内在指定的报纸上披露法定的信息。

我国香港《银行条例》则规定，有关银行信息的记录册必须存放于金融监管专员的办事处或金融监管专员在宪报上公布的其他地点。此外，每一在香港成立为法团的许可存款机构必须在每一财政年度终结后的4个月内，或金融监管专员书面批准的较长期限内，在该机构于香港的主要营业地点的显著地点及其分行的显著地点展示以下文件：该机构在该年度经审计的账目、核算报告书、已提交或将要提交大会的董事会报告等。①

虽然有时在措辞上我们可能会不加甄别地对“披露”与“公开”进行换用，但是必须明确的是在银行法中，这两个“词”并不是等义的。相比较而言，披露更加符合银行法的语境，它表明银行法中的信息要求更多的是指向监管者的，是满足法定义务或监管者要求的结果；在另一方面，“公开”是一个与证券法语境更相适的术语，它所面对的对象是公众，因此可以说银行法中的信息更多的是披露，而不是公开，公开的目的在于强化市场对银行机构的约束力，但是在证券法中信息公开的目的显然不同于银行法中的要求，其目的在于防止欺诈与股价操纵。基于此论，在我们理论银行法中的信息“披露”或“公开”时，我们就不能简单地移用证券法中对信息“披露”，或“公开”的理解。

三、银行信息披露的保障机制

耶林曾言，没有强制力的法如同不燃烧的火，不发亮的光，这一真理性的观点理所当然地也适用于银行信息披露法律制度中。为确保银行机构能依法披露法定要求的信息，各国立法一般都明确了银行信息披露的监督机构，授权专门的机构与人员督促银行进行法定信息的披露，如美国《联邦存款保险公司法》便要求每一在联邦存款保险公司投保的银行都应将年报提交给联邦存款保险公司、联邦银行储备委员会、通货监理署及州银行监管机构等银行监管机构。

---

①　参见李金泽：《银行业变革中的新法律问题》，中国金融出版社2004年版，第50页。

另外，构建银行信息的查阅机制。如我国香港《银行条例》便规定，公众可自金融监管专员在宪报上公布银行信息之日起，在缴纳一定的费用后可查阅记录册，或取得记录册之副本，或对记录册的内容进行摘录，或依法律的规定向金融监管专员查询银行向其提交的任何文件，或取得副本或进行摘录；美国《联邦存款保险公司法》则对公众相关信息的获取权明文进行肯定；加拿大的银行法规定，银行的股东及其代表可以在银行的正常工作日内查阅银行及其子银行的财务报告。同时，法律又授权银行可以拒绝前述查阅，但是银行应在拒绝后的15日内申请法院通过审查方式来发布禁止令，阻止股东及其代表对相关信息的查阅。

再者，确立法律责任的承担机制。如新西兰《储备银行法》规定，若信息披露公告中包含了错误或虚假的内容，则银行和每一公告发布时在任之董事都构成了违法行为。银行从事这种违法行为应受到不超过一百万美元的罚款。同时对相关责任人可以判处3年以下的有期徒刑，并判处不超过25000美元的罚金；新加坡银行法规定，任何银行若不遵守本法的要求提供有关披露资料，则将被视为犯罪，并应对其判处不超过5000美元的罚金。若该银行持续不履行其信息披露之义务，则可以按每推迟一天须交纳1000美元的罚金方式进行处罚；我国《银行监督管理法》第46条规定，银行业金融机构不按照规定提供报表、报告等文件、资料的，由银行业监督管理机构责成改正，逾期不改正的，处10万元以下罚款。

严格的问责机制是银行信息披露要求能得以遵守的重要保证。新加坡、新西兰及美国等的立法实践就反映了法律要求与人性天然的违法倾向之间的紧张得以解决的现实办法。古语所说的“刑罚为盛世所不尚，亦为盛世所不能废”阐述的也就是这个道理。那么，反观我国的规定，笔者认为至少在规则设计方面是比较欠深思熟虑的，这种制度的缺陷表现于两点：一是只规定了对银行机构的行政处罚，而忽略了机构所为的行为是在机构管理人员主导下的客观事实，这种直接责任人与机构责任的分离无疑纵容了披露不作为的发生；二是我国银行业的主体是国有商业银行，单采取罚款的做法最终的损失者不是直接的责任人，而是国家。如此之惩罚实难达到法律所应有的警示作用。

四、综述

信息披露是对银行进行审慎与有效监管的方法之一。然而，有一点必须明确，银行监管法中的信息披露要求与证券法中的阳光法则还是存在本质上的差别，银行监管法中的信息披露的主要对象是银行业的监管者，而证券法中的信息公开主要是广大的投资者；同时，在信息披露或公开的功能定位上，银行法中的信息披露侧重于安全性与秩序性，而证券法中的阳光法则侧重于公平与公正的投资理念，其目标在于防止广大的投资者在信息盲区中成为欺诈的牺牲品。

此外，从银行信息披露法律机制构建的内涵来看，其不仅包括所要披露的信息内容的明确化及信息公开的程序化，而且更蕴含着法的强制性的理论，即为了审慎监管之日的必须对银行的信息披露配以严格的法律责任。同时，它亦通过具体的部门法说明正义本不是一个抽象的概念，它具有实质的内容。尽管实体正义比程序正义似乎重要些，但是若没有程序的正义作为保障，实体正义就成了水月镜花。经过比较分析，鉴于银行信息披露的对象包括其监管者及公众，所以在法律责任的配置上应不仅限于刑事责任与行政责任，相反，在一定情况下当银行没有依法向公众（特别是股东）披露时还可体现为民事责任，因此法律责任的承担方式应是多元化的格局，而非单一化的模式。

再者，金融全球化与自由化已对传统银行监管法的构建产生了巨大冲击，且随之而来的洗钱性金融犯罪也与日俱增。这样一种国际与国内相杂的金融风险说明银行信息的披露在目前的形势下也不应，也不能仅仅立足于一国主权所辖之范围内进行考量，相反，应在国际与国内两个层次上进行思考，因为金融全球化与自由化深层次的含义就是金融风险的全球化与金融风险跨金融行业间的渗透化。

第三节　巴塞尔银行监管委员会关于信息披露的建议及对我国的启示

金融的日益跨国化说明一个国家有效金融监管体系的构建已并非完全是一个由东道国在自己主权所涉范围内"独舞"的法律问题。事实是，随着大量的金融机构的海外设立及金融跨境消费等，金融有效监管需要东道国与母国及与国际金融监管组织之间的紧密合作与协调。金融主权是一个国家不会轻易让渡的权力，因而国家之间如何协作有时仅仅依赖双边性的备忘录、协定等形式还不足以解决金融跨国化所触发的法律问题。此时，基于国际金融整体安全的考虑，就需要一个中立性的国际组织或团体之存在。可以说，巴塞尔银行监管委员会正是出于这种一种需求应运而生的，其所发布的关于信息监管国际合作与协调方面的建议与指南无疑对我国银行法的调整具有参考意义。

一、《银行监管当局之间的信息交流》所确立的信息监管机制

（一）文件出台的原因

随着银行业务的跨境经营，母国与东道国之间的合作已必不可少，这两者合作的程度与力度也直接或间接地决定了对跨国银行监管的有效性。从实然的角度来分析，东道国与母国监管者合作首先产生于银行机构在国外的入市监管之中。审批程序便为东道国与母国监管当局之间的合作提供了一个良好的机会。特别是，这种审批程序可作为一种手段，为建立一种由境外机构向母行进行定期披露的制度奠定了基础。然而，在审批过程中，会出现下列问题：如东道国监管者与母国监管者之间应如何确保有关市场准入监管所需的信息互通有无及如何对申请者所提交的信息进行采信等，这些都直接与跨国银行监管的有效性相关，而这其中一个关键性的问题就是监管所需的信息获取。

在运营监管中，母国监管者的主要要求是确保创建一个规范程序，以保证信息能定期地自海外的机构提供给母行，然后信息从母

银行以并表的方式提交给母国监管当局。这就需要一个可靠的信息披露系统，以使境外机构向其总行或母银行披露相关信息，同时需要该系统顺利运行，以便进行核查。在信息的获取途径上，母国监管当局一般是通过母行收集海外机构的信息来达到监管要求的。然而，当母国监管当局是以并表报告为基础，且在缺乏现场检查时，其可能无法发现海外机构的重大问题。尽管这些问题可能对于整个银行而言并不重要，但是若任其发展，则可能会导致金融风险的沉积。相比较之下，东道国监管当局更容易发现这些问题，但是其往往很难判断哪些信息对于母国监管当局是重要的，因此母国全球监管的有效性迫切需要东道国监管信息方面的协作与配合。这是文件出台的原因之二。

对于东道国而言，为了审慎监管其主权所辖范围内的金融机构，其监管机构有时可能会向母国当局请求提供有关银行的信息。除此之外，东道国有时还希望母国监管者将可能影响母银行的重大事件告知它们，如即将发生的所有权变更等。在一般情况下，母国监管者可能不愿将具有高度市场敏感性的信息向公众公开，但若掌握有关股东信息的东道国监管者将此类信息公开，则可能会损害公众对该银行的信心，因此重大事件的公开与否也需要两国之间的协调。这是文件产生的原因之三。

由于各国法律制度、社会文化及历史传统等迥异，信息的交流与合作机制不可能是畅通无阻的，如信息重要性认识标准的不同及法律上的限制就极大地阻滞了这种机制的运作。一般而言，统计信息自外国分行传递到总行，然后再进一步传递到母国监管当局不会存在障碍，但是东道国的法律有时并不允许海外的附属机构向其母行提供具体的客户信息。同样的，母国的一些法律限制也使得东道国监管者的信息获取权难以实现，因此信息流通法律障碍上的消除也是一个不可缺少的方面。这是原因之四。

稳健的国际审计标准可以为监管者提供进一步有效监管的保证。就目前而言，并非所有的外国机构都接受外部审计，而且即使有审计，其可信度也是值得怀疑的。然而，当某外国机构在事实上处于母国监管者检查系统之处，且又不属于东道国正式的检查系统时，那么对这家机构而言，外部审计可能就是唯一的独立检查。巴塞尔银行监管委员会所代表的各国监管当局都认为全面而可靠的外部审计标准是防范与化解跨国银行风险的重要方法。这是原因之五。

正是基于上述必须解决的困境，作为国际银行有效监管思维创新领军组织的巴塞尔银行监管委员会于 1990 年 4 月顺时推出了《银行监管当局之间的信息交流》文件（又被称之为“巴塞尔补充协定”）。

（二）文件关于信息监管的主要内容

基于上述五个方面的原因，巴塞尔银行监管委员会对于银行监管当局之间的信息流动提出了以下四个方面的建议：

在审批方面，巴塞尔银行监管委员会从四个方面对该阶段的信息分享提出了指导性的建议：一是东道国当局在许可之前，应进行例行检查，以确认母国对此不持有异议。二是若东道国监管者无法自母国监管者处获取正面的答复，则其应考虑不予许可，或加大监管力度，或对审批附加条件。三是东道国监管者在许可不受母国审慎监管的外国机构及母国监管责任不明确的合资机构时，应特别尽到审慎的义务。在该种情况下，任何审批必须以东道国监管者具有行使母国监管权力为前提。四是若母国监管当局对某银行的海外机构的设立附加了条件，则应将这些条件告知东道国监管当局。

母国监管者的信息获取权主要体现在以下几个方面：东道国及母国监管机构应确保银行的内部控制机制能够保证银行的境外机构与其总行之间配有全面的定期报告制度；当东道国监管当局确认或有理由怀疑某外国银行机构存在有重大问题时，应将所采取的措施通知母国监管者；母国监管者应可以对某外国银行机构所报告的数据进行独立的检查；若某外国机构发生严重问题，则东道国监管者应与其母银行及其母国监管机构进行磋商，以寻求可能的补救方法。

东道国的信息需求表现在以下几点：母国监管者应将可能严重影响所辖银行境外机构经营的监管措施的变更情况告知东道国监管者；若母国监管者对东道国的监管表示怀疑，且准备采取监管措施，以影响其所涉及的海外银行机构时，则母国与东道国双方监管者之间应进行协商，以使东道国有机会对其不当行为进行修正；若母国监管者拟采取措施保护存款者的利益，则其应尽可能与银行外国机构的东道国监管者进行合作与协调。

对于信息合作中法律障碍的消除问题，巴塞尔银行监管委员会在文件中提出了以下四项建议：一是所收到的信息应仅用于与金融机构审慎监管相关的目的；二是若可能，信息的交流安排应是互惠的，但是对信息的细节问题不能互惠；三是信息传递的保密性应受法律的保护，但是刑事诉讼除外。此外，对于在执行公务时所取得的信息，所有银行监管者都应理所当然地受到职业保密规定的约束；四是若信息的取得方在依据所获得的信息采取监管行动时，则在可能的情况下，其应与信息的提供者进行磋商。

（三）小结

母国监管者与东道国监管者在信息交流方面的合作是对跨国银行机构进行有效监管的基础所在。其实，这种合作本身就折射出一种新的金融监管理念，即金融的全球化与自由化意味着金融机构的跨国化、金融业务的多样化与趋同化、金融市场的国际一体化及金融信息流动的全球化等，这些现象的出现无疑对具有浓厚本土化色彩的各国金融法产生了前所未有的冲击，因此这就要求各国在基于国情架构其法律制度时，应考虑到国际经济关系对其国内立法的影响。这种思维的一个必然结果就是世界各国涉及民事、经济等方面的法律制度日渐趋同化。公正评价，巴塞尔银行监管委员会在金融监管领域所作的努力便是这种趋同化与竞争规范化的催化剂。上文所论及的文件便是各国意图在信息分享方面达成国际协调的一个有力的例证。

另外，我们也必须清醒地看到，由于巴塞尔银行监管委员会并非一个正式的国际组织，系列的“巴塞尔文件”并不具有当然的国际法上的约束力，不属于国际法的正式渊源，但是“巴塞尔文件”已正在事实上改变着我们对国际金融法研究的视野，促进国际金融法本身的发展，及正从金融监管理念、监管方式与监管目的、监管国际合作等方面刺激世界各国金融法的改良与创新，因此可以说巴塞尔银行监管体系的影响魅力并没有因为其母体的非正统性而黯然失色，相反，其所阐述的理念与原则也成为金融法与金融学研究中不可遗忘的领域。

二、《有效银行监管核心原则》与信息要求

非现场检查是银行监管者行使监管权的主要手段之一。为了保证银行监管者非现场监管的及时性与有效性，就必须能及时地收集到银行财务报表等信息，同时也必须通过现场检查或外部审计等额外监管措施来对信息的准确性、完整性与合法性等进行印证，因此监管者必须确保每家银行都能依据会计政策与法律的要求保留有完整而准确的会计记录，各家银行应依据标准格式提供信息，以便使所提交的信息具有可比性与有效性。此外，定期提交的报告至少应包括银行资产负债表或负债与收入报告，并附有包括辅助信息与关键风险暴露的说明等。再者，对违背信息披露义务所应承担的法律责任的明晰化也是至关紧要的。作为巴塞尔银行监管体系中基础文件的《有效银行监管核心原则》就吸收了这些思想，并因时而异地作了些改进。

《有效银行监管核心原则》中的原则 21 ~ 23 便对银行机构的信息要求提出了明确的要求。原则 21 在“监管报告”中规定，银行监管当局必须具备在单个和并表基础上收集、审查和分析各家银行的审慎报告和统计报表的方法。监管当局必须有手段通过现场检查或利用外部专家对上述报表独立核对；原则 22 在“会计处理和披露”中规定，银行监管当局必须满意地看到，银行要根据国际通用的会计政策和实践保持完备的记录，并定期公布公允反映银行财务状况和盈利水平的信息；原则 23 规定，银行监管当局必须具备一整套及时采取纠改措施的工具。这些工具包括在适当的情况下吊销银行执照或建议吊销银行执照。

三、《增强银行透明度》对信息披露的规定

1998 年 9 月巴塞尔银行监管委员会发布了题为《增强银行透明度》文件，讨论了信息对于促进有效市场约束与有效银行监管的作用，为银行监管人员提供了关于制定与改进监管框架的一般性

指导，促进了银行信息披露与报告制度。该文件阐述了这样一种理念，即市场自身固有的约束机制。然而，若市场参与者无法及时获取可靠的信息，则很难对银行的经营与内在风险情况作出准确的评估，从而导致市场本身约束功能的丧失，因此信息披露是银行有效监管中紧要的一环。巴塞尔银行监管委员会为此提出以下建议：监管者要致力于鼓励以较为合理的成本进行高质量的信息披露。其中监管者可独立或与标准制定者联手采取更为积极的姿态，促进在信息披露中使用监管者所设定的定义与报告之分类。同时，银行业监管者还应促进建立保证披露标准得以遵守的机制，以确保信息的可靠性。

在该文件中，巴塞尔银行监管委员会将透明度定性为能够让信息使用者准确评价银行财务状况与业绩、业务活动及与之有关风险的及时、可靠的信息披露。文件认为有助于提高银行透明度的信息应具有以下特征：全面性、相关性、及时性、可靠性、可比性及实质性。为了方便各国进行银行信息披露法则的改良，文件将有关信息分成以下六大类：财务业绩、财务状况、风险管理战略与措施、风险暴露（包括信用风险、市场风险、操作风险、流动性风险、法律风险等）、会计政策及公司治理等基本信息。

此外，值得关注的是，由于各国的会计政策在很大程度上影响着银行财务与资产状况信息的准确性，特别是贷款的会计处理可能严重影响财务报表、监管报告及相关资本计算的准确程度。同时，稳健的会计处理又是确保提高信息高透明度，促进金融机构有效监管与市场约束的关键所在，因此 1999 年 7 月巴塞尔银行监管委员会在前文件的基础上发布了《贷款会计与披露的稳健文件》，文件要求银行监管者在贷款会计处理与信息披露方面关注以下四个方面：金融机构在确定准备金的充足上是否具有适当的程序、准备金总额是否充足、通过专项准备金或核销的方法确认损失的及时性、信用风险披露的准确性与及时性。

四、《巴塞尔资本文件Ⅲ》对信息披露的要求

虽然相对于 1988 年的资本文件来说，第二版资本文件已有所

改良，但是2008年全球化的次贷危机表明，该版文件仍然滞后于金融发展的需求，如未充分反映资产证券化业务的潜在风险，资本监管框架未能反映商业银行风险治理的缺陷，资产证券化和结构化金融工具的透明度不高。① 出于对这些问题的修正，2010年的《巴塞尔资本文件Ⅲ》在该文件的第4部分“市场纪律”中，对信息披露的指导原则、披露的正当性、与会计披露的相互关系、重要性、披露频率、专有信息和保密信息、与定性披露的总体要求等问题作了如下详细的阐述。

披露指导原则：第三支柱的目的——市场纪律，是对最低资本要求（第一支柱）和监督检查（第二支柱）的补充。委员会通过建立一套披露要求以达到促进市场纪律的目的，披露要求将便于市场参与者评价有关适用范围、资本、风险、风险评估程序以及银行资本充足率的重要信息。委员会认为，信息披露十分重要，特别是考虑到银行将采用内部评级法，这使银行在评估资本要求方面有了更大的自主权。根据第一支柱的要求，银行采用特定的方法计量面临的各种风险，并得出资本要求。委员会认为，共同的披露框架是将银行风险暴露告知市场的有效途径，并为增强可比性提供了一致、合理的披露标准。

披露的正当性：委员会清楚地认识到，各国监管当局规定披露要求的权限存在差异性。市场纪律可以提供安全和稳健的银行运营环境，监管当局要求银行以安全和稳健的方式经营。考虑到安全性和稳健性，监管当局可要求银行披露信息。此外，监管当局有权要求银行在监管报告中提供信息，一些监管当局可以将这些信息全部或部分地对外公布。此外，各国监管当局加强披露要求的方法各不相同，从“道义劝告”与银行管理层谈话到批评或罚款。根据监管当局的法律权限和披露缺陷的严重程度，可以采取相应的措施。

与会计披露的相互关系：第三支柱披露要求与会计准则的有关要求并不矛盾。会计准则要求披露的范围更加宽泛。委员会努力将

---

① 参见陈昌永等：《风险管理下对巴塞尔协议的解读》，载《甘肃金融》2011年第7期。

第三支柱的披露限定在银行资本充足率的披露，不与会计准则宽泛的要求相矛盾。今后，委员会希望继续与有关会计组织保持这种关系，并关注这一领域的进展，以促进两种披露框架间的一致性。银行管理层有权决定披露的媒体和地点；如果根据会计或证券监管部门上市的要求进行披露，银行可以采用所要求的披露方式，披露其中未包含的第三支柱要求披露的内容。在这种情况下，银行应解释会计或其他披露与监管要求披露之间的实质性差别，解释不必采取逐行核对的方式；对于不是会计准则或其他要求的披露，银行管理层可以根据各国监管当局的要求，选择通过其他方式（如公众容易登录的互联网网页，或银行监管当局公开发布的监管报告）提供第三支柱的有关信息。然而，应鼓励银行尽可能在一个地点提供所有的相关信息；如果信息不是通过会计披露提供的，银行应说明其他信息的获取方式；承认会计或其他的披露要求，有助于理解披露的有效性要求。另外，为了确保有效性，根据其他披露框架要求（如证券管理部门对上市公司的要求）所公布的附加材料（如管理层的概述和分析），通常都应经过充分的审查（如内部控制评估等）。如果资料不是通过有效的方式公布，如一个单独的报告或网页中的一段，银行管理层应确保这些信息按照所规定的总体原则，经过了适当的验证。

重要性：银行应判定哪些披露信息属于重要信息，若信息缺乏或虚假信息会改变或影响信息使用者的评估或决策，则这样的信息就是重要性信息。这一定义与国际会计准则和许多国家的会计标准是一致的。委员会注意到，需要采用定性的方式，并结合特殊环境来判断金融信息使用者进行经济决策时，是否将某条信息看作重要信息。由于具体的规定可能会被套利，并且难以设定，委员会不对披露设定具体限制，用户测试是实现有效披露的基础。

披露频率：第三支柱规定的披露应该每半年进行一次，但下列情况除外：有关银行风险管理目标及政策、报告系统及各项口径的一般性概述的定性披露，应每年一次。考虑到新协议增强风险敏感度及在资本市场上更加频繁披露的大趋势，国际活跃性大银行和其他大银行（及其主要分支机构）必须按季度披露一级资本充足率、总的资本充足率及其构成。另外，如果有关风险暴露或其他项目的信息变化较快，银行也要按季披露此类信息。

专有信息和保密信息：专有信息（如关于产品或系统）具有下列特点：如果与竞争者共享这些信息，会导致银行在这些产品和系统的投资价值下降，并进而削弱其竞争能力。银行对其客户的信息负有保密义务，若将这些信息作为协议、对手关系的一部分对外提供，则将会影响银行对外公布的有关客户库信息，以及内部安排的详细情况，如使用的方法、估计参数、数据等。委员会认为，第三支柱要求披露的某些项目，或事关专有或属于保密信息，若对外披露该类信息，则会严重损害银行的地位，因此在这种情况下银行可以不披露具体的项目，但是必须对要求披露的信息进行一般性披露，并解释某些项目未对外披露的事实和原因。

定性披露的总体要求：银行必须对每类单独的风险领域（如信用风险、市场风险、操作风险、银行账户利率风险、股权风险），描述风险管理目标和政策，这包括策略和过程、相关风险管理职能的结构和组织、风险报告和/或测量系统的范围和特点、规避和/或缓释风险的政策、监测规避/缓释工具持续有效性的策略和过程。

评析：法律的智慧及法律自身的改良往往体现于重大历史事件的发生，巴塞尔资本文件的更新就印证了这一命题。客观而言，在信息披露问题上，该第三版文件不仅起到了归纳与总结的作用，而且也达到了因时而拓新的效果。从形式上看，该文件勾勒出了银行信息披露的一个系统性流程，如指导原则、披露的适当性、信息重要性的界定、披露频率等；同时，从实体上看，其也有一些本质性的创新，如对于重要性，文件创立了“用户测试”的原则，该原则的倡导在很大层面上弥补了“重要性影响”或“价格敏感性”的不足。事实上，根据市场的规律，某一信息重不重要，并不是由银行机构来判断的，而必须由作为信息消费者的客户（监管者或投资者）来识别，因为只有他们才会真正关注信息的完整性、有效性与准确性。若信息重要与否完全由被监管的银行来提供，则会发生监守自盗的结果，从而导致虚假信息或不完全信息等的泛滥。

除此之外，文件对披露所作的定量与定性要求也是可圈可点的，作定量与定性要求的主要包括适用范围、资本、资本充足率、信用风险、股权投资、资产证券化、市场风险、操作风险等。如对资本的定量披露为简要介绍所有资本工具的主要特征及情况，特别是创新、复杂或混合资本工具的情况；定性披露为一级资本总量（实收资本/普通股、资本公积、在子公司股本中的少数股权、创新工具、其他资本工具、保险公司的盈余资本、从一级资本中扣除的商誉及其他扣除项）、二级资本和三级资本的总额、一级资本和二级资本的扣除额、合格资本总额。这种定量与定性相结合的方法无疑契合了后危机时代下审慎监管的要求，并弥补了合规监管要求下的短板。

五、对我国银行信息监管法律制度创新的启示

实际上，巴塞尔银行监管委员会之所以如此费尽苦心地针对一个性质相同的问题出台种类繁多的文件回应了前文的一个立论，即金融监管法事实上是围绕金融信息的披露所展开的。就银行监管而言，有效的银行监管在一定程度就是要尽可能地弱化、缩减与根除监管者、公众与银行机构之间的信息不对称与信息虚假现象。为了达到这一目的，在银行法律制度的设计中，决策者就必须对银行所必须披露的信息从定性与定量两个方面进行详细的规定，以发挥市场固有的纪律约束力。1988 年的巴塞尔资本文件只有孤立的资本充足要求这一支柱，而新的巴塞尔资本文件却将其扩大到三个，并将市场约束纳入其中。事实上，这昭示了目前金融监管理念的发展走向，即在信息透明化的基础上让市场对银行机构的去留作出评价。金融监管理念与金融法之间并不存在严重的隔离，因而这种信息为本的新思维也必将是各国银行法，乃至金融法创新的重点。

巴塞尔信息监管体系也给我们一种应对金融自由化与国际化监管的启示，即对于金融业务经营的跨国性与综合性有效监管而言，问题的关键在于如何建立一种与金融监管相关的畅通无阻的信息流动机制，如何确保被监管者所提交的信息的准确性、充分性、完整性与时效性等。这是各国立法者及各国际金融监管组织或团体所应

深入考虑的问题。其实，在这方面，巴塞尔银行监管委员会所阐述的信息性监管框架已给我们提供了一个很好的启迪，即有效的信息交流机制应注意两个层次的问题：其一是应发挥不同监管者之间相互合作与协调的作用，这既包括一国内不同监管者之间的合作与协调，也包括不同国家的监管者之间的合作与协调。相比较而言，后者是问题难点中的难点。固然如此，但这也是各国在创制与整合其金融监管法律制度时所必须直面的问题，因为“国际金融安全网”已几乎将世界上所有的国家一网其中。这种合作与协调的重点在于确立一种“双向或多向式”的信息流动机制。为此，在《跨境银行监管》文件中，巴塞尔银行监管委员会从“改进母国监管当局获取有效并表监管所必需的信息”与“改进东道国监管当局为有效监管而获取信息渠道”两个外在的视角对信息获取的路径提出了建议性的指南。如对于海外金融机构的母国而言，应存在一个信息自当地银行流向母国监管者的流动过程，这包括信息能够自附属机构或分行流向母银行或总部、自母银行流向母国监管者、自附属机构或分行流向东道国监管者、从东道国监管者流向母国监管者；对于东道国而言，母国监管者应当给所有东道国监管者定期寄送有关资料，及母国监管者应尽力使东道国对银行集团的综合状况发生严重的不利变化有充分的了解等。笔者窃以为，这种多重的信息流向是发人深省的，是我国银行法未来发展中所必须权衡的要点。

第二个层次是在信息的获取中应当发挥被监管机构管理部门的作用。如巴塞尔银行监管委员会在其1995年11月与国际证券监管者组织（IOSCO）技术委员会的联合报告中就一再申明，本报告所涉及的机构有一个共同的特点，即普遍建立了风险评估与管理机构，以定期获取信息，供管理部门内部使用，也提供给董事会参考，因此监管者也可以将这种“自律式”的获取信息方法作为其信息监管的一种有效补充。然而，为了保证信息的准确性与有效性等，也必须对被监管部门的管理层课以对信息进行认证的义务，同时对故意或过失提供虚假、错误、误导性信息的机构或个人设定所应承担的法律责任。

正所谓法律不强人所难。与金融监管相关的信息是多种多样的，所以要求被监管者提供所有的信息也是不切实际的，因为这一方面会导致守法成本的剧增，金融机构效益的减少，从而在违背金融机构企业属性所决定的盈利性基础上从另一个侧面危及金融机构的安全性，在另一方面当监管者面临过多的信息时，也会产生信息饱和，难以判断信息的重要度与真假度，从而导致监管不应有的迟延与失灵，因此有必要对所必须提交的信息进行明确的划界，并在信息披露与银行专有信息、保密信息之间进行适度的平衡。承接前文的分析，这可以采取概括性与列举性规定并行的方式。在这方面，巴塞尔银行监管委员会的工作成果是值得各国借鉴的，如其认为在寻求详细而准确的信息过程中，母国监管当局必须区分必需的与希望提供的信息，必须区分重要的与不重要的信息。基于这种考虑，其将信息分为定性与定量性两大类，并作了一些列举，如定量性息包括银行的资本充足率、大额风险及存款集中程度等；定性信息包括风险管理机构、内部控制与审计制度、附属机构所有权与控制权的变化等。

此外，在评判我国银行法律制度中的信息披露问题时，上述还有一点是值得我们反思的。尽管巴塞尔银行监管体系的主旨在于银行业的有效监管，但是随着金融自由化的发展，其对监管信息的关注已有超越，非独立于银行业，而是以金融自由化所引起的金融业之相互跨界为方向标。实际上，金融自由化实质上就潜藏着金融信息的自由化、风险的自由化与业务的自由化等方面的内容，因此客观来说，金融自由化也要求新的金融信息监管不应以银行业为重心，相反，应面对自由化的真正含义而灵活机动地将信息监管定位于存在相互渗透性的整个金融行业。

再者，尽管巴塞尔银行监管委员会的信息框架给各国银行法律的创新提供了示范效应，代表了国际金融监管法域的新发展新理念，但是我们也必须对它在实践中的作用有一个公正的认识，由于该委员会所发布的文件并不具有当然的法律效力，所以这令其应有的效应在实践中大打折扣。如《银行监管当局之间的充分信息交流》文件就表明，本文件中所包括的建议是对 1983 年协议的一个补充，旨在通过鼓励监管者之间进行更为规范的合作，从而改善跨国银行监管的质量与全面性，但不以任何方式寻求代替东道国监管者与母国监管者的不同监管责任，因此该信息框架的真正效用还是有待于各国在法律制度创新方面的态度及母国与东道国之间合作的力度与深度。从实际情况来分析，各国的相关法律制度也极大地制约了信息的流通性，如银行保密法、信息封锁法的相关规定及金融监管体制上的差异性等。尽管如此，对于正处于金融法律制度创新的我国而言，我们可以本着“择其善者而从之，择其不善者而改之”的务实态度。笔者认为，巴塞尔银行监管委员会所阐述的信息型监管具有两方面的启示性：其一有效的银行监管必须以可靠、及时、全面而准确的信息披露所形成的市场约束机制为依托；其二是针对金融业务自由化与国际化现象，信息交流与合作的国际法处理也必须纳入一国银行法创新之中。

平心而论，我国目前的银行法律制度已散发出浓浓的巴塞尔银行监管体系所阐发的精神。这一方面固然是源于巴塞尔银行监管委员会所推崇的理念本身的正确性与先进性，但是在另一方面也与这个集团的成员综合实力所形成的压力相关。众所周知，该委员会是由西方金融发达国在银行危机触发下的“同舟共济”的产物，金融的国际化是金融发达国家所致力于发展的目标，亦是其他国家的一定要求，因而要融入这个金融的俱乐部就必须遵守同样的竞争规则，就必须健全金融风险防治的法律体系。经济的国际化是我国经济市场化从量变到质变的一个关键性问题，而金融的国际化又是经济全球化中的基础与最突出的表现，因此无论是从理念的正当性出发，还是从中国在国际社会中的角色定位思量，在我国银行法未来的演进中，该委员会所倡导的以金融信息为基础的监管思维必须在我国得到应有的尊重，并适时适度地在法律创新中得到反映。

第四节　国内法之视角：我国银行信息披露法律制度创新分析

相对来说，我国金融法的建设是起步较晚的，这种“大器晚成”的特点注定我国已有金融法律制度体现于体系上、立法理念上与规则自身上的相对稚嫩性。我国银行法律规范文件出台的仓促性与应急性说明，我们解决问题的实践技巧往往替代了对问题本身的理论思考。信息化的时代，银行业的有效监管越来越依重于银行机构的信息披露。尽管在此方面已有的法律给银行业的监管指明了何去何从的路径，但是我们还是不仅要时刻直面法律内在的不足，而且更要面对“死了的法律文字”给我们不时带来的无奈与尴尬。然而，又正是这种无奈与尴尬愈加刺激着法律学人在法律与社会的棘丛中寻找着法律应有的突破口。

一、我国关于银行信息披露之法律规定与分析

（一）关于银行信息披露的法律规定

我国银行信息披露的法律制度主要集中于法律与行政部门规章两个层级。其中，法律层面所涉及的法律主要为2003年修订后的《中国人民银行法》与《商业银行法》，及《银行业监督管理法》；规章层面的有《金融企业会计制度》、《金融保险企业财务制度》、《企业会计准则》、《公开发行证券公司信息披露编报规则》及2007年中国银监会发布的《商业银行信息披露办法》等（本内容中简称《办法》）。虽然在众多法律文件中都散见关于商业银行信息披露的条文，但是无论是从产出的年份上看，还是从内容上评价，《办法》还是代表了我国银行信息披露法治化构建中的最高成果。可以说，该规范文件是对我国原有相关银行信息披露要求的一次浓缩性的总结与提炼，因此分析该文件便基本上可以洞察我国在此方面法律演进的全貌。该文件主要表现在以下几点：

其一是明确了适用的对象。《办法》第2条规定，其适用于在中华人民共和国境内依法设立的商业银行，包括中资商业银行、外资独资银行、中外合资银行、外国银行分行。本办法对商业银行的规定适用于农村合作银行、农村信用社、村镇银行、贷款公司、城市信用社，本办法或银监会另有规定的除外。

其二是明确了信息披露的基本原则。《办法》第3～6条规定：商业银行应按照本办法规定披露信息。本办法规定为商业银行信息披露的最低要求。商业银行可在遵守本办法规定基础上自行决定披

露更多信息；商业银行披露信息应当遵守法律法规、国家统一的会计制度和中国银行业监督管理委员会的有关规定；商业银行应遵循真实性、准确性、完整性和可比性的原则，规范地披露信息；商业银行披露的年度财务会计报告须经具有相应资质的会计师事务所审计。资产规模少于10亿元人民币的农村信用社可不经会计师事务所审计。

其三是明确了信息披露的内容。这主要体现在以下几个方面：商业银行应按照本办法规定披露财务会计报告、各类风险管理状况、公司治理、年度重大事项等信息。其中，商业银行财务会计报告由会计报表、会计报表附注和财务情况说明书组成；商业银行披露的会计报表应包括资产负债表、利润表（损益表）、现金流量表、所有者权益变动表及其他有关附表；商业银行应在会计报表附注中说明本行的重要会计政策和会计估计；商业银行应在会计报表附注中说明重要会计政策和会计估计的变更；或有事项和资产负债表日后事项；重要资产转让及其出售；商业银行应在会计报表附注中披露关联方交易的总量及重大关联方交易的情况；商业银行应在会计报表附注中说明会计报表中重要项目的明细资料；商业银行应在会计报表附注中披露资本充足状况，包括风险资产总额、资本净额的数量和结构、核心资本充足率、资本充足率；商业银行应披露会计师事务所出具的审计报告；财务情况说明书应当对本行经营的基本情况、利润实现和分配情况以及对本行财务状况、经营成果有重大影响的其他事项进行说明；商业银行应披露下列各类风险和风险管理情况等。

其四是明确了信息披露的管理。这主要表现为：商业银行应将信息披露的内容以中文编制成年度报告，于每个会计年度终了后的4个月内披露。因特殊原因不能按时披露的，应至少提前15日向中国银行业监督管理委员会申请延迟；商业银行应将年度报告在公布之日5日以前报送中国银行业监督管理委员会；商业银行应确保股东及相关利益人能及时获取年度报告。商业银行应将年度报告置放在商业银行的主要营业场所，并按银监会相关规定及时登载于互联网网络，确保公众能方便地查阅。中国银行业监督管理委员会鼓励商业银行通过媒体向公众披露年度报告的主要信息；对在信息披露中提供虚假的或者隐瞒重要事实的财务会计报告的商业银行，由中国银监会按照《中华人民共和国商业银行法》相关规定进行处罚，对有关责任人按照《中华人民共和国银行业监督管理法》的规定采取相应的措施。

（二）对我国银行信息披露法律制度的评判

银行信息披露要求在银行法中的体现已说明我国立法者与监管者已深刻地感悟到信息披露与有效监管之间的关系，且从覆盖面来看，这种要求已涵盖了会计规范体系、信息披露规则体系及审计规范体系。同时，我们也可以看出中国在这方面已开始在反思与借鉴国际金融监管的新理念，如《办法》就秉承了巴塞尔银行监管委员会的信息化监管思想，如前述的《办法》第 5 条就与巴塞尔银行监管委员会《增强透明度文件》中对信息的特征界定相一致。此外，在信息披露的范围上，《办法》的规定也基本上与巴塞尔新资本文件所建议的内容趋同。在一定程度上，可以说《办法》的实施意味着我国银行法的发展更上一层楼，标志着我国商业银行信息披露已由向监管部门的信息报告为主转向信息报告与公开披露的并重。如《办法》规定，商业银行应确保股东及相关利益人能及时获取年度报告。商业银行应将年度报告置放在商业银行的主要营业场所，确保公众能方便、及时地查阅。监管者鼓励商业银行通过媒体向公众披露年度报告的主要信息。这种阳光底下无秘密的银行监管理念之定位必将对我国银行法则的创新产生巨大影响。

从《办法》的全文来看，其已基本上奠定了较系统的商业银行信息披露框架，这不仅表现在信息披露范围的明确、披露程序的规范、不作为的法律责任，而且也表现在信息保障机制的设立与信息交流体制设立的建议。尽管在银行信息披露问题上，我们已摆脱了无法可依的局面，但是若坚持边沁所主张的“理解法律，特别是要理解它的缺陷”的批判观点，从宏观的立法哲学及深入到规则的内在进行整体性的评估，我们的感觉也不会轻松与释然。

其一是立法哲学上的评判。虽然从学理上看，法律之效力要远胜于部门规章，但是事实却提供了一个恰好与此背道而驰的回答，因为我国的立法者素来对宏大的粗线条立法理念乐此不疲，这就直接导致了严格意义上的法律规则的空洞性与难操作性。如若纵览上述三部正式法律的全部条文，不难发现它们都共享一个基本的特点，即只用屈指可数的几个条文就将银行机构信息披露的要求给打发了①，如《商业银行法》只是在第61条明确规定："商业银行应当按照规定向国务院银行业监督管理机构、中国人民银行报送资产负债表、利润表以及其他财务会计、统计报表和资料。"《中国人民银行法》则只是在第36条规定："中国人民银行根据履行职责的需要，有权要求银行业金融机构报送必要的资产负债表、利润表以及其他财务会计、统计报表和资料。"而更让人百思不得其解的是，作为中国银行业监管"宪法性"的《银行业监督管理法》只是在第33条和第36条规定："银行业监督管理机构根据履行职责的需要，有权要求银行业金融机构按照规定报送资产负债表、利润表和其他财务会计、统计报表、经营管理资料以及注册会计师出具的审计报告；银行业监督管理机构应当责令银行业金融机构按照规定，如实向社会披露财务会计报告、风险管理状况、董事与高级管理人员变更以及其他重大事项等信息。"其后，就语焉不详了。暂且不论这些条文的质量如何，单从其为数不多的条文考察，我们也不难发现，这三部法律并不能应付我国银行有效监管对信息披露的现实要求。出路何在呢？最佳的方法就是由归口的部门紧急出台"暂行"与"试行"类的规章。如此，"神圣"的法律反成了专供人欣赏的花瓶，或多数时候作为被学者们批判所引用的文献资料而存在，而与此形成截然反差的是部门规章则"喧宾夺主"。这种逆淘汰的中国式法律规则供给实践无疑是一个值得我们反省与自问一下："中国银行法的改革与完善究竟应该如何去呢"？

其二是《办法》的美中不足之处。尽管我们可以奢侈地用许多华美的语词来赞誉《办法》对中国银行信息披露法律制度的拾

① 在我国正式法律条文的屈指可数已是一种习惯做法，如《中国人民银行法》仅53条，《商业银行法》仅95条，《银行业监督管理法》50条。不言而喻，如此单薄的条文是与这些法律的现实功能极不般配的。

遗补缺作用，但是不可否认结合他国成功的实践及对《办法》条文语义的分析，也不难发现该规范文件也是存在如下这样或那样的不如人愿之处。虽然相较于2002年中国人民银行发布的《商业银行信息披露暂行办法》，2007年的新文件删除了“暂行”，而使《办法》的效力期限处于一种长期可持续发展的状态，但是若将新旧文件对照来看，则不难发现，这玩的是一种新瓶装旧酒的游戏，如旧文件的条文数为31条，新文件则为32条。更令人唏嘘的是，新旧文件在主体框架与内容并无本质上的差别。时过必定境迁，2007年的金融情势也必定异于2002年的情形，社会关系前行性与法律的滞后性关系说明，2007年的文件也应该异于2002年的文件，但是事实给我们展示的是一个不同的答案。

《办法》的适用范围上的限定性，《办法》第30条规定资产总额低于10亿元人民币或存款余额低于5亿元人民币的商业银行，可免于披露信息。这种排除法无疑使《办法》的实际价值大打折扣，因为金融风险之间所具有的传染性连带效应决定了在银行有效监管中是“一个也不能少”；业务披露范围上的局限性，金融业务合业化经营在我国已与时俱进，但《办法》仅仅是指向银行业，而并没有从跨金融业的角度来进行信息披露的设计，这不能说不是一个缺憾；《办法》对金融业务国际化的趋势考虑不足，虽然《办法》是与国际接轨的产物，但是它并没有从国际金融监管的合作与协调方面对银行信息的披露事项设定相应的规则，如在什么情况下与他国进行信息互通有无、交流的条件是什么、交流应受哪些限制等；另外，虽然资产负债业务仍然是我国银行业务的主体，但是与银行相关的金融衍生业务品种已日渐增多，但是《办法》并没有对金融衍生产品交易事项的信息披露有任何规定；《办法》所规定的信息披露程序在规定上也略显粗糙，如信息披露的方式仅限于“商业银行应将年度报告置放在商业银行的主要营业场所，并按银监会相关规定及时登载于互联网网络”。笔者认为这样规定是不明确的，因为我国商业银行营业网点众多，此处的主要营业场所是否仅限于总行或分行或分支机构所在地的营业场所，还是可以扩大到所有的营业网点？这些需要法律进一步明确；信息披露规则之间的协调性差。实际上，银行信息披露法律体系是由涉及银行信息披露的会计规则、审计规则及银行法规则所组成的一个系统性的体系。否则，就会导致所披露信息的不真实性，因此三大规则体系之间在信息上的认定、规则之间的协调对于商业银行信息披露法律体系的完善与整合也是非常关键的。然而，《办法》对此并无任何规定，这无疑又为我国商业银行信息披露的水分过多埋下了伏笔；由于我国银行监管在传统上惯于消息的内部消化，惯于对敏感信息进行掩饰与压制，所以《办法》是否只是“死的法律文字”仍是一个值得我们继续考察的问题。

二、我国银行信息披露实践中的难点分析

法律是人类理性结合社会现实的产物，而法律规则所设定价值的实现还有待有法律的实践，亚里士多德曾说过：“我们应该注意到邦国虽有良法，要是人民不能全都遵循，仍然不能实现法治。”①虽然在短短的二十余年的光景内，我国已构筑起了一套比较具体的银行信息披露的法律要求体系，但是由于监管者传统上过多移情于非伤筋动骨的非现场检查，再加上有形的信息披露法律要求又给被监管者头上多圈上了一道紧箍咒，因此这种信息披露要求的实践是值得我们检讨与反思的。

（一）信息披露法律意识的缺位

我国商业银行是从长期的计划经济体制下改头换面而来的，自其诞生之日起就附上了政府或准政府机构的色彩，与政府及国有企业间存在着盘根错节的“血缘关系”，因此在这样的“血缘”背景下，我国银行业信息披露法治化的土壤非常贫瘠。而且，在由来已久的“家丑不可外扬”的内部消化的传统下，肩负沉重历史包袱与政策功能的商业银行，乃至在社会稳定压倒一切的要求下，监管者都尽力采取“报喜不报忧”的方式来掩盖其资产质量欠佳、经营绩效、管理水平低下等市场真正期待的信息。“产权的归属将监

① ［古希腊］亚里士多德：《政治学》，吴寿彭译，商务印书馆1985年版，第199页。

管者与被监管者的利益像一根绳子上的两只蚂蚱一样紧紧地拴在一起”的这种命运息息相关的现状也在一定程度先行决定了信息要求的实践与法律价值的预设相去甚远。

另外，由于我国所采用的政府隐性存款保险制度，所以在“存款人的存款是安然无恙，再加上我国存款人的风险意识本就不高”的双重情形下，即使规定银行机构有向公众披露相关信息的义务，存款人要么对这些披露的信息视而不见，要么是漠不关心。在严重缺失“群众基础”的情况下，与其说配套制度的欠缺并没有使信息的披露形成应有的市场约束，倒不如说它更加姑息、放任了公众对银行风险的无知及对应有知情权的漠视。制度缺陷所引发的现实也无疑给监管者及被监管者制造了一种尴尬，同时也使人质疑目前的信息披露要求立法的正当性、必要性与合理性。

（二）商业银行披露信息特征上的规则供给不足

信息披露的特征要求是保证所披露信息的有效性，并真正发挥其市场约束的前提。对此，巴塞尔信息披露体系对信息特征提出了一系列的要求，如全面性、及时性、可理解性、有用性、可比性、相关性、重要性、核心与补充披露等。在这一方面，我国财政部于1992年7月颁布实施的《企业会计准则——基本准则》第2章“一般原则”中对12项会计一般原则进行了列明，其中第10～15条、第18条、第21条提出了8项会计信息质量特征：可靠性、相关性、可比性、一致性、及时性、可理解性、谨慎性与重要性等。2001年11月实施的《金融企业会计制度》第7条规定，金融企业在进行会计核算时应当遵守13项基本原则，其中第1～7项、第11项与第13项提出了以下9项会计信息特征：真实性、实质重于形式、完整性、一致性、可比性、及时性、可理解性、重要性及谨慎性等。《商业银行信息披露办法》第5条也提出了真实性、准确性、完整性和可比性的信息披露要求。尽管如此，在会计信息披露的特征规范方面，我国还存在以下值得商讨的地方：

其一是质量特征主次体系性差。尽管在会计质量特征次序上，我国的法律规则有一定的排列，但是它们之间主次质量特征并不明显，无法给人以层次与先后要求之感。而且，各质量特征之间的关联度也不明确，如相关性与及时性之间究竟是并列关系，还是主从关系？重要性是否构成其他信息特征的一种普遍性的约束？《企业会计准则》、《金融企业会计制度》及《商业银行信息披露办法》等都匮乏具体的说明。这无疑导致在对所披露的信息进行定性评判时因法律规定模糊而产生无法可依或有法难依的现象。

其二信息特征的解释不明确，或根本不存在对其特征的阐释，且即使存在言简意赅的解释，有些释义仍然存在商榷之处。如国内准则中对相关性的解释与西方国家的解释就有明显的区别，我国将相关性定性为目标相关性，后者将其定性为决策相关性。相比较，目标相关性比较抽象与空泛，难以度量。此外，若根据我国的这种阐释，则会导致一种自相矛盾的结果，因为既然相关性为目标说，那么在逻辑上它就成为统制其他特征的信息质量特征，但是从《金融企业会计制度》等规范性法律文件来看，其排序又并非最前置性的。再者，从《商业银行信息披露办法》来看，其对会计信息质量特征的表述就更空洞，欠缺相应的解释与说明。很久以前，霍布斯曾言：“法律的本质不在于其文字，而在于其意向或意义。”① 解释的缺位不仅导致监管者无法揣摩立法者的真实意图，而且也为被监管的商业银行逃避责任留下了可以回旋的空间。

（三）商业银行信息披露欠缺可比性

目前我国商业银行所披露信息缺乏可比性的原因，除了因为银行立法本身的滞后外，现今所实施的会计、审计规则的不一致性也是造成信息缺乏可比性的另一个重要原因。1993 年财政部与中国人民银行针对金融企业制定了《金融企业会计制度》与《金融保险企业财务制度》，但是在实践中不同的商业银行之间，包括上市商业银行、非上市股份制商业银行及城市商业银行所执行的会计规范各异，如上市商业银行执行的是 2001 年颁布的《金融企业会计制度》、《企业会计准则》及中国证监会的相关规定；非上市股份制商业银行的存贷业务执行的是 1993 年颁布的《金融企业会计制

① ［英］霍布斯：《利维坦》，黎思复译，商务印书馆 1985 年版，第 214 页。

度》，其他业务则适用《企业会计制度》。这种状况无疑导致实践中所执行的具体会计标准差异性大。目前我国商业银行信息披露的差异性主要表现在以下几个方面：

其一是上市银行与非上市银行所执行的会计标准之间有一定的差异性。即使在同一类型的银行业务上，这两类银行所采用的会计准则也往往大不相同，如非上市银行对于不良贷款的核算执行的是“一逾两呆法”，而上市银行执行的是“非应计贷款法”，且须同时披露“一逾两呆”和“五级分类”的核算情况。此外，上市银行与非上市银行之间的信息披露频率与要求方面也存有差异，如在年度报告问题上，上市银行披露的内容涉及财务数据、会计指标、公司治理、法定报告、董事会与监事会报告等。相比较之下，非上市银行披露的要求则相对简单；在披露频率上，非上市银行只有必要的年度报告，而上市银行除定期披露年度报告、季度报告外，还要对重大事件进行及时的披露。

其二是上市银行之间的会计信息披露也并不统一。如对于呆账准备金类别的划分、各类呆账准备金的计提范围和计提比例、现金与现金等价物的界定及衍生金融工具价值信息等便存在不完全一致性。

其三披露具有一定的随意性。由于我国商业银行并不具有信息主动披露的意愿，因而在事实上导致了有的银行进行信息披露，有的进行拖拉式披露，有的干脆披露不作为，且即使是有所作为的银行，由于无统一的披露规范格式要求，因此在所披露信息的格式与内容方面也是千差万别。

（四）信息披露的不真实性

只有真实的信息才具有市场约束与监管参考的价值，因此真实性是信息披露达到预期立法价值的前置性要求。然而，由于监管不力及银行业自我利益保护的倾向，我国商业银行披露的信息要么是夸大其辞，要么干脆就是恶意数据造假。这可从以下几个方面得到佐证：

其一是高估资本充足率。依国际惯例，只有准备金与特定资产减值无关时，才可作为附属资本纳入资本充足率的计算。然而，我国商业银行在核算资本充足率时，无不将呆账准备金作为附属资本处理。由于我国对特定呆账准备金不提取准备金，提取的呆账准备金实质上是与特定贷款的损失挂钩的，所以将其作为附属资本参与资本充足率核算现实上是高估了银行的自有资本。

其二是准备金提取的严重不足。从世界大多数国家的实践来看，一般准备金是依贷款的1%～2%来提取，且贷款的风险越大，计提的比率也就越高。在计提的范围上，除一般要求贷款与应收利息外，还应考虑其他资产的可收回性，并依照实际情况提取相应的准备金或直接冲销。① 然而，我国是按年末贷款余额的1%与上年呆账准备金余额来提取一般准备金，不另外提取呆账准备金。

其三是信息缺乏可比性。信息的可比性对于风险的识别与控制是必不可少的。根据会计准则规定，金融工具可划分为交易性金融工具、贷款和应收款项、可供出售金融工具、持有到期投资，另外还包括指定为公允价值计量且变动计入当期损益的金融工具、衍生工具等，但银行在披露时大多采用合并披露方式，如工商银行、中国银行等4家采取“以公允价值计量且变量计入当期损益的金融资产”，合并反映具有这类性质的金融工具，这种信息披露的不规范行为将在一定程度上影响投资者的分析与理解，降低信息的可比性，直接影响整个银行业经营的透明度。②

其四是资产质量披露的虚假性。资产质量关系到商业银行的稳健与盈利，所以受到银行业本身、银行监管机关及社会公众的关注。近年来我国银行开始对外披露不良贷款余额，但由于对贷款分类标准与国际通行的做法不符，所以与此相关的信息披露与国际差距较大，信息的公信力受到一定的置疑。我国《贷款通则》第34条将不良贷款分为呆账贷款、呆滞贷款与逾期贷款。虽然2001年12月24日已开始实施《贷款风险分类指导原则》，并依国际惯例，

① 李金泽主编：《银行新业务法规手册》，中国金融出版社2004年版，第90页。

② 参见李伟：《我国上市商业银行信息披露制度研究》，载《江西社会科学》2009年第3期。

该文件将贷款划分为正常、关注、次级、可疑及损失五大类别，但是由于该分类法主观随意性大，极易被操纵，因此新的规则能否真实地反映现行商业银行信贷资产状况还是一个有待考证的问题；

（五）信息披露的不充分性

信息披露充分是银行透明度原则的基本要求之一，但遗憾的是半截式或欲言又止式信息披露在我国非常严重。如缺乏对非财务信息的披露。实质上，此类信息的披露对于银行监管来说亦是不可或缺的，因为尽管非财务信息不一定与银行财务状况相关，但它是与银行经营业务密切相连的各种信息，如经营业务指标、前瞻性信息、银行管理部门对财务与非财务信息的分析等,① 综合这些内容，我们不难发现此类信息的披露也是银行信息监管体系中的一个重要环节。

此外，我国银行在披露时缺乏对会计报表附注的重视，许多银行会计报表附注只有十几项，有的更少只有 1～2 项，或根本就没有附注。如从 2001 年中国工商银行年度报告来看，其只在会计报表附注中披露了几项会计政策，对于其他重要内容则鲜有涉及。报表附注是对报表内容的准确性与全面性的一种必要补充与说明，附注的欠缺或不全必将直接影响信息披露的质量，增大信息披露的缺口，影响监管者对信息真伪的评价与投资者的理性判断与决策。

再者，在风险类型的披露上也不全面，这主要表现于对信用风险与市场风险的披露方面。在风险披露问题上，巴塞尔银行监管委员会主张加强对风险状态信息的披露，且要求银行针对信用风险、市场风险及流动性风险提供充分的定性与定量信息。由于操作风险与法律风险不易量化，则要求披露有关的定性信息。虽然在定性信息上，我国银行业基本上能满足要求，但是由于我国内部评级制度的不健全及缺乏管理数据的积累与系统的技术平台，目前还不能及时提供定量方面的信息。

再次，重表内信息披露、轻表外信息披露。从充分监管的理念

---

① 参见王晓枫：《对我国商业银行信息披露问题的研究》，载《国际金融研究》2002 年第 4 期。

出发，完善的信息披露应是表内与表外业务信息披露的双重结合。尽管从朴素的理念看，银行信息披露的重点应以表内的资产与负债业务为中心，但必须注意的是随着银行业务的推陈出新及向其他金融业的渗透，表外业务在整个银行业务中的份额正在日益加大。尽管表外业务不会增加银行的负债，但是在当事人不能履行其法定或约定义务时，银行机构的资产风险必将增大，因此考虑现实的情况，若与此类业务相关的信息游离于披露要求之外，则事实上导致了银行风险的沉积与危机放大的可能。实际上，《商业银行信息披露办法》第15条中已规定："商业银行应在会计报表附注中说明银行承兑汇票、对外担保、融资保函、非融资保函、贷款承诺、开出即期信用证、开出远期信用证、金融期货、金融期权等表外项目，包括上述项目的年末余额及其他具体情况的明细资料。"可以说，这种有法难依的局面也反映了新型法律规则与中国传统监管思维与被监管者的法律规避之间的对立与紧张。

三、我国信息披露法律制度完善之思考

尽管我国已初步确立了银行信息监管要求的法律体系，但是从上文的分析中我们不难发现在这个体系中还是存在许多亟待解决的问题，如立法理念上的相对滞后性、规则的抽象与模糊、银行法规则与会计法则的断层等。笔者认为，与此相适的具体的完善建言可从以下几个方面进行理性的思维。

其一是立法技术上的思考。宏大的立法所衍生出的种种弊端印证了"抽象性的法律规定并不能解决具体问题"这一立论。尽管基于实用主义而推出的部门规章填补了法律的不足，但是这种实用主义在规则供给上的体现并不能，也不应以牺牲法律规则之间应有的条理性、一致性与逻辑性为代价。此正如法谚所云：法律可以原谅事实上的困难，但是绝不能容忍不一致性与逻辑上的缺陷。现实是，实用性的多若牛毛的行政规章正在排挤、侵蚀与架空正式的立法权。这样一种现状是规范的法律体系所不能容忍的。在金融法治的时代，若我们致力于构建一种上下规范之间层级分明、井井有条的银行法律体系，那么我们就必须抛弃传统的宏大性立法思维与实

践，并对实用主义的立法观进行相应的修正，即实用主义的立法是以尊重法律体系的规范性为前提的。

其二是规则之间的协调问题。客观来说，系统的银行信息披露法律体系是由银行法则与会计法则组合而成的。在这之中，会计法则是保证信息真实的基础，是信息进行真实、有效披露的根本保证，因此两大规则体系之间的协调是我国银行信息披露法治所不可能回避的问题。如巴塞尔银行监管委员会在新资本文件中就认为承认会计或其他的披露要求，有助于理解披露的有效性，如年度财务报告中的信息通常都是经过审计的，与此同时公布的其他材料也必须与审计报告保持一致。因而，银行法则与会计法则之间于同一问题规定上的关系必须得以理顺，如会计准则与银行法则对所披露的信息特征都有规定，但是我们发现会计法中对信息特征的表述明显多于银行法之规定。暂且撇开这些量之多少不谈，那么当两法使用同样的措辞时，其内涵是否相同呢？若不同，则应作何种解释？这些问题都有待于我们在法律创新中提供明确的答案。

其三是信息质量特征的重构。有效信息的另一端勾连着有效的银行监管，结合上文的分析，作者认为在信息质量特征的法律安排上，我国应注意以下几点：一是立法意识上的正位。信息的质量是消除其评价结果的虚假性与误导性的关键，因此我国银行法规则的供给者们必须意识到关于信息质量的规则是商业银行信息披露法律制度创新的一个先决性法律问题。二是信息质量的认证指标往往是多元性的，关于这一点我们无论是从巴塞尔银行监管委员会的信息监管文献，还是从我国的相关规则中都可以得出这样一个结论，因此各认证指标并非无序的排列，相反，先行后序的处理至少从形式上体现了银行立法的价值取向与定位。三是法律的语言应该具有专有的严谨性。为了尽量让人摆脱揣摩与推测立法者真实意图的痛苦，我国应对何谓相关性与何谓有效性等信息质量要求进行较详尽的解释。

其四是银行信息披露法则适用对象上的扩大。金融风险的渗透性与传染性及信息不对称现象的存在决定了金融风险并不会关门闭户地锁定于某一银行机构的内部，相反，是具有极强的外溢性。这就说明信息的披露要求对于银行业来说是“法律面前人人平等的，而不存在什么法外开恩的特权”，因此我国应对《商业银行信息披露办法》第29条所排除的内容进行修正，将信息披露义务之主体扩大至中国主权范围内的所有商业银行，而不能因为产权的归属、资产规模的大小及经营地域之不同而厚此薄彼。否则，不仅是有失公允，而且容易产生连锁性的金融风险。

其五是银行信息披露范围上的扩大。我国银行业的信息披露不仅要注重表内业务信息的披露，而且更要关注表外业务的披露。从《办法》来看，在披露上是以表内业务信息披露为重点，在《办法》的全部条文中仅第15条、第10项涉及了表外业务信息的披露。在表外业务日益增多，且与传统业务平分秋色的情况下，若仍囿于表内业务的信息披露，则在事实上掩盖了银行业的风险，因此在业务信息披露上我国应确立表内与表外业务信息披露并重的做法。虽然我国银行信息披露法则并没有规定要与巴塞尔银行监管委员会的定性与定量信息要求同步，但是从现实出发，固然我国目前缺乏定性与定量信息披露的技术平台与制度平台，但是这不能作为我国法律不作此要求的令人信服的理由。实际上，在金融业突飞猛进的今天，与传统相比金融业的监管在理念已有了巨大的转变，即从注重外部监管向注重内部的自我管理靠拢，如新巴塞尔资本文件对内部评级的要求就体现了这一发展动向，因此技术平台的欠缺及原始数据的不齐备等并不能成为我国银行机构排斥表外业务披露的借口。

其六是银行信息认证程序的确定。只有真实的、具有可比性的与全面性的信息才能作为有效监管的依据与形成良好市场约束的有效手段，所以我国有必要设计相应的信息认证制度，以防止虚假性、错误性与误导性信息的产生。在这方面，我国可以借鉴美国《联邦存款保险公司法》中所采取的将银行信息披露责任与公司高层人士捆绑在一起的做法。如该法规定，经理人对财务报告与内部控制措施承担责任，且在报告形式上应由公司首席执行官与首席会计师或财务负责人签字。为了确保银行披露信息的真实性，我国银行法应对信息认证主体、认证的程序及认证的条件加以明确的规定。此外，会计是国际通用的商业语言，公司的财务信息，特别是盈利指标，也常被视为国际资本流动的方向标。① 我国也可借鉴美国的做法将银行的财务信息与会计准则紧密相连。为此，我国必须解决边缘性的法律问题，即会计法必须强化会计师执业的独立性及加大其信息造假时的法律成本。此外，为了给银行业在国际金融市场的开拓中提供法律上的便利，我国在会计准则的创新上也应考虑与国际通行的会计规则相协调的问题。

其七是金融监管信息交流机制的确立。金融自由化直接决定了不同金融行业之间的信息交流已成为有效金融监管中不可缺少的组成部分。虽然中国银监会、保监会与证券会已通过了《三大金融监管当局分工合作备忘录》，但在性质上该文件只是一个“针对君子，而不针对小人”的道德协议，其并不能在很大程度上推进中国金融自由化下金融监管对信息交流的迫切要求，因此我国在新的金融法革新中必须将三大金融监管当局之间的信息交流合作与协调形成正式的法律条文。

四、余论

在研究中，法律的研究者往往会不由自主地跌入一个已比较陈旧的研究范式，即先分析目前已有的法律制度缺陷，然后对症下药。在不考虑外来因素的情况下，这似乎是一种正确而合理的法律制度完善之研究路径。实际上，法律是功利的，其目的在于解决现实中的法律问题，若立法者产出的规则异化为了法律文本中死的文字，这不仅是一种法律资源的浪费，同时也会重重地挫伤包括立法者在内的社会人士对法律应有的信仰。另外，对症下药的研究范式又好像落入了备受学者们批判的法律万能论，或说得更直白一点，即陷入法律条文无所不能论的怪圈之中。坦诚而言，这的确是法律学人与立法者的悲哀，因为现实地看这两类人更多的是设计与理想型的，而不是实践型的，所以他们并不能将预期的法律规则通过实

① 参见白建军主编：《经济的法律框架》，法律出版社 2004 年版，第200 页。

践的方式提升为预期的法律秩序。这样一种矛盾的心有余而力不足的心态就直接地导致了立法、法学研究与法律实践的脱节，及法律应有功能的部分或全部的丧失，因此回应一下前文对我国银行信息披露义务的实践，我们也不难发现目前我国真正面临的问题相对来说还真的不在于立法者与法学人绞尽脑汁地或以美国为参照系，或以欧盟为对比物，或以巴塞尔银行监管委员会为借鉴的对象而设想出的这样或那样的对策，因为在许多情境下并不是我们没有信息披露的法律规定，而是这样的规定在实践中被人为地束之高阁，或熟视而无睹，或被曲解而作他用。这说明我们真正的问题在于法律于金融监管实践中的效果。

问题出现了回避并非明智之举，关键在于如何寻找到解决问题的出路。事实上，法律于实践中的失效有时并不表明实践就是正确与常态的。在法律正确的情况下，若法律表现得懦弱与怯场，那么违法行为就会更加嚣张与肆无忌惮，因而已设的法律必须硬着头皮迎难而上。洛克曾言："法律并不是为了法律自身而被制定的，而是通过法律的执行成为社会的约束，使国家的各部分各得其所，各尽其应尽的职能。"① 如此之说就更加证明中国金融法改革与创新的研究要求我们在一定范围内打破传统的研究范式，从法律应当是什么的研究视角转换至现实中的法律是什么的视角中来。这样一种视角的调换并不是说明传统的对法条万能主义的崇尚就英雄无用武之地了，为这种"迈开双腿与睁开双眼"的先从中国金融法律实践开始的脚踏实地研究之最终目的还是在于实地考察走完一圈后再回到规则的设计上来。只不过，此时研究者所开发的方剂可能更有效与更实际。结论是，中国金融法律制度改革与完善之研究应先是一个法律实践效果收集与检讨的问题，而后才是一个"头痛即医头与脚痛即来医脚"的打法律补丁与升级的问题。

---

① ［英］约翰·洛克：《政府论》(下篇)，瞿菊农、叶启芳译，商务印书馆 1964 年版，第 132 页。

第六章　金融自由化下我国银行业内部治理监管法律框架的现状分析与完善

公司治理是公司法中的一个重要课题，也是公司规范经营与保障中小股东权益的重要保证。在理论与宗旨上，传统的公司内部治理解决的主要是所有权与经营权分离条件下的代理问题，主旨在于通过建立一整套既分权又能相互控制的制度体系来降低企业的代理成本与代理风险，防止经营者对所有者利益的背离，从而达到保护所有者之目的。

公司治理具有以下基本内涵：其一从本质上讲，公司治理是一种基于产权的合同关系，因为从交易成本论或产权论的观点来看，公司是一组合同的联合体。这些合同支配着公司发生的交易，使得交易成本低于由市场组织这些交易时所发生的成本。由于经济行为和人的行为具有有限理性和投机性的特点，有时不可能完全依赖于合同，因此为了节减合同成本，不完全合同常常采取关系合同的形式，即合同各方不要求对行为的详细内容达成协议，而是对目标、总的原则、决策规则、决策者、决策流程等事项达成协议。可以说，公司本身，甚至公司法都是这种关系合同。一般而言，公司章程等只对权力的分配、决策机制、成本与利益等分配作出规定，而不对具体行为进行预先设定。① 其二是公司治理的功能是配置责权利。关系合同要能有效，关键是要明确在出现合同未预见的情况时

① 参见李宇龙：《企业产权改革法律实务》，法律出版社 2004 年版，第 48 页。

谁具有决策权，依产权经济学者的观点，这种权力叫做剩余控制权。一般而言，谁拥有资产，谁就掌握有剩余控制权，即对法律或合同未作出规定的资产使用方式作出决策的权力，因此在公司治理问题上，大多数内部制衡制度的设计是立足于分权与制衡而停留于公司治理结构的层面上，其关注的焦点与重心是对公司股东会或股东大会、董事会、监事会及高层管理人员之间的分权与制衡。客观而言，治理结构远不能了结公司治理的所有问题，建立在决策科学理念上的公司治理不仅需要一套完备而可行的公司权力分配的结构体系，更依赖于一些超越这种权力结构体系的良性治理因素，如内控制度的本土资源环境、外部硬性的法律要求、管理层的职业素质及相应的监管平台等。正如在上一章所阐明，银行业的监管已有自我管理的内部化迹象，而这种内部化的内核即在于银行机构内部的分权相制的治理哲学。不容回避的是，银行业内部治理角度的反省也是我国银行法改革与完善中的有机组成部分。

第一节　对我国银行业内部治理法律规则的梳理

严格来说，虽然健全的公司内部治理是属于自律的范畴，但是由于公司内部经济人的非理性思维，所以内部治理框架的确立与维护也必须得到法律的确认、支持与保障。轻自律而重他律是我国银行业监管有史以来的积习，但是我国相关的法律制度还是对这种法定框架下的自律作出了相应的要求，因此若想知晓我国与银行业内部治理相关的法律制度建设已发展到了什么程度与规则的优劣与否，那么就必须对与此相关的法律制度进行一个较彻底的梳理。

一、《公司法》的规定

我国《商业银行法》第 17 条规定：“商业银行的组织形式、组织机构适用《公司法》的规定。”而我国《公司法》所规定的公司形式有一人公司、有限责任公司、股份有限公司及国有独资公司。与此相应，我国商业银行的组织机构一般包括股东会、董事会与监事会。其中，股东（大）会为最高的权力与决策机关，由全体股东组成。董事会是商业银行的执行机关，向股东会负责并报告其工作，董事由股东会选举产生，董事长是银行公司的法人代表。监事会是商业银行的监督机关，由股东代表与适当比例的职工代表组成，对董事、经理的职务行为进行监督。我国《商业银行法》第 18 条规定："国有独资银行设立监事会。监事会的产生办法由国务院规定。监事会对国有独资商业银行的信贷资产质量、资产负债比例、国有资产保值增值等情况以及高级管理人员违反法律、行政法规或者章程的行为和损害银行利益的行为进行监督。"

另外，《公司法》也对公司董事、监事、经理等没有尽到诚实信用的义务而应承担的责任作出了规定，如其第 21 条规定："公司的控股股东、实际控制人、董事、监事、高级管理人员不得利用其关联关系损害公司利益。给公司造成损失的，应当承担赔偿责任。"第 153 条规定："董事、高级管理人员违反法律、行政法规或者公司章程的规定，损害股东利益的，股东可以向人民法院提起诉讼。"

二、《商业银行法》的规定

我国《商业银行法》是于 1995 年 7 月 1 日实行，并于 2003 年得以修订，共 9 章 95 条。该法第 4 条明确规定："商业银行以安全性、流动性、效益性为经营原则，实行自主经营，自担风险、自负盈亏，自我约束。"为了达到这一目的，该法也对银行公司的内部治理结构进行了相应的规定，这主要体现于上述的该法第 17 ~ 18 条的规定。另外，该法在第 4 章第 39 条对商业银行贷款资产负债管理的规定也属于公司内部治理的范围；第 40 条关于"商业银行不得向关系人发放信用贷款及向关系人发放担保贷款的条件不得优于其他借款人同类贷款的条件"之规定亦具有内部治理的色彩。再者，该法第 59 条对风险管理与内部控制制度、第 60 条对稽核与检查制度、第 61 条对业务报告制度进行了原则性的规定。虽然 2003 年我国对 1995 年的《商业银行法》进行了修订，但是由于修订后的《商业银行法》自身条文数量上的局限性及修订本法的初衷并不在于如何改善商业银行机构的内部治理法律制度，因而在银行机构内部治理的法律构建上新法基本上是照搬了旧法中的相关条款，而并无实质性的创新之处。作者认为这种做法具有以下缺陷：

其一是它折射出了我国金融监管中的一大流弊，即重他律，而轻自律。实际上，金融自由化与信息化的突飞猛进也对传统的金融监管思维产生了巨大影响与冲击，它迫切要求外在的金融监管审时度势地向内在的自律倾斜，并后者纳入前者的监管框架之内，从而在消除与弱化消息不对称的基础达到事半功倍的监管效果。

其二是尽管《商业银行法》在某些条文中“轻描淡写”地涉及了内部治理问题，但是我们不难发现这种规则的配备具有以下特色：一是规则的隐含性。虽然《商业银行法》有相关内部治理的规则，但是该法的规定都是纲领性与原则性，不具有可行的操作性，如该法仅在第59条提到“商业银行应当按照有关规定，制定本行的业务规则，建立、健全本行的风险管理与内部控制”。这不能说不是《商业银行法》修订过程中的一大败笔。二是即使《商业银行法》存在银行内部治理的规定，但是规定过于抽象，缺乏法律规则所应具备的可操作性，如业务报告的要求既未对报告应涉及的具体内容进行明确规定，也没有就报告的时间、报告的形式、程序等进行细化。① 同时，也没有对内部专门性的审计、稽核与检查进行规制，这无疑会削弱稽核的有效性，因为内部审计员只有在任免、职权范围及法律责任等方面有严格而强制性的法律依据时，才能足以保证其履行职责的客观性、及时性与合法性。三是《商业银行法》对于内部控制系统是否完善、内部控制的再监管问题缺乏明确的规定，如部门之间、员工之间的职责划分过于粗犷，无可行的信息管理系统，无明确合理的业绩评估程序及强制性制裁措施等。

---

① 参见李金泽：《我国银行监管法制：存在的问题及其对策》，载《南京大学法律评论》2000年秋季刊。

三、《上市公司治理准则》的规定

于2002年1月实施的《上市公司治理准则》，是监管部门继推出独立董事制度后我国第一个全面而系统的规范上市公司治理的又一重要举措。为了改善我国银行业的产权结构，国有独资银行上市已是提高资本充足率，加强市场约束，并优化银行公司内部治理的一种重要手段，因而该准则的出台无疑使我国银行上市公司内部治理更加有章可循。

该文件提出，股东有权依照法律、行政法规的规定，通过民事诉讼或其他法律手段保护其合法权利。股东大会、董事会的决议及董事、监管、经理执行职务时违反法律、行政法规或者公司章程的规定，从而侵犯股东合法权益或者对公司造成损害的，股东有权提起诉讼。无疑，这一规定在客观上加大了对公司高层人士恪守职责的威慑力。此外，准则也对严重损害中小投资者利益的内幕交易行为进行了规制，其规定关联交易的价格原则上不应偏离市场独立第三方的价格或收费标准、上市公司不得为股东及其关联方提供担保、控股股东不得对股东大会人事选举决议和董事会人事聘任决议履行任何批准手续等。① 同时，《准则》也对董事会的职责提出了要求，其要求董事会应根据公司和全体股东的最大利益，忠实、诚信、勤勉地履行职责，并明确要求董事遵守法律、法规和公司章程，遵守自己对股东的承诺，因此从《准则》的文本意义上分析，它在一定程度上弥补了我国上市银行所面临的公司治理规则不明的缺陷，但是我们也必须看到该准则的绝大部分内容只不过是对原《公司法》内容的翻版与一定的细化，并无实质性的创新。

---

① 准则关于“上市公司不得为股东及关联方提供担保”的规定与《公司法》的内容相冲突，因为我国《公司法》第16条第2款规定，公司为公司股东或者实际控制人提供担保的，必须经股东会或者股东大会决议。在法条竞合的情况下，根据后法优于前法的原则，《公司法》的规定应优先。

四、中国人民银行制定的诸指南①

由于作为银行法大法的《商业银行法》对银行公司内部治理规定得不详细,② 所以在中国银监会成立之前，中国人民银行出台了大量的部门行政规章，以弥补银行立法的不足。目前有效规章的有2002年6月发布的《股份制商业银行公司治理指引》、《股份制商业银行独立董事和外部监管制度指引》及2002年9月发布的《商业银行内部控制指引》等。以下对这三者的内容进行相应简要的介绍：

《股份制商业银行公司治理指引》共分为7章，84条。该指引规定了商业银行公司治理应当遵循的基本准则，如完善议事制度与决策程序原则、建立完善的信息报告与信息披露制度、建立以监事会为核心的监督机制等。同时，指引也对股东大会、董事会、监事会的职能进行了区分，并明晰了股东、董事、监事和行长的权利、义务与责任。指引对商业银行公司治理提出了以下要求：建立独立董事制度，完善董事会组织结构，提高董事会决策的科学性；强化监事会的监督功能，建立外部监事制度；明确行长职责，解决董事长、行长职权不清问题；完善激励约束机制等。

《股份制商业银行独立董事和外部监管制度指引》对股份制商业银行独立董事和外部董事监事的人数、产生程序、任职资格、任

---

① 鉴于《银行业监督管理法》规定中国银监会履行银行业监管职责和行使监管职权，银行业监管主体已经改变。根据监管主体与监管规则制定主体以及监管规则执行主体统一的原则，中国银监会第54次和第55次主席会议审议决定，银行业监管机构在履行监管职责和行使监管职权时，不再适用原由中国人民银行发布的101件银行业监管规章和规范性文件。基于此，2007年7月3日，中国银监会发布了《关于制定、修改、废止、不适用部分规章和规范性文件的公告》，以对原由央行推出的文件进行废、改、立，但是本部分内容所涉的文件依然有效。

② 2006年的《银行业监督管理法》只是在第12条规定：“国务院银行业监督管理机构应当公开监督管理程序，建立监督管理责任制度和内部监督制度。”

期、权利与义务等进行了较全面的规定。这在一定层面上使我国股份制商业银行的独立董事与外部监管制度的实行具有了可操作性，也填补了无法可依的空缺。正如有学者所言一样，上述两指引在坚持公司治理一般原则的同时，强调以保持存款人利益作为股份制商业银行治理的宗旨，体现出银行作为特殊的股份制公司的特性。它们的贯彻与实施将有助于改善商业银行的公司治理，促进商业银行防范风险，有利于商业银行的稳健经营与可持续发展。①

2002 年 9 月，中国人民银行发布了《商业银行内部控制指引》，共 10 章，141 条。该文件分别对内控的基本要求、授信的内控、资金业务的内部控制、计算机信息系统的内部控制、中间业务的内部控制、会计的内部控制、内部控制的监督与纠正进行了说明，提出了商业银行内部控制的目标、基本原则与构成要素，并明确了董事会与高级管理人员在内部控制体系中所承担的责任。如在内控目标上，该指引第 3 条将其定位为：确保国家法律规定和商业银行内部规章制度的贯彻实施，确保商业银行发展战略和经营目标的全面实施和充分实施，确保风险管理体系的有效性，及确保业务记录与财务信息等信息的及时性与真实性。同时，其第 6 条规定，内部控制应当包括以下要素：内部控制环境、风险识别与评估、内部控制措施、信息交流与反馈及监督评价与纠正等。客观评价，该指引比前述的内容要更加具有操作性与全面性，同时在适用范围上也克服了前两文件的不足，因为前两文件只适用于股份制商业银行，如此就将非股份制的银行排除在外，所以可以说 2002 年 9 月的“指引”是前两“指引”的延伸与发展。

五、中国银监会关于内部控制制度的相关规定

自我国实现银行监管权与货币政策功能的剥离后，对银行公司的内部治理问题日益引起了我国银监会的关注，其陆续出台了三个重要的文件：其一是 2004 年 12 月 25 日发布的《商业银行内部控

① 参见蔡鄂生等：《银行治理与控制》，经济科学出版社 2003 年版，第 157 页。

制评价试行办法》，该文件已于2005年2月1日生效；其二是于2004年12月29日出台，并于2005年3月1日生效的《商业银行市场风险管理指引》；其三是2006年4月18日发布的《国有商业银行公司治理指引》。该三个文件与央行所出台的相关规则共同构成了我国商业银行内部治理的法律体系。

（一）《商业银行内部控制评价试行办法》之主要内容

该文件共分为总则、评价目标与原则、评价内容、评价程序与方法、评分标准与评价等级、组织与实施、罚则及附则八个章节。在总则部分，文件表明商业银行内部控制评价是指对商业银行内部控制体系建设、实施和运行结果独立开展的调查、测试、分析和评估等系统性活动。其中，内部控制评价包括过程评价和结果评价：过程评价是对内部控制环境、风险识别与评估、内部控制措施、监督评价与纠正、信息交流与反馈等要素的评价。结果评价是对内部控制主要目标实现程度的评价。同时，文件要求每一商业银行应建立，并保持系统、透明、文件化的内部控制体系，定期或当有关法律法规和其他经营环境发生重大变化时，对内部控制体系进行评审与改进。

在评价目标与原则中，文件要求内部控制应从充分性、合规性、有效性及适宜性四个方面进行。内部控制评价应遵守全面性、统一性、独立性、重要性、及时性等六项原则。

在评价内容方面，文件要求应从以下几个方面进行考察：内部控制环境、商业银行公司治理、内部控制政策、内部控制目标、企业文化、风险识别与评估、人力资源、内部控制方案及内部控制措施及运行控制等。

在评价程序与方法要求方面，内部控制评价程序一般应包括评价准备、评价实施、评价报告形成与反馈等步骤。在评价方法与评价等级要求上，内部控制评价采取评分制，即对内部控制的过程和结果分别设置一定的标准分值，并根据评价确定被评价机构的内部控制等级。如内部控制过程评价的标准分为500分，其分值如下：内部控制环境100分、风险识别与评估100分、内部控制措施100分、信息交流与反馈100分、监督评价与纠正100分。上述五部分评价得分加总除以5就是过程评价的实际得分。

在组织与实施部分要求方面，内部控制评价按照“统一领导，分级管理”的原则进行。根据评价的范围，内部控制评价可分为以下层次：银监会及其派出机构对商业银行法人机构的整体评价，原则上每两年一次。银监会及其派出机构对商业银行总部的评价原则上每两年一次。银监会及其派出机构对商业银行不同层次分支机构的评价，每三年一个评价周期，每年至少覆盖三分之一以上的分支机构，三年内覆盖全部分支机构；此外，银监会根据评级结果及评价报告所反映的情况，针对被评价机构内部控制体系存在问题的性质及严重程度，可以采取一定的监管措施，如限期整改、取消从业资格等。

（二）《商业银行市场风险管理指引》之相关的规定

在该文件中，银监会重申良好的内部控制体系是防范与化解市场风险的有力保障。如该指引第6条便要求商业银行具有完善的内部控制与独立的外部审计。第8条对商业银行董事会、高级管理层与监事会的职能进行了如下明确的分工：商业银行的董事会承担对市场风险管理实施监控的最终责任，确保商业银行有效地识别、计量、监测和控制各项业务所承担的各类市场风险。董事会负责审批市场风险管理的战略、政策和程序，确定银行可以承受的市场风险水平，督促高级管理层采取必要的措施识别、计量、监测和控制市场风险，并定期获得关于市场风险性质和水平的报告，监控和评价市场风险管理的全面性、有效性以及高级管理层在市场风险管理方面的履职情况。董事会可以授权其下设的专门委员会履行以上部分职能，获得授权的委员会应当定期向董事会提交有关报告；商业银行的高级管理层负责制定、定期审查和监督执行市场风险管理的政策、程序以及具体的操作规程，及时了解市场风险水平及其管理状况，并确保银行具备足够的人力、物力以及恰当的组织结构、管理信息系统和技术水平来有效地识别、计量、监测和控制各项业务所承担的各类市场风险；商业银行的董事会和高级管理层应当对本行与市场风险有关的业务、所承担的各类市场风险以及相应的风险识别、计量和控制方法有足够的了解；商业银行的监事会应当监督董事会和高级管理层在市场风险管理方面的履职情况。”此外，第27～28条进一步声明：商业银行应当按银监会关于商业银行内部控制的有关要求，建立完善的市场风险管理内部控制体系，作为银行整体内部控制的有机组成部分；同时，为避免潜在的利益冲突，商业银行应当确保各职能部门具有明确的职责分工，以及相关职能分离。

（三）《国有商业银行公司治理指引》的主要内容

该文件共5章28条，由总则、公司治理、评估与监测目标、检查与报告、附则组成。在总则部将国有银行公司治理改革的总体目标定位为：以改革管理体制、完善治理结构、转换经营机制、提高经营绩效为中心，将国有商业银行逐步建设成为资本充足、内控严密、运营安全、服务和效益良好、具有国际竞争力的现代化股份制商业银行，并强调完善公司治理是改革的核心和关键。国有商业银行应通过建立健全公司治理机制，提升核心竞争力，促进可持续健康发展。

文件第2章“公司治理”的第5～13条规定，国有商业银行应根据现代金融企业制度的要求，建立规范的股东大会、董事会、监事会和高级管理层制度，建立科学的权力制衡、责任约束和利益激励机制；国有商业银行应建立多元化的股权结构，引进战略投资者应立足于提升银行自身公司治理及经营管理水平；国有商业银行应加强风险管理和合规建设，建立科学的决策体系、内部控制机制和风险管理体制；国有商业银行应按照集约化经营原则，整合业务流程和管理流程，优化组织结构，完善资源配置，提高业务运作效率；国有商业银行应根据现代金融企业人力资源管理的要求，建立市场化的人力资源管理体制和激励约束机制。

评：上述三个文件的出台在一定程度上弥补了银监会在银行公司内部治理上规则供给的不足。同时，也是对央行原发布的关于内部治理的文件提供了有力支撑。其中，《商业银行内部控制评价试行办法》的发布更是具有现实性与务实性。纵观该文件的内容，其还是比较详尽的，基本上反映了巴塞尔银行监管体系的关于内部控制监管的全部内容，且也使巴塞尔银行监管体系所倡导的内部控制思想在文本上更加具体化与可操作化。如文件对评价方法与评价过程的规定，就足以说明这一点。实际上，《商业银行内部控制评价试行办法》也是目前我国出台的第一个评价商业银行内部治理的规范性法律文件。此外，文件中对内部控制不达标银行处罚的规定也消除了银行公司内部治理不作为责任机制无法可依的现象，因此在形式上，该文件标志着我国商业银行内部治理的一个新起点，或者说是一个从量到质的飞越。尽管如此，我们还是必须正视目前我国商业银行内部治理的症结所在，即银行所有权人缺位、内部人控制及产权集中，所以在一个本就缺乏自我约束、自我管理传统的文化氛围中，上述治理文件的实际影响力如何还有待实践的检验。

六、对我国商业银行内部治理的综述

商业银行为我国金融体系的核心，所以其内部治理的完善与否直接影响着我国宏观经济金融的稳健与发展。虽然在金融业务相对简单，信息流量与流速不大的情况下，外在的金融监管不失为一种比较可行的监管方法，但若追根溯源，这种有效监管目标的实现还应依赖于银行等金融机构的审慎经营来实现，因为行业内的自我约束、自我管理，能起到保护整个行业的整体利益，防止行业之间的恶性竞争的作用。同时，金融机构的内部治理则能起到事前防范与规避风险，实现规定、稳健与可持续经营之目标，因此从理性的角度分析，自律监管与内部治理应优先于外在的法定型监管，或作为后者必不可少的补充。近年来对内部治理的关注与重视代表了全球金融监管理念的一种务实性创新。虽然在金融法探索性的演进中，我国银行业的内部治理法治化也有了一定的起色，但是无论是从规则本身，还是从实践效果评价，我们仍然还存在以下诸多亟待完善的地方。

（一）董事会设置的不健全

我国《公司法》第 67 条规定："国有独资公司不设股东会，由国家授权投资的机构或国家授权的部门，授权公司董事会行使股东会的部分职权，决定公司的重大事项。"由于国有银行的产权集中的特殊性，根据这一条的规定，我国国有商业银行的董事会就将集股东会、董事会的权力于一身，权力的集中就必将导致银行内部决策流程的形同虚设，而权利滥用又是企业内部治理中的大忌，近来银行业频发的大案也证明了我国银行业（特别是国有银行）内控的失灵。为了窥一斑而观全豹，以《中国银行章程》为例，该文件第8条规定，中国银行设立董事会，由名誉董事长1人、董事长1人、副董事长、常务董事及董事若干人组成。均由国务院任命；章程第9条又规定，中国银行董事会的职责如下：制定本行业务方针与计划、听取与审查本行行长的工作报告、审查通过本行年度决策与盈余处理方案、任免本行的高级职员、审定本行国内外分支机构的设立与撤销、审议有关本行的基础重大事项；第12条规定，中国银行设行长1人，副行长1人，均由董事会提名，经董事会通过，报请国务院委任；第14条规定，中国银行董事会每年举行一次会议，由董事长召集。从这些规定来看，我们不难发现，其在董事会职能的配置上存在诸多不足之外，如董事会组成成员的不合规性①、董事会职能规定的模糊性及董事会召开的频率过低等。另外，也要注意的，尽管中国建设银行与中国银行在股份制改革后已成功上市，且外来资金也通过私募交易的方式向国有银行渗透，但是在短期内，这些外在的因素并不会给国有银行内部权力结构的调整造成重要性影响。而且，《公司法》对国有独资公司的定性是“由国家单独出资、由国务院或者地方人民政府授权本级人民政府国有资产监督管理机构履行出资人职责的有限责任公司”。这就说明，不管投资主体之多寡，只要资产属于国家的，那么重组后的公司仍属于“国有独资公司”。如此说来，2004年9月经中央汇金投资有限责任公司、中国建银投资有限责任公司、国家电网公司、上海宝钢集团公司和中国长江电力股份有限公司共同发起设立的中国建设银行股份有限公司仍属于国家独资公司。这种“左手换右手”的产权特点极大妨碍了国有银行内部治理机制的合理配置。

---

① 我国《公司法》第68条第2款规定，董事会成员由国有资产监督管理机构委派；但是，董事会成员中的职工代表由公司职工代表大会选举产生。若依据该规定来评判，《中国银行章程》的规定无疑有不合规之嫌。

除了《公司法》对董事的规定外，2001 年中国证监会所发布的《关于在上市公司建立独立董事制度的指导意见》及《上市公司治理准则》标志着在公司治理中引入了对董事会进行内部的监管独立董事制度。然而，根据现行《公司法》的规定，监事会也负有对董事会监督的职责。如此，在公司职能的运作过程中，就可能会发生两种监督权的碰撞，即独立董事与监事会之间的矛盾与冲突。同时，独立董事的引进亦产生另外一个问题，即数量问题，若独立董事过少，根据我国《公司法》对董事会表决制度的规定，则难以起到应有的制衡作用。若过多，则又可能导致将内部董事权力架空的危险。目前中国证监会部门规章所规定的是，上市公司应配备有 1 ~2 名独立董事。毋庸置疑，这种数量的分配是很难对董事会形成有效的监督力。

（二）公司内部治理中经理层所存在的问题

纵观各国公司法，鲜有法律明确规定经理层的权力。由于长期计划模式使得政府在推进国企公司化方面的知识与经验不足，及政府对国有资产流失的深重忧虑，直接促成了管制型的公司立法。于是，包括保证就业、维护社会稳定等在内的多重政府目标，就大大挤压了公司的自治空间，政府在公司中“为民做主”的倾向极为明显。① 我国《公司法》第 50、69、114 条对经理部门权力的规定就是一个说明。其规定，经理主持公司的生产经营管理工作，组织实施董事会决议；组织实施公司年度经营计划和投资方案；拟订公司内部管理机构设置方案；拟订公司的基本管理制度；制定公司的具体规章；提请聘任或者解聘公司副经理、财务负责人；决定聘任或者解聘除应由董事会决定聘任或者解聘以外的负责管理人员；董事会授予的其他职权。从这些内容可以看出，国有商业银行或以国有资本占主导地位的股份制银行的经理部门权力过大。这无疑会使商业银行在运作过程中附带有“专制”的色彩。然而，遗憾的是，这一状况在《股份制商业银行公司治理指引》中并没有得到应有

---

① 参见罗培新：《从政府管制走向市场导向——公司法修改的合同路径分析》，载《金融法苑》2003 年第 5 期。

的矫正，相反，《公司法》第50条的规定不仅得以沿袭，且作为高级经理人的行长的权力有进一步强化的迹象，理由如下：

《股份制商业银行公司治理指引》第55条规定："高级管理层依法在职权范围内的经营管理活动不受干预。高级管理层对董事、董事长越权干预其经营管理的，有权请求监事会予以制止，并向中国人民银行报告。"第56条又规定："高级管理成员应当保持相对稳定，在任期内不得随意调整。确需调整的，商业银行应报人民银行备案，并按有关规定报请中国人民银行对新任高级管理层成员的任职资格进行审查。高级管理层对董事会违反任免规定的行为，有权请求监事会提出异议，并向中国人民银行报告。"此外，第38条规定，"董事会根据行长提名聘任或解聘副行长、财务负责人及其他高级管理成员"。从这些条文我们可以看出，在我国银行公司的权力分配机制中，行长的权力得到极大的扩展，形成了对董事会的反约束，并有导致董事会权力旁落的风险。这种规则价值取向也与国际上的做法有一定的差距，如巴塞尔银行监管委员会近年来在强化董事会对经理层的监督方面作了大量的努力，美国几年前出台的《索克斯法案》也加重了首席执行官的法律责任，而我国一方面在疾呼公司的良性治理，而另一方面在现行的公司内部治理规则安排上却反其道而行之，这不能不让人难解其中味。实际上，如此定位的价值规则会使我国国有企业的"内部人控制"问题更加严峻。此正如国内的学者所言："在所有者权益上，由于国家这个所有者的虚拟性，其权益无法落实，委托代理机制效率低下，因而在中国的国有企业中存在严重的内部人控制现象，无法达到改善企业治理结构的目的。"①

笔者认为，这种"内部人控制现象"是目前我国商业银行内部治理中一个难以逾越，而又必须跨越的瓶颈。客观而言，在我国银行业一级法人制度的模式下，这种"内部人制度"现象不仅存在于总行一级，若扩大观察的视野，它也泛滥于分支行级的所有银

---

① 曾康霖主编：《金融经济学》，西南财经大学出版社2002年版，第285页。

行机构中，因为无论是从分支机构的组织体系、人事管理，还是从经营活动方式、财务核算体系来评估，它们都显出极大的独立自主性。且这种主体的独立性也得到了我国法律的间接承认，如我国《民事诉讼法》第49条规定，“公民、法人和其他组织可以作为民事诉讼的当事人”，而最高人民法院的解释又规定，其他组织包括中国人民银行、各专业银行在各地的分支机构，因此如何从法律的层面解决这一难题是对我国商业银行进行全面风险监管的要点所在。

（三）监事会制度上的缺陷

监事制度是完善公司内部治理中必不可少的制度。对此，我国《公司法》有明确的规定，如第52条规定，有限责任公司，经营规模较大的，设立监事会，其成员不得少于三人。监事会应在其组成人员中推选一名召集人。监事会由股东代表与适当比例的公司职工代表组成，具体比例由公司章程规定；第54条又规定监事会享有如下职能：检查公司财务；对董事、高级管理人员执行公司职务的行为进行监督，对违反法律、行政法规、公司章程或者股东会决议的董事、高级管理人员提出罢免的建议；当董事、高级管理人员的行为损害公司的利益时，要求董事、高级管理人员予以纠正；提议召开临时股东会会议，在董事会不履行本法规定的召集和主持股东会会议职责时召集和主持股东会会议；向股东会会议提出提案；对董事、高级管理人员提起诉讼；公司章程规定的其他职权。在此，暂不说新《公司法》在此问题的立法上是否有突破之处，但是若结合2001年国务院专门制定的《国有重点金融机构监事会暂行条例》(后称《条例》）进行细致的分析，就不难发现监事会并不能起到真正的监督作用。其原因如下：

其一是监事会组成的欠合法性，我国《公司法》规定监事会必须有职工代表的参加，但是《条例》第3条规定：“国有金融机构监事会由国务院派出，对国务院负责，代表国家对国有金融机构的资产质量及国有资产保值增值状况实施监督。”另外，现有的《中华人民共和国工会法》亦无选举产生董事会或监事会的规定，且事实也证明四大国有银行的监事会成员均由国务院委派，并无职工代表在内。

其二是监事缺乏监督与管理的积极性。《条例》第 21 条规定："监事会成员不得接受国有金融机构的任何馈赠，不得参加国有金融机构安排、组织或者支付费用的宴请、娱乐、旅游、出访等活动，不得在国有金融机构中为自己、亲友或者其他人谋取私利。监事会主席和专职监事、派出监事、专家监事不得接受国有金融机构的任何报酬或者福利待遇，不得在国有金融机构报销任何费用。"虽然这一规定的初衷是美好的，但是作者对这一规定现实性仍持有怀疑之态度，因为不得接受任何报酬或者福利待遇的规定不但有悖于常理，而且这也会在很大程度上挫伤独立监事主动监管履行职责的积极性。

其三是监事会的监督效力不理想。《条例》第 5 条第 2 款规定："监事会与国有金融机构是监督与被监督的关系，不参与、不干预国有金融机构的经营决策与经营管理活动。"第 12 条规定："监事会在监督检查中发现国有金融机构的经营行为有可能危及金融安全、造成国有资产流失或者侵害国有资产所有者权益以及监事会认为应当立即报告的其他紧急情况，应当及时向监事会管理机构提出专项报告，也可以直接向国务院报告。"第 14 条又规定："监事会根据对国有金融机构进行监督检查的情况，可以建议国务院责成审计署与财政部、中国人民银行、中国证券监督管理委员会、中国保险监督管理委员会依据各自的职权依法对国有金融机构进行检查。"从这些规定，不难发现国有银行中的监事会在监督中仅有报告权与建议权，并无实质性的处罚权，这无疑不利于构成对董事与经理层的有效约束。同时，监事会超脱于银行运营的、一年两次的公式化监管检查的效用如何也是一个让人生疑的问题。

在总体上，这种政府派出监事会的作用更多只是象征性的，而不是实用性的，其原因在于：一是企业可能对监事会敬而远之，或将其架空，监事会难以从企业获得真实可靠的信息；二是监事会可能与企业内部人合谋，共同欺诈政府；三是监事会可能公正无私，对企业存在的问题严加追究，但由于缺乏相应制度上的激励，企业的积极性下降。①另外，在实践中，监事会的地位也是十分尴尬与微妙的。从监督与被监督的角度来看，虽说监事会可以实施监督，但它并不能直接对董事与行长采取措施，缺乏足够的制约董事、行长行为的手段，无罢免权，在出现违规操作时，监事会必须依托于国家相关机关来解决问题。②再者，从立法上分析，我国关于商业银行公司内部治理的法则千头万绪，既有《公司法》对于监事会制度的规定，又有央行早期发布的关于监事会的大量行政规章，又有后期银监会的相关规定，这种大杂烩式的规则不仅造成了资源的浪费，也极易导致规则之间的矛盾与冲突，及被监管者的茫然而不知所从。

公司内部治理是一门高深的学问，其不仅需要强有力的理论作为铺垫，而且也需要和一国的国情相得益彰。在日本的模式上，银行的监察董事（监事）是总行的领导成员，其向股东大会负责，对总行的总裁、各部部长、分行行长等实施内部监督。③同时，为了强化银行内部的监督投机，许多国家的银行还在企业组织结构内部专设独立于其他部门，只对银行最高权力机构负责的审计机构。从实践操作来看，世界各个银行的设计也是各有千秋，如日本住友银行就注重依风险类别来规划，其将风险分为信用风险、流动性风险、市场风险、事务处理风险、系统性风险、经营风险、操作风险等，并将这些风险归口到不同的部门管理，通过相关部门牵头召开联席会议的方式来进行风险的分析与控制；美国花旗银行则侧重于授权与审批制度，即审贷分离、企业授信额度管理、信贷授权审批控制及三人信贷委员会批准制度。

---

① 参见高明华：《公司治理：理论演讲与实证分析》，经济科学出版社2001年版，第166页。

② 参见黄德根：《公司治理与中国国有商业银行改革》，中国金融出版社2003年版，第124页。

③ 参见康书生：《银行制度比较与趋势研究》，中国金融出版社2005年版，第86页。

七、小结

目前法学界主流观点认为，在现代各国公司治理结构的制度安排中，董事会处于中心地位。① 在世界范围内，各国公司立法基于淡化股东大会权限万能主义的思维在缩减股东大会权能的同时加强了董事会的权力、地位及责任，采用董事会中心主义的立法模式已成为立法的发展趋势。② 是故，以代表公司治理主流理念的董事会中心论来考察我国公司治理规则上所存在的问题是比较客观可行的。公司治理的核心在于分权，在于以权力约束权力。对于这一点，我国《公司法》及随后诸多的法律规则对公司内部的权力采取了如下的配置原则：股东大会作为权力机构、董事会为公司的业务执行和经营决策机构、经理层则为由董事会聘任的负责公司生产经营管理之工作部门、监事会作为公司内部监督机构。我国的这种股东大会中心论的定调无疑与国际上主流的公司治理理念及立法实践背道而驰。当然，从理论上分析，我国的这一立法定位本无可厚非，因为管它白猫还是黑猫，只要是会抓老鼠的猫就行，但是我国这一立法定位成功的实践必须存在一个前提，即股东大会能名副其实地行使其法定的权力。然而，《公司法》并没有创造出一种崭新的机制以确保股东大会之职能不流于形式。

事实上，我国公司股东大会的实际地位与其作为公司权力机构中心地位的法律定位发生了严重的脱节与偏差，股东大会形式化已是不公开的秘密：一方面，股东大会的某些法定职权被变相剥夺。目前越来越多的上市公司在股东大会决议中采用“将此项方案授权董事会决定实施”的方式，使得本应由股东大会决定的重大事项如投资计划、增加资本、公司合并等被授权给了董事会，甚至董事长一人；另一方面，控股权过分集中，中小股东被忽视或被放弃

① 参见梅慎实：《现代公司机关权力构造论》，中国人民大学出版社 2000 年版，第 412 页。

② 参见王保树：《现代股份有限公司法发展中的几个趋势性问题》，载《中国法学》1992 年第 6 期。

权力，中小股东的意志被漠视。理论上看，股东大会权力机关的地位，只能建立在股东强烈的参与意识基础之上，但是在一股或几股独大的股权结构下，股东大会受到大股东操纵，中小股东无法真正行使其权利，其意志也不可能通过股东大会得以表达，其利益也不可能通过股东大会获得真实的保障，中小股东不得不将注意力转移到证券市场上进行证券投资以谋取短期利益，从而使股东大会缺少生机。①

另外，若对股东大会、董事会、经理部门及监事会之间的关系进行纵向考察，我们也不难发现我国公司治理也欠缺可行的法律规则平台。如股东大会与董事会的职权划分就存在如下问题：职权的重叠与界定模糊，如《公司法》规定股东大会决定公司的经营方针与投资计划，而又同时规定董事会决定公司的经营计划和投资方案；在另一个层面上，由于作为公司治理基本框架法律的《公司法》又在很大程度上承载了传统国企领导体制中的经理者负责制的思想，所以董事会的经营管理权、决策权实质上受到极大压缩，极大地受到经理职权的挑战与冲击。前文所列举《公司法》第 50 条等不仅“为民做主”地直接规定公司应设经理，而且还规定了经理的职能。这种立法定式是很难经得住逻辑考证的，因为依通论经理在公司运营中属于“打工仔”类的雇员，其职责源于董事会的授权或委托。而且，退一万步来说，设不设经理部门也是一个由股东大会或董事会说了算的非原则性问题。实际上，公司经营管理的真正主体应为董事会，其对内行使业务管理，对外代表公司。经理权的法定化无疑是我国公司治理制度中的一大硬伤，因为经理权法定化不仅直接导致董事会的边缘化，而且也会很容易使经理部门产生“反客为主”的叛逆现象。更甚的是，这种立法处理使得我国公司法中所预设的公司治理法律框架的基础与价值受到创伤与动摇。为了对这一尴尬进行规避，实践中出现了董事长与总经理的兼任现象，这又引发了新问题：一是它忽视了两者在任职程序和法律

① 参见李健伟：《法律在公司管理中的地位与作用》，人民法院出版社 2005 年版，第 95 页。

地位上的重大差别；二是这种兼任实质上导致了公司运营的专制与个人暴力，从而加大了公司的经营风险。在缺乏有效的市场约束机制，及企业内部控制机制与国有资产监督机制都不完善的情形下，兼任制下的权力集中就会为公司内部的个人专制、侵占公司资产、内部权力的寻租等提供温床。

《公司法》作为我国公司治理的基本法，上述的这种在公司内部权力分配上的不均、重叠与模糊无疑不利于我国整个公司治理法则的构建。这种消极的效果也必然会波及我国商业银行内部治理机制的确立、修补与完善。尽管近十年来我国出台了数量众多的关于商业银行内部治理的部门规章，但是由于传统企业管理文化所形成的惯性思维、我国银行业内生的产权集中及我国法律本就存在的严重折扣效应，本就有缺陷的法律体系并不能给我们完善中国银行业的内部治理框架提供很好的实践指南。笔者认为，虽然前述的《股份制商业银行公司治理指引》、《股份制商业银行独立董事和外部监管制度指引》及《商业银行内部控制指引》等无不反映了制定者的用心良苦，但是目前银行业内部治理实践差说明了低层级的规则在银行资本过于集中的情形下，也并不能达到妙手回春之功效。可能也正是出于这样一种不成熟的思考，在一段时期内，我国银行业又步向另一个极端，即敞开胸怀来接纳外来战略投资者，以试图借力打力地治愈体制内由来已久的顽疾。

第二节　从巴塞尔内控思想析我国商业银行内部控制的实践

巴塞尔银行监管委员会自其成立以来针对接连不断的国际银行倒闭事件及成员国共同关心的监管问题制定并发布了大量的银行监管文件，提出了许多富有特色的银行监管思想。在这些思想中，银行公司的内部治理问题一度受到关注。尽管巴塞尔诸文件及其原阐述的原则并无直接的法律上的约束力，但是由巴塞尔文件阐发、建议与倡导的体现巴塞尔银行监管体系核心精神的一些基本原则已在世界范围内产生了重大的反响与法律创新的回应，因此由它们所阐发与确立的基本原则具有国际惯例的性质。① 正如同笔者在前文中一再声明的一样，金融市场的跨国延伸已迫使一国金融法的构建必须密切关注国际金融监管理念的发展及相关国家金融立法的改革。虽然对于中国金融体制改革来说，法律创新有时并不能达到“毕其功于一役”之目的，但是若我国致力于以银行机构的内部治理来解决一些历史遗留问题，那么巴塞尔银行监管委员会对银行内部治理所提出的一些建议是值得我们研究与思考的。

一、巴塞尔银行监管体系中的内控制度要求

（一）《有效银行监管核心原则》对内部控制的要求

在《有效银行监管核心原则》的核心部分——“持续性银行监管安排”中，巴塞尔银行监管委员会在原则 17 与原则 18 中提出了商业银行内部控制的指导原则。

原则 17：内部控制和审计：银行监管当局必须满意地看到，银行具备与其业务规模和复杂程度相匹配的内部控制。各项内部控制应包括对授权和职责的明确规定、银行作出承诺、付款和资产与负债账务处理方面的职能分离、上述程序的交叉核对、资产保护、完善独立的内部审计、检查上述控制职能和相关法律、法规合规情况的职能。

原则 18：防止利用金融服务从事犯罪活动：银行监管当局必须满意地看到，银行具备完善的政策和程序，其中包括严格的“了解你的客户”的规定，以促进金融部门形成较高的职业道德与专业水准，防止有意、无意地利用银行从事犯罪活动。

在该两原则下，巴塞尔银行监管委员会又对以下事项进行了补充说明：其一是内部控制的目的。其认为内控目的是确保银行的业务能根据银行董事会所确定的政策谨慎地进行经营，这具体包括以下几个方面的内容：只有经过适当的审批方才可进行交易；资产得到保护，且负债受到控制；会计及其记录所提供的信息全面且准

---

① 参见李仁真主编：《国际金融法》，武汉大学出版社 1999 年版，第 153 页。

确；管理层能发现，并能控制业务的风险。其二是内部控制的内容。这包括以下几个方面：组织结构（职责的界定、贷款审批的权限分离和决策程序）、会计规则、双人原则及对资产和投资的实物控制等。对于这些措施的有效性，巴塞尔银行监管委员会认为，其必须由内部审计机构来提供辅助，因为内部审计职能在机构内部独立地评价控制系统的完善程度、有效性与效率。为了确保内部审计的独立性，其必须在银行中有适当的地位，并规定有报告程序。其三是商业银行应遵守各种银行和非银行的法律与法规，必须制定出确保遵守上述法律和法规的政策与程序。其四是银行应避免与贩毒及其他犯罪活动发生联系。为了确保公众对银行的信心免遭损害，银行应加强自身职业道德与从业标准的教育，注重“了解你的客户”，并采取适当的反洗钱措施。

自巴塞尔银行监管委员会成立以来，其发布了大量的建议性文件，虽然其所涉内容众多，但是总结性地看，以银行业风险全面监管核心的巴塞尔体系，自始至终都贯穿着一条风险管理的主线，那就是银行业内部控制的思想。事实上，《有效银行监管核心原则》就高度凝聚了巴塞尔银行监管委员会和许多发达国家在银行监管领域的优秀成果，集中体现了巴塞尔诸文件的原则精神，形成了一个全文位、多角度的风险监管原则框架。实际上，该文件关于内部控制的建议也是其以前所倡导的内部控制观点的继承与扩展。如早在1980年颁布的《银行外汇头寸监管》文件中，该委员会就指出：银行外汇运作的安全主要由其管理者负责。管理者尤其应当负责规定银行在外汇业务中所能承担的风险限额，并负责确保银行在此类业务中设有适当的控制程序。随后，在1986年的《银行表外风险监管》文件中，其又指出：无论银行从事何种业务，它都面临着因未能实施适当的内部控制制度而造成损失的风险。适当的内部控制制度包括双人控制、职责分离、风险限制等原则，及审计、风险控制与信息管理系统。系列性的“巴塞尔资本文件”更是将内部控制思想具体量化到了资本充足率要求问题上，提出了一级资本、二级资本、表内资产风险权数、表外资产风险换算系数、总资本与风险资产比例及分级资本与风险资产的比例等概念。

（二）《银行内控制度基本原则》与内部控制制度

1998 年在一系列的因银行内部控制失灵而导致银行经营失败或步入困境的银行事件的发酵下，巴塞尔银行监管委员会出台了《银行内控制度基本原则》文件，该文件系统地提出了银行内部控制体系的指导原则，这是商业银行内部控制研究历史性的突破。该文件认为有效的内部控制制度是银行管理的关键组成部分，也是银行机构安全稳健运行的基础，因为强有力的内部控制制度有利于银行机构实现其目标，帮助银行长期利润的实现，并保证财务报表及管理报告的可靠性，同时亦有助于确保银行遵守相关法律、管理条例、政策、计划以及内部管理制度与程序等。该框架文件认为，尽管各监管当局最终采用何种具体方法取决于一系列因素，如其现场与非现场检查手段及外部审计在监管过程中的介入程度等，但是巴塞尔银行监管委员会的成员国一致同意，在评估银行的内部控制制度时应运用本框架文件的各项原则。对此，介绍如下。

1. 银行内控文化的建设

在银行内控文化的建设方面，巴塞尔银行监管委员会提出了分别针对董事会、高级管理人员与公司内控文化的三个原则。①

原则 1：董事会具有下列义务：批准、定期检查银行的经营策略与重要步骤；了解银行经营中的风险，明确可以接受的风险程度，确保公司的高级人员采取了必要的措施，以对这些风险进行识别、衡量、监测与控制；审核公司的组织机构；确保公司的高级管理人员能对内控制度的有效性进行监测；董事会最终有义务建立与维持完善、有效的内控制度。

原则 2：高级管理层的内控义务：实施董事会已批准通过的经营策略和方针；制定和完善有关的制度和程序，以识别、衡量和监测银行业务中的风险；建立和完善内部组织结构，明确相互的权力和责任；确保赋予下级的任务能够得到有效的执行；制定适当的内控政策；对内控制度的有效性和是否完善进行监测。

---

① 参见思远：《银行内控制度基本原则》，载《金融法苑》1998 年第 9 期。

原则3：董事会和高级管理层有义务促进银行内部职业道德水平的提高，在银行内部建立一种控制文化，向内部各级职员强调和宣传内部控制的重要性。银行的所有职员都应该了解各自在内控制度中的作用，全面融入内控制度的建设。

金融企业内控文化的培养与构建是内控制度得以有效发挥其预定价值的有力保障。在这种内控制度的设计与意识的培育中，监管者应发挥公司内部治理机构的作用，即董事会、监事会与经理部门之间的职责的配置与相互的牵制作用，因此在银行公司的治理结构中，各职能部门应职责分明，比如公司的董事会应在宏观上把握，并制定内控制度基本方案，这包括内控制度的要求、所要达到的目标及内容、组织机构等。然后，由经理部门具体执行有关内控制度的决议与政策，如定期对从事内控工作的人员进行培训，制定内控工作人员薪金的标准等。公司的监事会可以履行对内控制度的监督工作，如其可以对董事会内控制度的规划提出改进意见，对违反风险管理程序的行为要求董事会或经理部门进行矫正等。总而言之，银行内部的各职能部门应相互配合，以便在公司内容形成一种重视内控制度的文化氛围。

2. 风险的识别与评价

金融机构自身对金融风险进行识别与评价是节约监管成本、防患风险于未然的有效手段。对于这一点，《有效银行监管核心原则》中的原则7“风险管理程序”就规定：银行监管当局必须满意地看到，银行和银行集团建立了与其规模及复杂程度相匹配的综合的风险管理程序（包括董事和高级管理层的监督），以识别、评价、监测、控制或缓解各项重大的风险，并根据自身风险的大小评估总体的资本充足率。

《银行内控制度基本原则》中的原则4作了如下的表述：为了建立一个有效的内部控制制度，必须有效识别和持续评估有关风险，特别是对银行经营目标有负面影响的重要风险。同时，也必须对银行所面临的其他风险进行评价，这主要包括信用风险、国家和支付转移风险、市场风险、利率风险、流动性风险、经营风险、法律风险和声誉风险等。内控制度还是一个因时而发展的过程，必须随时对其进行修改和完善。这意味着在银行的管理层对其风险进行识别与评估时，其不仅要在个案的基础上度量每一具体业务的风险，而且还要从全面的角度衡量整个企业所涉及的与金融业务直接或间接相关的风险；其不仅要对可以量化的风险进行识别与评估，而且也要对不能量化的风险进行同样的处理；在此过程中，其不仅要识别哪些风险是可以量化与可以控制的，且还要对不可控制的风险进行识别，并提出相应的法律上或事实上的处理方案。除此之外，商业银行内部管理层的风险识别与评价程序还应能对金融创新的发展所带来的新风险作出反应。

3. 内部控制措施的构建

内部控制措施是内控制度建设中的核心环节。《有效银行核心原则》中的原则 17 ~ 18 不仅阐明了内部控制的主要目的、主要内容，而且也提出了相关的措施与要求，如内部审计、守法合规、银行应避免与贩毒及其他犯罪活动相联系及反欺诈控制等。1998 年的《银行内控制度基本原则》中的原则 5 ~ 6 对对内控制度中的措施与职责分离机制提出了相关建议。该两原则的内容如下：

原则 5：内控措施应该成为银行日常业务中不可分离的一部分。有效的内控制度应该首先建立一套适当的内控结构，在银行业务的每一层次都应有明确的内控措施。这些内控措施包括：高层审核、不同部门采取的内控措施；对是否遵守风险头寸进行检查，并在出现违规情况时进行监督与处理；建立审批、授权及核实制度。

原则 6：有效的内控制度要求确立适当的责任分离制度，银行职员不能承担有利益冲突的工作，银行有义务识别潜在的利益冲突，并配备相应的监督措施。

4. 信息交流机制

充分、及时、准确与可靠性的信息是内控制度得以有效施展的重要保证。然而，这也是银行现实监管中的一个难点。实际上，金融企业的内控制度的设计者在建立信息的交流机制时必须意识到以下几点：一是有效的内控制度必须以有效的信息数据系统为依托；二是有效的内控制度要求在金融企业内部必须建立有可靠的信息系统；三是有效的内控制度必须以有效的信息交流渠道为基础。

在内控制度构建的实践中，电子技术已得到了广泛利用。如德意志银行，为有效控制信贷管理中的失误，尤其是人为因素所造成的差错，将电子化控制作为银行信贷风险管理制度的有机组成部分，从而形成了从风险识别、风险控制到风险审计、风险挽救的事前、事中、事后的立体性的电子化控制系统。如在风险挽救系统中，通过电脑程序对银行风险挽救专家组提出的方案进行模型分析，从而确定出最佳的挽救方案。① 美国的花旗银行亦斥巨资构建了全面的风险电子化管理系统，并严格实行“四只眼”的原则，如电子管理系统的设计人员、操作人员及相关的管理人员的职责分离。

5. 对内控制度的反制

从本质上说，内控制度具有浓厚的自律成分，是被监管者的自我管理与自我约束，其有效性在很大程度上依赖于被监管实体的自我约束与管理的意识。在常理上，银行公司是企业形式的一种，具有自己的利益追求，而这种具有自我约束性的内控机制又在一定程度上又制约了银行业的自由度，因此在自我发展与利益追求的驱使下，内控制度的执行者并非总是以一种积极的姿态来对待日常性的内部监控。事实上，当整个金融业行情欠佳时，由于自身安全的考虑，此时公司的高层一般会慎重处理与内控相关的问题。然而，在行情看涨时，则会产生逆周期性风险，银行的管理者会不由自主地滋生多一事不如少一事的心态。为了确保银行的内部控制制度能达到预期的效果，就必须对这种机制进行适度的监督与管理，这包括两个方面：

其一是银行内部的监督与管理。上述的《银行内控制度基本原则》中的原则 10 ~ 12 便对此种内在的约束机制有相应的要求。原则 10 规定：银行的管理层应该对内控制度是否有效进行持续的监测。对主要风险进行监测应该成为银行日常业务活动的组成部

① See Brinkman, Risk-based Capital Standards & the Credit Crunch, Journal of Money, Credit and Banking, Vol. 27 (August 1995).

分。同时，还应由业务部门和内部稽核部门对其进行定期评价；原则 11 规定：内控制度还应该包括完善有效的内部稽核制度。内部稽核是内控制度监测工作的一部分，稽核人员应该直接向董事会或其稽核委员会报告；原则 12 规定：无论是业务部门、内部稽核部门或者其他职员发现了内控制度中的缺陷，都应该及时地向管理层报告。此外，内控制度中的重大缺陷应该直接向高级管理层和董事会报告。

其二是监管机关的外在约束与限制。在许多国家，内控制度已成为法律的直接要求，如 1993 年加拿大存款保险公司发布了《内部控制：合理的商业与金融实践标准》，1997 年英格兰银行出台了《银行内部控制与 39 条程序》，所以监管者有权，并有义务对内控制度的有效性进行监管。这种监管可以采取多种形式进行，如聘用外部审计机构对银行公司的主要业务领域进行定期审计，监管者也可以进行现场稽核。《银行内控制度基本原则》中的原则 13 便确立了监管者对内控制度的监管权，该原则规定，银行的监管机构应该规定，所有银行，不论其规模大小，都应该建立有效的内控制度，该内控机制应与其业务性质、复杂性及表内和表外业务潜在的风险相适应，并且能够随着银行外部环境和条件的变化而不断完善。若监管机构认为银行的内控制度不完善，或缺乏有效性，则其应该采取相应的整改措施。

评析：可以说《银行内控制度基本原则》文件是巴塞尔银行监管委员会多年来关于银行公司内部治理经验与原则的精华浓缩。该文件从内控制度的文化、风险的识别与评价、内部控制措施的构建、信息流通机制、对内控制度的监管五个方面为商业银行的内部治理提供了系统而全面的框架。笔者认为，以下几点是我国在构建具有中国本土银行公司治理规则时所应深思的：

其一是商业银行内控文化氛围的营造问题。该文件以较多的语言描述了商业银行内部控制文化建设问题，这种规则设计意识蕴藏了这样一种金融监管理念，即法律规则是治理结构的硬件，是显性的，带有强制性的要素，它可以使人身服；而企业文化则是治理结构的软件，是隐性的，是主要靠银行员工的价值信念来维系的，可以使人心服。① 故而，只有充分发挥银行公司内部治理文化的作用，治理结构才会建立于坚实的基础之上。

其二是商业银行内部治理法治化与优先化是金融监管规则供给机制所应确立的新思维。健全的商业银行内部控制制度是将金融风险扼杀于萌芽状态的一种事先性的金融监管理念。辩证唯物主义认为，内因是事物变化的依据，外因是质变的条件，因此“内控优先”应为商业银行经营中的一个基本原则。《银行内控制度基本原则》等就是在对银行危机痛定思痛之后进行反思的产物。

其三是对商业银行内部治理的客观认知。内控优先是一种前瞻性的监管哲学，但是这种相对隐性的自我约束机制的可行性与有效性还必须以外在监管制度所可能的暴力威胁为支撑。这种外在的监管机制包括以下几项内容：银行业监管者的监督与管理，这是银行业外部监管制度的核心，它包括对商业银行市场准入、运营、市场退出监管的全过程；商业银行监管的国际合作与协调；行业自律性的管理与控制；社会监督与控制，如会计、审计、资信评估制度等。虽然从理论上看，自我管理是最好的监管方法，但是“监守自盗”的可能性决定了内部治理机制只有在严格的法律框架下才有意义，只有时刻处于监管者目光的注视下才可能会发挥制度的比较优势。

二、对我国商业银行内部治理实践的分析

尽管银行公司的内部治理问题已唤起了金融监管者的高度关注，且在规则供给上我国也避免了无法可依的状况，然而我国商业银行内部治理的效果却不佳。对此，作进一步的分析。

其一是股东大会流于形式。在公司法理念上，股东会是公司的最高权力机关，然而在商业银行中，由于银行资产产权虚置的现象，股东大会几乎是形同虚设，如有些商业银行就规定，持股达一定数量以上的股东才有资格参加股东大会。这就直接剥夺了少数股

① 参见田宝等：《企业文化：商业银行治理结构“木桶”中的“短板”》，载《金融时报》2005 年 2 月 4 日第 10 版。

东参与银行事务的法定权利。同时，也造成了同股不同权的怪异现象。现实地看，尽管《公司法》赋予了股东代表大会11项的职能，但事实上是这其中的许多职能都只是法律文本中死的文字。在大多数情况下，股东会除了在形式上符合一下董事会年度工作报告和利益分配方案外，就功德圆满了。这种股东大会短期化现象及功利的做法无疑不能对董事会形成监督与制约。另一方面，《公司法》第101条规定，股东大会应当每年召开一次，在出现法定情形时应当在两个月内召开临时股东大会。然而，实践表明股东代表大会召开比较随意，时间不固定，会议通知内容不完整，有时通知的议题与会议审议的议题不一致，对提出异议的股东置之不理。再者，《公司法》第108条规定，股东大会应当对所议事项的决定作成会议记录，由出席会议的董事签名。会议记录应当与出席股东的签名册及代理出席的委托书一并保存。然而，事实表明会议记录与会议决议并不规范。

其二是决策程序与决策机制不规范。我国《公司法》第111～112条规定："董事会每年度至少召开两次会议，每次会议应当于会议召开十日前通知全体董事和监事；董事会会议应有过半数的董事出席方可举行。董事会作出决议，必须经全体董事的过半数通过。"事实是董事会召开会议频率低，达不到法定的要求。同时，董事会的议事表决过于随意，如表决内容过于简单，缺乏透明性；通讯表决的事项过于重大，决策显得比较随意；通讯表决不告知监事会。董事会与行务会及党组会的关系没有理顺，权力过度集中，不利于有效的公司治理。监事会形同虚设，监事长长期缺位，监事不监，监事会没有独立召开会议，也没有对银行的财务、董事与经理的职务行为进行检查与监督。这种局面无疑使《公司法》中所规定的监事会的职能旁落，而导致权力过度集中，公司内部治理的恶化。

其三是商业银行内部控制信息的披露不能满足良好公司治理的要求。加强商业银行内部控制和披露内控运行情况对于解决会计信息质量问题具有重大的指导意义。目前商业银行信息披露主要是依靠注册会计师向社会公布审计过的资产负债表、损益表和现金流量表等会计报表，但是这并不能达到通过存款人的投资意向来间接促使银行改善内部治理的目的。在虚假信息违法成本低廉的情况下，出自会计师之手的信息到底含了多少水分也是一个让公众一头雾水的难题。现时下，大量的信息造假风波已使国人对粉饰性的年报与季报产生了“真作假时真亦假”的信任危机。

实际上，银行业内部治理对我国来说算是一个舶来品，是我国立于现实的层面对西方发达国家与巴塞尔银行监管体系进行思量后的产物。在一个像我们这样比较强调、认可与崇尚权威的官本位社会中，本就欠缺自我管理与自我约束的土壤，因此在传统惯性的作用下，法定型监管的框架及规则体系无疑是优先发展的。然而，实践表明金融监管良法的框架必须给系统的公司内部治理机制留出应有的位置。所幸的是，这一监管理念已被我国吸收。目前所出台的大量关于内部治理的规则就是作为对巴塞尔银行监管体系内控要求的一个回应与反思成果而出现的。固然如此，但是从法学理论来分析，在商业银行内部治理问题上，我国还仍停留在规则的文本意义之上，还远没有达到将规则变成规则秩序的要求。而且，若以巴塞尔银行监管体系中的内控要求为参数来考核我国的内部治理实践，也不难得出这样一个结论，即目前的商业银行内部治理法律规则与实践和代表国际先进理念的巴塞尔银行监管体系相比还是有着一段距离，如若从《银行内控制度基本原则》所提及的内控制度的文化、风险的识别与评价、内部控制措施的构建、信息流通机制、对内控制度的监管五个方面来考察我国银行业内部治理的现状，我们的结论可能就是：规则意识的成分多于实践意义的成分、形式意义重于实质意义，因此要确立内控优先、内控法治化在我国还是一个“任重道远，士当弘毅”的问题。

第三节　对完善我国商业银行内部治理制度的思考

完善商业银行内部治理是我国银行法律制度整合与创新中迫在眉睫的问题。大量触目惊心的银行事件已证明堡垒往往是从内部不攻自破的，如中国银行黑龙江分行所辖河松街支行发生的大额存款不明案件、广东省佛山南海区私营企业主冯明昌涉嫌诈骗银行贷款案、中国银行广东省开平支行余振东案等无不说明了我国商业银行内部治理机制的脆弱或形同虚设。承接上文的分析，我国可从以下几个方面来考察机制完善的问题。

一、立法理念上的思考

内部治理事关我国银行业安全及防止资产不应有外流的一项重要法律制度，亦是银行安全网中一道抵御金融风险与金融腐败的有力屏障。然而，在规则供给模式上，我们不难发现目前关于商业银行内部治理的规范性法律文件都被冠以“暂行办法”、“指引”、“指导意见”及“准则”之类的名称。从立法原理上分析，这种规则的供给层次是非常低的，属于部门规章的范畴。实际上，我国目前法律规则供给体系中的“行政规章为主、法律规则为辅”错位现象已对我国的立法体系产生了严重的挑战。虽然这种临渴掘井的规则供给机制可解燃眉之急，但是其应急型的实践已使我国目前的立法原理产生了一定的危机，因为从理论上分析，当滞后性的法律还有形存在，当规章中所确定的规则与之冲突时，法律应优先，但实践又必须让人作出一个务实性的选择，这样就必然导致整个法律体系的混乱。法律最直接的目的在于构造一种各尽其分与各守其责的秩序，朝令夕改必不能导致人们循规蹈矩，是对法律严肃性与稳定性的极大破坏，因而稳定性是法律应有的品性，这也说明法律并非一次性的消费品，而必须是具有强劲时间穿透力的耐用品。君不见产于19世纪末的法国《民法典》在历经了几个世纪的时光流涤后仍然是那样光彩照人，因此笔者再三强调实用主义并不能成为我们漠视法律体系规范化的理由。

近十多年来，我国已出台了大量的关于银行业内部治理的规范文件，如央行出台的有《股份制商业银行公司治理指引》、《股份制商业银行独立董事和外部监事制度指引》、《商业银行内部控制指引》及《关于上市公司建立独立董事制度的指导意见》等，银监会出台的有《商业银行内部控制评价试行办法》与《商业银行市场风险管理指引》等，证监会的有《上市公司治理准则》及相关编报等。从形式上看，我国关于商业银行内部治理的规范性法律文件数量繁多，呈现为一片欣欣向荣之势，但是这种规则出自多门的实践也犯了法律规则供给理论中的一个大忌，因为其极易导致规则之间的衔接性差及形成规则制定者各自的势力范围。如新自然法学派法学家富勒曾指出，不矛盾性是法律应有的内在道德之一。

那么，在目前的形势下，我国的规则供给机制应作出怎样的回应呢？作者认为方案有三：其一是对现行《商业银行法》进行再次修订，在其中专门增加“商业银行内部治理”章节；其二是在《银行业监督管理法》中增加“商业银行内部治理”的章节，这种处理正好与该法的目的与宗旨一致；其三是既然对银行业的监管权已实现了从中国人民银行向银监会的交接转移，那么在银行业内部治理规则的供给方面应由银监会来主持，以对目前的多部规范性法律文件进行清盘与梳理。

在具体的制度设计中，我国应从两个层面加以考虑：一是从西方发达国家成功的经验与实践进行借鉴。市场经济发达国家商业银行内部控制制度的主要内容包括科学的现代企业组织制度或健全的公司治理结构、具有独立性与权威性的内部监察与监督制度、业务部门风险控制分工及制衡体系、审慎的授信制度、有效的内部检查与稽核机制、严格而规范的会计控制制度、员工管理及以电子化为依托的风险控制平台等。这样一些组合性的内部治理因素可以给我们提供指引。二是巴塞尔银行监管体系的内控理念。巴塞尔银行监管体系包括了大量关于银行内部治理的指导思想，特别是资本文件及《有效银行监管核心原则》等文件将商业银行内部控制要求进行了具体化与系统化。其内容几乎涉及了商业银行风险控制的各个环节，如资本充足率要求、公司治理结构、会计审计规则、授权审批、决策制衡体系、任职资格、资产保护与负债控制及合法合规性要求等。另外，其还倡导了内部控制中的“四只眼”原则，因此借鉴各国的实践，参照巴塞尔《有效银行监管核心原则》及《银行内控制度基本原则》等文件，我国在进行规则完善时，应树立内控优先化与法治化的新思维。具体来说，我国的商业银行内部控制制度应当涵盖以下内容：健全的公司组织结构、决策与高层人员控制、表内与表外业务风险控制、独立有效的会计与审计制度、授权审批制度、反洗钱控制体系、电子化风险控制、四只眼规则、预警与应急措施、内控制度实施的检查与监督体系及相关的法律责任追究机制等。

另外，必须阐明的是，虽然法律文化理念给我们借鉴与参考英美等金融发达国家的立法实践提供了理论对接的桥梁，但是这样一种省心省力的洋为中用的立法技术并不能成为我们失去对“中国具体问题具体分析”的理由。胡适曾说过：“多研究些具体问题，少谈些主义。一切主义，一切学理都该研究，但是只可以作为一些假设的见解，不可认作天经地义的信条；只可认作参考印证的材料，不可奉为金科玉律的宗教；只可用作启发心思的工具，切不可用作蒙蔽聪明、停止思想的绝对真理。”① 胡适先生的观点无疑给我们如何正视西式法学的借鉴与移植指明了应有的态度。

二、产权重组上的思考

公司治理机制的理论依据之一就是产权理论，该理论认为所有权规定了公司的边界，是控制公司权利的基础，因此规划明晰的多元化产权结构，将有利于促进我国商业银行的体制改革。由于国有商业银行的产权是依靠政府部门行使资产经营委托来实现的，但是政府部门又是非人格化的经济主体，缺乏监督的积极性，同时经营者又不能分享生产剩余，从而导致其缺乏利益驱动。如此，作为所有者的国家便成为国有商业银行经营风险的唯一载体，而负有资产经营责任的各级经营者却无对应的担保约束。可以说，这也是我国国有商业银行资产质量不佳、金融风险积聚严重、创新滞后等的根本原因所在，因此对我国银行业主流的国有商业银行通过上市进行产权重组可能是改良银行公司内部治理的一个缓冲。这是因为商业银行上市可以产生以下的效果：

其一是上市重组的商业银行将面临更大的市场压力。首先是股

---

① 胡适：《三论问题与主义·胡适文存》(第1辑)，黄山书社1996年版，第272页。

价波动会在一定程度上反映银行的经营状况，从而对银行绩效的提升形成市场压力；其次是上市会引入新的战略投资者与机构投资者，及来自证监会的更严格的外部监管。信息公开是证券法的宗旨与目标，因而上市的商业银行就有义务定期或不定期地向投资者与证券业的监管者披露相关的信息，投资者在二级市场转移风险的投资行为及信息公开的硬性要求就必然迫使上市银行改善内部治理，以避免绩效下降及管理层的重新洗牌的风险。

其二上市意味着可能良好公司治理机构的设立。目前，我国国有商业银行中的公司治理机构几乎是处于空白状态，而在其他类股份制商业银行中，公司治理机构也差不多是形同虚设。商业银行上市除了上述的来自资本市场的监督及“阳光法则”的要求外，还会有严格的股东会——董事会——经理层——监事会的层级相制型的结构模式。现已上市的某些股份制银行的董事会就设立了战略、风险、审计与薪酬等专门委员会，董事会中还配有了一些外部独立董事。同时，上市将导致商业银行资产产权结构的多元化，这有可能会减少国家对银行的行政干预，而使其运营更加符合市场的规律。

其三是上市有可能促使商业银行建立起一套对董事会、经理层与员工的市场化的、公开透明的监督与评估体系，从而摆脱原有的依据国家干部对银行经理层进行量化的考核机制，而回归到依据市场化的标准来对银行的经理层进行选择与监督。

评：虽然产权重组是解决我国银行业公司治理状况欠佳的良方，但是立于现实的层面客观地评估这一理论也并非是包打天下的。实际上，上市也只是对银行公司治理机构的完善奠定了一个框架，其并不必然催动公司治理结构的良性发展。从目前已上市银行的实践来看，尽管深圳发展银行在上市的时间上远早于招商银行，但是其公司治理结构的建设却明显落后于招商银行，业绩上也并不理想。此外，银行上市的效果似乎更多地体现于“圈钱”在短期内达到的资本充足率的提升方面，对于治理结构方面的主要贡献反而具有一定的向外界“作秀”的成分。

在形式上，虽然上市能起到所谓的股权结构多元化与分散化的效果，但是在短期内国有股的控股地位不会有实质性的改变，因此对上市国有银行的管理仍会具有明显的行政干预的痕迹，国有股产权虚置问题必将与之同在。虽然《公司法》要求所有上市公司都应设立由董事会、监管会所组成的双层组织结构，从表面上看，国有商业银行上市似乎已达到了股东会、董事会、监事会、经理层的“三会四权”的权力相克机制，但是从实践来分析，由于国有股权的高度集中，公众股过度分散，董事会、监事会由国有大股东操纵，或由内部人控制，社会股东根本无力阻止国有股东滥用权力和政府对银行公司的干预。这样，董事会主要成员只要取得政府的信任，就可凌驾于股东大会之上发号施令，从而致使股东会与监事会成为纯粹的饰物。

客观而言，在我国目前的产权结构下，希望商业银行上市能达到根除其内部治理难题还是一个“一厢情愿”的事情，因为从理论上来说若要通过上市完善公司治理结构，必须具有两个先决条件：发达的资本市场与健全的法律体系的支撑，而目前我国还不具备这些要件，因此商业银行上市对于完善公司治理而言，基本上只能起到缓解、改良目前银行业内部治理不遂人愿的效果，而离真正良性的内部治理还有很长的一段距离。

三、对独立董事的辩证思维与建议

独立董事是英美公司法中的一大法律制度，其产生的背景是英美公司中“一元制”的董事会制度，在公司机关设置上缺乏独立的监督机制，因而力图在现有的单层制度框架内进行监督机制的改良，其目的在于通过加强董事的独立性，使董事会能对公司管理层起到制约作用。独立董事自其产生之初便受到了学者们的置疑，但是后来配有独立董事公司的业绩给人们提供了一个不容置疑的答案。正因为如此，独立董事制度也被“移花接木”到了中国。2001 年 8 月，中国证监会发布了《关于上市公司建立独立董事制度的指导意见》，该文件为独立董事在我国的实践提供了法律依据。2002 年 1 月，中国证监会与原国家经贸委联合出台的《上市公司治理准则》更加明确要求上市公司配备独立董事，且要求董事会、审计委员会、提名委员会、薪酬与考核委员会中独立董事占多数，并担任召集人。从该项制度本身而言，其确实具有比较优势。那么，独立董事制度在中国能达到既定的目标吗？这是一个值得让人生疑的问题。

实际上，独立董事制度功能的发挥必须以一定的确保董事独立性的法律规则为支撑，如美国证券交易委员会将独立董事界定为与公司无重大关系的董事。所谓没有重大关系是指以下情形：不是以前的执行董事，并且必须与公司无职业上的关系；非公司重要的消费者或供应商；不是以个人关系为基础而被推荐或任命的；与任何执行董事没有密切的私人关系；不具有大额的股份或代表任何重要的股东等。此外，为了从程序上保证独立董事的独立，美国《密歇根州公司法》第450条规定，股东会与董事会必须指定某一董事为独立董事，该董事必须符合独立董事最低限度的条件。同时，当该当董事不再具有独立的条件时，股东会与董事会均可以取消这种指定。还有些国家专门设立了独立董事任命与提拔委员会，以从程序上保证独立董事任命的独立性，如英格兰银行率先建立了非执行董事提拔委员，以完成这一使命。那么，目前我国的独立董事制度的现状如何呢？笔者认为，该项制度在我国存在以下几大缺陷：

其一是引进独立董事的思路定位不准确。英美之所以在其公司治理中引进独立董事制度是因为在其股份有限公司的构造中没有监事会这一监督机构，而从我国《公司法》的内容来看，在股份公司的权力分配机制上已存在有股东会、董事会与监事会之间的分权。这一点非常类似于德国的公司内部治理模式。从这一点出发，我国根本无必要引进独立董事制度，因为这有可能导致独立董事与监事会职能的重复及可能的冲突。

其二是我国缺乏独立董事的选任机构。尽管2001年8月16日中国证监会发布的《关于在上市公司建立独立董事制度的指导意见》指出，上市公司的董事会、监事会单独或者合并持有上市公司已发行股份5%以上的股东，可以提名独立董事候选人，并经股东大会选举决定。根据这一规定，即使国有商业银行上市，能从形式上产生股权分散化的效果，但是并不能改变国有股“一枝独秀”

局面。这必将导致独立董事制度在我国的异变，目前我国上市公司独立董事大多是由公司领导拉来或请来的“人情董事”或“花瓶董事”之事实就是明证。①“独立”董事所起的宣传与广告作用远胜于其独立的监督与管理责任。

其三是即使我国要引进该项制度，那么也要必须对独立董事进行必要的界定，并理顺其与监事之间的职责关系。遗憾的是，在证监会所发布的文件中并无独立董事界定的解释。同时，亦无与《公司法》在相关内容上协调的内容。

分析与建议：从总体上分析，意图凭借独立董事制度来改善我国上市公司内部治理问题是不现实的，同时也是不合实际的。实际上，这种规则供给机制并没有考虑到所供给的规则与中国本土法律资源的兼容性。独立董事之所以能在英美等国大行其道，这与其历史、文化背景不无联系。在我国目前的公司权力配置结构、企业产权单一化及社会裙带关系严重的人环境下，独立董事不独立亦是情理之中的事情。国有商业银行上市的目标之一是试图通过股权多元化来使我国银行公司的内部治理步入良性发展的轨道。然而，要达到这一目的并无坦途可行。那么，商业银行应如何凭借股权多元化来改造已有的内部治理机制呢？作者认为既然我国《公司法》及证监会的规章所界定的上市公司治理结构兼容了德国模式与英美模式，且这种做法在日本还产生了“青出于蓝而胜于蓝”的效果，那么我国亦可以对我国的上市公司治理法律机制作如下调整：

其一是独立董事制度层面上的思考。独立董事制度本身无可厚非，问题的关键是如何设计相关法律规则确立独立董事在选任程序、履行监督与管理职责上的独立性。在这一点上，我国可以参照美国的实践将独立董事界定为“与公司无重大关系”董事，并采取列举与概括的方式对无重大关联的情形进行详细的说明。另外，在选拔程序上，我国应设立独立董事的选任程序，并将其纳入证监会的监管范围中，以摆脱人情董事、花瓶董事只拿钱不做实事的

---

① 参见罗培新：《冷眼看独立董事》，载《金融法苑》2001 年第 1 期。

现状。

其二是对目前《公司法》既定的内部治理权力框架进行相应的调整。监事会是我国公司权力结构中的监督机关，对此我国《公司法》有明确的规定，但这些内容并不能保证监事会职能的依法行使与发挥。为了让监事会真正起到法定的作用，我国监事法律制度应作如下调整：强化监事会得以公司的名义对董事提起诉讼的权力。董事或董事长对外代表公司，但当董事或董事长侵犯公司利益时，不可能指望他们自己以公司的名义来对自己提起诉讼，故监事会或监事代表公司对董事提起诉讼是必要的；确立相关规则确保监事会成员的独立性，虽然我国《公司法》第118条规定，监事会成员应有一定比例的职工代表，但代表职工的监事应由谁提名、由谁批准，其权限与代表股东的监事是否有所区别，《公司法》并没有明确。另外，对于监事能否兼任公司或子公司的董事、经理，《公司法》亦并无规定。这些问题都值得我们进一步反思。

其三是监事会与独立董事协调问题。正如笔者在前文所言，监事与独立董事都具有对内、外部董事的监督职能，所以如何协调亦是未来我国银行公司内部治理制度创新中所必须考虑的问题。在阐述该问题之前，我们有必要了解一下独立董事在美、英公司法律框架下产生的背景：独立董事制度最早发端于美国，但美国与英国公司所确立的是单层式的公司治理结构。换言之，公司机关中仅有股东大会与董事会，无监事会。独立董事实际上行使了双层制中监事会的职能。而在德国、荷兰等国公司法确定的双层制下，公司由董事会负责经营管理，但必须接受监事会的监督，董事会也由监事会任命。① 由此，我们可知，美、英之所以引进独立董事制度其目的在于弥补公司内部制约机制的不足。那么，我国目前在上市公司中所存在的这两种制度如何协调呢？作者的观点如下：一是维持现行的格局，但在两种制度的运行上必须依法而行。监事会是我国

① 参见刘俊海：《我国〈公司法〉移植独立董事制度的思考》，载《中国政法大学学报》2003年第3期。

《公司法》的产物，独立董事是部门监管规章的产物。从实质上考察，独立董事行使如内部董事同样的职能，因此在依《公司法》之规定行使董事职责时，两者之间不会有产生冲突的可能性，但在行使监督职能时，若两者发生冲突，则应以监事会的职能优先，因为上位法毕竟优于下位法。二是让目前的上市公司具有选择的权利，即上市公司可以自主决定在公司治理中是援用独立董事，还是监事制度。

其四是独立董事完善中的几个重点。独立董事之所以具有一定的魅力就在于其独立性，因此就必须采取概括与列举的方式进一步列明独立董事的独立性认定条件。深受儒家文化的影响，中国自古以来都是一个人际关系的熟人社会，这也是目前独立董事不独立，蜕变为人情董事、花瓶董事的原因。鉴于此，新的规则必须将与公司具有利害关系之人排除在独立董事选任之外。为了达到这一目的，立法创新可以采取以下模式：一是对利害关系进行必要的界定；二是对独立董事配以严格的法律责任，以避免只拿钱不做事的负效应；三是设定一定的激励机制，以鼓励独立董事发挥董事与监督的职能。

四、银行公司内部治理信息系统的构建与法治化

商业银行的信息系统是内部治理中的重要组成部分。实际上，商业银行内部控制的过程就是一个信息流通的过程，因为信息的原始收集、传递、加工与评估这样一个流程能使银行公司的经营相对处于阳光之下。

关于信息系统的构建，巴塞尔银行监管委员会在1998年的《银行内控制度基本原则》的“信息与沟通”部分作了如下表述：有效的内部控制体系要求拥有充分、全面的内部财务、经营数据以及与决策相关的外部市场信息。信息应具有可靠性、及时性、易收集性，并以统一格式的提供；有效的内部控制体系要求建立可靠且能覆盖银行网点与机构的信息系统；有效的内部控制体系要求建立有效的沟通渠道，以确保所有职员都能充分理解与遵守影响职责的政策与程序，且其他相关信息能传递给适当的职员。我国《商业

银行内部控制指引》在第24~25条也作了相关的规定。如第24条规定:“商业银行应当实现经营管理的信息化,建立贯穿各级机构、覆盖各个业务领域的数据库和管理信息系统,做到及时、准确提供经营管理所需要的各种数据,并及时、真实、准确地向中国人民银行报送监管报表和对外披露信息。”第25条要求商业应当建立有效的信息交流与反馈机制。尽管如此,但在实践中我国商业银行信息系统还是存在如下问题:缺乏足够的法律规则支撑与硬性的约束、会计信息失真性问题严重、信息传递效率低下及信息电子化程度不高等。那么,在现行的情况下,我国应作出怎样的回应呢?笔者认为,我国应从以下几个方面进行考虑:

其一是加强会计信息的真实性。虽然国有商业银行已经入市,但是目前我国上市公司的信息披露实践表明,作为证券市场“经济警察”的会计师已成为信息造假的源头与“帮凶”。对此,一位熟悉亚洲各国企业集团公司运作的财务学教授曾言,亚洲人很聪明,他们引进了西方的各种财务技巧,但就是没有引进良心。虽然此话具有深厚道德评判的成分,不符合实证法律学的思维,但是道德层面的问题却是与一个国家的法律制度的运行效果密切相关的。事实上,应该做什么与不应该做什么并不能决定人们行为的动机,而是利益牵引着人们去决定什么可以做与什么不可以做,因此与其说会计信息的虚假是一个职业良心问题,倒不如说更是一个法律制度,特别是与违法成本紧密相连的问题。

客观而言,在强化信息真实性方面,我国的立法已作出了不懈努力,如1993年4月出台的《股票发行与交易管理条例》规定,上市公司必须向证监会、证券交易所提供中期报告与年度报告,其中年度报告必须经注册会计师审计,并且对中期报告与年度报告的内容作了规定。在此基础上,同年6月颁布了《公开发行股票公司信息披露实施细则》,并开始发布一系列的《公开发行股票公司信息披露的内容与准则》,该文件第2号《年度报告的内容与格式》认可了《企业会计准则》、《股份制试点企业会计制度》、《独立审计准则》与《独立审计实务公告》在股票市场会计信息披露制度中的运用。如至2001年5月底,我国已颁布了25号独立审计具体准则与8号独立审计实务公告。①同时，在此期间又分别于1993年和1999年对《会计法》进行了修订，2001年11月，财政部颁布了新的《金融企业会计制度》。实际上，从会计规则上看，我国的会计规则已正在日益与国际接轨，如《金融企业会计制度》便借鉴了第36号国际会计准则与美国财务会计准则委员会第121号准则公告关于资产减值的规定，要求金融企业对可能发生损失的资产计提减值准备金，因此在会计立法上，我国的规则供给还是比较充分的。那么，是哪里出现了纰漏呢？为了保证我国商业银行所提供信息的真实性，就必须强化对信息造假者及银行公司直接责任人的法律责任承担，从而摆脱我国在会计信息造假事件中刑事与民事法律责任几乎虚置的状态。另外，金融业务国际化也对我国的会计实践提出了要求，在会计的立法创新上我国要更进一步与国际会计准则的要求保持必要的同步，从而减轻我国银行海外运营所可能面临的会计制度上的阻力。

其二是信息电子化平台的构建。在金融业务日益电子化的今天，信息电子化已成为银行公司治理的一个重要环节。作者认为，我国商业银行信息系统安全控制措施应包括以下几个方面的内容：组织控制、数据资源控制、系统开发与维护控制、计算机中心的安全控制、数据通讯控制及应用控制等几个方面。纵观我国关于商业银行治理的规则，目前还很少涉及电子化管理平台问题，这无疑是立法的滞后性。在金融业务电子化、自由化与全球化的趋势及国人金融风险意识低下的背景下，我国有必要将银行信息电子化管理纳入法制化的范围，并配备相应的法律责任。

五、商业银行内部控制信息披露要求

由于体制与历史的因素，我国商业银行市场化运作程度不高，这一点同样也表现于内部控制信息披露问题上，相比之下，我国银行业的经营与监管并没有处于必要的阳光下接受来自市场的压力。

---

① 参见张建伟：《会计造假的背后——上市公司会计舞弊现象的制度解析》，载《金融法苑》2001年第8期。

我国已融入 WTO 体系之中，对于中资银行的保护罩也将逐步取消，所以建立以内部控制信息披露为基础的商业银行信息公开制度已是迫在眉睫。实际上，这一理念也是新巴塞尔资本框架的要求，如在总体披露原则中，新框架主张，银行应具备一套经董事会批准的披露政策，其内容应涉及信息披露的方法及披露过程中的内部控制。另外，银行应有专门的程序评估披露的适当性，包括对有效性与频率的评估。

目前，尽管我国已出台了《商业银行信息披露办法》等文件，已在银行业信息披露的内容与对象上、信息的会计要求与程序上有了实质性的进步，但是深入考察不难感觉到这些文件并非是以内部控制信息披露为基础的。相比较而言，内部控制信息是最全面、可信度最高，同时也是最及时性的，所以构建以内部控制信息为基础的信息披露体系无疑是比较理性的选择。从这一点考虑，在规则调整上，我国应建立以内部控制信息为核心的信息披露体系。

再者，由于我国的法律一般只要求商业银行对其内部控制制度的完整性、合理性与有效性等进行说明，而目前会计信息造假现象又比较严重，所以为了防止银行公司的管理层与内外部审计人员相互勾结玩数字游戏，就有必要建立商业银行内部控制信息披露的评价体系，而目前这一制度在我国还是空白。笔者认为，这种评价体系的构建可以参考银监会发布的《商业银行内部控制评价试行办法》，其主体内容可以包括评价目标与原则、所需评价信息的范围、评价程序与标准、评价结果及相关法律责任机制等。

本章小结

虽然银行公司的内部治理是危机触发的产物，但是它毕竟符合金融监管体系内在的理性需求。从目前金融发达国家的金融法治化历程来看，原注重法定型监管体系构架的国家也开始注重法定型监管与自律型监管的融合，原以非正式管理为特色的国家也步向了一个自律与他律并重的时代。另外，从国际金融监管的合作与协调来看，银行内部治理理念一直以来都是巴塞尔银行监管委员会持之以恒地所倡导的一个主旋律。这种金融监管理念的转变已说明内控优先化与法治化与金融安全网构建的内在要求是相一致的。近几年来，我国出台了大量的行政规章性的法律文件弥补了立法在这一法域的不足，这种规则意识本身就是我国金融监管法完善与整合中的一个亮点。然而，我们也必须深刻地认识到在具有深厚权力意识、银行业产权过于单一、银行内部管理的官僚化及具有他律监管本位意识的中国，及考虑到国人金融风险意识缺失、商业银行内部治理法则零乱而欠缺必要的协调，要达到良性的银行公司内部治理也是冰冻三尺非一日之寒。

再者，从规则意识方面分析，尽管我们将制度法标榜为是人类发现的，而非发明的，但是无论是发现好，还是发明好，由于人类自身知识的局限性，掺杂有发明与发现成分的制度法就不可避免地存在这样或那样的遗憾，因此意图凭借内部治理环境与立法的完善就一步登天地达到商业银行预期的风险监管目的亦是苛求之事。笔者认为，我国的规则供给者与监管所应采取的态度是：在规则供给上应确立以规范性法律文件的“质化”代替“量化”的思维，同时也要改变以部门规章代替立法的规则供给模式。徒善不足以为政，徒法不足以自行，良好的法律还依于刚正不阿的实践，所以有效的金融监管最终还得系于有法必依与违法必究。

第七章　对我国商业银行资本充足率监管法律制度的检讨与反思

资本充足率要求是对银行业进行审慎监管的一种较行之有效的方法，因为适度的资本要求一方面为银行业的经营提供了必要的资金，另一方面通过债的担保方式强化了债权人对银行业的信心。1988 年巴塞尔银行监管委员会发布的题为“统一资本计量与资本标准的国际协议”就是对这一监管理念的有力回应。作为一种普适性的标准，理所当然地，资本充足率要求也是我国银行法构建与创新的重点之一。虽然在前危机与后危机时代，中国银监会根据金融危机所暴露出的新问题及中国的国情对我国银行业资本要求规则进行了递进式的清理与整合，但无论是在资本充足监管的规则处理上，还是在监管实践中，我们都面临着许多需要进一步解决的问题。

第一节　我国资本充足监管规则的演变——历史与当代的视角

一、前危机时代的资本充足监管

（一）资本充足监管的区域性尝试：深圳特区的实践

在巴塞尔银行监管委员会于 1988 年出台资本充足计量文件后，作为经济特区的深圳市随后也酝酿按照该国际惯例来规范特区银行业的监管。1992 年，中国人民银行深圳特区分行公布了《深圳市银行资产风险监管暂行规定》，并决定于 1993 年 1 月开始实施。该规定从以下几个方面对深圳市的商业银行提出了资本监管要求。

其一是该“规定”将资本划分为一级资本与二级资本。其中，一级资本由自有资本和公开储备构成。自有资本包括信贷基金（即中央财政拨入的信贷资金、自有营运资金及地方信贷基金）、实收股本及固定资产基金与累计折旧等；公开储备包括股本溢价、专用基金、公积金、未分配利润。二级资本包括内部储备、普通风险准备金、资产重估储备与次级长期债务等。在计算资本比率时，下列项目应予以扣除：对于合并列账的银行和财务公司的投资、公益金的50%、呆账损失中尚未冲减的部分、在其他银行与金融机构中的资本投资及属于呆账以外的冲减与损失等。

其二是在风险权数方面，将资产的风险权数共划分为0%、10%、20%、50%、100%五大类。

其三是在资本充足率方面，其规定深圳市的商业银行资本充足率在1993年底应达到6%，其中核心资本应占3%；在1994年底应达到8%，其中核心资本应占4%；1995年后，商业银行的资本充足比率应达到8%～12%，其中核心资本应占4%～6%，非银行金融机构的资本充足率应达到8%～12%，其中核心资本应占6%～8%。

分析：虽然《深圳市银行资产风险监管暂行规定》在效力范围上具有极大的局限性，但是它毕竟是我国在商业银行资本充足监管上的第一次尝试，也是我国在银行业监管上与国际银行业监管理念的新发展进行对接的一次有益的探索，因此这部规范性法律文件对制定全国性的资本充足监管规则具有重要的参考价值。在另一方面，我们也必须意识到该文件也存在极大的不足：一是区域性歧视。如在对待公共企业授信方面，对深圳市的风险权数为20%，深圳以外的国内其他地区的授信风险权数为100%。这种规则处理一方面不仅限制了深圳市本地银行资产的扩张，而且其“不考虑其他地区发展程度、投资环境之优劣而一律划分为次级信誉地区”的做法与1988年巴塞尔资本文件选择一个较高信誉国家来处理不同国家转移风险的精神相悖。二是在不同地区的银行业之间造成不公正的监管待遇。实际上，对银行业树立资本充足监管理念也在于为银行业塑造一个公平竞争的环境。我国银行业实行的是一级法人制度，深圳市的商业银行都是属于总行的一个组成部分，因此该文件也与我国银行业的法律结构及整体监管的内在要求不符。

（二）资本充足监管规则的系统化

1994 年 2 月中国人民银行发布了《关于对商业银行实行资产负债比例管理的通知》，并同时发布了《商业银行资产负债比例管理暂行监控指标》与《关于资本成分和资产风险权数的暂行规定》，文件明确规定商业银行资本总额与加权风险资产总额的比例不得低于 8%，其中核心资本不得低于 4%，附属资本不得超过核心资本的 100%。鉴于在当时我国商业银行一时还不能达到这一指标，因此上述通知要求各商业银行根据自身的情况制定分阶段实施的计划，但是最后达标的期限是 1996 年底。资本充足监管的理念后来也在我国 1995 年的《商业银行法》及 2003 年的《商业银行法》中得到肯定。《商业银行法》都在第 39 条规定："商业贷款应当遵守下列资产负债比例管理的规定：资本充足率不得低于 8%、贷款余额与存款余额的比例不得超过 75%、流动性资产余额与流动性负债余额的比例不得低于 25%。"

分析：随着央行于 1994 年发布上述三个文件，及 1995 年的《商业银行法》对银行业资本充足率要求的规定，我国已在银行业的监管中基本意识到了资本充足监管的意义所在。如果说 1993 年《深圳特区银行业资产风险监管暂行规定》标志着我国银行业资本充足监管起点的话，那么 1994 年央行出台的三个文件便在一定程度上表明我国在银行业的资本充足监管上已从区域性的尝试步入了全面性要求的阶段。另外，尽管 1995 年及 2003 年的《商业银行法》都只是在第 39 条粗放性地规定商业银行的资本充足率不得低于 8%，但是较以前关于资本充足监管的规范性法律文件而言，《商业银行法》的立法体位明显较高。这也说明随着我国银行业务的发展及金融监管的内在需求，我国银行业的立法者已开始关注资本充足要求与银行业稳健经营的关联。尽管如此，在这一阶段我国在资本充足监管方面的不足也表现得极为明显。对此可作如下分析：

其一是风险资产考虑不全面。虽然《关于对商业银行实行资产负债比例管理的通知》依资产风险程度将风险权数划分为0%、10%、20%、50%、100%五类，但是其仅仅考虑了对表内资产的计算，而没有将表外项目纳入其中。这一定性无疑与银行的业务实践相悖，因为银行业已在日益摆脱传统的资产负债业务，表外业务的增加就是一个很好的说明，而表外业务使银行经营活动透明度下降，财务监督依靠资产负债表已经不能提供准确的数据，不仅客户和投资者难以了解银行的全部业务范围和评价其经营成果，银行业的监管者的监管难度也大为增加。在巴塞尔资本文件中，其就运用信用风险转换系数对不同类型的资产负债表外的业务项目和交易进行信用风险分析，并配以不同的风险权数，从而确定所需的风险资产。

其二是资本的配备不完善，不利于我国银行业的国际竞争。上述三个文件对资本规定的侧重点主要是核心资本，包括实收资本、资本公积、盈余公积及未分配利润，相反，对附属资本的规定则非常简单，仅指贷款呆账准备金。此外，在核算资本总额时应扣除以下项目：购买外汇的资本金支出、不合并列账的银行和财务附属公司资本中的投资、呆账损失尚未冲销的部分及在其他银行和金融机构中的资本投资。实际上，在此阶段的这种安排是值得我们进一步斟酌的，因为关于核心资本的规定大多是以国有独资商业银行的资本结构为基础加以考虑的，而没有考虑到股份制商业银行的资本构成特点。同时，对于附属资本的规定过于单一，这无疑不利于我国银行业资本充足率的提高，从而无形中给我国银行业的国际竞争创造了障碍。

其三是有悖于全面风险监管的理念。在金融业务自由化与国际化的态势下，金融风险之间相互的渗透与传染性日益增强，这就要求金融监管法律规则的设定不能固守于同质性金融风险的防范，而应从整个金融风险的角度进行评估，并配置相应的监控规则。然而，此阶段的资本充足监管模式只考虑了信用风险，而没有顾及利率风险、汇率风险与操作风险等。

其四是没有构建资本充足监管的预警系统。事前的防范胜于事后的救济，但令人遗憾的是，此阶段在资本监管的预警机制方面，我国还无所作为，而只是采取单一化的资本充足性监管模式。毋庸置疑，这种硬性的监管风格不足以应对复杂性的资本充足监管要求。

（三）《商业银行资本充足监管管理办法》——资本充足监管的一次飞越

2004 年 2 月银监会出台了《商业银行资本充足率管理办法》。在一段时间内，该办法意味着我国银行业资本充足监管规则的一次全面整理的系统化，顺应了我国银行业内在的发展要求，反映了国际银行业监管的新成果。该文件共分为总则、资本充足率计算、监督检查、信息披露与附则五个部分。

在总则部分，在空间度上，《办法》适用的对象是在中国境内设立的商业银行，共包括中资银行、外资银行、中外合资银行等。其中，资本充足率是指商业银行持有的、符合本办法规定的资本与商业银行风险加权资产之间的比率。在该《办法》中，巴塞尔银行监管委员会与欧盟所主张的并表监管法得到一定的体现，如其第 10 条规定，商业银行计算并表后的资本充足率时，应将以下机构纳入并表范围：商业银行直接拥有其过半数以上权益性资本的被投资金融机构、商业银行的全资子公司拥有其过半数以上权益性资本的被投资金融机构、商业银行与全资子公司共同拥有其过半数以上权益性资本的被投资金融机构。此外，即使商业银行不拥有过半数以上的权益性资本，但与被投资金融机构之间有下列情况之一，也必须纳入并表范围：通过与其他投资者之间的协议，持有该机构半数以上的表决权；根据章程或协议，有权控制该机构的财务与经营政策；有权任免该机构董事会或类似权力机构的多数成员；可以不列入并表的机构包括：已关闭或已宣告破产的金融机构、因终止而进入清算程序的金融机构、决定在一年内售出而短期持有其过半数以上权益性资本的金融机构、受所在国外汇管制及其他突发事件影响资金调度受到限制的境外附属金融机构。

另外，商业银行的资本包括核心资本与附属资本。其中核心资本主要有以下项目组成：实收资本或普通股、资本公积、盈余公积、未分配利润与少数股权；附属资本包括重估储备、一般准备、资本公积、盈余公积、可转换债券与长期次级债务。在核算银行资本时，下列项目应予以扣除：商誉、商业银行对非自有不动产与企业的资本投资、商业银行对非未并表金融机构的资本投资。在资本比例上，商业银行的附属资本不得超过核心资本的100%，计入附属资本的长期次级债务不得超过核心资本的50%。在风险权数方面，该文件将银行资产的风险分为“无风险”到“十足风险”，即0%、20%、50%、100%的4个风险权数。对表外业务则要求银行应将表外项目的名义本金额乘以信用转换系数，获得等同于表内项目的风险资产，然后根据交易对象的属性确定风险权重，计算表外项目相应的风险加权资产。

根据商业银行的资本充足率状况，银监会将商业银行分为三大类，即资本充足类（资本充足率不低于8%，核心资本不低于4%）、资本不充足类（资本充足率不足8%或核心资本不足4%）及资本严重不足类（资本充足率不足4%，或核心资本不足2%）。与此相应，银行会对上述三类的银行配置了不同的监管措施，如对资本充足类银行，银监会可以采取下列干预手段：要求商业银行完善风险管理规章制度、要求商业银行提高风险控制能力、要求商业银行加强对资本充足率的分析及预测、要求商业银行制定可行的资本维持计划及限制介入高风险业务；对资本不足类银行，银监会可以采取下列监管措施：下发监管意见书、要求银行在接到监管意见书二月内制定可行的资本补充计划、要求商业银行限制资产增长速度、要求商业银行限制固定资产购置、要求商业银行限制分配红利与其他收入、严格审批或限制商业银行增设新机构及开办新业务；对资本严重不足类银行，除针对资本不足类银行所设计的监管措施外，银监会还可以要求商业银行调整高级管理人员、依法对商业银行实行接管或者促成机构重组、在一定的情况下可以要求撤销银行。同时，文件也对资本充足信息监管的信息披露作出了规定，所必须披露的信息包括以下五个方面：风险管理目标与政策、并表范围、资本、资本充足率、信用风险与市场风险。对于涉及商业机密无法披露的项目，商业银行可披露项目的总体情况，并解释特殊项目无法披露的原因。

为了保证资本充足监管能在商业银行内部得以实施，就有必要对银行的管理层配以相关的责任。在这方面，文件第33～35条规定："商业银行董事会承担本银行资本充足率管理的最终责任，负责确定资本充足率管理目标，审定风险承受能力，制定并监督实施资本规划。未设立董事会的，由行长负责；商业银行高级管理人员负责资本充足率管理的实施工作，包括制定本银行资本充足率管理的规章制度，完善信用风险和市场风险的识别、计量和报告程序，定期评估资本充足率水平，并建立相应的资本管理机制，加强对资本评估程序的检查和审计，确保各项监控措施的有效实施；商业银行应向银监会报告未并表和并表后的资本充足率。并表后的资本充足率每半年报送一次，未并表的资本充足率每季报送一次。如遇影响资本充足率的特别重大事项，应及时报告银监会。"

评析：该办法的出台已表明了我国银行业的监管者已深知资本在银行业监管中的地位与作用。作为一个专门性的资本充足监管法律文件，该文件的产生与实施不仅对我国原有的商业银行资本充足监管规则的内在不足进行了一定的匡正，而且它表明我国在资本充足监管规则设计上步入了一个新台阶。客观而言，从文件对资本的构成、资本的限额与限制、资本并表监管范围的规定、资本充足监管相关信息的披露及对违规银行所设计的循序渐进的监管措施来考察，资本充足监管已从以前具有尝试性的地方规章，从"通知"与"暂行规定"等模式，从《商业银行法》单一条款规定的安排步入了一个严格化与规范化的阶段。这说明"办法"的出台标明我国在银行业的监管中已有了一个重要的法律创新，资本充足率监管已突破了传统上的形式意义，而成为当代中国银行业监管的实质性要求。

我们从文件的内容考察，也不难发现我国在商业银行资本充足监管的规则供给上已基本上克服了前两个阶段上的不足。如在所针对的风险上，文件第5条明确规定商业银行资本应抵御信用风险与市场风险。文件第28条规定，商业银行应对市场风险计提资本；在所涉风险资产上，也将表外业务的风险纳入其中，文件第27条规定商业银行应对表外业务的信用风险计提资本；在核心资本与附属资本的配备上，也有了进一步的发展，如该办法第 12 条规定附属资本包括重估储备、一般准备、优先股、可转换债券和长期次级债务。这种处理使我国在附属资本核心上从单一化步向多元化，有利于我国银行业的发展。

从国际的层面来分析，文件的出台也在一定程度上表明我国银行业监管规则演变反映了国际金融监管的新理念，即巴塞尔银行监管委员会所一直倡导的资本充足率监管原则。横向比较，也不难发现本次的文件大多借鉴或移植了 1988 年巴塞尔银行监管委员会所发布的《统一资本计量与资本标准的国际协议》中的实质性内容，如资本成分的要求、核心资本与附属资本的比例及目标资本比率等。

虽然已取得了一些进步，但是由于我国法律规则供给上的传统性特点、银行业产权单一、法律实践效应差及国际资本充足监管新发展等因素的影响，在此阶段，我国银行业的资本充足监管法律化仍存有一些缺陷。分析如下。

公平与平等是法律的价值与追求。然而，该文件在某些方面却与这些法律的基本价值相悖。从我国商业银行的产权结构上来看，其可以划分为以下几类：国有独资银行、股份制商业银行、城市商业银行、外资银行、城市信用社与农村信用社等。相比较而言，国有银行资产规模较大、营业网点较多、客户资源较稳定，但其资产质量普遍较差、包袱过重、业务创新过慢。在另一方面，非国有银行资产规模较小、营业网点不多、客源相对较少，但相对而言资产质量较好、公司治理机构合理、业务创新较快。由于产权因素的影响，国家对国有银行的财政扶助较多，如 2003 年年底国家动用 450 亿美元外汇储备，向中国银行与中国建设银行补充资本金，用以推动两家银行的股份制改造，这种短期性的有针对性的注资行为无疑会产生以下结果：一是造成获得与没有获得金融资源支持的国有银行在资本充足率上的不平等；二是加剧国有银行与非国有银行之间在资产结构与资本充足率上的不平衡；三是尽管这种财政注资行为可以在短期内改良国有银行资本充足情况，从而使其达到所规定的要求，但是由于国有银行所内生的运营机制并不如现代银行业的商业化经营理念同步，所以其长期效应并不理想；四是对非国有银行而言，虽然有些可以通过上市的方式募集资金，但是所反映出的资本充足率波动过大，如民生银行上市前的2000年6月，资本充足率为10.84%。上市后2000年末资本充足率骤然增至21.45%，但一年后的2001年末，资本充足率又骤跌至10.1%，2002年末又降到8.22%。虽然2003年3月该行发行的可转债也全部用于弥补资本金，但到6月30日，资本充足率仍降到7.11%。五是对非国有的不能上市的银行而言，金融资源相对匮乏，资本充足要求达标与维持相对困难，这无疑又是一个层面上的不平等。

与此同时，文件对资本充足监控的指标也存在不足。现有的资本监管指标强调的是资本与商业银行风险加权资产之间的比率，但是单一化的指标并非是完美无缺的，其主要的不足是只考虑了信用风险，而没有顾及银行在经营中还只能遇到的利率风险、操作风险及汇率风险等。如美国对私人住宅抵押贷款所规定的风险权数只有50%，但它却是形成七八十年代美国储蓄与贷款协会危机的主要原因。

总体上，笔者认为我国在对资本充足监管规则进行重构与整合的进程中，一刀切式的规则所体现出的本土资源过少，不能反映中国银行业的现状与产权结构特点。固然借鉴与移植是一种节约成本的比较有效的法律构建方法，但是所引进的法律规则也必须体现中国特殊的金融情势。否则，这种移植的规则并不能达到其预期的法律价值。基于此，我国在金融监管法律制度创新的立法思维中，移植式的规则供给模式效应是值得我国立法者深思的。对此，霍姆斯曾言：法包含着一个民族经历多少世纪发展的故事，因而不能将它仅仅当做好像一本数学教科书里的定理、公式研究。为了知道法是什么，我们必须了解它的过去以及未来趋势。该阶段文件内生的指导原则与具体规则的不足无疑为我国新资本监管文件在特定条件下的出台造就了合理的理由。

二、后危机时代资本充足监管规则的创新

在后危机时代，为了应对金融危机的挑战及回应巴塞尔银行监

管委员会对第二版资本文件修订的新要求，在2012年《商业银行资本管理办法（试行）》最终定型以前，中国银监会围绕三大支柱推出了一系列的文件。以下，对相关文件图示如下，并选择一些文件进行介绍。

支柱类别	发布时间	文件名称	效力
三大支柱	2007年2月28日	《中国银行业实施新资本协议指导意见》	废止
	2011年4月27日	《中国银监会关于中国银行业实施新监管标准指导意见》	有效
	2012年6月7日	《商业银行资本管理办法（试行）》	有效
第一支柱（资本充足率要求）	2008年9月18日	《商业银行账户信用风险暴露分类指引》	废止
	2008年9月18日	《商业银行信用风险缓释监管资本计量指引》	废止
	2008年9月18日	《商业银行操作风险监管资本计量指引》	废止
	2008年9月18日	《商业银行专业贷款监管资本计量指引》	废止
	2009年8月	《商业银行资产证券化风险暴露监管资本计量指引》	废止
	2009年11月24日	《商业银行资本计量高级方法验证指引》	废止

续表

支柱类别	发布时间	文件名称	效力
第二支柱（监督与检查）	2008 年 9 月 18 日	《商业银行信用风险内部评级体系监管指引》	废止
	2010 年 2 月 27 日	《商业银行市场风险资本计量内部模型法监管指引》	废止
	2009 年 9 月 28 日	《商业银行流动性风险指引》	有效
	2009 年 12 月 4 日	《商业银行资本充足率监督检查指引》	废止
	2009 年 8 月 25 日	《商业银行声誉风险管理指引》	有效
	2009 年 11 月 25 日	《商业银行账户利率风险管理指引》	有效
第三支柱（市场约束）	2009 年 11 月 7 日	《商业银行资本充足率信息披露指引》	废止

（一）《商业银行资本充足率监督检查指引》

为了加强商业银行资本充足率监管，增强商业银行应对风险的能力，保障商业银行安全、稳健运行，2009 年 12 月 4 日，中国银监会发布了《商业银行资本充足率监督检查指引》，文件从总则、商业银行内部资本充足评估程序、商业银行风险评估标准、监督检查程度、附则五个部分对银行资本充足率监督检查事项作出了详细的规定。

文件适用于 2007 年《中国银行业实施新资本协议指导意见》所确定的新资本协议下的银行和自愿实施新资本协议的其他商业银行。实施资本充足率监督检查的目标是推动商业银行完善风险管理体系和控制机制，实现资本要求与风险水平和风险管理能力的密切结合，提高商业银行抵御风险的能力。据此，商业银行内部应当建立包括治理架构、风险评估和资本规划等环节在内的资本充足评估程序，确保其资本水平能够有效抵御其所面临的各类风险和满足其实施经营战略的需要；商业银行内部资本充足评估程序不仅应当评价银行资本的充足水平，还应当评价银行资本的质量；商业银行应当建立和完善全面风险管理框架，全面和及时识别、计量、监测、缓释和控制风险；商业银行的全面风险管理框架应当与其内部资本充足评估程序相互衔接和配合，有效维护银行的稳健运行和持续发展；银监会对商业银行内部资本充足评估程序进行监督检查，全面评估商业银行资本规划和满足最低监管资本要求的能力。银监会独立评估商业银行所面临的各类主要风险及风险管理能力，有权根据对商业银行内部资本充足评估程序和风险状况的评估结果，并考虑压力测试结果和经济周期因素，确定商业银行的监管资本要求，确保商业银行资本能够充分覆盖面临的各类风险；商业银行应当持续满足银监会的最低资本充足率要求。银监会有权对资本不能充分覆盖风险的商业银行采取干预或纠正措施，督促其提高资本充足水平。

同时，文件规定，商业银行的内部资本充足评估程序应实现以下目标：确保主要风险得到充分识别、计量或评估、监测和报告。确保资本水平与主要风险及风险管理水平相适应；确保资本规划与银行经营状况、风险变化趋势和长期发展战略相匹配；内部资本充足评估程序应覆盖以下各类风险：新资本协议第一支柱中涉及且已覆盖的信用风险、市场风险和操作风险。新资本协议第一支柱中涉及但没有完全覆盖的风险，如集中度风险。新资本协议第一支柱中未涉及的风险，如银行账户利率风险、流动性风险、声誉风险、战略风险和对商业银行有实质性影响的其他风险。外部经营环境引发的风险。

（二）《商业银行资本充足率信息披露指引》

2009 年 11 月 7 日中国银监会发布了《商业银行资本充足率信息披露指引》，其分总则、并表范围、风险暴露与评估、附则，共 49 个条文，文件对商业银行资本充足率信息披露的范围、内容和流程规范等提出了明确的监管要求。该指引适用于 2007 年银监会颁布的《中国银行业实施新资本协议指导意见》所确定的新资本协议银行和自愿实施新资本协议的其他商业银行。

该文件明确规定，信息披露是指商业银行遵照中国银行业监督管理委员会新资本协议的各项指引，将银行的资本计量、风险管理等相关信息，通过公开载体，向投资者和社会公众披露的行为；商业银行董事会负责本指引所规定的信息披露，并保证披露信息的真实、准确和完整，同时负责制定信息披露政策，包括信息披露内容、过程及其他相关政策等；商业银行应披露资本及资本充足率、风险暴露和评估等重要信息，对于商业银行的专有信息或保密信息可不披露具体的项目，但必须对要求披露的信息进行一般性披露，并解释某些项目未对外披露的事实和原因；信息披露频度分为临时、季度、半年及年度披露，其中临时信息应及时披露，季度、半年和年度信息披露时间不晚于季度报告、半年度报告、年度报告披露后的一个月。因特殊原因不能按时披露的，应至少提前十五个工作日向银监会申请延迟披露；银监会依法对商业银行信息披露实施监督管理。银监会应当监督商业银行建立健全信息披露管理体系，当认为商业银行的信息披露存在缺陷或出现异常时，可采取相应监管措施。

风险暴露与评估涉及信用风险、市场风险、操作风险、证券化风险，如文件规定，商业银行应至少披露信用风险、市场风险、操作风险及其他重要风险的管理目标、政策、策略和程序，组织架构和管理职能，风险缓释政策和工具，风险报告或计量系统的范围或性质，风险暴露和评估等定性信息；商业银行应至少披露信用风险暴露的以下定性信息：逾期及不良贷款的定义，贷款减值准备的计提方法，各类风险暴露采用的计量方法等；商业银行应至少披露信用风险暴露的以下定量信息：信用风险暴露总额，采用不同资本计量方法的各类风险暴露余额，信用风险暴露的地域分布、行业或交易对手分布、剩余期限分布，不良贷款总额、贷款减值准备余额及报告期变动情况等；商业银行采用内部评级法应至少披露以下定性信息：评级体系的治理结构、评级结构、评级结果的应用，风险参数的定义，数据、风险计量的基本方法和假设等。

（三）《商业银行资本计量高级方法验证指引》

2009 年 12 月 24 日，银监会发布了《商业银行资本计量高级方法验证指引》，该文件包括总则、商业银行验证工作的总体要求、信用风险内部评级体系验证、操作风险高级计量体系验证、验证监督检查、附则等六个章节，共 152 条。

该文件的“总则”部分对宗旨问题进行了阐述，如其第 2 ~ 7 条规定：本指引所称验证，是指采用资本计量高级方法的商业银行对信用风险的内部评级法、市场风险的内部模型法、操作风险的高级计量法及其支持体系进行持续检查，完善自我纠正机制，确保资本计量充分反映风险水平。商业银行采用资本计量高级方法计算监管资本，应按照本指引要求建立验证体系；商业银行采用内部评级法计算信用风险监管资本要求，应根据本指引和中国银行业监督管理委员会关于《商业银行信用风险内部评级体系监管指引》的要求，对内部评级体系进行验证，确保模型能够有效量化风险，评级体系运行稳定可靠；商业银行采用内部模型法计算市场风险监管资本要求，应根据本指引和银监会关于《商业银行市场风险内部模型法监管资本计量指引》的要求，对市场风险内部模型及支持体系进行验证，确保模型理论正确、假设合理、数据完整、模型运行情况良好、计算准确、使用分析恰当；商业银行使用高级计量法计算操作风险监管资本，应根据本指引和银监会关于《商业银行操作风险监管资本计量指引》和《商业银行操作风险管理指引》的相关要求，对操作风险高级计量模型及支持体系进行验证，证明高级计量模型能够充分反映低频高损事件风险，审慎计量操作风险的监管资本；银监会按照本指引对商业银行资本计量高级方法的验证工作进行监督检查。

此外，文件对验证的目标、流程、方法等问题进行了明确，如文件第 8 条规定：“商业银行对资本计量高级方法的验证承担主要责任，并通过建立完善的验证体系实现以下目标：增强高级计量方法的稳健性和可靠性。建立纠正机制，改进高级计量方法的风险预测能力，促进方法和体系的持续改进。增进商业银行高级管理层和相关人员对计量模型的理解，充分认识模型的局限性，完善模型结果运用，确保资本计量准确反映商业银行的风险水平；对治理结构，文件规定，商业银行应当建立完善的验证治理结构，确保验证工作持续、有效、独立地开展，并为持续改进资本计量高级方法提供依据；对商业银行的验证流程规定，其应包含验证触发机制，确保验证过程能够及时捕捉计量模型表现和支持体系的变化，适时启动验证工作；对验证的支撑体系规定，商业银行应当建立一套完整的验证数据管理流程，确保验证工作基于准确、适当和完整的数据。

（四）《中国银监会关于中国银行业实施新监管标准指导意见》

我国“十二五”规划纲要明确提出参与国际金融准则新一轮修订，完善我国金融业稳健标准。2010 年 12 月 16 日，巴塞尔银行监管委员会发布了第三版资本文件，并要求各成员经济体两年内完成相应监管法规的制定和修订工作，2013 年 1 月 1 日开始实施新监管标准，2019 年 1 月 1 日前全面达标。该版本确立了微观审慎和宏观审慎相结合的金融监管新模式，大幅度提高了商业银行资本监管要求，建立全球一致的流动性监管量化标准，将对商业银行经营模式、银行体系稳健性乃至宏观经济运行产生深远影响。基于这些考虑，2011 年 4 月 27 日中国银监会在充分借鉴国际经验，紧密结合国内银行业经营和监管实际的基础上，颁布了《中国银行业实施新监管标准指导意见》，确立了我国银行业实施新监管标准的政策框架，明确了我国银行资本充足率、杠杆率、流动性、贷款损失准备监管标准，并规定了差异化的过渡期安排。该“指引”的主要体现在以下几个内容：

其一是明确了指导原则，即立足国内银行业实际，借鉴国际金融监管改革成果，完善银行业审慎监管标准；宏观审慎监管与微观审慎监管有机结合；监管标准统一性和监管实践灵活性相结合；支持经济持续增长和维护银行体系稳健统筹兼顾。

其二是改进资本充足率计算方法。方法一是严格资本定义，提高监管资本的损失吸收能力，将监管资本从现行的两级分类（一级资本和二级资本）修改为三级分类，即核心一级资本、其他一级资本和二级资本。严格执行对核心一级资本的扣除规定，提升资本工具吸收损失能力。方法二是优化风险加权资产计算方法，扩大资本覆盖的风险范围。采用差异化的信用风险权重方法，推动银行业金融机构提升信用风险管理能力，明确操作风险的资本要求，提高交易性业务、资产证券化业务、场外衍生品交易等复杂金融工具的风险权重。

其三是提高资本充足率监管要求。将现行的两个最低资本充足率要求（一级资本和总资本占风险资产的比例分别不低于4%和8%）调整为三个层次的资本充足率要求：一是明确三个最低资本充足率要求，即核心一级资本充足率、一级资本充足率和资本充足率分别不低于5%、6%和8%；二是引入逆周期资本监管框架，包括2.5%的留存超额资本和0~2.5%的逆周期超额资本；三是增加系统重要性银行的附加资本要求，暂定为1%。新标准实施后，正常条件下系统重要性银行和非系统重要性银行的资本充足率分别不低于11.5%和10.5%。若出现系统性的信贷过快增长，商业银行需计提逆周期超额资本。

其四是建立杠杆率监管标准。引入杠杆率监管标准，即一级资本占调整后表内外资产余额的比例不低于4%，以弥补资本充足率的不足，控制银行业金融机构以及银行体系的杠杆率的积累。

其五是建立多维度的流动性风险监管标准和监测指标体系。构建流动性覆盖率、净稳定融资比例、流动性比例、存贷比以及核心负债依存度、流动性缺口率、客户存款集中度以及同业负债集中度等多个流动性风险监管和监测指标，其中流动性覆盖率、净稳定融资比例均不得低于100%。同时，推动银行业金融机构建立多情景、多方法、多币种和多时间跨度的流动性风险内部监控指标体系。

其六是合理安排过渡期。新资本监管标准从2012年1月1日开始执行，系统重要性银行和非系统重要性银行应分别于2013年底和2016年底前达到新的资本监管标准。过渡期结束后，各类银行应按照新监管标准披露资本充足率和杠杆率。

（五）《商业银行资本管理办法（试行）》

为了加强商业银行资本监管，维护银行体系稳健运行，保护存款人利益，以上述指引为指导，2012 年 6 月 7 日，中国银监会发布了《商业银行资本管理办法（试行）》，该办法于 2013 年 1 月 1 日起实施。文件共分为总则、资本充足率计算与要求（资本充足率计算范围、资本充足率计算公式、资本充足率监管要求）、资本定义（资本组成、资本扣除项、少数股东资本的处理、特殊规定）、信用风险加权资产计量（一般规定、权重法、内部评级法）、市场风险加权资产计量（一般规定、标准法、内部模型法）、操作风险加权资产计量（一般规定、基本指标法、标准法、高级计量法）、商业银行内部资本充足评估程序（一般规定、治理结构、风险评估、资本规划、监测和报告）、监督检查（监督检查内容、监督检查程序、第二支柱资本要求、监管措施）、信息披露等 10 章，共 180 条。无论是从所代表的理念、发布的时间，还是从条文的数量上评判，至少到当下为止，该文件是我国资本充足监管规则的集大成者。文件的主要内容如下。

其一是系统化地明确了我国商业银行资本充足率的概念及监管的基本原则。“试行办法”规定，资本充足率是指商业银行持有的符合本办法规定的资本与风险加权资产之间的比率。一级资本充足率，是指商业银行持有的符合本办法规定的一级资本与风险加权资产之间的比率。核心一级资本充足率，是指商业银行持有的符合本办法规定的核心一级资本与风险加权资产之间的比率；资本监管的基本要求表现为：商业银行资本应抵御其所面临的风险，包括个体风险和系统性风险。商业银行应当按照本办法的规定计算并表和未并表的资本充足率。商业银行资本充足率计算应当建立在充分计提贷款损失准备等各项减值准备的基础之上。商业银行应当按照本办法建立全面风险管理架构和内部资本充足评估程序。

其二是明晰了并表的范围。文件规定，商业银行未并表资本充足率的计算范围应包括商业银行境内外所有分支机构。并表资本充足率的计算范围应包括商业银行以及符合本办法规定的其直接或间接投资的金融机构。商业银行及被投资金融机构共同构成银行集团。应当并表的情形包括四大类：一是商业银行直接或间接拥有 50% 以上表决权的被投资金融机构。二是虽然商业银行拥有 50%

以下（含）表决权的被投资金融机构，但是与被投资金融机构之间存在关联之一者，应将其纳入并表范围，此类情况包括通过与其他投资者之间的协议，拥有该金融机构50%以上的表决权，或根据章程或协议，有权决定该金融机构的财务和经营政策，或有权任免该金融机构董事会或类似权力机构的多数成员，或在被投资金融机构董事会或类似权力机构占多数表决权。同时，在确定对被投资金融机构表决权时，应考虑直接和间接拥有的被投资金融机构的当期可转换债券、当期可执行的认股权证等潜在表决权因素，对于当期可以实现的潜在表决权，应计入对被投资金融机构的表决权。三是其他证据表明商业银行实际控制被投资金融机构的情况，而控制即指一个公司能够决定另一个公司的财务和经营政策，并据以从另一个公司的经营活动中获取利益。四是商业银行未拥有被投资金融机构多数表决权或控制权，具有下列情况之一者，应当纳入并表资本充足率计算范围：具有业务同质性的多个金融机构，虽然单个金融机构资产规模占银行集团整体资产规模的比例较小，但该类金融机构总体风险足以对银行集团的财务状况及风险水平造成重大影响。被投资金融机构所产生的合规风险、声誉风险造成的危害和损失足以对银行集团的声誉造成重大影响。

其三是强化了最低的资本充足率要求。根据文件的规定，商业银行资本充足率监管要求包括最低资本要求、储备资本和逆周期资本要求、系统重要性银行附加资本要求以及第二支柱资本要求。如最低资本要求为核心一级资本充足率不得低于5%、一级资本充足率不得低于6%、总资本充足率不得低于8%。为了强化这一要求，商业银行应当在最低资本要求的基础上计提储备资本。储备资本要求为风险加权资产的2.5%，由核心一级资本来满足；在特定情况下，商业银行应当在最低资本要求和储备资本要求之上计提逆周期资本。逆周期资本要求为风险加权资产的0～2.5%，由核心一级资本来满足；系统重要性银行还应当计提附加资本，国内系统重要性银行附加资本要求为风险加权资产的1%，由核心一级资本满足。若国内银行被认定为全球系统重要性银行，所适用的附加资本要求不得低于巴塞尔委员会的统一规定；根据风险判断及监督检查的结果，银监会有权针对部分资产组合提出的特定资本要求。

其四是明确了资本的构成及扣项。根据文件规定，核心一级资本包括：实收资本或普通股、资本公积、盈余公积、一般风险准备、未分配利润、少数股东资本可计入部分；其他一级资本包括：其他一级资本工具及其溢价、少数股东资本可计入部分；二级资本包括二级资本工具及其溢、超额贷款损失准备①；商业银行应当从核心一级资本中全额扣除的项目包括：商誉、其他无形资产（土地使用权除外）、由经营亏损引起的净递延税资产、款损失准备缺口、资产证券化销售利得、确定受益类的养老金资产净额、直接或间接持有本银行的股票、对资产负债表中未按公允价值计量的项目进行套期形成的现金流储备（若为正值，应予以扣除；若为负值，应予以加回）、商业银行自身信用风险变化导致其负债公允价值变化带来的未实现损益、商业银行之间通过协议相互持有的各级资本工具或银监会认定为虚增资本的各级资本投资、商业银行直接或间接持有本银行发行的其他一级资本工具和二级资本工具、对未并表金融机构的小额少数资本投资合计超出本银行核心一级资本净额10%的部分、商业银行对未并表金融机构的大额少数资本投资而核心一级资本投资合计超出本行核心一级资本净额10%的部分等。

其五是明确了资本监管的治理结构。在内部评级法、标准法与高级计量法的基础上，文件将资本要求提升到了内部治理的高度，其规定商业银行董事会承担本行资本管理的首要责任，履行以下职责：设定与银行发展战略和外部环境相适应的风险偏好和资本充足目标，审批银行内部资本充足评估程序，确保资本充分覆盖主要风险；审批资本管理制度，确保资本管理政策和控制措施有效；监督内部资本充足评估程序的全面性、前瞻性和有效性；审批并监督资

---

① 所称超额贷款损失准备是指商业银行实际计提的贷款损失准备超过最低要求的部分。贷款损失准备最低要求指100%拨备覆盖率对应的贷款损失准备和应计提的贷款损失专项准备两者中的较大者。商业银行采用权重法计量信用风险加权资产的，超额贷款损失准备可计入二级资本，但不得超过信用风险加权资产的1.25%。

本规划的实施，满足银行持续经营和应急性资本补充需要；至少每年一次审批资本充足率管理计划，审议资本充足率管理报告及内部资本充足评估报告，听取对资本充足率管理和内部资本充足评估程序执行情况的审计报告；审批资本充足率信息披露政策、程序和内容，并保证披露信息的真实、准确和完整。

其六是明确了资本规划要求。文件规定，商业银行制定资本规划，应当综合考虑风险评估结果、未来资本需求、资本监管要求和资本可获得性，确保资本水平持续满足监管要求。资本规划应至少设定内部资本充足率三年目标；应当确保目标资本水平与业务发展战略、风险偏好、风险管理水平和外部经营环境相适应，兼顾短期和长期资本需求，并考虑各种资本补充来源的长期可持续性；应当审慎估计资产质量、利润增长及资本市场的波动性，充分考虑对银行资本水平可能产生重大负面影响的因素，包括或有风险暴露，严重且长期的市场衰退，以及突破风险承受能力的其他事件；应当优先考虑补充核心一级资本，增强内部资本积累能力，完善资本结构，提高资本质量；应当通过严格和前瞻性的压力测试，测算不同压力条件下的资本需求和资本可获得性，并制定资本应急预案以满足计划外的资本需求，确保银行具备充足资本应对不利的市场条件变化。

其七是附件内容庞大，其包括《资本工具合格标准》、《信用风险权重法表内资产风险权重、表外项目信用转换系数及合格信用风险缓释工具》、《信用风险内部评级法风险加权资产计量规则》、《信用风险内部评级法风险暴露分类标准》、《信用风险内部评级体系监管要求》、《信用风险内部评级法风险缓释监管要求》、《专业贷款风险加权资产计量规则》、《交易对手信用风险加权资产计量规则》、《资产证券化风险加权资产计量规则》、《市场风险资本要求标准法计量规则》、《市场风险内部模型法监管要求》、《操作风险资本计量监管要求》、《商业银行风险评估标准》、《资本计量高级方法监督检查》、《信息披露内容和要求》、《资本计量高级方法验证要求》、《外部评级使用规范》。这些数量繁多的附件不仅保证了第三版巴塞尔新资本文件在中国“原汁原味”的中国化，而且在根据《试行办法》第180条的规定，2009—2010年期间所颁布的一些规范文件已被废止的情况下，这些附件也起到了及时的更替作用。

三、评析——一个辩证的视角

（一）正面的评价

法律的演进总是深一脚浅一脚地行进于试错性的实践之中。我国商业银行资本充足监管的规范化历程就是这一结论真实的写照。在行文中，之所以分前危机与后危机时代两个时段，之所以将一些已失效的规范法律文件也纳入介绍与探讨的范围中，其因就在于说明我国在资本充足监管规则的创制与创新方面越来越成熟，越来越国际化，同时也越来越表现出监管者的自信。同时，这也表明在监管层中，资本充足要求与有效银行监管之间的互动关系已是深入人心。不可否认，作为中国银监会近期推出的《商业银行资本管理办法（试行）》代表了我国商业银行资本充足监管规范文件建设中的"登峰造极"之作，标志着规则创制者的最高水平。文件出台对历史背景的充分掂量也是一个较好的注解。

2008年的金融危机对全球金融监管者的盲目自满、狂傲起到了强烈清醒剂的冷静作用，它使人类开始对所谓的理性的制度本身及其效果产生质疑，《巴塞尔资本文件Ⅲ》就是作为这种集体自省的成果而存在的。在金融全球化与监管协作国际化的大趋势下，同样毋庸置疑的是，该文件也代表了今后世界各国资本充足监管理念与规则改革的大方向，其要求各成员国从2013年开始实施，2019年全面达标。2011年11月，二十国集团在戛纳峰会要求各成员国带头实施国际新监管标准，并建立了国别评估机制。作为二十国集团、金融稳定理事会和巴塞尔委员会的正式成员，实施银行业新监管标准既是我国履行国际义务的需要，也是推进中国银行业市场化与稳健发展的重要举措。在"试行办法"的设计中，中国银监会坚持了国际标准与中国国情相结合、《巴塞尔资本文件Ⅱ》和《巴塞尔资本文件Ⅲ》统筹思考、宏观审慎监管和微观审慎监管有机统一的思想。在具体内容上，"办法"全面植入了《巴塞尔资本协议Ⅲ》所确立的资本质量标准及资本监管最新要求，涵盖了最低资本要求、储备资本要求和逆周期资本要求、系统重要性银行附加资本要求等多层次的监管标准，促进银行资本能充分覆盖银行面临的系统性风险和个体风险。同时，文件也整合了巴塞尔第二版和第三版资本文件在风险加权资产计算方面的核心要求，坚持资本计量的审慎性，扩大了风险的覆盖范围，提高了监管资本的风险敏感性，合理设计了各类资产的风险权重体系，允许符合条件的银行采取内部评级法计量信用风险资本要求，要求所有银行必须计提市场风险和操作风险资本要求。此外，其还明确了商业银行内部资本充足评估程序、资本充足率监管检查等内容，规定银监会有权增加高风险资产组合和高风险银行的资本要求，并依据资本充足率水平对商业银行实施分类监管，采取一整套具有针对性和操作性的差异化监管措施，在坚持审慎监管的同时，体现资本监管的灵活性。

霍姆斯曾言，就实践而言，人注定是地方性的。在某种程度上，“法律并不是立法者所创造的，它是人们在日常社会生活中所创造的，立法者能做的只是发现它并总结它”。① 此论说明，制度的建设也必须与一国的国情相适应。在强调与国际接轨的同时，“办法”还兼顾了中国的国情，这主要表现于以下几点：其一是为了扶持小型企业，务实地下调了对小型企业、个人贷款及信用卡授信的风险权重，将小型企业风险权重从100%下调至75%，未使用信用卡的信用转换系数从50%的权重细分为20%和50%两个档次；其二是考虑了国内银行贷款损失准备较高的现实情况，提高了实施内部评级法的商业银行超额贷款损失准备计入二级资本的上限值；其三是对银行已发行的不合格资本工具给予10年过渡期逐步退出，以缓解银行资本补充的压力，如“办法”第43条规定，商业银行2010年9月12日前发行的不合格二级资本工具，2013年1月1日之前可计入监管资本，2013年1月1日起按年递减10%，2022年1月1日起不得计入监管资本；其四是根据我国银行的实

① 苏力：《法治及其本土资源》，中国政法大学出版社1996年版，第4页。

际情况，在国际最低标准的基础上，也适当提高了部分监管要求，如由于我国银行资本构成中绝大部分是核心资本，所以“办法”规定核心一级资本充足率要求为5%，稍高于国际规定的4.5%最低标准。

与前期的资本文件相比较，在一些核心问题上，如资本定义、资本覆盖、资本监管要求上，“办法”也进行了如下创新：以前的资本监管规则仅明确了商业银行的最低资本要求，即资本充足率不得低于8%，核心资本充足率不得低于4%。新文件将商业银行资本充足率监管要求细分为四个分明的层次：第一层次为最低资本要求，即核心一级资本充足率、一级资本充足率和资本充足率分别为5%、6%和8%；第二层次为储备资本要求和逆周期资本要求，分别为2.5%和0~2.5%；第三层次为系统重要性银行附加资本要求，为1%；第四层次为根据单家银行风险状况提出的第二支柱资本要求。新办法生效后，我国大型银行和中小银行的资本充足率监管要求将分别为11.5%和10.5%。多层次的资本监管要求不仅符合《巴塞尔资本文件Ⅲ》确定的资本监管新要求，而且又增强了资本监管的审慎性和灵活性，确保了资本能充分覆盖我国银行所可能面临的系统性风险和个体风险。

“试行办法”也反映出了“吃一堑，长一智”的务实性。2008年金融危机的一个显著教训就是欧美银行资本工具的损失吸纳能力严重弱化，相当一部分资本工具在危机时不能被用于吸收损失，从而导致危机负面效应的放大。是故，《巴塞尔资本文件Ⅲ》大幅度地提高了监管资本工具的质量要求，如各类资本工具合格标准、资本扣除项目等。“办法”按照新资本文件的最新要求，也适时地明确了各类资本工具的合格标准和资本调整项目，特别是强化了对各类资本工具的损失吸收能力的要求，并适度放松了国内现行规则中比巴塞尔新资本文件更严格的资本扣除规定。为了缓解商业银行补充资本的压力，其允许商业银行在并行期内将更多超额贷款损失准备计入二级资本，并对国内银行已发行的不合格资本工具给予10年过渡期。此外，按照巴塞尔新资本文件的统一规定，“办法”扩大了资本风险覆盖的范围，其不仅包括信用风险和市场风险，也将操作风险纳入资本监管框架，而且明确了资产证券化、场外衍生品等复杂交易性业务的资本监管规则，引导国内银行业在审慎经营的基础上开展创新。

在资本分类监管方面，“办法”亦有一些创新。我国现行资本监管规则将商业银行分为资本充足、资本不足和资本严重不足三类，三分类方法主要是基于2004年初国内银行资本充足率普遍不达标的实际而确定的。鉴于目前国内银行资本充足率已远高于最低资本要求，《资本办法》对商业银行分类标准和分类方法进行较大修改，依据资本充足水平将商业银行分为四类：第一类为资本充足率、一级资本充足率和核心一级资本充足率均达到办法规定的各级资本要求；第二类为资本充足率、一级资本充足率和核心一级资本充足率未达到第二支柱资本要求，但均不低于其他各级资本要求；第三类为资本充足率、一级资本充足率和核心一级资本充足率均不低于最低资本要求，但未达到其他各级资本要求；第四类为资本充足率、一级资本充足率和核心一级资本充足率任意一项都未达到最低资本要求。

办法体现了“早期结构化介入制度”①。与前述的银行分类相对应，“办法”还明确了随着资本充足率水平下降监管力度不断增强的一整套监管措施。对第一类商业银行，银监会支持其稳健发展业务。为防止其资本充足率水平快速下降，银监会可以采取下列预警监管措施：要求商业银行加强对资本充足率水平下降原因的分析及预测。要求商业银行制定切实可行的资本充足率管理计划。要求商业银行提高风险控制能力。对第二类银行，除了针对第一类银行的措施外，银监会还可以采取下列监管措施。与商业银行董事会、高级管理层进行审慎性会谈。下发监管意见书，监管意见书内容包

① “早期结构化介入制度”是指指为了对出现问题的银行逐步实施强制性矫正措施，一个国家通过制定专门性的法律规则，促使银行业监管部门早期积极步入监管，从而达到使问题银行恢复正常营运的制度。该机制一般被称为“结构化早期介入与解决”(SEIR，Structured Early Intervention and Resolution)，其目的在于减少监管机构的自由裁量权。

括：商业银行资本管理存在的问题、拟采取的纠正措施和限期达标意见等。要求商业银行制定切实可行的资本补充计划和限期达标计划。增加对商业银行资本充足的监督检查频率。要求商业银行对特定风险领域采取风险缓释措施。对第三类银行，除了针对第一类与第二类措施外，银监会还可以采取下列监管措施：限制商业银行分配红利和其他收入。限制商业银行向董事、高级管理人员实施任何形式的激励。限制商业银行进行股权投资或回购资本工具。限制商业银行重要资本性支出。要求商业银行控制风险资产增长。对第四类银行，除了以上三类措施外，银监会还可以采取下列监管措施：要求商业银行大幅降低风险资产的规模。责令商业银行停办一切高风险资产业务。限制或禁止商业银行增设新机构、开办新业务。强制要求商业银行对二级资本工具进行减记或转为普通股。责令商业银行调整董事、高级管理人员或限制其权利。依法对商业银行实行接管或者促成机构重组，直至予以撤销。

在金融机构的有效监管中，虽然核心指标的选择是多元化的，如盈利性、管理水平、流动性等，但是在这众多指标中，金融机构的自有资本无疑是抵挡或然性风险最有效的法宝，而这也决定了为保证对金融机构监管的有效性，一个对于监管者来说最经济、最省事的方法就是，确保被监管的机构备有足够的资本来应对突发性金融事件所造成的损失。此种成本与效益的对比评估直接决定了资本充足率要求在整个指标体系中的举足轻重的地位，及与之相配的法律制度建设的重要性。客观而言，资本充足监管的制度设计是一项纷繁复杂的跨学科的系统性工程，其不仅关涉到金融机构的内部治理、责任配制、信息披露等问题，而且也涉及具体指标的量化、计量方法的考证等事项。这种交叉性与效应连带性必将直接导致规范文本的厚重性与技术性，如《巴塞尔资本文件Ⅲ》在页面上就足足有 200 余面。相对于我国宏大叙事性的立法及相权于金融监管法中的其他规范文件，“办法” 180 的条文数也说明在整个制度的设计中，规则的创制者们确实也进行了苦思冥想。作为一项主观来反映客观的制度，无论对之如何进行精细的打磨，缺憾也必定是存在的。对于一个像我们这样素来匮乏“信法、守法、遵法、爱法”

传统的国家来说，在制度及制度的背后，还有更多的问题需要我们为之思索与突破。

（二）负面的评价——制度完善的基础

一部法律文件的良与劣不是它如何说的，而是如何被说的。在没有被说之前，其好与坏绝对地处于一种搁置状态。对此，德国哲学家胡塞尔认为："在认识批判的开始，整个世界、物理的和心理的、自然的、最后还有人自身的以及所有与上述这些对象有关的科学都必须被打上可疑的标记。它们的存在、它们的有效性始终是被搁置的。"① 无疑，这种"先前搁置法"是公正且务实的。而且，对于制度的完美来说，批判不会阻碍事物的发展，相反，以问题发现为主旨的批判反倒会成为事物发展的助力。笔者认为，在瑕不掩瑜的前提下，"办法"仍存在以下值得商榷之处。

其一是严重欠缺长远性的思考。很久以前，法国先哲罗伯斯庇尔曾言："我们制定法律，不是为了一时之需，而是为了百年大计；不是为了我们，而是为了世界。"② 虽然在法学格言中，流行着"公法易逝，私法长存"的说法，但是法律不得朝令夕改也是其基本品性使然。在前文中，作者对这种短视或临时抱佛脚式的立法进行了抨击与批判，但是在实践面前，理性往往表现得有些苍白无力。在"办法"诞生之前，银监会紧锣密鼓地推出了一系列的规范文件，如 2009 年《商业银行资本充足率监督检查指引》、2009 年《商业银行资本计量高级方法验证指引》、2010 年的《商业银行市场风险资本计量内部模型法监管指引》等。然而，时隔不过三年光景，中国银监会又用只言片语的方式让这些劳神费力的文件寿终正寝了，因为"办法"为了对历史问题作了结，在第 180 条白纸黑字地规定："本办法自 2013 年 1 月 1 日起施行。《商业银行资本充足率管理办法》（中国银行业监督管理委员会 2004 年第 2

---

① ［德］埃德蒙德·胡塞尔：《现象学的观念》，倪梁康译，上海译文出版社 1986 年版，第 28 页。

② ［法］罗伯斯庇尔：《革命法制与审判》，赵涵舆译，商务印书馆 2012 年版，第 65 页。

号令颁布实施，根据2006年12月28日中国银行业监督管理委员会第五十五次主席会议《关于修改〈商业银行资本充足率管理办法〉的决定》修正）、《商业银行银行账户信用风险暴露分类指引》、《商业银行信用风险内部评级体系监管指引》、《商业银行专业贷款监管资本计量指引》、《商业银行信用风险缓释监管资本计量指引》、《商业银行操作风险监管资本计量指引》（银监发［2008］69号）、《商业银行资本充足率信息披露指引》（银监发［2009］97号）、《商业银行资本计量高级方法验证指引》（银监发［2009］104号）、《商业银行资本充足率监督检查指引》（银监发［2009］109号）、《商业银行资产证券化风险暴露监管资本计量指引》（银监发［2009］）116号）、《商业银行市场风险资本计量内部模型法监管指引》（银监发［2010］13号）、《商业银行资本计量高级方法实施申请和审批指引》（银监发［2010］114号）同时废止。本办法施行前出台的有关规章及规范性文件如与本办法不一致的，按照本办法执行。”本次金融危机爆发的时间是2008年，它使世界各国，特别是有影响力的经济实体如临大敌，而且在危机发生后，巴塞尔银行监管委员会说就已着手开始资本文件的修订工作，并很快推出了第三版资本文件的征求意见稿，因此从逻辑上看，作为该委员会的成员，我国银监会应该是非常知悉第三版文件的精神的。然而，对资本规范文件仓促的废改立说明在整个部门规章的修订流程中，其对中国银行业未来资本充足监管规则的走向欠缺长远的规划，其第180条的规定就是一个最有力的佐证。

笔者并不否认，“办法”预示着我国商业银行资本充足监管制度构建中质的飞越，但是这种质变有些不彻底，同时又有些朝三暮四之嫌。法律体系的构建必须具有自己的语言，但是不弄清语言的意义，就没有资格讨论法哲学问题。在大众语境中，什么是试行？试行传递是一种“边走边看”的观望心态，它表明的是立法者与决策者的不自知与不确信。试想，在规则的制定者对规则本身都不那么自爱与自信的话，规则的效果也是可想而知的。法律事关千秋大计，务必细细思量，切不可急功近利。实际上，用现学现用的急切态度来看待法律，把法律当成驭人之术或取胜的技巧，这显然不是对法律的尊重，而是对法律精神的疏离。古语说得好：不谋万世者，不足谋一时；不谋全局者，不足谋一域。在只图一时而不谋万世的“试行”下，你说作为中国银行业资本充足监管“基本法”的“试行”是好，还是坏呢？

其二是否应该被适应的问题？“法律是整个社会生活的一部分，而且绝不是存在于真空之中。法律并不是社会科学中一个自给自足的独立领域，能够被封闭起来或者可以人类努力的其他分支学科相脱离。”① 这说明从应然与规律上来看，法律的发展应该是内向与外向的结合与统一。落后就要挨打的历史表明，在主权国家内闭关锁国独舞是不足取的，那么走向国外就是绝对合理吗？在改革开放的场景下，国际化是一个比较热，或者说是已被广大民众不假思索就已经接受的常识性问题。在中国银监会就《商业银行资本管理办法（试行）》答记者问中，相关负责人也一再强调，文件的出台具有强烈的国际背景，即与《巴塞尔资本文件Ⅲ》的精神保持同步。实质上，“国际化”只是一个中性词，其并不具有绝对的积极性意义。在势不可挡的国际化进程中，其遵循的还是一个物竞天择的丛林哲学，奉行的是强者对弱者的暴力与威慑，弱者对强者所制定的规则直接或间接的遵守。虽然历经多年的厚积而薄发，但一个不容置疑的事实是，中国仍然还没有强大到对主流国家率性说“不”的程度，因此在分类上，我们还是属于弱者的范畴，我们只能更多地接受强者为国际经济秩序所确立的游戏规则。虽然主权决定了一国法律效力的空间性，但是实力的对抗之下，我们的国际化实为一个被包装了的国际化过程。

笔者并不想颠覆前文所述的巴塞尔资本文件代表了国际与国内金融监管的新思想与新理念的观点，但是对于其合理性、公正性等，有更多的问题需要我们挖掘，再挖掘。在源流上，巴塞尔资本文件的初衷真的在于在全球打造银行安全网吗？答案是否定的，其真实意图在于将美国国内银行业早已实行的8%的资本充足要求向

---

① ［美］E. 博登海默：《法理学——法律哲学与法律方法》，邓正来译，中国政法大学出版社1999年版，第491页。

全球其他要求略低或无此要求的国家推销，从而构造一种有利于美国银行业的国际竞争秩序。实际上，这种游戏规则的确立是一个主流国家的国内法向其他弱势国家或同盟倾销的国际化流程。同时，在强强联合的背景下，对于非成员国而言，“名不正言不顺”的巴塞尔银行监管体系具有“无冕之王”的附带约束力。“国际银行业对巴塞尔协议的重视说明了巴塞尔协议虽不具备法律条文的效力，但它具有约定俗成的不可抵御的威力，谁不重视它，不遵循它，谁就会在国际竞争中处于不利地位。”① 动机的非纯洁性必然会影响到了巴塞尔系统文件的公正性。虽然经过多番努力之后，我国已正式成为巴塞尔银行监管委员会的成员，但这也是一种迫不得已的选择。

虽然在业界巴塞尔资本文件已产生了类似“言必称希腊”的效应，但是需要较真释疑的地方确实还有很多，如在经济发展水平、金融法律制度建设、金融品种、市场完善性等各异的情况，巴塞尔系列文件真的可以放之四海皆准吗？此外，巴塞尔资本文件的核心在于最低的资本充足要求，在危机悄然而至之时，这些最低要求能确保所涉金融机构的安然无恙吗？能确保存款人的利益万无一失吗？接二连三的银行倒闭案件及2008年的金融危机说明，8%的资本充足率是一个最真实的谎言。可见，资本充足率的高低并不是什么问题，因为其并不能根除金融风险，而只能使扩大投资人在得到一定的担保的情况下使风险得以迁移，使金融业的贪婪在隐藏下进一步放大。依官方的说词，《商业银行资本管理办法（试行）》是打着国际化的旗帜出台的，但必须心知肚明的是，无论如何夸大国际化的作用，正本清源地看，国际化本身就是一柄极具有自伤力的双刃剑，若使用不当，我国金融业、国家安全、公众利益都可能三受其害。

其三是如何保证效果的问题？对于立法与效果问题，很久以前哈耶克就指出：“在人类社会这个巨大的棋盘上，每一个人都有着

① 王军等：《巴塞尔协议实施后的中国金融业》，中国经济出版社1993年版，第33页。

他自己的运动原则，而且这些原则还与立法机构可能强加给他的运动原则完全不同。如果这两种原则恰好相吻合，并趋于同一个方向，那么人类社会中的人与人之间的竞技或生活就会顺利且和谐地进化下去，而且极有可能是幸福和成功的。如果这两种原则相反或对立，那么人类社会中的人与人之间的生活就会以悲惨的方式持续下去，而且这种社会也肯定始终处于最为失序的状态之中。”① 两者相照，“试行办法”合乎中国银行业的口味吗？对于中国银监会而言，被监管者的可能不领情说明这是一个吃力而不讨好的事情。就目前而言，无论是在编章结构上，还是在实体上，“办法”是最完整的。根据“有其法者，尤贵有其人”的灼见，要将文件中的这些规定塑造为现实中银行业的资本要求的行为模式，这可是一个知易行更难的问题。为了确保规则的效果，办法的制定者也可以说是用心良苦，如专门增设了“内部治理结构、风险评估、资本规划、监测报告、信息披露”等环节，但是在我国银行业的产权性决定了其与监管者之间本属于一个利益共同体的情况下，这些合理性的规则能否得到彻底的执行，是不能不让人生疑的。虽然我国国有商业银行经过股改后成功上市，但是在股权高度集中的情况下，其内部的治理机制并没有得到脱胎换骨的改变。文件规定，董事会承担本行资本管理的首要责任，若董事会或董事长不作为，在内部治理结构本就先天不足的情况下，又该如何处理呢？此外，资本规则、风险评估等都属于自律，而我国本就缺乏自律的传统，改革与转型时期，这一危机有进一步恶化的倾向，大氛围之下，资本自律的效果也是可想而知的。为了保证的法律的权威与神圣不可侵犯，法律必须具有会咬人的“牙齿”，但是通观“办法”全文，却并无法律责任内容的规定，这无疑使得整个文件的尊严黯然失色。

“办法”所涉内容众多，而量多又与破绽之间是一种正线数关系。因此，如果对一部历经千辛万苦而成的文件采取一种“痛打落水狗”的“敌意”心态也是对立法者的极大不公。而且，法律

---

① ［英］哈耶克：《立法、法律与自由》，张守东译，中国大百科全书出版社 2000 年版，第 54 页。

的文明化也揭示了一种规律，即必须适度地允许立法者犯错，因为也只有如此，规则才会被打造得更好，才会更接近现实的要求。客观上，笔者并不怀疑“办法”本身的科学性、利益平衡性、合理性，而让本人忧虑的是，在监管者既是利益既得者，又是裁判者的情况下，在我国银行业内部高度官僚化与计划化，及在人大于法与历史的不良痕迹还没有得到有效抹去的现实下，“办法”的效力与效果又该如何完整地打通呢?

第二节 巴塞尔资本框架及其对中国的资本充足监管的影响

对资本充足监管要求，巴塞尔银行监管委员会为之付出了不懈的努力，因时制宜地推出了系列性的资本监管文件，如 1988 年的《巴塞尔资本文件Ⅰ》，2004 年的《巴塞尔资本文件Ⅱ》以及 2010 年底达成的《巴塞尔资本文件Ⅲ》。巴塞尔资本框架作为特定时期产物的国际银行界的“游戏规则”，它的产生及进一步发展是国际银行界追求银行业稳健经营、公平竞争的自然结果。伴随着我国加入 WTO 及金融自由化步伐的不断加快，我国对外资银行经营人民币业务地域、客户限制的逐渐取消及我国银行业经营的国际化，国际活跃银行与国内银行在统一的规则下的正面交锋已日益公平与激烈。在巴塞尔资本文件强大的胁迫作用下，我国想置之度外已几乎是不可能，因此探讨新资本文件及其对我国资本充足监管规则立法的影响亦是我国银行法律制度整合与完善中的重点。由于上述三文件之间在理念、精神等方面存在着先后之间的继受与发展性，故而，在下文中，将只介绍与分析后二文件的内容。

一、《巴塞尔资本文件Ⅱ》的主要内容及评价

(一)《巴塞尔资本文件Ⅱ》的主要内容

该版巴塞尔资本框架由三部分组成。一是新资本文件概述，该部分主要论证了新框架主要组成部分的合理性，描述了其与以前征求意见稿的主要变化，及委员会希望得到支持与反馈的主要领域;

二是新资本框架的核心内容；三是辅助性文件，该部分概述了委员会制定各类方案的背景信息与技术性安排，包括信用风险评级标准法、资产证券化、内部评级法、操作风险、监管当局的监督检查及市场纪律等。以下对该版资本文件的实质性内容进行一定的介绍：

目标与适用范围。该文件的目标有四：一是继续促进金融体系的安全与稳健，至少维持金融体系目前的总体资本水平；二是提供更全面的处理风险的方案；三是促进公平竞争；四是使资本充足率的处理方法能更加敏感地反映银行头寸及其业务的风险暴露。该资本文件主要适用范围在全面并表的基础上拓展到了以银行业务为主的银行集团性的持股公司，但其侧重点是国际上活跃的银行。同时，鉴于银行业正日益向证券业、保险业渗透的现状，文件期望在有效、可行的前提下凭借金融企业并表的方式，使风险管理的涵盖面进一步扩展，以保证在银行业、证券业及保险业的资本监管规则方面能达成必要的协调与合作。

第一支柱——最低资本充足要求。最低资本充足要求是资本框架的重点。尽管最低资本充足率的指标仍维持在8%，但是在所涉风险上已从原来的信用风险，扩展至市场风险与操作风险。同时，针对所涉风险的不同，框架也设定了可选择性的外部评级与内部评级的资本计量方法。为了测算银行的风险资产状况，银行必须对其资产进行评级，并确定相应的风险权重。然而，由于商业银行普遍对评级机构的客观性、独立性、评级结果披露的及时性、资料的可获取性及评级结果的可信度等方面存有较大的分歧，且外部评级机构为了避免可能的讼争，也不愿意将判断银行风险大小的责任全部揽到自己身上，因而文件采取了灵活处理的方法，提供了三个可选择的方案，即标准化方法、以内部评级为基础的方法及高级的内部评级方法，强调以内部评级为基础来计量风险资产，进而确定与配备适度的资本。

对于信用风险的测算，其建议业务并非十分复杂的银行可采用标准化方法。所谓标准化方法主要是延续了1988年资本文件的思路，根据借款人的外部评级结果来确定其风险权重，进而计算相应的配备的风险资产，但是与1988年的资本文件相比，2004年的资本文件中的标准化方法又有所创新，即将原来计量主权风险通常采用的外部信用评级转为出口信用评级。这种处理无疑是对旧协议在核算 OECD 国家与非 OECD 国家主权风险时进行歧视待遇的矫正。对于风险管理能力较好的银行，资本文件建议其援用以内部评级为基础的核算方法或高级方法。内部评级方法对企业、银行及主权风险采取了同样的处理方式，并且为零售产品、项目融资及因持有证券的风险提供了独立的分析框架。在运用内部评级法核定每一类风险时都应考虑以下三个方面的因素：风险构成因素、风险权重因素及最低资本要求。

进行全面的风险管理一直是巴塞尔银行监管委员会为之奋斗的目标，因此资本文件要求监管当局还应考虑到操作风险及市场风险，并配备相应的资本。在实际操作中，许多考虑运营风险的银行只是在信用风险所需资本之外，增加 20% 作为覆盖运营风险的资本。资本文件准备采用上述 20% 的标准作为广义的指导性准备标准。对于操作风险所需资本的计量，巴塞尔银行监管委员会提出了包括基本指数法、标准方法及内部测试方法在内的集中方法。根据大多数大型银行的实际经验，必须保留经济资本的 20% 用于应对可能的操作风险。

第二支柱——监督检查。该支柱的目的是确保各银行建立了行之有效的内部控制程序，从而保证商业银行在认真分析风险的基础上设定相应的资本充足率，并对银行是否对不同风险进行了妥善处理进行监督。为了达到这一目标，文件为监管当局的监督与检查倡导了四项原则：其一是商业银行应具备一整套程序，以对其风险进行评估，并配置适度的资本。具体而言，完善的资本评估程序应包括五个方面的内容：董事会与高级管理层的监督、评估程序应覆盖银行所面临的所有实质性风险、对资本的监测与报告程序、内部控制的检查及健全资本评估程序所应包括的要素。① 其二是监管当局

① 根据资本文件的内容，健全的资本评估程序要素包括：识别、计量与报告所有实质性风险的政策与程序；根据风险状况调整资本水平的程序；根据风险状况确定银行资本充足率目标的程序；及完善的内部控制、检查与审计程序等。

应对银行内部的资本充足率评估情况及资本战略进行检查，并作出相应的评价。若对检查结果不满意，监管当局应采取适当的监管措施。其三是监管当局应鼓励银行保持高于目标资本比率的资本充足水平，应有能力要求银行在满足最低资本要求的基础上，额外备有更多的资本。其四是监管当局应尽早采取干预措施，防止银行的资本水平降至最低资本水平。若银行未能保持最低资本水平，或不能及时补充资本，则监管当局应要求其迅速采取补救措施。

第三支柱——市场纪律。资本文件引入了市场约束机制，强调市场约束具有强化资本监管，帮助监管当局提高金融体系安全性的潜在作用，并在适用范围、资本结构、风险披露的评估与管理程序、资本充足率四个方面规定了具体的定性与定量的信息披露内容。该文件在阐述总体披露原则时一再重申，银行应具备一套经董事会批准的披露政策。此外，银行应有专门的程序，以对披露的适当性进行评估。巴塞尔银行监管委员会认为，市场纪律是对最低资本要求与监督检查的补充。其认为披露十分重要，特别是考虑到在银行根据资本框架采用内部评级方法时，其在评估资本要求方面享有更大的自主权。①

（二）评价

1. 积极方面的分析

第二版巴塞尔资本文件是全球银行业资本充足监管演进的成果。客观而言，它顺应了银行业监管的内在需求，同时也符合国际银行业的公平竞争。该资本框架不仅延续了1988年资本文件中以资本充足率为核心、以信用风险控制为重点、突出强调国家风险监管的思路，而且也吸收了《有效银行监管核心原则》中所提出的银行风险监管最低资本金要求、外部监管、市场约束等三大支柱原则，进而提出了衡量资本充足比率的新思维，以使资本充足比率和各项风险监管措施能更全面地适应国际金融市场发展的内在需求。巴塞尔银行监管委员会所倡导的三大支柱是该资本文件的真正精

① 参见中国银行监督管理委员会译：《统一资本计量和资本标准的国际协议：修订框架》，中国金融出版社2004年版，第139页。

髓，这也是区别于1988年资本文件的关键所在。然而，在理解这三大支柱时，我们不能采取切割式的思维，因为最低资本充足要求、监督与检查及市场纪律之间的关系是相互补充、相辅相成的。实际上，在这三大支柱中，最低资本要求是目的，监督与检查及市场纪律是手段。

相对于1988年的资本文件而言，2004年的资本框架更加体现了全面风险管理的理念，因为前者的内容主要是针对信用风险，而后者有关风险的定义已扩大到信用风险、市场风险与操作风险的各种因素，基本上涵盖了此阶段银行业经营所面临的风险。这种风险管理的定位能保证银行资本对因银行业务发展和资产负债结构变化所引发的风险程度变化具有足够的敏感性。同时，在风险评估上，除标准法外，其允许银行运用内部评级法来衡量与测算信用风险与操作风险，从而使第二版资本监管规则更加具有了一定的自律与灵活性，有利于吸收现代国际银行风险管理的各种先进经验。

此外，《巴塞尔资本文件Ⅱ》也适当地扩大了资本约束的范围，从而在一定程度上抑制了资本套利行为。1988年的资本文件没有对控股公司的资本充足比率作出要求，从而导致许多银行为了逃避资本管制而纷纷采用控股公司的形式。对此，《巴塞尔资本文件Ⅱ》规定，以商业银行业务为主导的控股公司应当受到资本充足比率的约束。另一方面，1988年资本文件对于证券化资产的风险水平考虑不足，且没有充分考虑到由此可能导致的市场风险与利率风险等。事实上，随着国际金融市场的发展及国际银行业对资本约束的逃避，银行资产证券化的进程明显加快，这无疑使得原有的资本文件不能更为灵敏地反映银行资产的真实风险水平和所需配备的资本水平。基于此，《巴塞尔资本文件Ⅱ》明确规定银行必须对它们的资产证券化风险暴露配备相应的监管资本，亦考虑到控股公司下的不同机构并表问题，在产品方面涵盖了证券化资产和银行持有证券的资本要求。与此同时，巴塞尔银行监管委员会也着手推动与保险业监管机构的合作，以进一步带动新规则的发展。第二版资本文件从机构和业务品种方面，扩大了最低资本比例的适用范围，在金融业务自由化、银行经营业务品种多元化及跨国化的情势下，这种务实性的思维为金融业的功能性监管确立了重要的理论基础。

实际上，从巴塞尔资本监管要求的演变，我们可以捕捉到国际金融监管法律制度的发展趋势，这主要表现于以下几个方面：其一是从强调单一化的外部监管向多元化的外部监管与内部风险管理模型相结合；其二是从强调定量指标向定量指标与定性指标相结合，这一点在《关于市场风险补充规定》及《有效银行监管核心原则》中表现得非常明显；其三是从一国监管向母国并表监管与东道国当地监管迈进；其四是从单一化的信用风险管理转向全面的风险监管；其五是从对银行业的监管转向注重对金融集团的监管；其六是从合规导向型监管转向风险导向型监管。

2. 消极方面的分析①

尽管《巴塞尔资本文件Ⅱ》代表了国际金融监管理念的新发展，但是我们也必须客观地意识到其完全的实施也并无坦途。在2004年7月，巴塞尔银行监管委员会公布了有关实施资本文件具体方案一文时，也表明了这样一种事实：虽然新资本文件为全球各类银行设计了多种方法，以对银行业进行灵活性的资本监管，但是巴塞尔银行监管委员会同时也承认，由于监管工作的千头万绪，若要求所有非十国集团国家监管当局在短期内实施新资本框架亦是有点不切实际的，因此各国监管当局在制定实施新资本文件时间表和方法时，要根据本国银行体系的现状，认真考虑新资本框架所能带来的益处。在决定采用新资本文件的规则时，各国应对本国是否已建立了良好的监管制度进行评估。为此，各国监管当局要对本国实施《有效银行监管核心原则》的情况进行客观

① 制度的发展总是在解决问题的同时产生新的问题，或者说制度创新的初衷本就在于克服旧制度所暴露出的缺陷。那么，对于此处所论的一些负面效应问题，在《巴塞尔资本文件Ⅲ》中得到了完全的清算了吗？或者说，2010年的文件是否已最大化地平衡了不同国家之间的差异性？实际上，这些问题并没有得到有效的解决，而是得以迁移。虽然我们用各种美词来宣示《巴塞尔资本文件Ⅲ》的先进性与创新性，但必须明确的是，三个版本的巴塞尔资本文件都是危机推动下临时抱佛脚的产物。因此，在特定的背景下，对巴塞尔资本文件寄予过高的期望，这本就是一个特大的错误。

评估，因为《有效银行监管核心原则》是实施新资本文件的基础。实际上，在2004年9月举行的国际银行监管官大会上，巴塞尔银行监管委员会主席卡加纳先生就指出，新资本文件对提高银行风险管理水平及促进一国金融监管法律制度完善的贡献程度取决于该国是否建立了各种相关配套的机制。为了保证新资本文件的实施，各国应从以下几个方面进行综合考虑：一是要以《有效银行监管核心原则》中的25条核心原则为基础来确立有效的监管体系；二是提高市场透明度，如建立稳健的会计和准备金计提标准，以使资本比率能更好地反映银行抵御风险的能力；三是在银行内部要培育风险管理文化。在另一方面，对于银行业的监管者而言，其也要进行一些理念上的转变，如树立风险管理的理念，不断提高评估商业银行风险管理的能力，构建金融监管信息自银行业向监管者流动的畅通机制等。

除了实施资本文件应该满足的一些先决条件外，我们还不能忽视一个根本性的问题。那就是，固然巴塞尔资本文件具有一定的比较优势，但是从总体看它毕竟是以发育比较成熟的西方市场经济国家为基础的，因此这就必然产生一个金融欠发达国家对新资本文件的适应性问题。对此，英国前金融服务局总裁戴维思曾一语道破了天机：许多国际标准对发展中国家的适应性存有较大问题，因为这些标准根本不代表广大发展中国家的利益。其指出包括巴塞尔银行监管委员会、国际证券监管者组织及国际会计委员会发布的各类国际金融监管标准，都是为发达国家金融市场量体裁衣制作的，很少考虑到规则对新兴市场国家的适应性问题，其仅仅只是在制定工作接近尾声时，才象征性地作一下形式上的调整。客观分析，《巴塞尔资本文件Ⅱ》的确反映了现代金融和市场经济的基本规律，反映了全球化和国际金融活动的游戏规则，例如审慎合理的风险承担、科学准确的风险衡量、充分有效的内控控制、科学合理的资本配置和风险敏感的资本监管框架。然而，我们也必须看到问题的另外一面，即客观上它也是发达国家在国际金融活动和竞争中给发展中国家设置的一种技术壁垒，如风险敏感的监管资本要求无疑将增加发展中国家的融资难度和限制发展中国家银行的业务拓展能力。①

二、《巴塞尔资本文件Ⅲ》的核心内容与评价

（一）核心内容

2008年的金融危机给全球银行体系带来了巨大的冲击，暴露出了旧版资本文件的诸多不足，如在危机爆发时全球银行的整体资本质量不佳；当时的银行监管体系缺乏对杠杆率进行统一的监管；金融监管体系中的顺周期效应未引起足够重视；过度强调单个金融机构的风险管理而对系统性风险考虑不足等。为了解决这些问题，巴塞尔银行监管委员会以2009年12月17日发布的《增强银行体系稳健性》及《流动性风险计量标准和监测的国际框架》两份征求意见稿为基础，初步提出了新监管体系的相关要求和实施安排，组织银行对新的资本和流动性标准进行定量影响测算，并就新方案可能对宏观经济，特别是后危机时代的全球经济复苏的影响进行了调研。在充分综合业界对于征求意见稿的反馈、定量影响测评及可能对宏观经济影响的基础上，委员会对原有的监管标准进行了修改，并与2010年7月26日在决策委员会上对新框架的相关内容的修改达成共识。新资本文件的核心创新内容主要表现在以下几个方面：

其一是提高监管资本吸收损失的能力。在这方面，新资本框架改革的重点在于：一是恢复普通股（含留存收益）在监管资本中的主导地位，如将普通股的最低要求，从当前的2%提升至4.5%；二是对普通股、其他一级资本工具和二级资本工具分别确立严格的合格标准，以提升各类资本工具吸纳损失的能力；三是植入统一且严格的普通股资本扣减项目，以确保普通股的资本质量。

其二是引进资本留存缓冲。为了抑制银行过度的风险性业务行为，新资本框架引入了资本留存缓冲机制，要求银行在2016年1月至2019年1月期间分阶段建立“资本留存缓冲”，其中2016年占总风险加权资的比例应达到0.625%，以后逐年上升0.625%，并于2019年达到

① 参见陈忠阳：《风险的国际协议与国际协议的风险——评巴塞尔新资本协议形式出台》，载《国际金融研究》2004年第8期，第8页。

2.5%的要求。该类资本由扣除递延税项及其他项目后的普通股权益组成，其目的是使银行在金融危机时能动用其所持有的缓冲资金最大限度地吸收可能的损失，从而缓解或消除金融风险。

其三是引入杠杆比率监管标准。“危机之前，金融工具创新以及低利率的市场环境导致银行体系积累了过高的杠杆率，使得资本充足率与杠杆率的背离程度不断扩大。危机期间商业银行的去杠杆化过程显著放大了金融体系脆弱性的负面影响。”① 因此，2010 年 7 月巴塞尔银行监管委员会就杠杆比率计算方法与监管标准达成共识，即自 2011 年初依 3% 的标准（一级资本/总资产）开始监控杠杆比率的变化，2013 年初开始进入过渡期，2018 年将正式纳入第一支柱框架。

其四是提出逆周期缓冲资本要求。为了使银行在经济上行周期内免受信贷增长过快所带来的风险影响，各国银行监管机构可根据对经济周期的判断及银行的运行情况，要求银行增加 0 ~ 2.5% 的缓冲资本，并且应以普通股等一级核心资本的形式持有。这一监管指标从 2016 年开始实行，至 2019 年最终应达到 2.5% 。

其五是对系统重要性银行增加附加资本要求。吸取这次金融危机中美国四大投行等系统重要性银行的教训，《巴塞尔资本文件Ⅲ》对系统重要性银行提出 1% 的附加资本要求，希望以此降低银行“太大而不能倒”所带来的道德风险。

其六是引入流动性监管指标。《巴塞尔资本文件Ⅲ》引入流动性覆盖比率（LCR）和净稳定融资比率（NSPR），以对银行的流动性进行监管。其中，流动性覆盖比率用来确定在监管部门设定的短期严重压力情境下，银行所持有的无变现障碍的、优质的流动性资产的数量，以便应对此种情境下的资金净流出，而净稳定融资比率则主要用于确保各项资产和业务融资至少应具有与它们流动性风险状况相匹配的能满足最低限额的稳定资金来源。

---

① 陈昌泳等：《风险管理视角下对巴塞尔协议的解读》，载《甘肃金融》2011 年第 7 期。

（二）评价

1. 正效应——全面的风险管理

《巴塞尔资本文件Ⅲ》是巴塞尔银行监管委员会为加强银行业的风险监管而提出的一整套对症性的综合改革措施，其主旨在于提升银行机构抵御金融震荡和经济波动的应对能力，提高风险管理和银行治理水平，增强银行业的透明度和披露要求。其改革的目标有两点：一是在微观层面上，期望提高银行个体压力时期的稳定性；二是在宏观层面上，防范银行系统性风险及风险放大时的顺周期效应。承上启下地看，新文件体现出了一些新的监管理念，顺应了历史潮流的发展，现分析如下。

其一是实现了微观监管和宏观审慎监管的有机结合。“审慎性监管是指为了维护金融系统的安全稳定，以比率监管、内部控制等作为运营条件，以风险高低作为筛选标准的一种监管理念与做法。宏观审慎监管与微观审慎监管作为审慎监管的两大支柱，共同为金融体系的稳定保驾护航。”① 根据分工，微观审慎监管关注的是银行机构个体的风险，而宏观审慎监管则注重的是整个银行业所面临的系统风险。《巴塞尔资本文件Ⅲ》吸收了以前过于片面看重微观审慎监管的教训，适时地将微观审慎监管和宏观审慎监管进行了糅合与合理平衡。

其二是强化了定量与定性监管。虽然巴塞尔资本文件的量化指标有利于监管的整齐划一，具有较强的公平性与操作性，但是在另一方面，随着各种定量指标和工具在金融监管中的普遍运用，其也在悄然间催生了另一种风险，即监管者与被监管者更多地关注数量要求是否达标，而常态化地忽视定量指标所代表的实际风险，及同一量化指标在不同银行意味着不同风险的事实。本次金融危机展现的一个提示是：虽然监管的数量标准化非常重要，但是监管制度的创新应致力于标准化数量与质量的齐头并进，而不能顾此失彼。出于这一考虑，巴塞尔银行监管委员会在资本质量方面，改良了现行

---

① 巴曙松等：《从微观审慎到宏观审慎：危机下的银行监管启示》，载《国际金融研究》2010 年第 5 期。

的资本定义，明确普通股（含留存收益）应在监管资本中占绝对主导地位、普通股占风险加权资产的比例及普通股占核心资本的比例要求，并设定了全球统一的、严格的资本扣除项目，这包括无形资产、净递延税收资产、投资于本银行和其他银行的股票、贷款损失准备金缺口等八个项目。除此之外，在信息披露要求中，文件更是将定量与定性披露的要求发挥得淋漓尽致，如对适用范围、资本、资本充足率、信用风险等的披露都从定量与定性方面作了要求。

其三是平衡了资本充足要求与流动性之间的关系。金融危机再次表明资产流动性直接与银行的生死密切相关，在后危机时代，这种认知也直接导致金融监管自资本充足要求向流动性的转移或并重。所谓“流动性风险是指商业银行虽然有清偿能力，但无法获得充足资金或无法以合理成本获得充足资金，以应对资产增长或到期债务支付的风险。流动性风险发生的范围较广，危害性较大，无论是市场风险、信用风险还是操作风险的发生，都有可能引发金融机构或金融体系的流动性风险”。①《巴塞尔资本文件Ⅲ》在注重资本充足率要求时，也着力提高银行的资产流动性，以求在两者之间实现应有的平衡。为了实现流动性监管的标准化，文件引入了前述的二个流动性监管指标，即流动性覆盖比率和净稳定融资比率。

归根结底地看，“新资本监管框架在一定程度上改善或缓解了监管资本套利和资本监管的顺周期性的缺陷，更加强调对分子——资本的计量，直接表现为诸多条款的核心要求则是银行需要增加资本的数量和提升资本的质量，并且引进了反周期资本要求，更加关注银行抗周期性风险的能力”。② 虽然新资本文件在改革的思路上融合了宏观与微观审慎监管，实现了流动性与资本要求的对接，强调了定性与定量监管两条腿走路的模式，但是事实上，其立足点与出发点仍然是对既有的资本充足率要求进行改革。在策略上，主要

① 周宏等：《流动性风险压力测试的管理和实施现状比较》，载《国际金融研究》2010 年第 4 期。

② 黄儒靖：《从“巴塞尔协议Ⅲ”看国际银行业监管强化的新趋向》，载《经济问题探索》2010 年第 12 期。

是通过植入超额资本来达到其微观审慎和宏观审慎监管的目标，而非一味大幅地提高最低资本充足要求。在关联度上，最低资本要求是刚性约束，其解决的是银行是否具有经营资质的标准问题，而超额资本则是弹性要求，引入超额资本的效果相当于银行购买了数额等同于其风险溢价的保险。显而易见的是，超额资本不仅使银行个体在应对风险方面做到了有备无患，而且对整体性的系统风险发生与扩散也起到了一定的缓冲与稀释作用。尽管《巴塞尔资本文件Ⅲ》给未来的银行风险管理规划了美好的蓝图，但是无论是从文件本身，还是从实效，仍有许多疑点需要我们为之皓首穷经。而且，“一种理论，无论它多么精致和简洁，只要它不真实，就必须加以拒绝和修正；同样，某些法律和制度，不管它们如何有效率和条理，只要其不正义，就必须加以改造或废除”。①

2. 负效应——华美而难实

自1988年起，在不到30年的时间内，巴塞尔资本文件经历了三次大张旗鼓的“更新换代”，在每一次置换之后，学界与业界总是对文件抱以赞美之词，然而该来的金融危机与金融突发事件从来都没有缺席。对于制度与现实之间对立性的反差有两点是值得我们深究的：一种可能性是制度本身就存在问题，另外一种可能性是制度本身并无问题，但是执行制度的人有问题。没有调查，就没有发言权，对于后一种可能性，我们无法精确地进行把握，但是前一种可能则直接会导致第二种可能性的放大。在标题中，笔者用了“华美难实”来形容新资本文件的负效应，此并非一时心血来潮。对此，分析如下：

其一是宏观审慎监管——一个画饼充饥的设计。虽然宏观审慎监管的重要性被拔高到了无可复加的程度，但是其功能的如期释放存在条件性，如在具体的制度规划中，其必须确定宏观审慎监管者、宏观审慎监管的范围及宏观审慎监管的核心指标。对于其中某些问题，就当下人类的智力而言，我们还是有些束手无策

① ［美］约翰·罗尔斯：《正义论》，何怀宏等译，中国社会科学出版社2009年版，第3页。

的。目前关于宏观审慎监管的具体指标研究的文献可谓是汗牛充栋，而这一量上的丰富恰恰从反面说明指标体系的构成是一个没有定论，且难以定论的问题。事实上，在这里有几点是值得深察的：一是选择指标的依据是什么？在金融稳定评估中，所选取的指标是不是必不可少的？从已有的研究文献及一些官方的建议，不难感觉到，指标的选择还是一个因个人好恶而有偏差的问题。这就表明，在结论上，指标体系的形成在真正意义的科学上是不具有证伪性的。二是如何评价这些指标并不是一个客观的问题，而是附着有评价者强烈的主观判断。一个可能性就是，基于同样的指标体系，其评价的结果却是一个因人而异的问题。正所谓，“宏观审慎指标的提出由来已久，但是关于指标有效性的实证研究并不多。宏观经济环境的变化导致决策者无法准确判断上述指标就能满足宏观审慎监管的所有需求”。①

此外，宏观审慎监管是以系统风险为目标，而什么是系统金融风险？这对于宏观审慎监管来说是一个必须一清二白的先决性概念。比较尴尬的是，目前对于系统金融风险并没有一个统一的能普遍接受的定义。而且，系统金融风险与金融危机、金融脆弱性之间究竟存在何种差别，这些都是见智的问题。如有学者认为，“系统性金融风险是指影响整体金融市场或金融体系的风险，相对于个体机构和特定行业而言具有整体性和客观性的特征”。② 学者 Ganley 认为：“凡危及整个金融体系稳定性的风险都可被称为系统性风险”。③ 本次金融危机后，二十国集团将其定义为，金融体系无法持续提供金融服务的风险，其包括以下两个关键因素：一是金融体系的一部分或全部遭受损失；二是可能对实体经济产生重大的负面影响。国内有学者在研究的基础上将系统性金融风险界定为：“整

---

① 杜朝运：《宏观审慎监管理论的述评》，载《海南金融》2011 年第 9 期。

② 黄亭亭：《宏观审慎管理操作框架研究》，中国金融出版社 2011 年版，第 21 页。

③ Ganley, J., Financial Crises: View from a Central Bank, Presentation at Taipei, July, 2001.

个金融体系崩溃或丧失功能的或然性。与单个金融机构风险或个体风险相比，它具有复杂性、突发生、传染性、波及性、危害性五大特点。"① 尽管关于系统性风险的研究已为时已久及著述丰硕，但是至目前为止，学界还没有形成一个独立完善的理论体系，而这无疑也增加了法律制度设计与现实监管的难度。

其二是新资本文件的效果值得质疑。更严格的资本充足率要求可能意味着银行业的更安全，同时也意味着更高的运营成本，因此为了庇护本国银行业的发展，对具体指标高低的讨价还价是不可避免的。实质上，与最初的征询意见稿相比，在资本充足率要求上，《巴塞尔协议Ⅲ》体现出明显的妥协性特征。如"在讨论的最后阶段，巴塞尔委员会专家组与德国方面各有妥协，原拟定的一级资本充足率和核心一级资本充足率分别为6%和5%，但由于德国希望分别降低50个基点，最终协议保持了6%的一级资本充足率，但将核心一级资本充足率降到了4.5%"。② 此外，为了逃脱硬性的约束，各国也打着自己的小算盘以豁免的形式在制度的设计中开"治外法权"的口子，如关于其他从严定义资本的规定，国有银行就可获得额外5年的豁免展期。这种"放水"不仅导致国有与非国有银行之间的不公，更甚的是，它也导致作为新规则亮点的一级资本比率要求成为了一种噱头性的东西。如根据巴克莱资本估算，由于考虑到银行可能受到冲击而作的一系列"妥协"，美国35家最大银行控股公司仅需拿出1150亿美元的新股本或留存收益，就能满足一级资本金比率8%的规定，比之前预期的减少了一半。由此看来，资本充足率要求并没有得到提升，反而是降，这对金融风险的防控来说可并不是什么好事。妥协性是制度固有的特征，但是当这种妥协是以突破制度的底线为代价时，那么制度预期的价值也就必然受到侵蚀。

---

① 张晓朴：《系统性金融风险研究：演进、成因与监管》，载《国际金融研究》2010年第7期。

② 陶冶：《巴塞尔资本协议Ⅲ重磅亮相，逆周期资本缓冲悬而未决》，载《金融时报》2010年9月14日。

去杠杆化能实现吗？——这也是一个比较有意思的问题。作为总结，“过度杠杆化”是触发本次金融危机的一大根本原因，因此《巴塞尔资本文件Ⅲ》针对这个问题设定较高的资本金比率，并要求各国对3%的一级杠杆率在同一时期进行平行测试。虽然在理论上杠杆率能反映出股东的真实出资对存款人的保护和抵御风险的作用，并能避免加权风险资本充足率的复杂性，但是其缺陷也十分突出，如被监管银行可能会通过将资产表外化等方式来规避杠杆比率的监管要求，对杠杆比率欠缺统一的标准与定义，对会计准则的依赖强度大。由此可推断，《巴塞尔资本文件Ⅲ》提升表内业务资本金比率的做法，只能在一定程度上弱化金融机构像前两年那样的高杠杆操作行为，并不能从根本上消除银行为了追逐高额回报而从事高风险业务的现象。而且，在“道高一尺，魔高一丈”的监管与创新游戏中，金融发达国家的银行对金融工具和金融衍生品的掌握和运用越加娴熟，开发出各种应对性的套利型金融产品亦非“难于上青天”之事。可以说，杠杆比率只能起到问题缓改的作用，而对高杠杆比率现象实难达到“毕其功于一役”的效果。

其三是资本文件的软约束力问题。虽然巴塞尔银行监管委员会已树立了其国际银行监管机构的权威地位，其所阐发的国际银行监管规则也被视为“神圣公约”，但必须注意的是，该组织只是一个半官半民的国际机构，无论是对其成员国，还是对非成员国来说，其所制定的文件也只具有指导性或示范性，而不具有国际法意义上的强制性。多年以来，该委员会也一直非常谨慎地表示它只是一个发布非法律性声明的机构，它并不具有任何正式的超国家监管权力，且其决定不具有，也不打算具有法律强制力，如大多数的巴塞尔文件，通常的名称抬头是一个“框架”、一套“标准”、一套“建议”、一套“原则”。遭受金融危机重创后，世界各国经济复苏的时间与程度差异性肯定会很大，为了避免因执行苛刻的新资本文件而延缓本国经济的重振，所以此类国家会对《巴塞尔资本文件Ⅲ》采取消极不作为的态度。而且，即便是一些作为新模板推手的始作俑者的主流金融发达国家，出于本民族利益的保护，也很有可能利用其先进的金融理论、驾轻就熟的金融工具来刻意回避新资本文本中的某些量化指标。同时，也正是由于巴塞尔银行监管委员会国际法血统的非纯正性才导致新资本文件效力的不完整性，如出于综合权衡，其设定了一个 8 年左右的过渡时期，而这又给新的金融危机发生留下了足够的卷土重来的时间。

3. 小结

金融是一个循环的综合体，在本质上，监管者和市场参与者是一个利益共同体，对于金融风险与危机的防范与克服来说，虽然两者之间存在管理与被管理的关系，但是它们之间并不是一种敌对关系，在制度的构建与完善中，两者都应立于防卫者的立场，而这也是我们从历次金融危机和错误中所应吸取的教训。良法并不必定意味着良好的法律秩序，一个谬论性的观点是，法律与制度设立的目的本来就是让人违反的。否则，人类就并不需要这样或那样的规则了。如此道来，不论新资本文件是如何卓尔不群，是如何如何恰如其分地反映出了本次金融危机所暴露出的问题，但是我们并不能非常自信地说，下次金融危机永远不会来临。在人类已有的历史上，虽然已发生的金融危机之原因各不相同，但是同质地看，其无不可归责于监管失灵、人性的贪欲过盛。在某种程度上，可以断言的是，与其说危机是一个制度问题，倒不如说更是一个人性恶的问题，因此作者的结论是，即使《巴塞尔资本文件Ⅲ》被专家们再造得尽善尽美，但是它也不可能杜绝金融危机的发生。

良好的金融监管理念及理念的法律化是金融稳定的前置条件，而这种制度又必须具有足够的前瞻性和预见性，必须在多元化的利益主体之间以公平为导向进行利益的平衡。基于这一思路，金融监管应该建立在激励机制的基础上，金融监管者、金融机构、其他市场参与者应该作为一个利益共同体，共同维护金融体系的稳定，提高金融运行的效率。自不待言的是，巴塞尔银行监管委员会以其诸多文件为媒介一直在朝着这个目标前进，如《巴塞尔资本文件Ⅲ》就想营造一个密不透风的、银行绝对安全的“王国”，但这只能是金融监管中的“乌托邦”，因为金融监管是一个多方的或静态或动态的博弈过程，理论上的假设很有可能与实践大相径庭。在法律规则的设计中，法律条文不可能模拟完全的契约，不可能与现实中的场景一一对应，现实中也很难通过发现市场规律来模拟理想中的市场环境。故而，我们尽可以用溢美之词来抬高《巴塞尔资本文件Ⅲ》的正当性与科学性，但是在另一个侧面，也必须认识到在下次金融危机来临之前，它也必定不是万能的救世主，夸大地评价，其只不过是专家小组们会诊后所开出的一份重病后恢复元气和预防旧病复发的药方。

三、《巴塞尔资本文件Ⅱ》与《巴塞尔资本文件Ⅲ》的比较

1. 资本要求的变化

经修订后，《巴塞尔资本文件Ⅲ》资本框架比《巴塞尔资本文件Ⅱ》更加严格，更加注重资本的质量，强调资本工具吸收损失的能力。在资本充足率指标的基础上，普通股比例也成为重要的资本管理指标，如新文件将最低普通股要求从2%提升至4.5%。此外，银行还需要计提2.5%的超额留存资本来抵御未来可能面临的经济下行压力，这便使得对普通股的总体要求达到了7%；新框架下的一级资本、二级资本标准及调整项标准都将显著提高了资本质量及数量的要求；4.5%的普通股、6%的一级资本要求再加上其他超额资本计提的要求将对银行的资本管理带来更大的压力。新旧版本之间的资本要求的差异性图示如下：

<table>
<tr><td rowspan="3">风险加权资产的比率</td><td colspan="7">资本要求</td><td colspan="2">额外资本要求</td></tr>
<tr><td colspan="3">普通股</td><td colspan="2">一级资本</td><td colspan="2">总资本</td><td>反周期资本</td><td rowspan="2">对系统重要性银行额外资本要求</td></tr>
<tr><td>最低要求</td><td>留存超额资本</td><td>总资本要求</td><td>最低要求</td><td>总资本要求</td><td>最低要求</td><td>总资本要求</td><td>范围</td></tr>
<tr><td>旧版本</td><td>2%</td><td></td><td></td><td>4%</td><td></td><td>8%</td><td></td><td>无</td><td>无</td></tr>
<tr><td>新版本</td><td>4.5%</td><td>2.5%</td><td>7.0%</td><td>6%</td><td>8.5%</td><td>8%</td><td>10.5%</td><td>0～2.5%</td><td>对系统重要性银行额外资本要求（1%）</td></tr>
</table>

2. 明确了资本构成

金融危机暴露出现行金融监管体系在监管资本管理方面的缺陷，这包括目前对于资本的监管调整主要针对一级资本或总资本，不针对普通股，从而导致虽然银行披露的一级资本很高，但是持有的普通股净额却很少，而普通股恰恰是持续经营条件下银行吸收损失的最佳工具；缺乏全球统一性的监管调整标准；用于交易的资本质量较差等。反思之后，监管机构意识到：资本质量与资本数量同等重要。为了提高资本质量，增强银行资本工具吸收损失的能力，巴塞尔银行监管委员会修改了监管资本定义，提出了更加严格的资本标准，这主要体现在各级资本构成的变化及监管资本调整项的统一。两版本在资本构成上的差异性图示如下：

《巴塞尔资本文件Ⅱ》的资本构成	《巴塞尔资本文件Ⅲ》资本构成
一级资本	一级资本
实收资本、普通股	普通股
股本溢价	
留存收益	
盈余公积	其他持续经营下的资本
少数股东权益	不计入一级资本
创新资本工具（15%上限）	不计入一级资本
二级资本不超过一级资本的100%	二级资本
一般准备	简化二级资本，只有一套二级资本的合格标准，其他子类别将被取消
混合债务资本工具	
次级债	
三级资本风险暴露（极端情况适用）	三级资本　三级资本将被取消

3. 小结

与《巴塞尔资本文件Ⅱ》相比较，无论是在理念上，还是在内容上，《巴塞尔资本文件Ⅲ》都有明显的变化。根据新文件，全球各商业银行在5年内必须将一级资本充足率的下限从现行的4%上调至6%，2013年提升至4.5%，2014年升至5.5%，2015年升至6%。同时，将普通股的最低要求从2%提升至4.5%，2013年升至3.5%，2014年升至4%，2015年升至4.5%。截至2019年1月1日，全球各商业银行必须将资本留存缓冲提高到2.5%。此外，虽然新文件维持目前资本充足率8%不变，但是若资本充足率加上资本缓冲要求，则资本要求从现在的8%逐步升至10.5%，最低普通股比例加资本留存缓冲比例则由目前的3.5%逐步升至7%。从这些量化的指标来评价，新的资本文件比旧资本文件在资本要求与构成上要严格得多，与此相呼应的是，在金融业的创新上，金融监管理论也越来越走向抑制化，“过度”的自由化导致制度者的规则设计渐进式地走到了自由的反面。在新旧比照中，主流的研究者对更严格的标准持一种积极的肯定态度，但是对于这其中的好与坏，我们有必要深思而后行。虽然过度的自由并非什么好事，但是“因噎废食”的过度抑制也好不到哪去。本质上，银行是一种类型的企业，逐利是本原。若以安全为基调的制度设计是以埋没或抑制金融机构的企业性质为代价，那么在标准正当性还没有廓清的情况下，制度的善恶还是有待认证的。

由于金融业的不断发展，金融问题化是一个永恒的问题。诚如笔者在前文所述，金融危机与金融突发事件的发生，是并不以人的意志为转移的，或者说是并不以代表人类意志的制度的好坏为转移的，因为金融循环本身就有其规律，其存在着难以言说的自我修正的能动性。自1988年以来，每一次巴塞尔资本文件的产生都使人亢奋，使人激情大发，但是一次比一次更全面更严格的标准并没有阻止住金融危机前进的步伐，我们所看到的结果是，在高标准的高压之下，金融危机反弹得越来越厉害，其影响呈现出强烈的局部化至全球化的特点。而且，只要考证一下，巴塞尔文件的制作流程无不体现出应急性、事后性、局部性的特点。如《巴塞尔资本文件Ⅲ》的主旨在于解决2008年美国次贷危机引起的全球性金融危机所暴露的问题。此种头痛医头与脚痛医脚的矫正模式本就说明在应对银行安全时，金融专家们的不自知、不确信、糊里糊涂。无疑，作为一种后发制人的准制度，新资本文件肯定有其“过人之处”，但是与第一版或第二版相比，其是不是更精致些呢？对此，笔者持保留性的态度，因为我已有的经验告诉我，“服力而不服理”的一味高压并非解决问题的最佳方法，而有时适得其反。而且，对于在一个特定背景下速成的产物，可能我们所应追问的问题是，适不适应的问题。

四、《巴塞尔资本文件Ⅲ》对我国的挑战

为了与国际接轨，《巴塞尔资本文件Ⅲ》正在迅速地中国化。中国银监会于2010年3月便组织国内银行参与了资本监管改革的定量测算。从测算结果判断，在短中期内，新资本文件不会对我国当前银行业的资本补充形成直接的冲击。在不考虑逆周期缓冲资本的情况下，我国大部分银行都基本上满足了《巴塞尔资本文件Ⅲ》2019年达标的最终要求；对于3%的杠杆率要求，由于我国银行业创新不足，长期从事低杠杆业务，故远远高于国际要求的监管水平。我国监管部门早在2010年的《关于中国银行业实施新监管标准的指导意见》中就初步提出了包括资本充足率、杠杆率、拨备率和流动性比率的资本监管框架体系建议。将《巴塞尔资本文件Ⅲ》与我国已有的标准进行对比（如下图所示），可以得出以下结论：一是我国银行业的监管思路和措施已充分借鉴和吸取了《巴塞尔资本文件Ⅲ》的精神，已经与国际银行业监管的趋势保持同步；二是我国的资本监管要求无论从指标要求，还是达标时间上都高于《巴塞尔资本文件Ⅲ》的相应规定，如对核心一级资本、一级资本和总资本三个最低资本要求皆高于新资本文件的规定；三是我国的监管要求体现了中国的国情，与《巴塞尔资本文件Ⅲ》有些细微的差别，如《巴塞尔资本文件Ⅲ》要求2.5%的留存缓冲资本和0~2.5%的反周期缓冲资本，而我国并没有作相应的区分；四是关于资本充足率、流动性、杠杆率等基础监管指标，规定的过渡期间短，力争两年内实施到位。按照银监会的规定，系统重要性银行的资本充足率要达到11.5%，非系统重要性银行的资本充足率要达到10.5%。新监管工具标准还引入了杠杆率指标，要求达到4%的水平。

根据作者在中国银监会的网站查询的数据显示，2009年我国银行业的资本充足为11.3%，核心资本充足约9.05%；2010年的资本充足率为11.5%，核心资本充足率为9.4%以上，平均拨备覆盖率则是超过150%，这些指标均已大大超过了《巴塞尔资本文件Ⅲ》的要求。更重要的是，中资银行的资本构成基本是普通股权益，具有很强的吸收风险损失的能力。是故，在短期内，新资本文件对我国银行业的影响并不大，但是从长期来看，其仍会对我国产生巨大的影响。对此，分析如下。

<table>
<tr><th rowspan="2">一级指标</th><th rowspan="2">二级指标</th><th rowspan="2">中国银监会要求</th><th rowspan="2">《巴塞尔资本文件Ⅲ》</th><th colspan="2">达标时间</th></tr>
<tr><th>中国银监会</th><th>《巴塞尔资本文件Ⅲ》</th></tr>
<tr><td rowspan="6">资本充足率</td><td>核心一级资本</td><td>最低5%</td><td>最低4.5%</td><td rowspan="11">根据《关于中国银行业实施新监管标准的指导意见》及《商业银行资本管理办法(试行)》，新资本标准自2012年1月1日开始实施，应于2018年底达标。其中，新的流动性风险监管标准和监测指标体系自2012年1月1日开始实施，流动性覆盖率与净稳定融资比率应分别于2013年和2016年达标。</td><td rowspan="2">2013年1月1日—2015年1月1日</td></tr>
<tr><td>一级资本</td><td>最低6%</td><td>最低6%</td></tr>
<tr><td>总资本</td><td>最低10.5%</td><td>最低8%</td><td>2019年前仍为8%</td></tr>
<tr><td>留存缓冲资本</td><td>2.5%</td><td>2.5%</td><td>2016年1月1日—2019年1月1日</td></tr>
<tr><td>反周期缓冲资本</td><td>0~2.5%</td><td>0~2.5%</td><td>尚未达成一致意见，根据各国情况具体执行</td></tr>
<tr><td>系统重要性附加资本</td><td>1%</td><td>1%</td><td>2013—2018年间逐步实施</td></tr>
<tr><td>杠杆率</td><td>核心资本/未加权表内外资产</td><td>最低4%</td><td>最低3%</td><td>2013—2018年间逐步实施</td></tr>
<tr><td rowspan="2">拨备率</td><td>拨备/信贷余额</td><td>最低2.5%</td><td></td><td rowspan="2">2013—2018年间逐步实施</td></tr>
<tr><td>拨备覆盖率</td><td>最低150%</td><td></td></tr>
<tr><td rowspan="2">流动性</td><td>流动性覆盖率</td><td>最低100%</td><td></td><td>2015年开始实施</td></tr>
<tr><td>净稳定融资比率</td><td>最低100%</td><td></td><td>2018年开始实施</td></tr>
</table>

（一）第一支柱对我国银行业的挑战

《巴塞尔资本文件Ⅲ》主要由三大支柱组成，其中第一支柱，即资本充足率要求是其核心内容，其他二支柱的存在也是为了给第一支柱提供支撑。这三大支柱之间的主次关系也直接决定了世界各国监管者与银行机构在风险合规管理中的重点所在。虽然由于体制内生的原因，在短期内，新资本文件的中国化对我国银行业的影响并不太大，但是在中国银行业的政策与体制红利日渐式微的情况下，这种影响也会面临一个由量变到质变的过程。客观而言，《巴塞尔资本文件Ⅲ》的中国化必将对我国银行业未来的发展路径与利润增长模式产生重大的影响。

1. 银行业产权单一化问题

目前我国的银行业竞争主体既包括四大国有商业银行、政策性银行、股份制银行，又包括农村合作信用社、城市商业银行、邮政储蓄银行及外资银行等。它们在资本结构、经营状况、资产质量、产权结构和风险管理等方面都存有差异性，这是我国在完善资本充足监管规则时所必须直面的问题。从目前提高资本充足率的途径来看，国有商业银行的资金来源相对比较畅通，成本也较低，如可以通过上市与增资扩股，可以通过对呆账与坏账进行核销，并可以采取直接注资的方式来提高国有银行的自有资本。① 这种做法无疑在国有银行与非国有银行之间造成了歧视性待遇，且也与新资本文件的宗旨不符。新资本文件的宗旨之一是“促进公平竞争”，且巴塞尔银行监管委员会也提出了“基本原则应适用于复杂程度各异的所有银行”，因此在资本充足率监管上，应对所有的商业银行一视同仁，而不能因产权差异等因素而厚此薄彼。

尽管我国银行业的主体众多，但是产权单一化也是不争的事

---

① 这种产权过于集中的格局也导致了我国资本充足率在总体达标的基础上体现出分化明显，且处于下行趋势的特点。近年来，随着国有银行上市所带来的资本提升即期效应的消退，除少数银行外，大多数上市银行的资本充足率和核心资本充足率都呈现出下滑态势。相比较而言，上市银行的资本充足率高，而中小型银行的则偏低，这主要源于中小银行的规模快速扩张消耗了大量资本，及资本筹措渠道的狭窄。

实，国有商业银行在我国的银行业中占据着主导地位，这就使得我国在实施新资本文件时面临一个新的难题。新资本文件是由最低资本要求、监督与检查及市场纪律所组成的一个系统性的资本监管体系。为了保证银行业的资本达到设定的最低水平，这个体系要求，商业银行在内部就必须配有良好的内部治理机制。然而，在产权集中与单一化的情势下，我国银行业还达不到良性内部治理的要求。

2. 操作风险的资本要求问题

新资本文件不仅将信用风险与市场风险纳入调整，而且也明确将操作风险也纳入了监管的范围，并对其风险配备的计算规定了基本指标法、标准法及高级计量法。这就要求商业银行要估算出应对市场风险与操作风险的资本，并根据8%的资本充足率换算为风险加权资产，与信用风险加权资产共同组成整个银行的风险加权资产。新资本文件要求银行动用一定比例的经济资本来抵御操作风险的做法在我国明显是难以落到实处的，因为中国银行业目前面临的主要风险仍然是信用风险，在我国银行资本充足率分化明显与资本结构欠合理的情况下，若再预留出一定的经济资本来抵御操作风险无疑会使我国银行业所面临的资本监管问题更加严峻。

《商业银行资本管理办法（试行）》在第94条规定："本办法所称的操作风险是指由不完善或有问题的内部程序、员工和信息科技系统，以及外部事件所造成损失的风险，包括法律风险，但不包括策略风险和声誉风险。"而且，在第95～96条也规定商业银行可采用基本指标法、标准法或高级计量法计量操作风险资本要求，及商业银行操作风险加权资产为操作风险资本要求的12.5倍。虽然这种设定的初衷是美好的，但是我国银行业产权的集中性、内部控制制度与流程的形式化、银行内部的高度官僚化、银行运营过程的不透明、市场压力的缺失等也会直接影响到这些条文的效果，或者说得激进些，"试行办法"第6章"操作风险加权资产的计量"最终可能只是一种花瓶性的饰物。

3. 资本金补充缺乏可持续发展性

现时下，和《巴塞尔资本文件Ⅲ》对资本充足要求的标准相比，我国具有比较优势。然而，这一优势并不具有可持续发展性，其原因如下：其一是上市红利渐失。虽然国有商业银行的上市让广大投资者稀释与分担了银行多年来沉积的资产风险，间接地改良了其资本构成，但是上市后的资本充足多极分化现象明显。其二是暴利性的回报不具有可预期的长久性。虽然我国银行的利润率相当可观，但是这种暴利的取得是与我国银行业的高度垄断、金融产品的政府定价、利息税等体制内的保护密不可分的。当市场改革越来越深化，当我国真正地实现了自计划向市场的成功转型时，我国银行业所内生的机构臃肿、规模过大、人浮于事、内控紊乱等问题必将拖累其利润回报，从而最终导致资本金弥补途径的枯竭。其三是创新不足。创新是金融业发展的原动力。在政策红利“旱涝保收”的翼护下，虽然我国商业银行的资本充足情况良好，且利润也相当不错，但是这些高额的利润具有虚假性，其主要是源于国家利润分配体制的不公，而不是源于我国银行业真正的贡献能力。在金融市场越来越国际化的背景下，若我国银行业仍然固守于传统的资产负债业务在体制内生存，那么其前景堪忧。

银行机构的特殊性决定了其不可能轻易地倒下去。对于资本充足率、资本构成等量化标准来说，其不应是一个只争朝夕的、易于产生视觉美感的资本充足数值，而应是一个事关千百年大计的可持续发展的事业，因为只有这样才能永保银行机构的活力与生命力。客观上，资本要求的动态性决定了在资本的补充上，必须信奉“问渠哪得清如许，为有源头活水来”的原则，而这恰恰是我国银行业长远发展中的软肋。

4. 我国在内外部评级法上的难点

巴塞尔资本文件的宗旨是提高监管资本对风险的敏感性。从本质上说，它是一个风险监管和风险管理的文件，新文件从两个方面促使银行加强风险管理：一方面是对高级风险计量方法提供监管资本激励，促使银行采用对风险更加敏感的高级风险计量方法；另一方面，为从监管当局获得采用高级风险量化方法的资格，银行必须达到更高的技术标准和制度标准，从而迫使银行在追求具有资本激励的高级计量方法过程中全面提高风险管理水平。

新资本文件规定银行计量信用风险资本的依据是评级，可以是外部评级，也可以是内部评级。其中，使用标准法计量的银行必须采用外部评级结果，使用内部评级法的银行可以有初级法和高级法两种选择。以上各种评级方法的使用必须得到银行监管当局的认可。对于标准法下外部评级机构的认定，新资本文件确立了客观性、独立性、国际通用性、透明度、资源充分度和可信度六大评级标准。外部评级机构提供可靠评级结果的基本条件是要拥有充足可靠的历史数据和相关信息资源，具有定性与定量分析相结合的稳定的评级方法系统，并且能够在不受政治、经济及其他因素干扰的情况下，进行独立、客观和公正的评级活动。

新资本文件指出，基于内部评级结果进行风险资本计量的内部评级方法是比标准法高级的处理风险的方法，其具有以下优点：能使资本的计量更具有风险敏感性，更能反映银行对风险控制的要求。同外部评级相比，银行内部评级体系能掌握更多的关于债权人和债务人的信息，评级结果更为严格。根据新文件的最低资本规定，银行可以使用内部评级结果去获取更有利的监管资本要求，因此内部评级法的应用可以促进银行安排更高级的风险管理方法和机制，有利于银行提高经营管理水平。然而，应当注意的是银行采用内部评级法具有严格的技术前提和规范，要求银行建立完善的内部评级系统、先进的管理信息系统及高级的风险管理和风险缓释技术等。

标准方法下采用外部评级的优点是：评级公司的独立性和客观性强，评级结果的社会透明度高。在金融国际化背景下，大型评级公司能够取得更广泛的信用信息，使评级更加全面。外部评级公司的业务受到市场、社会、监管部门的多重制约和监督，具有维护其自身公正性，并积极促进评级技术进步的压力和动力。然而，外部评级优势的实现应具备以下前提性条件：其一是只有基于比较完善的市场竞争机制形成的评级机构才具有上述优势。在市场机制不健全的经济实体中，评级公司的实力和技术条件往往都处于较低水平，评级结果的制约和监督机制也不够成熟，这些都影响外部评级机构评级结果的可靠性和客观性。其二是新资本文件对外部评级机构的认定，其一般都要求评级公司有较强的实力和规模，如具有充足的技术和人才储备，具有广泛的信息资源渠道以及相当容量的信用信息库等。

虽然巴塞尔新资本文件提出了三大支柱，但是其真正的核心内容在于评级，因为评级机制在一定程度上决定了银行资本充足的核算水平，并在一定程度上激发商业银行进行良性的自我管理与自我约束。全面考察，也不难得出这样一个命题，即内外部评级法实际上与新资本文件中的三大支柱是一种互动性的关系，因为这种评级一方面体现的是市场约束，另一方面评级方法的使用必须获得监管者的认可，这体现了监督与检查。总体而言，评级方法的引进与强化是银行业监督与管理发展的新思维，它理应受到我国的关注。然而，我国在内外评级问题上，都面临极大的难点。对此，分析如下。

外部评级上所存在的难点主要表现于两个方面：其一是缺少合适的外部评级机构。目前，我国国内评级机构成立时间短，数量较少，业务范围较窄，经验不丰富，且关键问题是评级结果的公信力差。即使是国外著名的机构，如标准普尔及穆迪等，在国内提供评级服务时，也会面临缺乏足够数据积累而无法公正评级的问题。为了保证资本充足监管的有效性，我国银监会就必须对外部评级结果进行甄别、定性与把关，但是这种做法就必然会增加银行的运营成本；其二是外部评级所可能产生的现实问题。在标准化方法下，银行对 B 一级以下的企业债权的风险权重可达 150%。这样就会产生一个难题，我国商业银行的客户主要是国有企业，而绝大多数国有企业并没有国际认可的信用评级。若评级结果低，这些企业不仅会增加其自身走向国际市场的准入成本，而国有银行也会因为大量持有这些企业的债权而必须增加资本充足水平，从而导致银行运营成本的增加与风险的积集。

内部评级法实施的难点：新资本文件对中国银行界的影响远不止表面上看到的最低资本要求，而是以满足最低资本要求为表象的内部风险管制体制。① 若以内部评级方法来精确地计算信用风险加

---

① 章彰编著：《商业银行信用风险管理——兼论巴塞尔新资本协议》，中国人民大学出版社 2002 年版，第 208 页。

权资产，就必须具备两个平台：即制度平台与技术平台，其中前者是后者的基础。制度平台的重点在于商业银行是否具有良好的公司治理机制，因为只有在银行内部明确了风险管理人员的权责关系的情形下，才能确保所设计的良好风险管理流程不会走样。反之，技术平台必须以真实、可靠、及时的数据为依托，但是在这方面，我国的现实情况并不乐观，如企业缺乏连续有效的数据；由于历史的原因，数据欠真实性与完整性；对债务人的内部评级结果欠缺事后的评价，不能与违约概率相对应；没有确立依据经济周期变化对债务人与贷款风险进行压力测试的方法；对贷款评级的标准过粗，定性过多，定量不足。

（二）第二支柱对我国银行业监管者的挑战

新资本文件更强调监管当局的监督与检查（第二支柱）与市场约束（第三支柱）在防范与化解商业银行风险方面的作用。从新资本文件的修订框架来看，其不仅明确了监管当局监督与检查的四大原则①，而且对检查的透明度和具体内容提出了更为细致、具体的要求。②

依据新资本文件修订框架的要求，若我国接受新框架的主体内容，则中国银监会在监管实践中至少要履行以下职能：采用标准法时，负有对外部评级机构的评级方法和评级结果的质量进行再认证的责任；在采用内部评级法时，银监会首先要设立最低监管标准，

---

① 这四大原则为：原则一，银行应具备一整套程序，以对与其风险相适应的总体资本水平进行评估，并制定保持资本水平的方案。原则二，监管当局应对银行内部资本充足率的评估情况与方案进行检查与评价，并对银行监测资本比率达标的能力进行评估。若检查结果不满意，监管当局应采取适当的监管措施。原则三，监管当局应鼓励银行资本水平高于最低监管资本水平，应有能力要求银行持有超过最低资本的资本。原则四，监管当局应尽早采取干预措施，以防止银行的资本水平降至所要求的最低水平。若银行未能保持或补充资本，则监管当局应要求其迅速采取补救措施。

② See Interantional Convergence of Capital Measurement and Capital Standards: A Revised Framework, issued by Basle Banking Supervisory Committee in June 2006.

这包括内部辨别信用风险的程度、评级体系标准、违约概率的评估方法、评级过程和评级结果之真实性、数据收集与信息技术系统标准及内部检验等。在银行满足严格的最低标准自我核算债务人违约概率时，银监会还应向其提供其他风险要素估计的标准值；银监会有义务监督与检查各商业银行是否具备一套建立在认真分析风险基础之上的评估资本充足率的内部控制系统，是否妥善处理了不同风险之间的关系、银行敏感性分析与压力测试结果，及对银行高级管理层能否妥善检查与监测目标资本水平进行核查；银监会需要监督与检查银行计算操作风险最低资本的方法；根据新资本文件的修订框架，银监会必须对各商业银行的资本充足水平进行监督与检查；银监会要制定具体的包括信息披露内容、披露手段、披露程度及披露频率等的规则，而这些规则又是将来认可内部评级法的前提条件。

客观而言，虽然在中国化的过程中，中国银监会已大量地借鉴与援用了巴塞尔银行监管委员会的建议，如2012年出台的《商业银行资本管理办法（试行）》就综合地考虑了新资本文件的要求，但是在这之中，有许多问题是值得我们进一步审视，及有待实践检验。《巴塞尔资本文件Ⅲ》的亮点是设定超额的资本要求，而这也是一国监管规则创新的要点所在。虽然根据“试行办法”的规定，我国规定了2.5%的储备资本要求及0～2.5%的逆周期资本要求，但是其标准的准确性也是对监管者的一大考验。此外，在中国化中，中国银监会给我国银行业设定了自律性的资本规划、内部治理、内部评估与监测等要求，但是这些“华美”的规则如何实施不仅考验着监管者的智慧，同时也是对其监管权威性的一大潜在的危机性挑战。一个合理的判断是，《巴塞尔资本文件Ⅲ》的中国化对中国银监会而言不仅是一种严格监管、规范监管的机会，同时也更是一种压力、一种挑战、一种新生。

（三）第三支柱的挑战

第三支柱的核心是信息公开问题。一国银行业信息披露的程度不仅是该国商业银行自身的规范运作与监管问题，而且更是对该国银行法所设定的金融监管框架能力的检阅。《巴塞尔资本文件Ⅲ》

对第三支柱的说明是“市场纪律”。顾名思义，文件的喻义在于期望能通过市场这只“看不见的手”，或者说让广大民众用手或用脚投票的方式来决定某一银行机构最终因资源枯竭的生死。在理念上，第三支柱所坚守的是市场经济中“适者生存与优胜劣汰”的法则。不证自明的是，它说明虽然商业银行的资本充足监管是一种法定性要求，但是在本质上其应是市场的，只有在市场压力的配合与驱动下，资本充足要求才是最真实、最有效与最有说服力的。

为了让投资者能真正地给银行形成资本优化的压力，那么就必须压缩与消除其信息盲区，使公众能在信息阳光化下了解商业银行的一举一动，从而决定其究竟应该将手中的资金投向谁，因此良好且有效的信息披露机制是症结所在。对于我国商业银行信息披露的问题，在前文中，作者已作了详细的探讨，因此在此不再赘述。对于第三支柱的问题，我们所面临的问题还远不止信息披露问题不全这么简单。实际上，我们还必须追问这样一些问题：我们的市场是真正的市场吗？我们有与真正市场相配备的法律与精神吗？我们有防止投资者进行逆向选择式偷懒的存款保险法律制度吗？我们的市场竞争充分、有效吗？……？

要回答上述问题，我们并没有十足的底气，除非我们掩耳盗铃。什么是市场经济，学理上的市场经济是一种经济体系，在该体系下的产品或服务的生产或提供完全由市场的自由价格机制所引导。其本质可以概括为“以维护产权，促进平等和保护自由的市场制度为基础，以自由选择、自愿交换、自愿合作为前提，以分散决策、自发形成、自由竞争为特点，以市场机制引导社会资源配置的形成。由此可见，市场经济的本质并不在于市场和它的机制与功能，而是与私有、契约、独立相对应的产权、平等、自由、竞争等具有鲜明价值判断特点的行为规范性质的制度。虽然我们已明确了市场经济的宏远发展目标，但是我们仍徘徊于计划与市场之间，或者说，我们计划的成分多，市场的成分少，而这一特性也直接决定了我们的市场并不能对银行机构形成有效的约束力；依法治国的口号已喊了多年，可谓是路人皆知，为此，我们也推出了不计其数的法律规则，但事实是我们已陷入了一种信仰迷失，我们所面临的是

"一种半新半旧、半传统半现代、既向往理性又眷恋人情、宗教与迷信不分、人治与法治杂之的不定型社会"。① 此外，虽然我国没有存款保险法律制度，但是国家基本兜底的隐性保险解决了存款人对其存款安全的后顾之忧。对于存款人而言，在其资金无论存放于哪家银行都安全无忧的预期下，人际关系与地域的方便就成了其选择存款银行时首要考虑的因素。在新资本文件中国法律化后，若我们仍不思进取而不对上述三问题进行关联性的改进，那么期望市场纪律能对我国银行资本充足的长期发展提供压力性的支持，就只能是一种幻想。如果放任这种市场约束无为的现象，那么其结果就是中国化的《巴塞尔资本文件Ⅲ》在结果上处于一条腿走路的状态。

第三节　完善我国资本充足监管的对策

论及中国问题的时候，许多的时候，一些简单的问题可能会变得复杂起来，其原因就在于这许许多多的问题并非孤立存在的，其必定与其他边缘性的问题相互交织、相互影响，因此就事论事法很有可能是无济于事的。毫无疑问的是，虽然资本充足率的标准量化是一个技术问题，但是其规范秩序的构建却是一个货真价实的法律问题。在法律化的过程中，若有人打算单纯从规范学的角度来为我们制度中的缺陷提供万能的答案，那么这就有些不知天之高与地之厚。中国主体银行业的出身、中国银行业的控制特点、中国银行业的业务创新度、中国国民的金融素质、中国的市场发育程度等决定了中国银行业资本监管框架的修补必定是一个集法律、政治、社会、历史、经济等于一身的大问题。

一、资本充足法律监管理念上的匡正

事实上，资本充足监管是从公司资本要求发展而来的一种规则。如我国 2003 年《商业银行法》第 13 条便规定，设立全国性

---

① 於兴中:《法学中的现代与后现代》，载《人大法律评论》2001 年第 1 辑。

商业银行注册资本最低限额为 10 亿元人民币。设立城市商业银行的注册资本最低限额为 1 亿元人民币。农村商业银行的注册资本最低限额为 5000 万元人民币。注册资本应当是实缴资本。然而，银行业务的特殊性与社会责任也决定了对其资本的要求也必定不同于非银行性的公司。关于这一点，我们可以从前文所述的银行资本构成中得出这一结论，因此从对公司的最低资本要求来看，资本充足监管就必然会成为有效银行监管理念中一个不可缺少的组成部分。虽然西方的银行危机开启了国际银行资本充足统一计量的标准，但是这也只是表明国际银行业的监管者只是“发现”了，而非“发明”这一审慎监管的方法。无论美国等金融发达国家在倡导该规则，并将之在国际范围内着力推广时，是出于竞争性的私利，还是真正地出于银行业有效监管之要求，有一点可以肯定的是，这一附带有自律色彩的监管方法反映了银行业有效监管的内在需求。

虽然早在 1994 年资本充足监管已在我国受到一定的重视，其后又在 1995 年的银行法则中得到体现与重申，但是这一有效的银行业监管利器被人为地搁置是不言自明的。虽然在 2004 年银监会出台了《商业银行资本充足管理办法》后，我国官方宣布暂不实行第二版巴塞尔资本方案，但是最后毕竟胳膊没有拧过大腿，这不仅是因为新方案代表了金融一体化背景下国际银行业监管的发展潮流，代表了各国金融立法创新的新走向，而且更是因为在国际舞台上，我们缺乏足够的利益同盟的支持。诚如笔者在前文所言一样，新资本方案所建议的三大支柱本就是一个环环相扣的体系，它在很大程度上体现了内外兼治的金融监管方法与理念。同时，它也向人们表明有效的金融监管本就是一个动态的信息监管过程，因此在我国银行业日益跨出国门的今天，我国有必要对目前的资本充足监管理念进行扶正。笔者认为，在我国资本充足监管法律规则整合与创新的进程中，我国一方面要充分利用新资本文件所揭示出来的西方发达国家金融活动的基本规律与技术方法，尤其是反映发达市场经济国家在现代金融风险管理方面的最佳实践，从而加快我国金融监管的法治化，并重塑我国银行业的经营与风险管理理念；另一方面，也必须意识到新资本文件的出炉是以西方金融发达国家的市场经济及其银行业的发展水平为基准的，所以在借鉴的过程中必须做到求同存异，以体现我国资本充足监管的本土特殊性。

另外，从国内层面看，尽管我国商业银行资本充足监管的法则针对的是抽象主体，但是银行机构出身的“高贵”或“卑贱”导致了在实践中，各商业银行在满足与提升法定的资本充足要求方面并不是公平的。什么是公平？西方学者哈耶克认为公平就是机会均等。英国古典经济学家亚当·斯密早年就提出“保护自然的不均等，而消除人为的不均等”的思路，因此我国有必要对目前商业银行的资本充足率监管实践进行务实的匡正，其结果应该是彻底摒弃对国有商业银行的财政注资行为，在商业银行上市问题上进行公正的对待，减少并最终放弃对商业银行有倾向性的政策扶持，从而真正实现我国商业银行资本充足监管的市场化与法治化。

法律是神圣的，其之所以神圣是因为其制定者在制定的过程中是虔诚且信仰的。也只有当立法者对于即将产出的规则心怀敬畏之情时，法律才可能从形式至实体都处于一种人类的智力最可能达到的最佳状态。“试行办法”作为中国银监会的最新力作却缺乏对不作为进行有效反制的“武装”，无疑，这是一部比较完善的规范文件所不能容忍的。与此同时，立法的目的不是为了作秀，其在于法律规则能否推动一个个行为模式的形成，因此从效果的角度，而不是从效力的角度来考察与评估法律规则的正当性才是最客观的。如果一项或多项法律规则自其推出之日起，就变成了仅停留于纸面的文字而处于一种要死不活的状态，那么其就不应该被颁布。不可否认，对于《巴塞尔资本文件Ⅲ》的中国化，单从文本上评价，“试行办法”做得还是比较成功的。然而，问题是，如果我们在现实中不能规范监管者的权力，不能形成真正的市场，不能构建有效的内控，不能营造机会均等的竞争性市场，那么新资本文件所确定的三大支柱在中国的实践就必然会异化。是故，笔者的一个忠告就是，《巴塞尔资本文件Ⅲ》的中国式法律化，必须量力而行，不可好大喜功；必须严格遵循规范文本形式与实体并重的原则，而切不能过于实用至上，而偏离法律正义更多在于程序正义的主题；必须采取“三角形稳定性”的模式，而绝不能“金鸡独立”。

二、我国内部信用评级的完善

（一）新资本文件关于内部评级的规定

新巴塞尔资本文件的核心是内部评级制。内部评级法是将债权按借款人的类型分为：公司、零售、国家、银行、股票及项目融资6大类型，分别采用不同的处理方法，但计算方法区别不大。如在核算公司类型债权的风险资本时，一般只考虑以下四个参数：债务人的违约概率PD（probability of default），这是内部评级法的计量核心；违约后的损失率LGD（loss give default）；违约时的风险暴露EAD（exposure at default）；债权到期时间M（remaining maturity）。

关于内部评级方法的实施要求，新资本文件作了如下规定：其一是只有当银行的内部评级系统经过严格的统计检验，满足一定的条件并获得监管部门的批准后才能使用这一方法。其二是对于使用初级内部评级法的银行，要求其必须有5年以上的历史数据来估计违约率。对于使用高级法的银行，则要求其必须有7年以上的历史数据来估计LGD。其三是银行的内部评级系统必须是双向的：一方面是针对客户的信用情况，来测算违约率，另一方面是用以反映银行债权的特殊性质，以衡量损失率。其四是银行内部评级系统必须进行经常性的检查、更新、评估，从而保证系统的实时性与正确性。新资本文件规定在采用内部评级法时必须达到以下九个方面的最低标准：信用风险的有效细分、评级的完整性与系统性、对评级系统和机制的监督、评级系统的标准和原理、违约概率测算的最低要求、内部验证、数据收集和信息技术系统、内部评级的使用、信息披露要求等。

（二）我国商业银行信用风险评级法律规则与内部评级法的对接

受国际金融组织的影响，我国借鉴了以美国为代表的五级贷款分类法，并于2001年12月发布了《贷款风险分类指导原则》，该文件第3条规定："评估银行贷款质量，采用以风险为基础的分类方法，即贷款分为正常、关注、次级、可疑和损失五类；后三类称为不良贷款。”为了与巴塞尔新资本文件对接，目前我国银行业正准备在五类分类法的基础上全面推行贷款质量十二级分类管理办法。具体来说，十二级分类法就是将五类法中的正常级再细分为五级；将关注、次级和可疑类分别细分为两级；损失级则不作细分。这种细分的做法可以使银行动态地掌握贷款质量的适时变化，并根据风险程度和银行风险承受能力采取相应的管理措施。近年来，在中国银监会的发起下，我国四大国有商业银行及国家开发银行、招商银行、中信实业银行正在准备实施内部评级法。如中国工商银行已开始启动内部评级法工程。其所推广的中长期贷款评级办法便借鉴了国际先进的债权评级理念与信贷分析技术，从而将信用评级的作用逐步延伸到项目贷款以及风险的识别、衡量、决策与监控方面；中国银行则对银行账户与交易账户进行了细分，以方便对市场风险的资本要求进行计算；中国建设银行则结合新资本文件的测算进一步完善了信用风险预警体系。

尽管如此，与前述的九个指标比较我国还存有以下差距：一是评级指标上的缺陷。这主要表现为评级指标没有充分体现行业特点；偏重于评级对象的过去，欠缺对未来风险的防范；指标体系的设置独立有余，但内在联系不足，且缺乏系统性。二是指标的选取与确定权重的方法不足。这主要表现为指标的选取过于倚重专家的经验判断；指标权重欠缺客观依据。三是评级体系基本上实行的是五级分类法，距先进银行的 10 级以上分类法有较大差距。四是无成熟的风险计量模型，信用评级仍以定性分析为主，社会信用体系不健全，信息滞后且有效性差，客户风险评价的准确性差。五是数据系统既不能满足复杂的风险计量要求，也不能满足 5 ~ 7 年历史数据观察期的要求。六是内部评级还没有应用于信贷决策、资本配置、贷款定价与经营绩效考核等方面。七是缺乏以风险为导向的资本资源配置机制。从金融法治化的角度出发，我国可从以下三个方面来完善内部信用评级制度。

其一是技术平台的构建。内部评级法比较优势的发挥是以充分、有效、及时且全面的信息数据为基础的，因此我国银行业要建立统一的信息管理系统，各银行应尽力收集借款人及债权的所有必要的信息，从而保证信息的真实性、连贯性及新颖性。此外，鉴于内部评级对于我国银行业而言还是一个比较前沿的区域，所以有必要取得相关国际组织及国际金融机构在内部评级体系开发方面的经验及系统技术的支持，从而降低国内评级体系的开发成本。

其二是指标选取上的完善。正因为内部评级的“内部性”，所以为了获取对自己有利的评级结果，在评级指标的选取上，自评者就可能会避重就轻，从而使内部评级流于形式。故而，为了保证内部评级的可行性与客观性，有必要对指标进行统一的明确界定，以使所选择的指标能真正地反映出与风险资产配备的资本要求水平。这些指标应包括贷款余额与存款余额的比例、流动性资产余额与流动性负债余额的比例、管理水平、盈利性、资产流动性、业务品种与风险情况、市场敏感性等。

其三是法律平台的完善。与“试行办法”相配套，中国银监会在其附件中推出了《外部评级使用规范》、《信用风险内部评级法风险加权资产计量规则》、《信用风险内部评级法风险暴露分类标准》、《信用风险内部评级体系监管要求》、《信用风险内部评级缓释监管要求》等文件。

在评级标准问题上，《信用风险内部评级体系监管要求》规定了以下内容：商业银行应书面规定评级定义、过程和标准。评级定义和标准应合理、直观，且能够有意义地区分风险；商业银行的评级标准应考虑与债务人和债项评级相关的所有重要信息。商业银行拥有的信息越少，对债务人和债项的评级应越保守；商业银行应确保评级定义的描述详细、可操作，以便评级人员对债务人或债项进行合理划分。不同业务部门和地区的评级标准应保持一致；如果存在差异，应对评级结果的可比性进行监测，并及时完善；商业银行采用基于专家判断的评级时，应确保评级标准清晰、透明，以便银监会、内审部门和其他第三方掌握评级方法、重复评级过程、评估级别的适当性。其中，商业银行的内部评级可以参考外部评级结果，但不能仅依赖外部评级，并应满足下列条件：了解外部评级所考虑的风险因素和评级标准，确保外部评级结构与内部评级保持一致。有能力分析外部评级工具的预测能力。评估使用外部评级工具对内部评级的影响。

虽然近期的这些文件解决了我国内外风险评级无法可依的困境，但是结合前文的不足分析，在该问题上，我国还应作以下几个方面的思考：一是对散乱的规则进行系统化整合，要求各银行业应保留有系统的关于借款人资信及银行债权的各种相关数据，并进行动态的信息追踪；二是信息的真实性是内部评级法有效性的基础，因此银监会有必要要求各商业银行建立良好的公司内部治理机制，以对信息的真实性、完整性与有效性承担责任；其三是要配以严格的法律责任，以确保所提供的数据及评级结果的可靠性。在法律责任的配备上应确立“行政责任为辅、刑事责任为主”的原则。客观而言，在这方面我国新刑法存在明显的不足，仅在第161条规定了“提供虚假财会报告罪”。而且，从该条适用的条件来看，其只适用于“公司向股东和社会公众提供虚假的或者隐瞒重要事实的财务会计报告，从而严重损害股东或其他人利益的”情形，所以在具体追究各商业银行直接责任人进行虚假评级或提供虚假信息的刑事责任时，就会出现无法可依的现象。金融监管法实质上就是一门关于金融信息监管的法律科学，为了保证信息的公信力及评价结果的可靠性就有必要确立严刑重典的思维。

三、资本结构的调整

从前文的分析，我们可知我国商业银行的资本构成比较单一，资本成分主要集中于核心资本。尽管核心资本具有价值比较稳定，风险性较小的特点，但是这种单一性的资本构成不利于我国银行业的国际化与国际竞争力的提升，因此对我国银行业的资本构成进行适度的调整是我国银行资本充足监管中的一个关键性问题。实际上，2012年通过的《商业银行资本管理办法（试行）》及其附件《资本工具合格标准》也为我国商业银行的资本在核心资本与附属资本的配置上提供了法律依据。《试行办法》在第29～31条明确了“核心一级资本、其他一级资本、二级资本”的构成基本上，其附件《资本工具合格标准》则对一、二级资本的合格条件作了如下界定：

核心一级资本合格标准为：直接发行且实缴的；按照相关会计准则，实缴资本的数额被列为权益，并在资产负债表上单独列示和披露；发行银行或其关联机构不得提供抵押或保证，也不得通过其他安排使其在法律或经济上享有优先受偿权；没有到期日，且发行时不应造成该工具将被回购、赎回或取消的预期，法律和合同条款也不应包含产生此种预期的规定；在进入破产清算程序时，受偿顺序排在最后。所有其他债权偿付后，对剩余资产按所发行股本比例清偿；该部分资本应首先并按比例承担绝大多数损失，在持续经营条件下，所有最高质量的资本工具都应按同一顺序等比例吸收损失；收益分配应当来自于可分配项目。分配比例完全由银行自由裁量，不以任何形式与发行的数额挂钩，也不应设置上限，但不得超过可分配项目的数额；在任何情况下，收益分配都不是义务，且不分配不得被视为违约；不享有任何优先收益分配权，所有最高质量的资本工具的分配权都是平等的；发行银行不得直接或间接为购买该工具提供融资；发行必须得到发行银行的股东大会，或经股东大会授权的董事会或其他人员批准。

其他一级资本必须满足下述条件：发行且实缴的；按照相关会计准则，若该工具被列为负债，必须具有本金吸收损失的能力；受偿顺序排在存款人、一般债权人和次级债务人之后；发行银行或其关联机构不得提供抵押或保证，也不得通过其他安排使其相对于发行银行的债权人在法律或经济上享有优先受偿权；没有到期日，并且不得含有利率跳升机制及其他赎回激励；自发行之日起，至少5年后方可由发行银行赎回，但发行银行不得形成赎回权将被行使的预期，且行使赎回权应得到银监会的事先批准；本金的偿付必须得到银监会的事先批准，并且发行银行不得假设或形成本金偿付将得到银监会批准的市场预期；任何情况下发行银行都有权取消资本工具的分红或派息，且不构成违约事件。发行银行可以自由支配取消的收益用于偿付其他到期债务。取消分红或派息除构成对普通股的收益分配限制以外，不得构成对发行银行的其他限制；必须含有减记或转股的条款，当触发事件发生时，该资本工具能立即减记或者转为普通股；分红或派息必须来自于可分配项目，且分红或派息不得与发行银行自身的评级挂钩，也不得随着评级变化而调整；不得包含妨碍发行银行补充资本的条款；发行银行及受其控制或有重要影响的关联方不得购买该工具，且发行银行不得直接或间接为购买该资本工具提供融资。

二级资本工具的合格条件：发行且实缴的；受偿顺序排在存款人和一般债权人之后；不得由发行银行或其关联机构提供抵押或保证，也不得通过其他安排使其相对于发行银行的存款人和一般债权人在法律或经济上享有优先受偿权；原始期限不低于5年，并且不得含有利率跳升机制及其他赎回激励；自发行之日起，至少5年后方可由发行银行赎回，但发行银行不得形成赎回权将被行使的预期，且行使赎回权必须得到银监会的事先批准；必须含有减记或转股的条款，当触发事件发生时，该工具能立即减记或者转为普通股；除非商业银行进入破产清算程序，否则投资者无权要求加快偿付未来到期债务（本金或利息）；分红或派息必须来自于可分配项目，且分红或派息不得与发行银行自身的评级挂钩，也不得随着评级变化而调整；发行银行及受其控制或有重要影响的关联方不得购买该工具，且发行银行不得直接或间接为购买该工具提供融资；某项资本工具不是由经营实体或控股公司发行的，发行所筹集的资金必须无条件立即转移给经营实体或控股公司，且转移的方式必须至少满足前述二级资本工具的合格标准。其中，商业银行的二级资本工具，应符合以下要求：使用同等或更高质量的资本工具替换被赎回的工具，并且只有在收入能力具备可持续性的条件下才能实施资本工具的替换。或者，行使赎回权后的资本水平仍明显高于银监会规定的监管资本要求。

提高资本充足率与完善资本构成不外乎两种途径，即分子法与分母法。前者主要表现为提升银行的盈利水平，强化银行自身的“造血”功能；上市股权融资，或扩股增资；发行可转股的债券；引入战略投资者；后者主要表现为强化风险管理、优化不良资产的处理、调整资产结构等。根据“试行办法”对资本的详细分类及《资本工具合格标准》的规定，笔者认为对我国商业银行资本结构的调整还应作以下几点考虑：

其一是审慎开展资产评估。我国《企业会计准则》规定，各项财产物资应当按取得时的实际成本计价。物价变动时，除国家另有规定外，不得调整其账面价值。《金融保险企业财务制度》规定，企业以固定资产对外投资，或者发生固定资产产权转移、兼并、清算事宜时，均应对固定资产价值进行评估。由此可见，我国一方面规定固定资产按历史成本计价，体现了审慎会计原则，而另一方面允许银行在特定时期可以对固定资产进行价值重估，这比较符合国际会计准则的要求。从这两种会计原则来看，后者无疑比较有利于我国银行的资本提升，因为我国商业银行固定资产存量较大，一些早期购置的房地产市价已有所回升，所以可以选择性地对固定资产进行价值重估，从而通过价值重估储备来改善商业银行的资本充足率。

其二是利用优先股来拓宽商业银行资本金的来源。优先股在股份公司资本中的地位是仅次于普通股的一种成熟性金融工具，其比较适合保守稳健型的投资者。然而，有关优先股的规定在我国现行法律中还是空白，在实践中的操作也比较少。从我国银行的产权结构来看，引进优先股不仅有利于商业银行筹集资本，而且也与其股份改制上市的目标相符。

其三是完善贷款损失准备金监管制度与税收处理政策。根据“试行办法”的规定，只有在商业银行专项准备金充足计提的前提下，计算资本充足率才有意义，如其在扣除项规定，在计算资本充足率时，应从核心一级资本中将贷款损失准备金缺口全额扣除，且在采用权重法计量信用风险加权资产时，超额贷款损失准备可计入二级资本，但不得超过信用风险加权资产的1.25%，在采用内部评级法计量信用风险加权资产的，超额贷款损失准备可计入二级资本，但不得超过信用风险加权资产的0.6%。因此，在该文件生效后，各商业银行的资本充足水平都会有不同程度的下降，其主要原因是商业银行贷款损失准备金缺口大。目前，我国监管当局、财政部门和税务部门在贷款损失准备金的种类、提取方法、提取比例及税务处理等方面的规定不协调也对商业银行资本充足率的上调有负面的影响，有必要尽快统一贷款损失准备金监管制度，并借鉴国际惯例出台鼓励商业银行充足计提各类损失准备金的税收政策，以促使其审慎经营。

其四是运用可转债的筹资功能。根据证监会关于上市公司和重点国有企业发行可转债的规定，大多数商业银行都具有发行可转债的资格。由于我国银行的资本充足监管法则对可转债占附属资本比例并没有限制，所以发行可转债增加商业银行资本的空间很大。由于可转债作为一种标准化金融工具，发行条件比较严格，且在转股后会稀释原有的股东权益，所以商业银行利用此种金融工具融资的主动性不强。然而，从提升整个银行体系的资本水平来看，银监会应平衡利用优先股、可转债及长期次级债务等融资手段来补充资本的数量关系，从而最大限度地发挥债务资本工具对提高银行体系资本充足率的促进作用。

其五是关注次级债务工具所引发的相关问题。尽管次级债券具有期限长、收益固定及风险敏感等特点，且有可能成为加强市场纪律的重要工具，① 但是若控制不当，在我国商业银行目前筹集资本成本较低的情况下，则会导致市场风险的增加及在市场出现反向变化急需补充资本时，商业银行会缺乏快速筹集的手段与工具。因此，我国银监会应在2003年《关于将次级定期债务计入附属资本的通知》、《关于完善商业银行资本补充机制的通知》及《商业银行次级债券发行管理办法》的基础上，对商业银行建立适度的资产扩张约束机制，并深入地考察长期次级债务工具的市场容量与融资成本问题。

四、第二支柱与第三支柱完善方面的思考

在巴塞尔资本监管框架中，资本充足要求并非一套孤立的指标体系，其与外部监督与检查及市场纪律约束之间所形成的是一种最牢固的三角关系。这种三足鼎立的关系说明三者之间是互为依托、互为支撑而缺一不可的。对此，在新资本文件的总纲部分，巴塞尔

---

① 参见张兆杰：《作为监管资本的次级债券及国外商业银行的实践》，载《国际金融研究》2004年第10期，第25～28页。

银行监管委员会认为，完善的资本充足率框架必须存在两方面的公共政策利好：一是建立不仅包括最低资本而且还包括监管当局的监督检查和市场纪律的资本管理规定；二是要大幅度提高最低资本要求的风险敏感度。委员会鼓励市场纪律发挥作用，其手段是制定一套信息披露规定，使市场参与者能够掌握有关银行的风险轮廓和资本水平的信息。由于《巴塞尔资本文件Ⅲ》允许银行使用内部计量方法计算资本要求，所以信息的公开披露尤显重要。

信息披露作为市场纪律约束最有效的方法也在最近出台的《商业银行资本管理办法（试行）》中得到反映，在这一方面，该文件作了一些如下的规定：商业银行应当通过公开渠道，向投资者和社会公众披露相关信息，确保信息披露的集中性、可访问性和公开性；商业银行应当保证披露信息的真实性、准确性和完整性；资本充足率的信息披露应至少包括风险管理体系、资本充足率计算范围、资本数量、资本构成及各级资本充足率、风险（信用风险、市场风险与操作风险）的计量方法、风险（信用风险、市场风险与操作风险）及其他重要风险暴露和评估的定性和定量信息、内部资本充足评估方法以及影响资本充足率的其他相关因素、薪酬的定性信息和相关定量信息；商业银行采用资本计量高级方法的，并行期内应至少披露本办法规定的定性信息和资本底线的定量信息。商业银行信息披露频率分为临时、季度、半年及年度披露等。

不可否认，在形式上，《试行办法》在重点关注“资本充足率计算与监管要求”的基础上包容了《巴塞尔资本文件Ⅲ》第二支柱与第三支柱的内容。有效的金融监管必须确保监管者拥有足够的应对各种事务的监管权力。在崇尚分权相制及私权对抗公权已有良好历史传统的国家，可能适当的监管权力被作为一个重要要素提出是情有可原的，但是对于一个像我们这样的国家，对第一支柱的外部监督与检查权力的充分性与正当性根本就不是什么难题，因为监管者的高度集权所面临的可能是一个权力饱和，而非权力不足的问题。对于第二支柱，我们所要防备的是两种风险：其一是预防监管权力滥用。《巴塞尔资本文件Ⅲ》作为后危机时代的产物，其更加突出与强调系统风险的防控，微观审慎监管必须服务于宏观审慎监管的思维。对此，“试行办法”也明确规定，商业银行资本在于防止系统风险与个体风险。这种定性的转变就必然会导致监管者权力的进一步扩张，乃至膨胀，而在我国，权力本就匮乏有效的制度性约束，因此从监管程序规范上防止监管者对被监管者的“合理伤害”就是时下不得不考虑的可能矫枉过正问题。其二是防止监管寻租。权力导致腐败，绝对的权力导致绝对的腐败。在权力高度集中的情况下，为了防止监管者与被监管者之间形成一种默契的“靠山吃山、靠水吃水”的利益共同体关系，我国也有必要严格与权力寻租相关的法律责任，以使当事人知有所禁而不敢犯。

现时下，除了忧虑中国特色下的有法难守与违法难究之外，如何借助市场纪律对银行机构的资本保持与结构优化形成压力可能是所有问题的难点所在。纪律约束只有在有效的市场背景下才能发挥其功能，而我国的现实情况是一种“半统制、半市场、半法治”的状态。目前，我国银行业的资本情况整体良好就在于市场竞争的不平等与政策性的保护，而这主要源于两个方面：一是国有经济对一些重要产业的垄断，这既可表现为经济性的垄断，即国有企业凭借由政府倾斜政策所支撑的巨大经济实力，来压制竞争对手与获取高额的利润，也可表现为行政性垄断，即政府利用行政权力来保护与自己利益相关的国有企业；二是政府对某些市场的过度干预与保护。是故，如果我国不能从根本上解决这些问题，在资本监管的三大支柱中，对于我们而言，市场约束也只能是一种“花瓶式”的摆设。从这个角度看，虽然“试行办法”在第9章“信息披露”中对于披露的范围、披露的频率、信息的特性等问题作出了特别性的规定，但其更多的是一种象征性。而且，即使我们能大胆地假设，即这些规则都能不折不扣地被执行，有效的市场约束也难以形成，因为在事实上，被监管的商业银行是向政府负责，而不是向作为其真正“衣食父母”的投资者负责，而这也就必然会助长商业银行对广大投资者的抗议行为置若罔闻。

如何使市场能对银行机构的资本监管框架形成真正的约束力？对这一问题的解决可从两个方面着手：一是克服我国社会的弊病，全面构建和完善市场经济的体制。这就要求必须排除特殊利益的干扰，确立市场经济就是法治的经济理念，积极推进市场化的经济改革，并使公共权力在宪法、法律的约束与公众的监督下阳光化运行。实际上，我国银行业的结构形式的行政区域分布模式是从计划经济演变而来的，虽然这一格局已有所改变，但是在主体上，其至今仍然保留着许多“国家辛迪加”遗迹。现实地看，也只有将我国的银行业全面推向市场，使其切实地实现计划体制下的角色向完全商业化角色的转变才能防止监管权力滥用、寻租及“监管俘获”等问题，才能实现向有效市场约束的过渡，才能确保银行业在增强资本上具有长久的“造血”功能。为了保持社会秩序的稳定，在我国银行业的监管中，也明显掺杂着政治的成分，如隐性存款担保的存在。风险损失分摊机制的缺失不仅不能培养与提升国民的金融风险意识，而且也直接导致了商业银行信息披露规则服务对象的局限性。为了解决这种只对监管者负责，而存款人对信息披露“事不关己，高高挂起”的不作为心态，笔者认为，时下之急是，我国有必要制定自己的显性存款保险制度，将广大存款人的利益与存款银行的利益通过损失共担的方式捆绑在一起。在与银行发生业务关系时，只有当存款人都奉行“理性经济人”观念，并采取“用脚”或“用手”来投票决定其资金的去留时，第三支柱所倡导的市场纪律约束的功能才会有效发挥；也只有如此，我国商业银行的资本充足监管框架才可以实现从靠二个支柱（资本充足要求、外部监督与检查）走路向三个支柱并行的嬗变。

五、余论

在论述中国的法律问题时，有一个问题是让国人非常纠结的，那就是法律的效力问题。很久以前，耶林就宣称：“没有强制力的法律规则是一把不燃烧的火，一缕不发亮的光。”① 可以肯定的是，资本充足监管的正当性与合理性是不容置疑的。然而，问题是，如何保证它恰到好处地实施呢？或者说如何保证巴塞尔新资本文件的

---

① Hhering, The Struggle for Law, trans. J. Labor (Chicago, 1915), p. 241.

所推崇的环环相扣的三大支柱在中国特色的语境下大放异彩呢？可能我们会说，八九不离十的反映新资本文件精髓的“试行办法”不是已出台了吗？对于法律规则下行为模式的构建，虽然考察文本的精良确实很重要，但这并不是问题的关键，因为法律文本是立法者理念化的产物，其能否顺应社会的现实要求，还是一个有待实践检测的问题。为了解决规则与实践之间可能存在的缝隙，办法只有二个：一是规则优先，规则的威严不容丝毫的侵犯；二是规则妥协，对逆法行为做睁眼瞎。在权与法、理与法、情与法的较量中，法律的节节败退在我国已并非什么奇怪的现象。从这个角度来评价，虽然中国化的“巴塞尔新资本监管框架”意味着理性与法律的胜利，而且即使这种中国化还不够成熟，不够彻底，但不得不扪心自问的是，这些规则的效力能得到保证吗？

第二点是一个比较老掉牙的法理问题，即我国银行业资本充足监管究竟需要什么样的法律规则？“尽管从头习惯于将法治同正义、公正这些似乎超经验的概念联系起来，但是从根本上看，法治回应的是社会生活，是社会的产物，并作为整体来说是功利性的，而不是超经验的。”① 如果完全将《巴塞尔资本文件Ⅲ》的内容与所代表的精神移植到中国，那么可毫无疑问地说，这并不是我们所希望的，因为中国银行业“官办、官商合办、官督商办”的特色决定了在资本充足监管系统法律化中，市场化的路径是难得走通的。就当下的情势而言，《巴塞尔资本文件Ⅲ》是否中国化已并不是问题，究竟如何中国化及中国化的程度与效果倒是问题。为了解决新资本文件在中国的社会土壤中所可能产生的“水土不服”，中国银监会的“试行办法”采取了变通的方法，即以巴塞尔第三版资本文件为主，以第二版文件为辅。即使如此，这种处理仍然不能绕过“市场纪律约束”这个障碍。诚如笔者在前文所述，在对《巴塞尔资本文件Ⅲ》中国化的实施中，如果我国只是从规则本身入手，而没有将资本监管规则所应具备的外围先决性条件纳入事前

---

① 苏力：《道路通向城市——转型中国的法治》，法律出版社 2004 年版，第 4 页。

评估、事后完善与整改中，那么一个可能的结果就是，一部好好的经书被歪嘴和尚念歪了。其实，在这之中所存在的思辨性的问题，即是先有鸡，还是先有蛋？经验主义的结论是，鸡是产蛋的必要条件。因此，真正市场化、真正法治化、真正存款保险化、真正监管权力的规范化是《巴塞尔资本文件Ⅲ》中国化中必须一边走一边改的大问题。

第八章　对我国银行法演进中几个亟待解决的问题之思考

第一节　金融法的价值取向
——再从“孙大午案”说起①

虽然“孙大午非法吸收公众存款案”已经尘埃落定十年之余，但是对于该案所引起的法律问题仍存在探讨的必要性。在该案中，众多的社会人士对法律进行了围堵与非议，认为错的不在“孙大午”，而在于法律。就该案的结果而言，社会舆论的确导致了法律的一定妥协（孙大午被判三缓四）。从这一点来看，似乎是谁的声音更大，就该听谁的，而不是谁更有理就听谁的。难道孙大午真的比“窦娥”还冤吗？事实上，就该案来看，其反映的不仅仅是一个罪与非罪的问题，而是一个刑法与其他部门实体法之间的关系问题。笔者认为，刑法的主要功能在于借助其严厉的刑罚手段来进一步确认、维护与保障其他部门法所认可的社会秩序，从这一点来看，要判定“孙大午”是否有罪就不能单从刑法的角度进行评判，相反，要从刑法就该案规定的罪名所维护的社会秩序来考察，即要从金融法的角度进行评估。若单以刑法为视角，则有点混淆了刑法与其他部门实体法之间的关系。公正而言，对于孙某罪与非罪的问题可从实然法与应然法两个层面进行探讨。

---

① 尽管“孙案”只是一个与银行业务相关的法律问题，但是鉴于金融法的功能都具有一个相同的安全性之目的，所以在该节中，笔者将银行法的价值取向置于整个金融法的框架下进行讨论。

一、"孙大午案"谁之错：实然法角度的分析

"以事实为根据，以法律为准绳"是我国法律适用中的基本原则，因此人民法院在判定孙大午罪否问题时其首先应考虑的是我国刑法及其他相关法律规则中是否存在禁止非法集资行为，并将追究刑事责任的法律规定。事实上，我国对于集资行为的法律管制已确立了一套完整的法律体系，如1995年全国人大常委会通过的《商业银行法》便首次提出了"非法吸收公众存款"的概念，并设定了行政取缔与刑事惩罚的双重追责模式。该法第79条规定："未经中国人民银行批准，擅自设立商业银行，或者非法吸收公众存款，变相吸收公众存款的，依法追究刑事责任，并由人民银行取缔。"并且该法提出："未经国务院银行业监督管理机构批准，任何单位和个人不得从事吸收公众存款等商业银行业务，任何单位不得在名称中使用银行字样。"① 同年6月，全国人大常委会通过的《关于惩治破坏金融秩序犯罪的决定》(后称《决定》) 第7条又规定了"非法吸收公众存款罪"，该条规定如下："非法吸收公众存款或者变相吸收公众存款，扰乱金融秩序的，处三年以下有期徒刑或者拘役，并处或者单处2万以上20万以下罚金；数额巨大或者有其他严重情节的，处3年以上10年以下有期徒刑，并处5万元以上50万元以下罚金。"同时，该文件还确立了以非法占有为目的，用各种诈骗方法进行集资的"集资诈骗罪"。

随后，1997年的新《刑法》增添了"破坏金融管理秩序罪"，全部吸收了《决定》的内容。后来全国人大法工委在其编著的《中华人民共和国刑法释义》(法律出版社1997年版) 中又将"公众存款"定性为"存款人是不特定的群体的存款。如果存款人只是少数个人或者特定的范围，如仅限于本单位的人员等，不能认为是公众存款"。该释义又对《刑法》第176条"非法吸收公众存款与变相吸收公众存款罪"的构成要件从四个方面进行了说明：其一是行为人主体资格上。行为人不具有吸收存款的主体资格而吸收

---

① 2003年修订后的《商业银行法》第81条与第11条保留了这些内容。

公众存款破坏金融秩序的行为，或者行为人具有吸收存款主体资格，但是其吸收公众存款所采用的方法是违法的，如高息揽存。其二是行为人主观上的故意。行为人在主观上具有非法吸收公众存款或者变相吸收公众存款的故意。其三是犯罪的客观方面。《释义》认为，在犯罪的客观方面，行为人实施了非法向公众吸收存款或变相吸收存款的行为，才构成犯罪。无论其采取什么办法，只要其行为具有吸收公众存款的性质，即符合本条规定的条件。至于采取什么样的手段、吸收存款人数多少、存款的数量多少等，均不影响本罪的构成。其四是本罪侵犯的客体。侵犯的客体为国家的金融管理秩序。《释义》认为：第一，非法吸收公众存款或者变相吸收公众存款的行为，一般都是通过采取提高利率的方式或手段。第二，这种行为将大量的资金集中到自己手中，从而造成大量社会闲散资金失控，不利于国家集中有限的资金进行必要的经济建设。第三，行为人任意提高利率，形成在吸收存款上的不正当竞争。破坏了利率的统一，影响币值的稳定，严重扰乱金融秩序。第四，这种行为人一般不具有银行那样的经济实力，在工作上也缺乏完善的管理、监督机制，其承担风险的能力较弱，根本无法保证存款人资金的安全和利益。

此外，由于民间集资所滋生的风险及欺诈所引发的社会不稳定，我国政府部门也加大了非法集资行为的管制的力度。如 1998 年 4 月，国务院发布了《非法金融机构与非法金融业务活动取缔办法》(后称《办法》)，其提出了“非法吸收公众存款与变相吸收公众存款”的概念。“非法吸收公众存款”是指未经中国人民银行批准，向社会不特定对象吸收资金，出具凭证，承诺在一定期限内还本付息的活动；“变相吸收公众存款”是指未经中国人民银行批准，不以吸收公众存款的名义，向社会不特定对象吸收资金，但承诺履行的义务与吸收公众存款性质相同的活动。这种兜底性的规定极大地扩展了监管机关的监管权限，它使一些游离于不同监管机关的权力边界之间的集资形式创新重新回到监管的框架内。①

---

① 参见刘燕：《发现金融监管的制度逻辑——对孙大午案的一个点评》，载《法学家》2004 年第 3 期。

再者，若说孙大午可以拿最高人民法院1991年《关于审理借贷案件的若干意见》① 的相关规定作为“挡箭牌”的话，但是在1999年1月26日最高人民法院在《关于如何确认公民与企业之间借贷行为效力问题的批复》又作了如下规定：“公民与非金融企业（以下简称企业）之间的借贷属于民间借贷。只要双方当事人意思表示真实即可认定有效。但是，具有下列情形之一的，应当认定无效：企业以借贷名义向职工非法集资；企业以借贷名义非法向社会集资；企业以借贷名义向社会公众发放贷款；其他违反法律、行政法规的行为。”这说明我国已将有组织性的带有集资性的企业融资行为排除在合法的民间借贷之外。

虽然我国对于何谓“非法吸收公众存款与变相吸收公众存款”并没有严格的法律解释，但是在《刑法》第176条本身规定不全面的情形下，上述人大法工委的释义、国务院在《办法》中所作的界定及最高人民法院的批复无疑对人民法院的司法行为可以起到学理说服与自由心证的效果。客观而言，就我国的刑法体系来看，其并不是不存在对于孙大午式的非法吸收公众存款的规定，而只是一个严格的解释问题。另外，有一点应明确的是，法律并非完全等同于法律文本，在法律文本规定比较模糊时，作为司法者的法官就有必要透过法律文本去探求文本背后的原则、政策及立法者的意图。结合我国关于非法集资刑事责任法律框架的演进及其价值取向，孙大午无疑是可以与《刑法》第176条对号入座的，因此单从实然法的角度来考察，孙大午案错的不在法律，而在于孙大午本身的非法吸收公众存款的行为。

二、“孙大午案”谁之错：金融法价值取向角度的追问

事实上，孙大午非法吸收公众存款罪名的成立只是刑法对我国金融法价值定位的一种回应，因此为了探究在该案中孰是孰非我们还有必要从金融法价值取向的角度进行追问。

---

① 该文件规定“只要借贷双方当事人意思明确，借贷行为合法，借贷利率不超过同期银行存款利率的4倍，则此类的民间借款合约受法律保护”。

一个国家的国内法规范体系可以划分为公法性规则与私法性规则。虽然这种区分的标准看起来比较简单，但是笔者认为这种区分却揭示了一个重要的命题，即在价值取向上公法性的规则要凌驾于私法性的规则，这是因为公法规则调整的是国家的利益，创造的是一种整体性的社会秩序，而私法规范调整的却是私人之间的利益，它的重点在于以权利对抗权利。客观而言，私法上的利益或者说私法所承认、保障与协调的价值是以国家利益与价值实现为基础的，这也同时说明私法所创造的秩序必须是公法所营造的秩序内的亚秩序，私人的利益只有被统合到国家利益中才具有实质的内涵。

承接上述观点，一国的金融法就可以划分为私法性的交易型金融法律规范与公法性的金融监管型法律规范。前者关注的重点是平等金融交易主体之间的法律关系，其构成基础是当事人之间的意思自治，因而合同法为交易性金融法的核心；后者关注的重点是整个国家金融秩序的安全与稳定，其调整的是金融监管者与被监管者之间的关系。那么，什么是金融法的价值呢？其价值定位是否与私法的定位雷同呢？笔者认为，由于金融法的特殊性及社会利益与个人利益之间在排序上的关系，金融法的价值定位肯定是与强调平等者之间权利的私法价值存在截然的差别。从通论来看，金融法的价值无非在于秩序、效益、安全、流动性等，然而在这些价值中哪为第一性价值，哪为第二性的价值呢？毫无疑问，秩序与安全是第一性的目标价值，因为效益只能是安全与有序下的效益，无序则表明存在着断裂（或非连续性）和无规则性的现象，亦即缺乏智识所及的模式，这表现为从一个事态到另一个事态的不可预测的突变情形。① 其实，关于这一观点，我们可以从世界各国金融法发展的路径得到考证。虽然金融自由化与金融全球化已是一种必然的趋势，但是在另一方面世界各国都在极力完善自己的金融法，准确地说是金融监管法。这个完善的过程在一定程度上也是以牺牲金融业一定的效益与公共资源为代价的过程，因为金融监管越是完善就意味着

① 参见［美］E. 博登海默：《法理学——法律哲学与法律方法》，邓正来译，中国政法大学出版社 1999 年版，第 220 页。

被监管者守法成本的可能增加及政府公共资源的进一步投入，而这种监管成本与守法成本递增的目的只有一个，即确保金融秩序的稳定与安全。实证分析，从政府参与金融市场干预之日起，其目的就不纯粹在于金融业的效益增长，而在于处于监管部门严格控制下的金融业效益的有序增加。可以说，这本身就是金融法精神的体现。为什么存在这样一种悖论呢？因为现在的社会已全然摆脱了比较原始性的自然经济，在市场经济中金融资源几乎主宰一切，金融资源的占有、分配与流动就是一个增值的过程。然而，这种主宰性的金融资源也在一定程度上改变着社会秩序和谐及可能无序与恐慌的构建模式，即金融秩序的有序可以代表着一个国家社会秩序的和谐与稳健发展。反之，恐慌性的金融无序则可能演变为整个社会混乱与失衡的导火线，因此在现代国家建设中，金融的秩序性与安全性无疑是金融法关注的要点。

根据以上的观点，从应然法角度的追问，孙大午罪名的成立则是合法合情合理的，且客观来说融资渠道不畅也不能成为孙大午挑战国家金融秩序的理由。在法学中有一句格言，“事实之不知尚可辩，法律之不知不可辩”。因此，在实施侵犯国家金融秩序的行为时，孙大午不能借口法律不知及法律规定的不合理性来为自己脱逃法律责任制造理由。在一个国家中，利益是多元性的，由个人利益、团体利益及社会利益组成，但是在诸种利益发生冲突时，明智的做法是趋利避害。在孙大午案中，诸多社会人士，包括所谓的经济学名流如茅于轼等之所以对孙大午进行道德同情及对该案的始末愤愤不平，其主要源于他们经济学上的成本与效益的分析法，而没有从金融法的价值取向对孙大午案进行理性衡量。另外，在舆论一边倒地责难刑法的有关规定时，他们也没有进行换位思维。若判决孙大午无罪，则这种判决无疑向整个社会间接地传递了一种声音，即一般主体吸收公众存款的合法性。若如此，我们的金融秩序与安全则会面临严峻的考验，同时国家的整体秩序也要面临金融秩序失灵时的挑战。再者，在孙大午案中还有一点是值得我们思考的，即孙大午自始至终都是以一个成功的民营企业家形象出现，以良好的信誉出现在他的乡亲们面前。那么，让我们来反面思考一下，若孙大午企业经营失败，社会后果又将是什么呢？有一点可以肯定：孙大午身败名裂，社会道德同情的不再，最后由政府出面替其了难，以维持社会稳定，因此可以说孙大午与沈太福等人法律命运的差别就在于舆论的影响及其不败的经营业绩。①

此外，社会主流舆论过多地关注民间金融的积极作用也是导致对孙大午道德同情的一个根本原因。事实上，民间金融也并非是完美无缺的，它存在一些内生的不尽如人意之处。对此分析如下：其一是民间金融存在的背景。民间金融之所以称为民间的，有一个根本的原因，即是作为正规的国家金融存在着严格的外在监管体系与内部风险监控流程，这就使得正规金融的融资成本高，而相反民间金融由于内生性与地下性，不存在严格的风险监控体系，因此相对来说其融资成本较低。可以说，这是民间金融生存的一个主要原因。其二是尽管有组织性的民间金融也存在着特殊的风险管理手段，如无数个案证明的乡规民约、相互监督对恶意违约的制约作用，但是有些风险控制手段是不足为外人道的，如暴力催收等问题，因此承认民间金融的合法性是否附带有承认其某些风险控制手段的合法性，将成为一个足以构成争议的社会伦理问题。② 其三是容易促成金融诈骗的产生。由于民间金融是以“哥俩好”的地缘、血缘及业缘信用与信誉关系为基础的，普遍缺乏硬性的约束机制，诈骗激励就会油然而生。虽然对于民间融资所取得的资本运作不乏善良与品德高尚之人，但是在“花别人钱不心疼”的心理作用下，这种欠缺严格约束机制的民间金融更易滋生道德风险，从而引发社会不稳定的危机，因此将孙大午事件与整个社会金融秩序的维持进行相权，并考虑刑法与金融法之间的关系，笔者认为孙大午“非法吸收公众存款罪”罪名无论是从实然法，还是从应然法角度进行法律评判都是成立的。

实际上，该案在一定层面给我们展现了这样几个法律命题：其

① 沈太福及长城机电公司非法集资案的详情，参见陈维伟、郑庆东：《十亿元大骗局》，载《光明日报》1993 年 6 月 24 日。

② 参见陆磊：《民间的就是民间的》，载《财经》总第 153 期。

一是道德正义只能是隐性的，不能取代司法正义。社会舆论之所以对刑法的相关条款进行口诛笔伐就主要源于人们社会正义观方向识别上的错误。其二是刑法与其他实体法之间的关系。在刑事责任追究中，在评判罪与非罪问题上，刑法并非一个独立的孤岛，相反，刑事责任的问责恰恰是对其他部门实体法所要保护的利益进行承认与维护，可以说这是整个社会秩序与安全维护的必备之底线，因此从这一视角，我们可以推知，刑事责任的确立必须考虑其他实体法的价值取向。其三是金融法的价值定位问题。主体不同注定了社会利益的多元化，但是对于金融法而言秩序与安全的价值取向就是其精神与本质。

三、我国金融法金融秩序确认的扩展："孙大午案"揭示的问题

(一) 民间金融产生的原因分析

法律是客观的，是事物的内在本质所展现的必然关系。只有反映社会本质与客观规律的法律制度才是相对永恒与不朽的。君不见，古罗马法穿越了人类社会千余年的时光隧道而依然具有强劲的生命力。事实上，孙大午案也揭开了我国金融业发展中的一些问题，这也是在法院的最终判决中，法律作出相对让步的原因。

我国的经济体制是以国家为制度主体的变迁模式，同时又是一种边际性的渐进式制度变迁模式，当国家采用渐进的增量改革方式而非激进的"休克疗法"来推进制度演进时，这就必然导致国家最大限度地维持原体制内产出的稳定性，因此我们可以说中国大地上众多的"孙大午"大多为中国体制改革中边缘化的产物。尽管民营企业对我国经济的发展作出了极大的贡献，但是对正规金融资源的使用份额是非常有限的，如就间接金融而言，虽然国有独资银行商业化为我国金融业整改的目标，但是这种改革仍存在以下问题：

其一是银行与国有企业之间的关系仍处于"剪不断、理还乱"的状态。为了通过金融的形式来支持国企的发展，1985 年国家拨改贷，原来由财政支出的投资改由银行支出，事实上，银行充当了财政的出纳角色。再者，从制度设计上看，国有银行直接对国企服

务，两者都是国家的，互为存在的条件，盈利与亏损概由国家负责。虽然国有独资银行商业化改制要求其自主经营、产权明晰，不受政府行政干预，但是源于原有体制的惯性，银企之间建立的以大量“坏账、呆账、呆滞贷款”为特色的关系及银行与地方政府长久以来形成的合作关系，一时还难以割断。同时，考虑到旧体制所内生的稳定性，中央政府并没有放弃对国有商业银行和国有企业兜底的做法，国有银行和国有企业仍是“一家人”关系，因此国有商业银行对国有企业情有独钟就不足为怪了。在另一方面对于非公有制企业，由于其相对规模小、资信差，在国有金融机构收缩及审慎监管思维下，国有商业银行一般不愿与民营企业发生业务关系，且在贷款收不回来时，国家是不负责任的，如中国现行的法规规定，对外资企业、私营企业的呆坏账不能核销。同时相关责任人还有可能面临“侵犯国家财产、受贿、金融诈骗等”刑事责任追诉之虞。

其二是中国间接金融体系的官方化。我国的银行，依所有制性质分类，可划分为国家政策性银行、国有独资银行、区域性股份制商业银行、地方商业银行、合作制金融组织（城市合作社与农村合作社）等。虽然从形式上看，我国商业银行出现了股权与投资主体多元化的色彩，但是有一点是特别值得我们注意的，即现行的金融改革有体制复归的迹象，如城市信用社与农村信用社改革中的政府包办行为，使其具有官办金融的性质；新成立的股份制银行如各地的城市商业银行由政府控股，由政府官员控制，甚至像“浙商银行”这样标榜为民营银行的股份制银行也由政府官员出任主要职务；贷款担保机构由政府出资，很少吸纳社会资金，承担中小企业贷款的风险。①

另外，就我国的证券市场而言，其本身就存有先天发育的不良与动机之不纯：国家出于分散金融风险的目的，塑造了以股票市场为核心的证券市场，其初衷在于为国企提供一种新的筹资途径，从

---

①　参见詹花秀、陈柳钦：《我国民间金融发展问题探讨》，载《长白学刊》2005年第5期。

而将原由信贷市场实现的货币性金融支持转化为股票市场实现的证券性金融支持，因而自然民营经济被基本上排斥于证券市场筹资之外。① 如此，在中国的股票市场上便出现了三种有悖常理的怪现象：其一是企业上市便是为了圈钱，而不是出于扩大经营。其二由于能否上市及额度都是经过审批的，所以上市公司在心理上主要是对审批机构负责，而不是对股东负责，审批机构也是考虑为国有企业解决更多的问题，从而为政府分忧。这种错位的理念就形成了能上市的主要是那些能权力寻租的国有企业，而非具有竞争力的、效益较好的企业，这就造成了有限的资金配置的误导，从而引发金融资源的浪费。其三是股市与债市的反差。依西方的经济学理论，企业的融资排序应是先内源融资，最后的才是股票融资。然而，我国目前证券市场的场景却是股市火爆，债市冷落。

小结：承接上文的分析，我们可以推知在民营企业直接与间接融资渠道都几乎掐断的情况下，为了求发展，民营企业就只有在正规金融之外来寻求金融资源的支持。从这一点来看，国有化金融对民营企业融资的抑制及其与国企之间所形成的刚性依赖关系为民间金融的产生提供了一种可能性。资本是能带来剩余价值的，其本质在于运动与增值。在主流的储蓄投资与证券投资回报率每况愈下时，资本的持有者就会选择更有利的投资方式，这种资本的逐利性就使得民间金融从可能性演变为现实性，因此在一定程度上，我们可以说孙大午等形式的民间金融是在正规金融挤压下的产物，它比较客观地反映了中国金融市场发展中的矛盾与新的金融关系。

市场化为我国经济改革的目标。我国金融业的事实是，政府与政府官员仍控制着大量的金融资源，中国的金融业仍停滞于原有的计划经济模式，国有金融产权边际的日益扩展及委托—代理链条的延长所引发的控制成本增加都与中国经济市场化与多元化的目标取向形成截然的反差。实际上，股份制的民营银行等合理的民间金融形式对我国金融市场化是非常必要的，因为没有体制外的民间金融

---

① 参见董兰：《从金融体制变迁看民间金融的发展》，载《中国财经信息资料》2004 年第 20 期。

形式出现，体制内的正规金融就没有竞争对手，体制内衍生的问题也就难以解决，此正如国企的改革必须通过发展民营企业来解决一样，因此笔者认为，务实考虑，现在我们所面临的问题并非要不要适度承认民间金融法律地位的问题，而是如何因时、因地、因规模、因风险、因标准等来直面民间金融的问题。法律承载的使命是能动性地回应社会关系的发展，并积极主动地对原有社会关系与新社会关系从规则价值取向上进行理性的疏通，从而影印社会规律的客观要求。根据这种观点，孙大午案也彰显了既存法律与新金融关系之间的一些紧张，因此在我们以维护金融秩序而认定“孙大午”罪名成立时，立法者也有必要挖掘出对“孙大午”道德同情背后的东西，并考虑到适度民间金融对正规金融改革的推动力，进而检讨与反思民间金融的法律地位如何定位问题。可以说，这也是确保我国整个金融秩序安全所必须直面的一个紧要环节。

（二）民间金融的法律进路思考

不可否认，民间金融对于我国经济的发展功不可没，但是也必须清楚这种鱼龙混杂式的民间金融也在一定程度上动摇着我国金融体系整体的安全性及社会的稳定性，因此法律规则创新回应已是迫在眉睫。笔者认为，对于民间金融，我们既不能进行全面的法律松绑，也不能一味地打压。务实的做法是必须以法为据对民间金融进行改造。具体的建议如下：

其一是民间金融适度的公开化与合法化。民间金融种类繁多，我国可根据其风险控制机制、自有资本金水平、履约率与违约率、从业人员资格及经营业绩等情形适度地承认各种基金会、私人钱庄、典当行（目前对典当行的定性是工商企业，而非特殊的金融机构）等的合法性，并将其纳入银行业监管的范围。①

---

① 虽然承认某些既存的民间金融的合法性，但是这并非上策。笔者认为，这种承认是有限度、有标准的改造型承认。此外，国家有必要取缔非银行类企业吸收公众存款及擅自发行证券等集资形式的民间金融，因为法律的许可必定会造成此类民间金融形式的泛滥，这种状况不仅会增加国家的监管成本，且由于此类金融运作的成败是与企业的经营捆绑在一起的，在缺乏有效的风险缓解机制下，若企业经营失败，则其必将对整个国家的金融体系安全与社会稳定产生冲击。

其二是鼓励民间资本进入正规金融机构。这可以采取两种模式进行：一是城市商业银行的发展模式，让民间资本以股份合作的形式加入地方中小金融机构，从而成立地方性的股份制银行；二是农村信用社改造模式，即对农村信用社进行股份制改造，鼓励广泛地吸收民间资本，增强资金规模，在有条件的地方可成立农村商业银行或农村合作银行。2001 年 11 月 28 日挂牌的张家港市农村商业银行、2005 年 6 月成立的江苏锡州农村商业银行、1997 年 5 月成立的润丰农村合作银行及 2005 年 12 月挂牌的武隆农村合作银行都吸纳了大量的民间资本，它们为我国民间资本进入金融业提供了可资利用的经验。

其三是提倡民间资本组建各类型的民营银行。尽管目前我国银行业的主体形式呈现多元化，但是民营银行还难以与政府控制的银行业进行实质上的抗衡；虽然民营银行的入市是拉动国有银行改造的一剂偏方，但是银行监管部门对于民营银行的风险监管仍是顾虑重重，2006 年 2 月 16 日正式营业的渤海银行就说明了这一问题。对此，中国银监会曾提出六项要求：一是新设银行法人机构应在公司治理结构方面有所创新；二是必须能控制住关联交易和关联贷款风险；三是政府不干预银行的日常经营；四是银行发起人股东中应当包括合格的境外战略投资者；五是银行应建立自我约束、自我激励的人事管理制度，拥有高素质的专业人才；六是银行应具备有效的资本约束、资产负债比例管理约束和风险管理约束机制。这无疑对我国民营银行的入市监管起着指导作用。

其四是证券市场的改革。我国证券市场对资金配置的误导不仅导致了金融资源的浪费，而且也极大地挫伤了投资者的积极性，因此在正确引导民间金融合法化时，为了防止民间资本向非合理化的民间金融流动，我国也必须对目前的证券市场功能定位进行匡正，从而以截源的形式来间接规范民间金融的发展。笔者对此的建议有两点：一是强化目前的证券市场的信息披露机制，以严格的多元化法律追责机制来确保信息披露的及时性、充分性、准确性与有效性；其二是将目前股票发行的核准制改为注册制，同时使公司上市的审批与额度制真正市场化，让股东来决定公司的去留。

民间金融的合法化不仅是一个法律问题（比如我国《商业银行法》对设立商业银行都有明确的法律规定，《证券法》对于股票与债券的发行与交易等亦有明确的条文），而更是一个政策导向问题。事实上，上述建议并不能概括我国民间金融正规化的全部，但是有一点可以肯定，即解决民间金融关键在于把握两点：一是扩大资本运动与增值的途径。多元化的投资方式必定会引导更多的民间资本流向正规化的金融体系；二是增强民营企业的融资方式，从而弱化其对民间金融的依赖性。

四、结论

民间金融似乎是一个“烫手的山芋”。事实上，笔者认为现存在的问题并不是立法者与监管者没有意识到其为现代中国发展所作出的贡献，而是如何克服其金融风险的问题。将民间金融适度纳入正规的监管体系、增加民营企业的融资方式及资本投资的多元化等都是较好的治疗民间金融的药方，但还有一点是值得我们正视的，即无论法律规则如何作出务实的回应及监管政策如何调整，总是存在体外循环的民间金融，其根本原因在于受监管的正规金融融资成本总是高于边缘化的民间金融，因此从金融法秩序安全的价值取向出发，金融法对民间金融的回应总是有限度与有条件的，因为金融效益必须是金融秩序安全下的效益。从这一点看，孙大午案错的不全在法律，而在于其本身行为的违法性。

实质上，这单个的案例也昭示了金融法价值取向上的一个真理性的命题，即尽管金融法的价值定位有效益性、秩序性、安全性及流动性等目标，但是在价值排序上，安全性无疑是最重要的，因为安全是秩序得以形成，效益得以产出的根本保证。这一论点也正好回应了笔者在第一章第一节所述的“银行法实质上就是一部关于银行监管的法律规范的总和”。虽说调整平等主体之间的法律关系也添列于银行法之中是取决于“没有平等交易法律关系的存在就不会有后续监管的存在”这样一种事实，但是银行于整个金融业中举足轻重的地位及国民经济的对其之依重性决定了银行法的本质。是故，可以说，银行法，乃至金融法的本性决定了监管性的公法规范永远是银行法及整个金融法的主旋律，而私法型的金融规则由于已存在有大量体系化外在调整性的规则，所以其在金融法的殿堂中则处于一种附属与点缀的状态。

第二节　对后危机时代最后贷款人法律制度创新的思考

尽管在应对2008年来势汹汹的金融危机中，世界各国的最后贷款人法律制度展现了其力挽狂澜的中流砥柱作用，但是新形势下该制度内外交织而生的缺陷也表明在根治危机方面，其并非一剂“包治百病”的良方。对于法律自身物竞天择与适者生存式的演变，很久以前，哲学家黑格尔先生的名言是：“法律决非一成不变的，相反地，正如天空和海面因风浪而起变化一样，法律也因情况和时运而变化。”① 前事不忘，后事之师。为了遏制未来的危机，我们有必要实事求是地对比较久远的最后贷款人制度在新的金融语境下作一个“应该是什么”与“是什么”的理论。

一、谁最有资格担当最后贷款人
——一个值得进一步推敲的问题

在金融危机不可避免之际，谁最有资质救危险中的金融摆脱“苦海”呢？——这不仅是一个先决性的问题，同时也事关救助行为的正当性与合法性。就目前已有的实践来考察，这似乎是一个不屑一提的小问题，因为各国的金融史已多次证明，这是中央银行责无旁贷的责任。而且，早在1802年，学者桑顿便指出，这是中央银行的使命所在，在行使该项职能时，其目标有二：“一是控制长期货币供应；二是迅速提供临时流动性清偿资金，以防止出现全国

---

① ［德］黑格尔：《法哲学原理》，范扬等译，商务印书馆1961年版，第7页。

性的金融和经济危机。"① 该理论一经推出就受到了大多数人的追捧，代表了一种主流，其原因就在于央行具有得天独厚的信息、资金、人才、技术等方面的优势，且其拥有多项法定的金融宏观调控手段。相形见绌之下，由央行来肩负起最后贷款人的重任似乎就是"天经地义"与"义不容辞"的。

真理的本质是相对性，新形势下，旧有的真理若想保留住它原有的成分，那么人们就必须审时度势地对其作出开拓进展的解释。从事物的发端来看，虽然由央行来行使最后贷款人职能代表了历史选择，但是在形成定论之前的对垒性观点也有助于我们捕捉到一些制度自身不可回避的缺陷问题信息。如作为与公共最后贷款人制度的对抗，早期的自由银行学派便抛出"私人最后贷款制度"。金融的编年史也告诉我们，这也并非什么牵强人意之论，如在比利时，银行业共同出资成立"银行信用保证局"，以在不时之需时基于公共利益，对有问题的银行提供财务援助。"日本的樱花银行、富士银行、东海银行等曾联合向陷入困境的太平洋银行提供1100亿日元的十年低息贷款，以助其将十年期间内可能发生的坏账撇除。"② 虽然说在实证的法律制度下，公共学派与自由学派之间的争鸣已见分晓，但是主体资格"花落谁家"问题仍值得我们从学理上进行检讨与反思。

最后贷款人职权非中央银行一家莫属吗？虽然说自由银行学派所宣扬的"私人最后贷款人制度"由于不能克服市场失灵的缺陷及行业互助性而曲高和寡，而且央行一直所把持的最后贷款人角色已有厚重的历史沉淀，但由此是否就必然推断出最后贷款人制度的掌控非央行不能呢？对这一问题的穷根追底不仅有利于进一步认识当下央行所扮演的这一角色，而且也有益于金融创新层出不穷背景下最后贷款人制度的推陈出新。实质上，在价值博弈取舍中，各国

---

① George J. Benston, Robert A. Eisenbeis, Perspectives on Safe & Sound Banking: Past, Present and Future, MIT Press (1986), p. 109.

② 江曙霞：《银行监督管理与资本充足性管制》，中国发展出版社1994年版，第28页。

之所以否定“私人救济说”而肯定“公力救助论”，就在于，“公力的最后贷款人制度借助国家之手，具有自觉性、及时性和稳定性的优势，这恰恰是对市场缺陷的弥补，同时，最后贷款人一般由政府部门，尤其是金融监管部门来担任，拥有宏观调控权或市场规制权”。① 如果说这一看法是正确的，那么在遴选最后贷款人这一问题上，政府的选择肯定是多元化的，如财政部门、存款保险公司及外汇管理部门等有经济实力的公权机构都可以充当这一角色。如早在20世纪90年代，美国学者Bordo就曾独到地指出：“这样的官方机构并不一定就是中央银行。有明确的证据表明，加拿大以及其他相关国家就是这样。在这些案例中，最后贷款人功能通常由其他形式的货币当局提供，如美国的财政部、加拿大财政部及外国货币当局。”② 无独有偶的是，学者Repullo则采取了分切式的思维，他利用不完全合同的微观基础模型证明在出现流动性危机时，由央行来履行最后贷款人职能，而在出现系统性风险时，则由存款保险公司来承担最后贷款人职能。③ 此外，央行“币值稳定、保障就业、及促进经济发展”的多元化目标定向也往往迫使其陷入一个两难境地：一方面，鉴于央行承担着币值稳定的重任，所以其必须持续、适度地控制着货币发行的规模和速度，维持通货在固定汇率下的可兑换性或者防止浮动汇率下通货膨胀发生的可能性；在另一方面，在金融恐慌来临时，出于金融稳定的压力，央行往往又会被迫临时性地采取宽松的量化货币政策。因此，从本质上评判，央行货币政策职能与其把持的最后贷款人职能之间存在着天然的对立和紧张，而这不得不引发人们对其身兼最后贷款者适格性的质疑。

---

① 何锦前：《最后贷人制度的法律价值二元论》，载《南华大学学报》（社会科学版）2009年第4期，第56～59页。

② Bordo, M D. The Lender of Last Resort: Alternative Views and Historical Experience, Federal Reserve Bank of Richmond Economic Review, Jan/Feb, 1990, pp. 18-29.

③ See Repullo, Who Should Act as a Lender of Last Resort? An Incomplete Contracts Model, Journal of Money Credit Banking 32, No. 3 (August 2000), pp. 580-605.

尽管从世界范围来看，由于垄断了流动性资源及具有信息等方面的比较优势，在政府部门中由央行来担当最后贷款人职能已是一种基调，但是以上的分析及已有的金融危机救助实践表明央行的这一角色并非是屹立难动的。众所周知的是，央行的主要职责在于执行货币政策，如果直接或间接地过多涉足于金融监管方面的职能，则其权力集中的事实有背于法治下分权的要求，“因为自古以来的经验表明一切被授予权力的人都容易滥用权力”。① 如果说在初期这一问题还不那么招惹人眼的话，那么随着央行金融监管职能的危机导向下的逆向性扩张，权力集中风险问题便显得有些严峻起来。如中国人民银行在其《中国金融稳定报告（2009）》中便借势主张：央行要进一步提升系统性金融风险的管理能力，完善金融监管机制，有效发挥机构监管和功能监管的作用，加强跨行业、跨市场监管。同时，健全对系统性风险的评估、检测、分析和预警能力。

实际上，在2008年的金融危机救助中，即使是在作为金融监管完备楷模的美国，在贯彻最后贷款人职能时，这一角色也并非美联储一家所大权独揽的，其财政部等机构在危机解困中也功不可没。在越来越崇尚效率与效果、成本与收益的今天，我们有必要以一种新的目光来考评这一问题。事实上，随着经济金融的复杂性，人们已开始对最后贷款人职能务实地进行新的审视，其结论是，并不绝对排除由央行以外的公权机构来承担，问题的关键在于两点：“一是该机构要能几乎无成本源源不断地获得央行创造的流动性；二是能够与金融监管部门实现信息共享，以便及时、快捷、充分地获取市场信息，形成信息优势。”② 在机构创新中，客观地分析，财政部门、存款保险公司等机构都具有担当最后贷款人的基本资质。当笔者如此之论时，其意并非要颠覆央行所扮演的传统角色，而是在于阐明制度必须紧跟时代发展的步伐。是故，制度的因势因

① Montesquien, The Spirit of Laws, Tans by Thomas Nugent, Hafner Publishing Company 1996, p. 150.

② 汤凌宵：《现代最后贷款人操作规则的创新与发展》，载《长沙理工大学学报》（社会科学版）2009年第1期，第16～21页。

时而修正是一种历史使然。

二、最后贷款人制度究竟是服务于谁
——一个必须突破的瓶颈

法学家耶林曾说：目的是全部法律的创造者，每条法律规则的产生都源于一种目的，即一种实际的动机。如果这句话是可以经受历史考验的，那么随之而来的推论就是，有目的地用制定法的形式创制规则就是产生符合时代要求的法律体系的最佳方法。最后贷款人制度设定的目的在于防控和克制系统性的金融风险与维护整体金融的安全。在这里，有一个问题是必须确凿无疑的，那就是，作为金融风险遏制底线的最后贷款人制度到底是服务于谁？或者说，该制度的效力指向对象何在？

在探讨央行的特性时，人们惯于将其归结为发行的银行、政府的银行、银行的银行等几个方面。实质上，这种定位对于解答上述问题还是非常具有助益的，因为央行与商业银行之间密切难分的关系已说明在传统上其是服务于商业银行的。如美国大学的通用教材《货币、银行与经济》就将央行的职能厘定为两个方面：“一是控制货币数量与利率；二是防止银行倒闭，即最后贷款人职能。”①学者古德哈特亦指出：“在历史的经济过程中，这种地位的建立是为了承担起责任，使中央银行去发挥它自由决定金融管理的特定艺术，普遍地对银行系统的健全予以全面的支持和负责。这种管理有两个（相互联系的）方面：一个是同经济中货币总状况有关的宏观功能与职责；另一个是同银行系统（个别）成员的健全与福利有关的微观功能。”② 实际上，这种界定并非一家之言，随意翻开一本相关货币银行学或金融法学的教材，就不难捕捉到类似的针对央行特性的阐述。这表明在本质上央行的客户对象是商业银行，这一定位不仅是出于对历史的尊重，而且更是落实央行货币政策职能

---

① ［美］托马斯·梅耶等：《货币、银行和经济》，洪全文等译，上海人民出版社 1994 年版，第 182～185 页。

② 转引自［英］伊特韦尔：《新帕尔格雷经济学大辞典》（第 1 卷），胡坚译，经济科学出版社 1992 年版，第 419～420 页。

的需要。在漫长的演变中，这一特点也被法律化，如《中国人民银行法》第2条即规定："中国人民银行是中华人民共和国的中央银行。中国人民银行在国务院领导下，制定和执行货币政策，防范和化解金融风险，维护金融稳定。"现实地看，在金融业比较单一化及经济非金融化或半金融化的时代，这一设定还是比较准确的。然而，在金融业务的分分合合流变中，随着金融业内部分工的日益模糊而出现异质业务交叉之时，央行的最后贷款人制度专司于商业银行的指向已明显不能适应金融整体稳定的时代诉求。可以说，2008年全球性的金融危机救助就使得这一问题隐而不彰。尽管在危机救助中，各国央行相机抉择而不拘泥于法律的形式，但是央行最后贷款人制度滞后于金融现状的事实已是一览无余。

最后贷款人制度专为谁而设呢？在控制系统风险中，这是一个至关紧要的问题，虽然已有的法律给我们提供了一个答案，但是这只是一个半对半错的回答。时至今天，有一点是再明白不过的，即为了确保经济发展的可持续性，金融安全网的制度化已不能刻板地固守于金融机构，必要时，还必须将网扩大到与金融安全息息相关的非金融机构。由于金融创新的频繁和混业经营的加剧，金融机构之间的关系愈发紧密难分，非金融类机构作为金融系统的重要组成部分，其经营失败也容易滋生系统性风险，所以"太大而不能倒"的保守监管理念也必然会延伸到非金融性的机构。其实，这也并非什么空穴来风，如"两房"(Fannie Mae & Freddie Mac)、美国国际集团（AIG）和贝尔斯登（Bear Stearns）等非银行金融机构就获得了美联邦储备银行流动性的援助。

金融混业并不单纯是一种业务形式的创新，从制度创新的角度看，它在一定程度上对传统的某些金融监管理论与立法实践进行了彻底的毁灭。尽管在"百货公司型"的金融企业集团模式下，为了规制内幕交易风险，立法者相机抛出了防御性的金融防火墙制度，但是该制度的有效性又与最后贷款人制度密切相关。如英国学者 Richard Daley 就认为，"银证混业对最后贷款者职能的影响最终取决于银行和证券交叉部分监管的不同方法，若防火墙得以建立，并确实有效，那么最后贷款者的职能就可以维持现状不变。反之，若防火墙没有建立或者没有作用，那么不言而喻，最后贷款者的职能就应伸展到证券市场，以防止证券公司的风险向银行业渗透”。①实际上，在追求规模效应与利益协同化的导向下，金融企业集团在组织结构上日益复杂化，其不仅表现为不同金融业之间的异质性组合，而且也表现为以金融业与一般实业的融合。同时，其内部的组织模式亦是各有千秋，如或表现为母子公司关系，或为管理合同关系，或为合伙关系。

虽然从法必须因势利导的层面评判，立法者应求真务实地对最后贷款者制度作出创新性的法律解读，但以下几个问题是必须解决的：一是效力范围问题；二是若打破传统的局限，那么是否就意味着最后贷款者制度将不作任何甄别地适用于全体金融机构呢？若标准化，那么应该确定什么样的规范来避免厚此薄彼问题呢？三是该制度是否适用于非金融类的机构？若答案皆是肯定的，那么法该从何而出呢？第一个问题的答案相对比较简单，因为最后贷款人制度显然应扩展适用于可能直接或间接引发系统性金融风险的机构。若要对后两个问题进行较准确的回答，以给未来的立法提供指引，那么我们就有必要重温一下最后贷款人这一概念的内涵，“其是指在实行部分准备金和央行垄断货币发行的前提下，中央银行为应对将引起流动性需求非正常增长的不利冲击，在其他市场来源不能满足这种流动性需求的情况下，对金融机构或整体市场所采取的相机提供紧急流动性的制度安排”。② 借此，我们可以推理出以下结论：一是在部分准备金制度下，同业市场失灵易使机构出现系统性风险，因而有必要提供流动性支持；二是因为央行垄断了货币发行，所以其有能力提供流动性；三是积极作为的目的在于弥补流动性的不足，而非清偿力的危机处理。若对维护“金融稳定”的目标作经济的与政治的交叉性解释，结合最后贷款者制度产生的历史源

① Joseph J. Norton, Bank Regulation and Supervision in the 1990s, Lloyd. s of London Press Ltd, p. 132.

② 汤凌宵：《我国经济转型期隐性最后贷款人问题研究》，载《金融研究》2005 年第 12 期，第 16 ~ 24 页。

流，则不难感受到新金融情势下，是否运用最后贷款人制度的要点在于某一金融类或非金融类的机构是否因流动性不足而恶化到影响整体性金融稳定，即不以“定量论”，而以“定性论”。很久以前，马克思曾说：“立法者应该把自己看作一个自然科学家。他不是在创造法律，不是在发明法律，而仅仅是在表述法律，他用有意识的实在法把精神关系的内在表现出来。如果一个立法者用自己的臆想来代替事情的本质，那么人们就应该责备他极端任性。”① 因此，从尊重事物的发展规律及制度创制的目的诉求来更新最后贷款人制度的效力边界是时下立法者所必须慎思的问题。

三、最后贷款人制度与存款保险制度的共存

——一个效率的问题

法律的重心不在于形式，而在于功能与实效。对此，波斯纳就认为，正义的第二种含义——也许是最普通的含义——是效率。在金融安全网的构建中，波氏的洞见同样地具有广阔的市场，如金融监管机构的数量是否与金融的安全性之间呈正线数关系？在监管机构日益增多的情况下，如何明晰监管权而避免监管资源浪费，或者更进一步说，在机构之间的权能本就存在交叉不清的背景下，如何解决职能冲突及避免监管失灵呢？……这一切都是新金融情势挑战下法律创新都必须深察的现实问题。

存款保险制度与最后贷款人制度是金融安全网建设中抵御最终风险的两道不可或缺的相互帮衬的防线。也正因为在救助中，两制度都附着有“事后”了难的特点，所以其职能就难免存在交融与“混合”之处。虽然通俗意义上，我们可以用“人多力量大”来粉饰这一现象，但是“一个和尚挑水吃，两个和尚抬水吃，三个和尚没水吃”的笑谈告诉我们效率的改善是以明确分工为必要条件的。尽管在面对这一问题时，我们可以利用“最后贷款人和存款保险人制度在功能、提供的条件、经济效应、对公众的保护等方面

---

① ［德］《马克思恩格斯全集》第一卷，人民出版社 1995 年版，第 347 页。

的差异”来为这种共存的合理性提供学理上的支撑，但是2008年美国金融危机大拯救中，其联邦存款保险公司并没有作壁上观的事实也说明，理论上的逻辑并不能给实践提供一个满意的答案。很久以前，古希腊牛人柏拉图就认为，大千世界中，我们所面对的只是现象，本质在现象之外。尽管在表象上，我们可以说存款保险制度是对一个即将退市的商业银行机构的善后，而最后贷款人制度则是对一个出现问题的银行机构的“救死扶伤”而使其荣获新生，但事实是在应对重大金融事件之时，存款保险制度的功能异变为“破产预防”，而不在于真正的关门大吉，因为金融风险的连坐性决定了金融体系、市场、社会与国家都难以承受与消解机构破产的消极性放射效应。对于这一拙见，美国1991年通过的《联邦存款保险公司促进法》就提供了有力的回应，该法设定了一套详尽的循序渐进的“结构化时期介入与解决机制”，其“目的在于银行资本充足率跌至一定水平，但远未导致倒闭时，促使监管者对银行采取措施，以减少可能造成的损失”。① 在制度创新中，笔者认为，立法者必须对以下几个问题进行明辨。

其一是最后贷款人制度与存款保险制度要不要共存及能否共生共存？对此，我们可以作逆向的思维，即如果只有最后贷款人制度，金融的稳定性是否不会有太大影响，或者即使发生了突发的恶性金融事件，仅依赖于该制度，监管仍能游刃有余。答案无疑是否定的，因为银行机构倒闭的连锁效应及“太大而不能倒”的经验表明，即使在一国的金融安全法律体系中缺乏明示性的存款保险制度，那么它肯定也存在比明示性更有保障力的隐性存款保险制度。这种单边的做法不仅会迫使最后贷款者在面临问题机构时，采取宽松的货币政策，而且国家对存款人损失风险的100%的兜底实践与预期也不利于国民风险意识的培育，由此而生的另一后果就是银行机构与存款人逆向选择套利的道德风险。而存款保险制度的直接性、法定性、公开性、公正性及风险共担等特点恰好对最后贷款人

---

① ［瑞士］艾娃·胡普凯斯：《比较视野中的银行破产法律制度》，季立刚译，法律出版社2006年版，第40页。

制度的缺憾起到拾遗补缺的功效。从这一点看，明示的存款保险制度是对最后贷款者制度的必要补充。反而言之，在一国金融监管体制中，只单设存款保险制度又能否适应金融安全的要求呢？毋庸置疑，答案也是否定的，因为无论是在功能定位，还是在资金充沛量、信息占有量及救助能力与经验方面，最后贷款人制度都具有其他机构无法比拟与替代的作用。由此可知，该两制度的互补性及职责分工性决定了在应然度与实事度上，两者之间是一种共生共存的关系。

其二是若能共存，那么存款保险机构与央行之间究竟是一种什么样的关系，如权责的分配、谁应该服从于谁及两者合作的标准是什么等？对于这一问题，国内金融学界已提出了一些看法，如“对于建立存款保险制度的国家来讲，银行监管是防范系统性风险的第一道防线，中央银行最后贷款者制度是第二道防线，而存款保险制度是最后一道防线，应当划清中央银行最后贷款者与存款保险出资救助的时间和顺序，处理好两者在解救银行危机时的关系”。①这种分工布局性说明最后贷款者与存款保险机构之间是一种平等的配合关系，彼此之间并不存在附属性。另外，从我国存款保险制度确立的论述中，则又可感觉到另一种说法，即“最初存款保险机构应由中央银行设立存款保险局，并附属于中央银行，不以赢利为目的，业务受中央银行监管，但是必须具备权威性和相对的独立性，待积累一定经验之后，再从中央银行独立出来建立存款保险公司”。②

尽管在独立性问题上，赞成者与反对者都各执一词，莫衷一是，但是它毕竟揭示了独立性的确是该两制度共建中的一个必须一清二白的问题。那么，出路何在呢？对此，笔者的看法是存款保险制度与最后贷款人制度的本质是我们解决这一难题的起点。顾名思

---

① 颜海波：《存款保险制度与最后贷款人》，载《中国金融》2005年第11期。

② 王贞琼：《银行风险与存款保险制度》，载《武汉大学学报》（社会科学版）2003年第5期。

义，存款保险的目的在于对存款人的存款提供保险，其旨在于通过“保险”的方式应对局部性的银行机构破产的风险，而最后贷款人制度的“最后性”则说明该制度所关注的是整个金融系统全局性的风险，是金融安全保障的最后“杀手锏”。实际上，对于这一点，各国的相关法律制度亦有类似的载述。基于这一制度设立的“必然性”判断，我们的结论就是，某一问题银行的流动性风险是局部性，不具有广泛的扩散性，且是可以被成功拯救时，那么存款保险机构是独立于最后贷款者的，或者说是存款保险机构对最后贷款人起到了保险作用；反之，当流动性风险非常严重，可能产生严重的“多米诺骨牌效应”，进而会危及整体金融安全时，那么从监管的有效性、及时性及成本性评估，存款保险机构应是从属于最后贷款人的。如此道来，独立与否识别的标准就在于问题机构的风险程度，即是局域性的，还是系统性的。客观而言，这一划分不仅是出于节约监管成本及提升监管效率的诉求，而且它也尊重了监管制度与措施的援用必须循序渐进的理念。

四、结语

很久以前，哲学狂人赫拉克利特曾言，万物皆流，无物常驻。事实上，这句话同样可以被借用于我们对法律知识创新的探索。抑或是出于标新立异，或是出于一种知识领域的圈地……我们将法律冠上了科学的名号，如果我们并不刻意地去对这一“科学”的定性是否名副其实进行较真，那么在“知识就是力量”的当下，我们就必须承认科学的精神就是挑战、质疑和批判，因为只有如此，我们的知识、法律理念与制度……才会如长江后浪推前浪般更新换代。如果说在金融促进经济发展才刚刚揭开篇章的时代，最后贷款人制度非央行莫属、其“央行——银行机构”的一对一的服务模式也是千载难改的，那么我们只能说这只是反映了初级金融阶段的时代要求而已。事物发展的非恒定性要求立法者必须客观地对任何一种理念与制度适时地进行审时度势。经济金融时代下的金融突变已全方位地对传统的金融法律制度提出了拓新的诉求，而危机后最后贷款人制度的因时而异便是法律必须适应动态社会发展的体现。

第三节　我国商业银行集团客户授信风险监管之难点及对策分析

对集团客户的风险管理是银行全面风险监管中的一个重要环节。虽然中国银监会已对应性地出台了专门性的规范文件，如2003年12月的《商业银行集团客户授信业务风险管理指引》(本节中后称《指引》) 及2004年4月的《商业银行与内部人和股东关联交易管理方法》，但是从规范的层面评价，这还只是一个应然的"规范"范畴，而并非一个实然的"存在"范畴。实际上，对我国商业银行集团客户风险的有效监管，我们还面临着诸多棘手的问题，这不仅源于企业集团自身的制度性阻碍，而且也更源于社会稳定要求下我国传统计划经济所延续下来的银行结构及风险管理体制上的缺陷。是故，这一问题的探讨对完善我国银行监管法律制度具有重大的现实意义。

一、集团客户风险监管的难点分析

（一）集团客户的复杂性：制度设计中必须直面的障碍

企业集团是社会经济发展到一定阶段的必然产物。虽然这种经济组织形式的产生顺应了以效益为导向的市场发展之内在要求，但是"它的出现无疑也是对现行相关法律理论及制度一个巨大的考验与挑战，这种挑战是全方位型的，不仅涉及公司法对关联企业之调整，而且也涉及证券法、税法以及反垄断法对关联企业的调整问题"①。之所以如此牵一发而动全身是由企业集团的本质属性决定的。如上述《指引》第3条即将集团客户界定为具有以下四种特征的企事业法人授信对象：一是在股权上或者经营决策上直接或间接控制其他企事业法人或被其他企事业法人控制的；二是共同被第三方企事业法人所控制的；三是主要投资者个人、关键管理人员或

---

① 施天涛：《关联企业法律问题研究》，法律出版社1998年版，第26页。

与其关系密切的家庭成员共同直接控制或间接控制的；四是存在其他关系，可能不按公允价格原则转移资产和利润，商业银行认为应视同集团客户进行授信管理的。结合集团客户的实践，我们可推演出该类组织形式一般具有以下几个方面的本质特性：股权控制性或人事控制性或股权与人事双重控制性、多元化经营、关联交易性及跨区域经营性等。可以说，集团客户相对于单一客户的这些独有的特点，再加上集团客户内部的控制者与被控制者之间所存在的法律形式上独立而经济上相依的事实使得对其监管演变得更加错综复杂。笔者认为，集团客户的出现在经济组织结构上给有效监管牵扯出了以下几个方面的难点：

其一是催生了风险暴露迟延的问题。有效的银行监管是以有效地最尽可能地弱化或消除监管者与被监管者及交易双方之间的信息不对称现象为基点的。然而，企业集团内部之间组织结构的复杂性与隐藏性无疑直接放大了这种信息不对称现象。在单一客户的情况下，商业银行很容易捕捉到该类客户的经营与财务信息。然而，由于集团客户可通过内部的关联交易将集团内某一成员的经营风险转嫁给集团内的其他成员，从而人为地掩盖了风险，① 所以集团内部复杂的组织结构在客观上为风险的内部移转营造了空间，进而也延长了集团客户风险曝光的时间周期。

其二是关联交易问题。集团客户所附带出的关联交易不单是个公平的法律问题，而且更是一个关系到信用风险监管的金融法律问题。这种风险是指集团客户通过关联交易在集团内部成员之间不依“独立竞争价格”转移资产或利润，或为不当担保等行为，或集团之间通过频繁交易制造一种虚假的繁荣形象，使商业银行对集团客户多头授信或过度授信或不当分配授信额度，从而最终导致商业银行不能如约收回本息及由此产生其他损失的可能性。对于该问题，尽管中国银监会出台的《商业银行与内部人和股东关联交易管理方法》已从授信审查中要求明示关联关系、对关联企业设定统一

---

① 参见魏国雄：《集团客户信贷风险及其防控》，载《中国金融》2006年第6期。

的授信额度、构建关联企业信贷管理责任制度、确立分类管理及实行大额风险报告制度等角度对这一问题的风险管理进行了预设，但是制度操作上的缺憾无疑使得这林林总总的规定形同虚设。如内部评级是商业银行对客户进行信用风险识别、衡量、控制和监督的主要杠杆，其作用之大小在很大程度上系于评级系统本身的有效性、合理性与完善性，然而当下在对集团客户进行内部评级时，其与一般客户相比几乎所有的银行在评价指标上都没有本质性的区分。即使有为数不多的银行做了此种划分，其也往往只是考虑到客户的规模、行业中的影响度等，而对关联交易指标的量化处理基本上没有涉及。此外，还有一点是我们监管者必须深刻意识到的，那就是在对集团客户关联交易风险监管的态度上，作为以盈利为目的的商业银行与作为以安全为目的的监管者之间不可能是一种自始至终的“同舟共济”的互助关联。由于监控成本的存在，银行不可能去识别、评估集团客户的每笔关联交易是否会损害企业价值，并会滋生信用风险。而且，即便不考虑这种成本，绝对存在的信息不对称事实也使得银行不可能有足够的信息得知集团客户关联交易的真正内幕，及与此相关的资源之最终流向。① 尽管从经济学的角度考察，企业集团这个经济组织巨人的出现是市场经济进化到一定程度量变的结果，为一种自然规律的必然反应，但是无论你承认与否，由此所衍生出的关联交易问题也在时刻冲击着法律人之神经，因为集团成员之间法律形式上可能的独立与经济上相依的“剪不断、理还乱”的事实在损失风险责任承担上制造了一种紧张与法律上的难题。我国目前的企业法律制度并非土生土长自产的，在既欠缺理论开发，又缺乏成功经验的背景下，如何有效应对集团客户的关联交易信用风险确实成了银行监管中的一大瓶颈。

其三是相互连环担保现象的出现。为了防范可能的风险，银行业的授信一般都是以担保为支撑的。以最小的成本占有稀缺的金融资源对于企业集团来说是一种使然，而集团内部各组织之间既相互

---

① 参见付胜华等：《对集团客户关联交易信用风险监管现状与制度成因的分析》，载《上海金融》2006 年第 12 期。

联系又相互独立的架构却恰好给集团成员内部的母公司、子公司及孙公司等在融资中提供了一种成本经济的交叉提供信用支持之诱因。更甚的是，在融资渠道不畅的情况下，为了从银行套取资金，部分区域性集团企业可能共谋相互担保或曲线连环担保，从而形成颇具地方特色的高风险“担保圈”。① 若担保圈内的某个公司业绩下滑，则这种信用的断层就可能触发连锁性的“多米诺骨牌效应”。实际上，这并不是什么假想或空穴来风。已有的案例已印证了这一猜想，如2005年媒体所揭露出的“重庆担保圈”，该“圈”涉及了太极实业集团、朝华科技集团、长丰通信集团及重庆长江水运等客户集团群，波及7家上市公司、1家信托公司和几十家集团内部成员关联企业，担保总额超过20亿元人民币。集团客户的内部交易本就具有极强的隐秘性，那么集团与集团之间的串通就更有过之而不及了，因此可以断言的是，集团内部及外部之间的交叉担保无疑又成了对该类授信风险进行有效监管的一大难点。

其四是引发过度多头授信的风险。在学理上，企业与银行之间的借贷是一种以契约关系为基础的典型商业信用行为。部分集团客户为了从银行获取更多的资金支持，为了节减成本，其往往以核心企业作为融资平台与各家可能的金融机构建立信贷关系，并允诺以集团核心客户或优质项目作为还贷的载体。在取得信贷资金后，其又通过内部财务结算中心或财务公司等形成一个巨大的统一调配使用的“资金池”。这种有悖于借贷合同宗旨的行为无疑导致借款人游离于贷款人对授信资金应有的监控之下。

事物演化的规律证明作为任何一种制度构成载体的组织形式都是一个利弊相生的问题。尽管企业集团的出现不仅给企业自身，而且也给商业银行提供了更多的商机，但是这种经济载体的“软肋”同时也意味着新的挑战、新的或组合性的风险。从金融安全是金融法构建与创新的主旋律考证，可能如何应对新形势下的风险对于立法者及监管者来说才是最重要最紧迫的。不可否认，上述两文件的

① 肖永杰:《商业银行集团客户信贷风险管理研究》，载《金融论坛》2006年第12期。

出台至少说明我国银行业的监管者已认识到集团客户及其授信风险的挑战性、复杂性与隐秘性。然而，目前集团客户授信中所丛生的大量关联交易、交叉担保及多头授信现象已说明我们的规则供给者还没有真正地从集团客户的本质、没有从我国有契约却无契约精神的私法传统、没有从我国银行业组织结构上的特殊性，及银行业与集团企业产权上的同一性等角度出发来思量如何有效克服制度内生的缺陷问题。

（二）利益追求：诱导商业银行丧失风险防范动机的内在原因

客观而言，对于集团客户授信，不是我们的商业银行不清楚该类客户存在集中性的风险，也不是商业银行之管理者大智若愚到不知晓此举犯了“不要将鸡蛋放在一个篮子中”的大忌，更不是它们在“血与泪”的教训面前而无动于衷。实际上，有一点是监管者在监管规则供给及监管实践中必须铭记于心的，那就是商业银行首先是一种企业，有自己第一性的逐利要求，因此在价值目标取向上，银行业的监管者与银行之间并不具有同向性，这就必然导致这样的结果，即面对集团风险下的高效益回报诱惑时，银行机构往往倾向于表现出一种“明知山有虎，偏向虎山行”的务实心态，而集团客户的比较优势也诱使银行在交易时滋生一种“赌徒”心态。

一般来说，集团客户多为各地区的重点骨干企业，其规模效益明显、抗风险能力相对较强、资金需求量大，故成为各商业银行之间竞相公关争取的对象。垄断行业、经济发展快速的热门企业及旱涝保收的行业向来都是各金融机构角逐的对象，如铁路、公路、石油化工、电力、电信、高等院校、港口与运输等行业以及煤炭等资源型客户及其产业链素来是各银行机构公关竞入的重点，有时甚至不惜成本。曾一度被曝光的“铁本事件”① 就是一个鲜活的写照。

① 虽然铁本公司新上的钢铁项目没有取得国家有关部门的立项批准，但从2002年开始，所在地的建设银行、中国银行等金融机构相继与铁本公司建立信贷关系，并对违规项目发放贷款。截至2004年2月末，6家金融机构对该公司及其关联企业违规项目的授信余额折合为人民币4399亿元，其中贷款余额为2560亿元人民币。

可以说，“傍大户”、“重批发，轻零售”及“大树底下好乘凉”情结使得在交易中占优势地位的集团客户授信额度在商业银行各项贷款中的比重过大，信用风险过度集中。在另一方面，集团客户也利用各银行之间的贷款资金相对过剩、相互恶性竞争的事实加速资产规模之扩张，无理性地跨行业跨地区经营，从而进一步使银行的集团授信风险“雪上加霜”，因此我国商业银行仍以传统的资产负债业务为主要板块的事实，及银行业自身潜在的“逆风险”而为的天然逐利性也是我国对集团客户授信风险进行有效监管的难点。

（三）风险管理体制：一个导致集团客户风险监管失灵的制度性原因

创新是一个互动性的概念，它不仅是对传统守旧型业务的冲击与挑战，同时在制度层面上它更意味着制度适时的推陈出新。然而，现时下，与我国银行业组织结构“相配”的内部条块分割式的风险管理体制已深深地钳制住了集团客户有效监管的命脉，同时也在事实上导致中国银监会出台的相关规则异化为了僵死的规则文字。对此，笔者作如下剖析。

目前，我国商业银行普遍实行的总行—分行—支行的多层级管理体制，分支机构属地化趋势十分明显。作为一级法人代表者的总行对所辖分支机构的管理主要是通过政策制度的制定、经营业务指标考核及人事管理来实现的。对于信贷风险的监控也主要是在总行的政策制度框架内，通过授权，由分支机构的管理人员在评估分析后作出决策。客观上，分支机构集市场营销、业务经营及风险管理于一身。这种多层级的组织结构、属地化经营与管理的模式就必然延长了信息纵向传递的时间，弱化信息传递的效率。同时，分支机构各自的经营目标与考评制度也必然会阻塞信息横向传递的渠道，从而在整体上影响商业银行对集团客户信息及时的占有及快捷处理。信息传递渠道之不畅及传递链的加长无疑容易造成对集团客户风险跟踪监控的失灵。此外，现行的商业银行总行对各分支机构的业绩评价和经营目标的考核方法也在很大程度上挫伤了各分支机构对集团客户风险进行管理的积极性，因为依据内部分工，各分支机构只在总行划定的区域内经营业务，其负责人也只对本机构的业务发展指标及授信风险负责，如同一银行辖下的不同分支机构对同一客户的公关竞争就是一个很好的说明。在这种条块管理的模式下，各分支机构更多的是只关注本机构的奏效，而忽视全行及其他分支机构的风险。即便上级行作了相关风险提示，在层级管理的框架下，各分支机构也会认为那是别的分支机构出现了问题，本行的客户并不存在什么问题。这种单独考核与相对独立管理的做法有时甚至导致同一银行的多个分支机构凭借各自的判断与同一集团客户的关联成员之间建立信贷关系，提供融资，且有时也导致在同一时点上对集团客户风险管理衔接的断层，如有的分支机构已在采取清收转化的风险防范措施，而有的分支机构还在积极营销，给集团客户增加融资。

从上，不难发现对于如何有效地监控集团客户的授信风险，并不是目前的法律规则创新所能解决的，因为商业银行内部切割化的风险管理体制已成为规则创新的坚实壁垒。从这之中，我们也不难品味到在集团客户日益主导市场的背景下，我国商业银行自身的风险管理理念仍停滞于计划经济下“小作坊型”的单一客户风险防控的定式。当下，各分支机构主导下的授信风险管理模式、政策制度及风险管理框架就是一个不言而喻的印证。尽管零散的单一客户风险管理简单明了，但是在应对复杂性的集团客户时，这一传统的做法显然已过于落伍陈旧，且多个事实也证明对一些多元化、跨区域的集团客户来说，惯有的单一行业政策与风险处理也很难奏效，如集团内部复杂的组织结构也往往致使授信银行无从追踪资金流向、贷款的真正用途等，因此可以说现行的商业银行风险管理体制已成为对集团客户风险有效监管最令人神伤的难点。

二、对策分析

（一）并表监管——一个综合监管的问题

任何一种法律制度的产生并非都是无中生有，纯理性的，它必须遵循事物产生的客观规律。也正因为如此，才有了立法者并不是在“发明”法律，而是在“发现”法律之说，因此笔者认为，若要有效地从规则设计的角度来解决集团客户授信风险的问题，那么我们就必须从认知“集团客户”的特性出发，从而打破现行的单一风险管理体制。事实上，“集团客户”讲求的是一种联合、规模与协作，尽管集团成员在法律地位上可能是各自独立的，但是其经济上相依的事实说明在配备监管规则时，我们就不能固守传统的公司法理论，而必须从集团的角度确立一种全局性的并表监管原则。尽管并表监管是巴塞尔银行监管委员会所提出的专对跨国银行进行监管的一种原则，但是其所透射出的全面、充分监管理念恰恰契合了集团客户监管的内在需求。而且，并表监管所内含的“目标性、整体性、持续性、及汇总性”① 等监管要求亦与集团庞大的框架及内部盘根错节的关系相一致。

并表监管并非一种抽象的表达，其操作成功与否依赖于有效快捷的消息传递平台。就我国商业银行的集团客户并表监管来说，它强调集团客户授信信息在银行内部纵向与横向的畅通无阻的交流机制。对于这一点，《指引》第 8 条规定：“商业银行应建立与集团客户授信业务风险管理特点相适应的管理机制，各级行应指定部门负责全行集团客户授信活动的组织管理，负责组织对集团客户授信的信息收集、信息服务和信息管理。”然而，该条并没有谈到信息如何在各行之间互通有无及如何上传下达的问题。而且，目前分级的单一化风险管理也在事实上消融了该条的效力，因此若监管者期望能从根本上解决集团客户授信与风险监管之间的紧张关系，那么其就必须以创新的法律规则为依托执牛耳地突破现行相对封闭性的总行、分行、支行之间的信息交流不畅的困境，及以并表的信息为基础构建行行之间联动性的监督机制与风险预警制度。

在规则创新中，我们还必须意识到书面性的“表”之要求并非并表监管的全部，其更多的是从集团客户的本质特性出发张扬出一种风险集中管理的思维，即根据集团客户的跨区域、多元化、经济相依及关联交易性等特点来突出、健全和强化总行对各分支机构及上级行对下级行的集中管理职能，如对跨辖区之集团客户由共同

① 蔡奕：《跨国银行监管的主要法律问题研究》，厦门大学出版社 2004 年版，第 123 页。

的上级行集中管理、跨省或跨国的客户则由总行集中管理。集中管理的内容包括：对集团客户的统一信用评级、统一授信、统一信贷政策及统一风险监控等。

（二）集团客户——一个应用“同一借款人”置换的错位概念

《指引》所述的“集团客户”及与此相关的授信比例上限要求是极不准确、科学的，且有违法之嫌，因为对于大额风险我国《商业银行法》第39条规定对同一借款人的贷款余额与商业银行资本余额的比例不得超过10%，而《指引》第12条却规定：“当一个集团客户授信需求超过一家银行风险的承受能力时，商业银行应采取组织银团贷款、联合贷款和贷款转让等措施分散风险。本指引所指的超过风险承受能力是指一家银行对单一集团客户授信总额超过商业银行资本余额15%以上或商业银行视为超过其风险承受能力的其他情况。”借此，不难品味到，“集团客户”这一称谓是极不严谨的，相对于“同一借款人”而言，它只是一个下位概念，还不足以涵盖所有的大额风险。而且，《指引》所定的15%的上限无疑超越了《商业银行法》所设定的10%之最高上限。一致性是一个完善的法律体系所力求达到的目标。同时，也是维护上位法权威性与严肃性的根本保障。此外，“集团”本就是市场经济规模效应下游离于严格法律逻辑要求之外的一个非正式的概念。目前，法律还无从厘清这其中的一切，因此无论是从恪守法律是事物本质必然关系的反应出发，还是从法律规则之间应有的一致性与逻辑性出发，都有必要一以贯之地援用“同一借款人”这一术语，并以此为基点来配属对应的法律规则，而不是为了直观或明确而搬用经济性的“集团客户”这一不伦不类的概念。①

实际上，在设定严格的上限比例对大额风险进行监管中，金融

① 尽管19世纪刻板的概念法学一直受到后人持续性的批判，但至少有一点是可以肯定的，那就是若被法律人自诩为科学的法律脱离了严格的概念，那么这科学的基础也就必然随之崩溃。而且，在法律学中，每一个特定的术语也并非徒有形式的表述，它有所指，有它在社会实践中所要达到的目标与实现的价值，因此笔者的拙见是，作为学科特色的语言并非一个这也行那也行的问题，它实际上与法律规则及法律制度的预期价值息息相关。

发达国家或地区都是采用“同一借款人”的风险管理方法。如美国法院和美联储的现实做法是，在下述情形下的不同借款人将被集合视为同一借款人，受放贷上限的约束：借款人偿付的资金来源相同；一个借款人的收入或支出的50%来源于另一借款人，且该两借款人处于共同的第二方控制之下；不同借款人从同一银行贷款，以便取得对同一个企业的控制权。① 又如英国1987年的银行法第38条规定，所谓同一借款人是指在财务方面互有联系或互有影响的不同实体或自然人。即使两个以上的借款人不属于同一集团公司的成员或不具有母公司和子公司或姐妹公司的关系，但若其中之一借款人的财务情况可能受到其他借款人经营状况或财务情况的影响，则该两借款人应被视为同一借款人。我国香港地区1992年《银行条例》第81条的规定则更为宽泛，条例所规定的同一借款人指：任何一个人，包括自然人和法人；同属于一个母公司或同一公司控制之下的两个或两个以上的公司；任何控股公司及它的一个或更多的附属机构；任何一个人（但不是公司），以及该人是控制人的一家或一家以上的公司。② 从这些界定，不难发现“同一借款人”的表达比“集团客户”更实用，更具有可操作性，同时也更有益于监管者从最广泛的角度对大额风险进行监控，因此用“同一借款人”来置换“集团客户”，并依据大额风险的实质来配置相关的监管规则对于克服我国“集团客户风险”难点来说就是一副良好的方剂。此外，还有一点也是值得我们反思的，即任何法律规则都是一种相对性的陈述，都有规则的例外。之所以要将大额风险纳入正式与非正式监管的范畴是源于对风险的集中与风险分散的思考。是故，若大额授信有坚强的信用支撑，那么同一借款人就理应豁免于上限比例的要求。事实上，英美等发达国家在严守对同一借款人的上限要求时，也根据借款人的信用状况审时度势地预设了一

---

① 参见张忠军：《金融监管法论——以银行法为中心的研究》，法律出版社1998年版，第250页。

② 参见王贵国：《国际货币金融法》，北京大学出版社1996年版，第371页。

些例外性的规定。而在这方面，我国的法律却处于一种空白状态，因而在确立同一借款人的监管制度时如何根据信用度配备相应的例外规则也是立法者所必须思考的问题。

（三）合理界定借款者的资产——一个权责分明的问题

集团客户内部复杂的控制关系及集团发展规划决定了授信资金的流向与真正用途的不明确，因此合理地界定借贷合同中的借款者，确立“谁受信→谁承贷→谁用款→谁还贷”的原则对于实现银行的债权至关紧要。实质上，从法律制度上来分析，这一设想也具有积极意义。据现行法律的规定，一个公司的资产可以划分为所有权类资产、债权类资产及股权类资产，而所有权类资产在企业的财务报表中表现为银行存贷、货币资产、固定资产和无形资产；债权类资产则相应地表现为应收账款、预付款项、短期投资中的债权性投资及长期投资中的债权类投资；股权类的则体现为长期投资中的股权性投资。① 由于法律对这三种资产权利的内容及实现方式的规定不同，作此分类对于授信银行的贷款回收具有重要的意义。

集团客户在银行融资中惯于采取核心企业或母公司统贷统还的做法。迫于市场的需求，银行也常常迎合于企业集团的这种不当要求，从而置自己于高风险之下。然而，集团客户的核心企业或母公司在成功占有资金后，有的被用于该核心企业自身的发展，而有的则流向集团内的其他成员。根据前文对资产的划分，对于借款人来说，这种资金多元化的流向就使得其资产构成具有如下特点：用于核心企业或母公司自身发展的贷款资金表现为所有权类资产、以借款方式用于集团其他成员发展的资金则表现为债权类资产、以股份投资方式出现的则表现为股权类资产。由于从这三种资产的性质来看，银行的授信风险在所有权类资产、债权类资产及股权类资产中呈现为一种渐次增大的特点，这就向银行防范与弱化集团客户信用风险的实践提供了一种启示，即尽可能由使用授信资金的集团客户承贷，确保承贷主体与用款主体及还贷主体的同一性，同时严格限

① 参见刘冬莉：《集团客户信贷风险的识别与防范》，载《金融理论与实践》2005 年第 8 期。

制借款人将所借入的资金转化为集团成员之间的债权类或股权类资产。

（四）风险预防性条款——一种居安思危的安排

人性恶论一度被西方学者认为是现代法律制度产生的源流之一。尽管相对于单一客户来说，集团客户在资产规模、产品营销及技术创新等多个方面具有诸多的优点，但是在授信风险的自我防控中，商业银行仍必须从“恶人”的角度来预测授信交易在未来可能会遭遇的风险。“合同是当事人之间的法锁”这一格言说明通过在借款合同中进行一些风险设防性的安排可以达到“事前的防范胜于事后救济”的结果。笔者认为，在缔约中，作为贷方的银行以“加速到期条款”为基础可考虑在合同中载入以下条款。

其一是关联交易限制与披露条款。尽管企业集团是市场经济量化到一定程度的必然产物，但是它也同时带来了一个现代法律文明所必须克服而又难以克服的难题——关联交易。关联交易的危害远不在于对市场交易公平产生挑战这样一个抽象宏大的命题。在微观上，集团内部复杂的控制关系直接导致了利润不正常的移转与集中、债权人权益受损，同时也直接促成了风险集中，因此为了防止银行债权受到集团客户非透明非公平性关联交易的冲击，在借款合同中，必须加载关联交易限制的内容，如规定，若关联企业发生改制或重组，贷款银行必须参与，否则银行有权单方面宣布合同提前到期或解除合同，并追究借款人的违约责任。此外，与“加速到期条款”相配合，还可要求借款人有义务披露其关联交易的相关信息。对此，《指引》第 17 条规定：“商业银行在对集团客户授信时，应在授信协议中约定，要求集团客户及时报告受信人净资产 10% 以上的关联交易的情况，包括交易各方的关联关系、交易项目和交易性质、交易的金额或相应的比例及定价政策。”

其二是资产转让限制与交叉违约条款。诚如前文所述，集团客户授信风险之所以比较复杂就在于借入资金资产表现形式的复杂性，因此有必要在合同中载入资产转让限制条款，如对借款人股权类资产及债权类资产的比例进行严格控制。同时，明确约定借款人的重大资产转移必须事先取得债权人（银行）之同意。尽管集团客户的内部成员多具有独立的法律地位，但是某一成员的违约必定会带来一种联动性的风险，因而银行可考虑在借款合同中约定集团客户中任一成员之违约都将被视为对授信银行之违约，银行可借此启动加速到期条款。

其三是消极担保与比例平等条款。① 为了保证银行债权受偿权之实现及防止受到不公正待遇，也有必要考虑在合同中列明消极担保条款与比例平等条款来维护银行应得的权益。这两条款的载入可达到以下效果：间接限制借款人举债过度、防止贷款人的受偿权不致被排列于享有担保权益的其他债权人之后才行使、达到相同债权相同待遇的效果、防止借款人在同一资产上设定多重担保及保证借款人破产时，银行能与其他无担保权益的各债权人都有依比例平等受偿的权利。②

三、余论

如果在一部规范性法律文件或某一条法律规则的设计中，规则的制作者人为地剔除了规则背后所潜伏的东西，如制度上的特点、经济体制运行的现实，那么这样的法律文件与其所载的规则并不能告诉我们一些有意义的东西。有一个问题是不必过于纠缠的，那就是：不是我们的立法者（宏观上）与监管者不清楚我国集团客户授信风险监管的症结所在，而是一些制度方面的因素及制度变革中的以牺牲效率与效益为代价的稳定性要求制约了法律规则应有的调控功能，因此在金融创新日需配套性的创新规则之时，立法者与监管者就必将陷入一种左也不是，右也不是的无奈境地。事实又何尝不是如此呢？一方面突飞猛进的经济对法律的演进提出了新的要

---

① 消极担保条款是指借款人在借贷合同中向贷款人承诺，在未给予贷款人与其他债权人同等受偿地位的担保时，其不得在自己的资产和收益上设定任何有利于其他债权人的物权担保条款。在实践中，比例平等条款一般与消极担保条款并行使用，其意在于使借款人向贷款人承诺，无担保权益的贷款人和其他无担保权益的债权人处于平等的受偿地位。

② 参见姚梅镇主编：《国际经济法概念》，武汉大学出版社 1999 年版，第 518 ~ 519 页。

求，但是在另一方面没有伤筋动骨而硬着头皮而上的规则又不能解决现实中的问题。此时，一种法律无用论或可有可无论的评判就会像涟漪一样在社会中蔓延散溢，从而侵蚀型构法治精神因素之法律确信。布坎南很早以前在《自由的限度：在无政府状态和极权主义国家之间》一文中有一句十分到位的见地："我们的时代面临的不是经济方面的挑战，而是制度和政治方面的挑战。"① 因此笔者认为，如何从我们因制度而形成的银行管理机构上来设计相应的风险监管规则可能也是我们思考问题的一个切入点。

还有一点也是特别值得关注的：我国集团客户授信风险监管之所以难并不纯粹在于集团内部纷繁复杂的控制关系及其本质特点，也在于银行业务的狭窄性与单一性。纵观世界金融发达国家银行业的收入构成，则不难发现源于中间业务的利润点已与传统资产负债业务的收益平分秋色。然而，我国银行业的效益增长点仍是徘徊于传统的负债性资产业务（各行大张旗鼓地以揽存量来对公众标榜其业绩就是一个再好不过的例子），且各总行及上级行亦先是以揽存量来考核下级行的。在"顾客就是上帝"的今天，在负债业务相对过剩与过量、资产投资苦求出路的矛盾关系下，实力相对雄厚的集团客户就会理所当然地成为各商业银行趋之若鹜的香饽饽，因此可以说，若中国银行业的业务范围没有实质性的突破与创新，那么在银行与监管者不具有利益同向性的现实下，集团客户风险这一问题仍将持续。尽管监管者可出台这样或那样的规则，可"法不责众"又告诉我们逆现实而为的规则多又何益呢？

第四节　我国存款保险制度的构建
——以德国自愿模式为视角的分析

存款保险制度是金融监管法律制度中的一个重要环节，它通过向存款人支付保险金的方式将银行危机可能造成的或然性冲击减少

① 转引自［美］波斯纳：《法律的经济分析》，蒋兆康译，中国大百科全书出版社 1997 年版，第 31 页。

到最小的程度。在本质上，德国的存款保险制度也是以银行危机为导向的产物。这种承保主体多元化的自愿与强制保险相结合的法律体制在德国防范与化解金融风险的实践中作出了巨大的贡献。目前我国正处于一个金融监管法律整合与重构时期，以德国在此方面的法律成果为切入点来探讨我国存款保险法律制度的构建便具有极大的时代意义。

一、德国的存款保险法律制度

德国的存款保险制度较为特别，由民间性的自愿存款保险体系与政府强制性的存款保险体系构成。前者是指由德国国内三大银行集团根据各自的需求于 1974 年赫斯塔特银行事件后建立的三个独立运作体系，后者则是适应欧盟在 1994 年实施的成员国均要建立强制性存款保险制度的要求而于 1998 年 8 月建立的。当下，德国国内呈现出两种保险制度并行的局面。

（一）自愿存款保险体系

德国的自愿存款保险体系是在不同银行集团内引入银行间自愿存款保险的基础上形成的。早在 20 世纪初，德国商业银行体系、储蓄银行体系与合作银行体系就已分别确立了德国银行联邦协会、德国储蓄银行联邦协会、德国城乡合作银行联邦协会。这三个协会一方面在于保护成员银行与存款人的权益，另一方面又希望在货币、信贷与资本市场等有关事务上与金融监管当局起到沟通的作用。对这三个各自独立的具有自愿性色彩的银行保护体系介绍如下。

1. 商业银行保护系统

鉴于 1966 年成立的“共同基金”对私人存款保护的作用较为有限，所以在 1977 年德国建立了“存款保护基金”，以对以前的共同基金进行改良，并且基金也对存款保护制定了基本的操作原则。其主要功能表现于两个方面：其一是在银行发生临时或实质性资金流动困难时，为了强化公众的信心及提高银行的信用，向有问题的银行注资；其二是当银行机构市场退出时，采用直接赔偿的方式对存款人的存款损失进行赔付，所有存款者的所得赔偿额依该倒闭银行有责任资本的30%计算。另外，在保险对象上，受保护存款限于非银行客户的存款，包括外币存款与德国银行于国外分支机构的存款；不受保障的存款包括以银行不记名可转让证券方式所表明的债权债务关系、其他金融机构对该银行的债权及该银行发行的所有权凭证。此外，出现支付危机的银行之业务主管、合伙人、理事会与监事会成员及他们的配偶、未成年子女拥有的对该银行的债权也不受保护。

2. 储蓄银行业的存款保险

德国的立法者们原打算在德国境内建立一套对所有金融机构具有同等成本负担的存款保障体系，但源于竞争的缘故，德国的储蓄银行及州银行还是于1975年另外建立了自己的存款保护机制，并在全国12个地区设立了地区保护基金。其功能是，在本地区会员银行不能履行到期债务或资本遭受损失而陷入困境时，区域性基金予以注资，但最多不得超过基金总额的15%。该系统包括：其一是地区性的储蓄银行后援基金，基金来源于各会员银行缴纳的款项，其主要功能是对有问题银行通过贷款、担保方式等进行援助；其二是各地区储蓄银行与该地区汇划银行所建立的安全储蓄系统；其三是在全国建立12个地区保护基金，以进行资金余缺的调剂；其四是在后援基金与安全基金之间建立资金融通系统。

3. 信用合作保护系统

德国的信用合作体系由德意志银行、区域性中心合作银行及基层信用合作社组成。现行的信用合作保障体系成立于1977年，其由大众银行及莱夫艾森银行联邦协会的保障基金及保障协会两部分构成。保障基金的目的在于以贷款的方式帮助成员机构避免危机或度过现有流动性难关，避免损害合作金融机构的信誉度，同时保障银行债权人的资产安全。按照基金的规定，隶属于审计协会的信用合作社均应加入保障基金。保障基金由各会员银行缴纳的款项构成，每年所交的费用按存款的0.05%计算，如有必要可调高到0.15%，基金对会员援助的最高限额为100万德国马克。在一个审计协会基金的资金不足以应付危机事件时，其可以从其他审计协会基金中进行调配，即采取跨区域性均衡的做法。在一般情况下，合作金融机构缴纳的年度保费之90%划归审计协会的存款保险基金账户，由审计协会负责管理，余下的份额由德国大众银行及莱夫艾银行协会总部下设的存款保险部门负责管理与调剂。如此，在处理有问题机构时，就可以在这两者之间体现合作精神及风险共担的共济原则。

除了上述的三个保护体系外，在联邦银行的倡议下，德国还成立了“流动资金贷款集团有限责任公司”，该公司的注册资本为2.5亿德国马克，其中联邦银行出资30%，各商业银行出资30%，储蓄银行出资26.5%，作用合作银行出资11%，其他出资2.5%。在保险方式上，该公司与前三个体系略有不同，其主要是对那些资产情况良好，而只是暂时性出现资金流动困难的银行提供资金援助。其援助的方式是通过票据贴现，以间接地保证银行存款人的债权。

（二）强制保险法律体系

1986年12月，欧盟委员会通过了《关于共同体内引入存款保险安排的委员会建议》。该建议要求已建立一种或多种存款保护方案的国家，如比利时、德国、法国等进一步完善其存款保险制度，其主要内容包括：补偿小额存款者、明确区分事前干预与事后补偿；制订明确的补偿标准与补偿程序。后来，在1994年4月30日欧洲议会与欧盟理事会正式通过了《关于存款保险安排的指令》，其明确规定了存款保险安排的母国控制基础，确保各成员国在存款保险制度上所应达到的最低水平。作为欧盟的核心成员国，无疑德国有义务对其国内的存款保险制度进行一定的调整。于是，在1998年8月，德国开始颁布《存款担保与投资人补偿法》，从而结束了非官方自愿性保险在德国一统天下的局面。该强制保险制度仅设有商业银行与公共银行两个保障体系，由银行自我管理，但是必须接受联邦银行监管局的监管。该商业银行保障体系由德国银行协会进行管理，但与自愿性存款保险制度分立。保险资金来源于成员银行缴纳的保费、特别保费与借款。另外，强制保险对公共实体、内部人士及包括保险公司与共同基金在内的任一金融机构的账户都不予以承保。在强制保险与自愿保险体系的关系上，二者之间呈现为一种兼容、互补状态。

实际上，从德国构建强制存款保险制度的时间及其与原保险体系的关系来看，其态度是比较消极，具有一定的不得已为之的色彩，其目的只是为了在形式上符合欧盟指令的要求。它对 1994 年欧盟指令迟迟没有作出实质性反映即是一个很好的说明，这其中的原因主要在于德国自身原有的自愿性存款保险制度运作良好，已达到了防范与化解风险的预期效果。此外，应明确的是，固然德国已依要求确立了新的强制性制度，但是除了满足指令关于保额最低为 2 万欧元、共同保险最高为 10% 外，其对公共实体等不予承保。德国的这种安排实质上表明，在实践上，其现时并行的两种保险体系具有"自愿性保险为主，强制性保险为辅"的特色。

二、实证分析

在大类的定性上，德国属于典型的法定式监管国家，但是其存款保险制度却在实质上被贴上了非正式管理的标签。而且，实践也证明这种自愿式的存款保险制度运作比较良好。那么其原因何在呢？作者认为，决定其存款功能发挥的因素大体有以下几个方面：

其一从根本原因来分析，德国的这种自愿的存款保险制度存在着深刻的本地化因素的。简单地说，德国的金融体系主要由其中央银行、三大银行集团（商业银行、储蓄银行及合作银行）与专业机构组成，其银行业比较集中，这样一种状态就可能产生"一损俱损，一荣俱荣"的局面，所以自愿模式存款保险是其本地化因素的产物。另外，德国银行在传统上就是全能银行，其所经营的业务是全方位、"百货超市型"的。德国银行是分支行制，它们通过分布在德国各地的分支网络形成强大的经营体系。同时，德国的银行机构与企业之间的联系密切，对关联企业的经营管理有着极大的影响力与决定力。这些特点决定了德国的存款保险体系从一开始就与众不同，具有强烈的本土特色，是一种非官方的自愿式存款保险制度模式，这种强强联合的行业自救模式也基本上满足了应对银行突发事件或危机的需求。

其二是成员银行机构之间存在着相互监督机制。德国自愿式的存款保险制度具有三个特征，即银行同业存款均不在承保之列；存款几乎是全部保险；银行之间的融资与管理构成了其相互之间的监督与激励机制。这实际上形成了以相互监督代替市场约束的效果。另外，由于保险完全是非官方化的，缺乏公共资金的支持，这就给成员银行造成了压力，使其不能将来自有问题银行的成本外部化，从而强化了成员银行之间的相互监督与约束。再者，由于在结构上自愿式的存款保险制度设计与德国银行业协会完全融为一体，所以其能高效率地为成员银行提供非竞争性的存款产品。通过上文的分析，可知德国的三个自愿的保险体系都有其各自的承保对象与范围，都在一定程度上形成了各自的存款保险的势力范围，但应明确的是共同的所有制结构、共同的目标与职业道德在其集团内部可以营造一种共同的意识，使体系内各个成员之间的利益紧密联系在一起，从而避免因存款保险体系存在而带来的道德风险，减少搭便车效应。

其三是自愿式的存款保险体系毕竟属于自律性金融监管的范畴，它最终应于法律所规定的范围内运作。这也就说明，自愿式存款保险模式积极功能的发挥还必须依赖于有效金融安全网中的公共监管部门的监管及银行、银行协会、存款保险机构与银行法定监管者之间的合作与协调。在德国，其联邦银行监管局具有很大权威，其可以采取以下监管措施：对违反银行法条款的银行职员予以撤职；要求银行对违反资本充足与流动性比率的情况进行整改；吊销营业许可证；要求银行协会与审计协会向其提交所有审计报告等。

其四是采取了与严格审计相挂钩的双重保险措施。所有成员银行必须是德国审计协会的会员，该协会可以对所有会员银行进行现场与非现场式的审计。此外，该协会与存款保险组织关系密切，协会的咨询委员会与存款保险委员会的成员是相同。同时，为了保证审计的功能落到实处，审计协会具有一定的处罚手段，这包括对存款业务量或贷款进行限制。自 1998 年起，附属于审计协会的一家评级机构，可以根据银行机构的财务状况、管理信息及控制系统对银行进行年度评级。若某银行连续 2 年信用级别为 C3 或所提交的信息有造假与遗漏现象，则经过投票程序，可以将该违规银行开除出存款保险体系。这种处理的后果是非常严重的，因为它将直接影响到被开除出局银行未来的营业量与发展空间，而且最终可能会导致该行从金融市场退出。

其五是反破产法与所有权结构等降低了因存款保险制度而可能产生的道德风险。在德国，破产通常被视为经营者个人经营的失败，而且破产者还可能会受到法律的严厉制裁，如私人小银行经营失败可能会导致其主要责任人因违反诚信义务而被监禁，即构成所谓的“白领犯罪”行为。另外，根据德国刑法的规定，若由于欺诈、隐藏财产或有悖于“有序的商业惯例”的其他行为而致使银行破产的责任人会被判处5年以下的监禁，情节严重时会被判处10年监禁，这一与反破产法制度紧密相连的存款保险制度在很大程度了防止了因存款保险而可能产生的逆向选择风险。尽管德国模式被贴上了自愿性的标签，但是由于其国内金融机构的特点及相关配套法律的完善，该保险体系在德国的运行还是非常良好的。这种奇迹式的模式是值得各国深思的，在这一定程度也揭示了德国对欧盟的《存款保险指令》不大感兴趣的原因所在。

评：法学大家孟德斯鸠曾言：“人类受多种因素的影响：气候、宗教、法律、政府准则、先例、道德和习惯；这些因素形成了各民族的一般精神……在不违反政府诸原则的条件下，遵从民族的精神是立法者的事务。”① 实质上，德国自愿式的存款保险制度就是对这一观点的印证。虽然从字面上而言，是否保险具有自愿式的色彩，但是从严格的审计制度、联邦监管局的权威性监管、反破产法严格的适用及相关刑事责任的追加等方面考察，我们不难发现隐藏在这自愿背后的就是严厉的强制。通过比较研究，也不妨这样认为，在德国全能的银行制度中，尽管其银行业比较集中，但是在这种自愿模式的存款保险制度之外，任何银行机构是绝不可能处于一个局外人的状态，因为金融市场会对游离于保险体系之外机构作出最终的裁决。此外，对于存款保险制度的建立一直受到学者质疑的

① Monetspuien, The Spirtit of Law, trans by Thomas Nugent, Hafner Publishing Company 1996, pp. 293-294.

问题，即逆向选择的道德风险，在德国自愿模式中似乎是已无讨论的必要，因为每个银行机构的经营在因破产可能相随的刑事责任的重压下，就必须关注所管理银行的正常营运，从而避免其破产。这种反破产法与存款保险制度相连的做法是德国存款保险体制中的一个亮点。笔者认为，这也是其自愿式存款保险制度得以良性发展的核心原因。实际上，德国的这种自愿加入、保险范围基本上无限制、成员银行提供事前与事后融资、非官方管理及严格审计的保险法律制度的实践效果也是比较符合人意的。德国商业银行非官方存款保险制度自 1976 年建立以来从未发生过大银行或系统性银行危机就是一个有力的佐证。德国的银行业比较集中，且银行业与企业之间的关系也比较密切，这一点与我国银行业的现状较为相似，因此以德国自愿式的存款保险制度为视角来剖析我国存款保险构建具有一定的现实基础。

三、对构建我国存款保险制度的思考

（一）制度建立的必要性

关于是否有必要在我国建立存款保险法律制度问题上，国内有诸多学者从我国银行的产权大多属于国有的角度及中国银行业的特色出发，认为在有政府作为最可靠的保证人的情况下，无必要再另建一套存款保险的体制。对此，笔者不能苟同，其原因如下：我国现行的“隐性存款担保制度”在防止银行挤兑与保护小存款人利益方面的效果远不如存款保险制度；存款保险制度可以使我国的国有银行、新兴的股份制银行及中小银行在市场竞争中受到平等的保护，而并不会因为出身不同而遭受歧视待遇；在隐性担保机制中，银行经营失败的成本完全由政府承担，而在存款保险制度中，损失成本由保险的参加者承担，这更符合法律所追求的效率与公平理念；另外，在对有问题金融机构的市场退出处理上，隐性担保制度并非一种法律的方法，处置成本过高，且难以预期，相反，存款保险机制体现出的是一种法律方法，更能关注效益与公平，更能折射出金融法治化的理念。

尽管我国目前并没有出现大规模的银行危机，但是这并不表明我国不存在触发银行危机的因素。实际上，我国银行业主体多元化，但产权又过于集中化的特点也表明目前脆弱的银行体系需要存款保险制度的支撑，这是因为我国现行的“隐性存款担保制度”只是针对国有商业银行的，而股份制商业银行、城市商业银行及农村信用社等难以从这种隐性的担保制度中得到应有的保护。客观分析，目前的“隐性存款担保制度”还具有以下弊端：其一是尽管股份制商业银行具有相对良好的内部治理机制、资产质量较好及金融业务创新较快等比较优势，但是在缺乏国家信用支持的情形下，其比较优势无法体现。其二是这种担保机制漠视了金融风险内在的传染性。实际上，银行业的信用风险并非以某个银行的信用危机为界，相反，是以该危机银行为中心向周边扩散，从而产生连锁性的反应。其三是不能形成真实的市场约束。在本原上，商业银行是作为市场这个大概念的一个构成因子而存在的，其成功或失败应恪守的是“物竞天择”的优胜劣汰规则，因此其最大的约束力应来源于市场，即投资者的投资选择，而不是源于管理机构的管理。如果这一认识被错位，那么一个自然的结论就是，中国的银行业不是市场的，而是政府的。在市场约束虚位的情况下，中国银行业的商业化、中国版巴塞尔资本文件精神的实现也只能是一纸空谈。故而，从我国银行的产权现状、法律成本与效益、金融法治化等角度出发，目前探讨的焦点不在于是否构建我国的存款保险制度，而是如何建立具有本土特色的存款保险制度。

（二）具体的设想

在构建的模式上，笔者有两种设想：第一种存款保险制度模式是自愿式的存款保险模式。其设想如下：我国可以考虑在各银行集团内部设立一种由相应成员机构出资所构成的存款保险体系，即国有商业银行的保险体系由国有银行出资，非国有的新兴股份银行亦出资组成自己的保险体系，信用合作社组建自己的保障体系；第二种模式是，我国可以力图确立一个全国性的政府强制存款保险制度，并结合市场体系建设与监管体制的完善的主旨，使明确的存款保险制度积极性能有效发挥，从而达到扶持与强化存款人信心的目的。这样的模式从建立时起即要求将国有银行、非国有银行性股份银行及信用合作体系一并纳入其中。客观而言，要在近期内达到该目的是有相当大的难度，因为各银行体系所面临的金融风险不一，且虽然我国商业银行已被标上了“商业”字眼，但是其离市场化还有一段距离，其还沉积有许多历史性的风险。除此之外，我国银行内部的控制制度还很脆弱，现有的监管水平还存在有事后性监管的特点。

在已有的法律基础及金融发展层次的情形下，我国目前还不宜采取统一、垂直式的强制保险模式，相反，可考虑采用具有行业自律色彩的存款保险体系，即借鉴德国的“以附带有强制性特点”的自愿式存款保险模式，这是因为我国的银行业与德国的银行业比较相似，如产权比较集中、银企关系密切。具体来说，这种模式主要具有以下几方面的特征：

其一是在加入方式上，可以采取自愿加入的方法。然而，应注意的是，此处所指的自愿加入的做法与德国模式中的“自愿”具有同样的内涵，即是以良性的市场约束为基础。如新巴塞尔资本文件就引进了市场法则来加强信息披露机制。新文件强调了有关风险与资本关系的综合信息披露，要求监管机构对银行的披露体系进行评估，因此在以存款人为投资取向的市场约束机制下，自愿式的保险就被赋予了强制性的成分，其并不是“愿与不愿”的问题，而是必须的问题。

其二是在每一集团外另单设一家保险基金，如国有银行设立自己的存款保险基金，该基金应独立于所设立的集团，具有独立的法律人格，其职责是对集团内的成员所交纳的小部分保费进行管理，并负责理赔事项。此外，保险基金应和新建的审计机构相配合，以加强对所投保机构的日常经营的检查工作。为了达到这一效果，德国的信用合作保险制度在保险费的调配上是值得我们学习的，如在一般情况下，90%的保费划归审计协会的存款保险基金，由审计协会负责管理，余下的10%由该集团协会的存款保险部支配。这样，无疑加大了理赔时对保费处理上的独立性，因此建立相配的审计体系是相当有必要的，其主要职责是进行必要的现场与非现场监管工作、对基金所交纳的大部分保费的管理及负责理赔等。

其三是保险费率上。在保费的收取上，在这种保险体系中不应采取统一定费的做法，而应由各个保险基金来决定保费的高低。在保险的收取上，基金可以考虑以下几个因素：银行资产的风险状况、信用度、收益率、资本充足与否、高层管理人员的素质、资产流动性等。

其四保险限额问题。在这一点上，我国应对德国模式中的足额保险的实践进行一定的变通，即采取限额保险，由基金与存款人分担损失的做法，即对最高赔偿限额内的给予全额赔偿，超过最高限额的部分按递减比例赔付。如此，便能促使存款人通过市场行为加强对银行经营的间接监督作用。

其五在保险对象上，初期可以包括人民币存款、企业存款，但外汇存款除外。再者，在每一保险体系中，我国应对不予保险的存款进行详细的说明。借鉴德国的规定，我国的自愿式保险制度也应规定，下列情形不受保障：以银行记名可转让证券方式所表明的债权与债务、其他金融机构对该银行的债权、该银行所发行的债券。另外，出现支付风险之银行的业务主管、合伙人、理事会与监事会及他们配偶与未成年孩子所拥有的对该银行的债权也不在保险范围之内。这样，就可以将银行高层人士经营失败的责任与银行运作失败的后果捆绑在一起，这无疑能激发其尽到“诚实信用”的义务。

客观上，存款保险制度作用的发挥并非是孤立的，其需要边缘性的法律制度作为支撑。德国自愿模式之所以比较成功就是因为配备有良好的边缘性法律体系，因此为了达到该种机制作用有效发挥之目的，我国可考虑以德国模式为参照在以下几方面进行具体的构思：

其一是建立与此相配的审计体系，要求所有银行机构必须是审计体系的成员，并接受审计体系的现场与非现场检查。同时，在出现机构提交信息不实等情形时，可以通过投票程序使违规银行退出市场。

其二是为了避免逆向选择风险的发生。我国应突破《公司法》等关于公司高层人士任职的规定，而配之以严厉的刑事责任，即若某银行的高级管理人员对银行的破产负有直接或间接的责任者，则可追加其刑事责任，判处有期徒刑并处以罚金。即吸纳德国反破产法与安然事件后美国《索克斯法案》中所确立的严格法律责任与公司管理责任双挂钩的做法。尽管我国《刑法》第168条规定："国有公司、企业或直接负责的主管人员，徇私舞弊，造成国有公司、企业破产或者严重亏损，致使国家利益遭受重大损失的，处三年以下有期徒刑或者拘役。"但是笔者认为这种处理仍有不妥之处：一是直接责任人所承担的刑事责任过低，不足以与所造成的损失相称；二是从该条的内容来看，其保护的企业只局限于国有企业，在当事人致使非国有的商业银行遭受重大损失时，该条就不能适用，且何谓重大损失，法律的规定也不明确。

其三是在我国的金融安全网中，公共监管部门、银行机构、银行业协会与存款保险机构之间应进行密切的合作与协调。如在德国的金融安全网中，其银行监管局一方面对银行实行严格的监管，在另一方面又与联邦银行、存款保险组织紧密合作。银行业协会与审计协会则必须向德国银行监管局与联邦银行提交所有审计报告，从而形成一个环环相扣、动态的监管体系。这也说明存款保险法律体系并非是一个孤立的系统，而是与其他关于市场准入监管、市场运营监管、行业自律及公司内部治理制度相互支撑的系统工程，因此金融安全网各要素的重新组合及自愿式存款保险机制在安全网中的地位与作用等都需要我国立法者的新思维。

四、结语

德国自愿式保险制度的构建具有深厚的历史背景与本土化气息。虽然它的存款保险制度模式被学者们打上了自愿式的烙印，且就其保险体系而言，其存在有自愿式模式与强制式模式相并行的系统，但是我们必须意识到以下三点：一是固然德国的模式具有自愿性，但是对于每一保险体系中的成员机构而言，在市场压力与反破产法的威慑下，其并无选择的余地，因此自愿的背后更是强制的成分；其二是虽然德国存款保险制度有并行的两种系统，但应明确的是其强制式保险是顺应欧盟《存款保险指令》被动式的产物，实践效应并不理想，德国境内主流的还是自愿式的模式；其三是自愿式的存款保险制度在德国之所以运作比较成功是与其本土资源分不开的，如德国的银行比较集中、银企之间的关系紧密、金融安全网也对这种存款保险制度提供全方位的支撑等。这些特点即向我们揭示了一个命题，即任何法律制度的构建只能是借鉴，而不能是全盘的移植，任何法律规则必须体现其本土资源性与民族性。

德国是一个银行业相对比较集中的国家，这一点与我国非常类似，因此在保险制度的构建上，我国存在有借鉴的基础。尽管基于比较分析笔者倾向于在我国确立自愿式的存款保险模式，但是这种模式是以金融安全网的相互支撑、无形的市场压力及银行破产所触发的严厉法律责任为支撑的，因此为了保证这种自愿模式功能的发挥，我国还应对目前的法律制度进行创新，这主要体现在信用评价体系的构建、反破产法的建立、公司法的完善、银行内部治理的优化、银行业协会的定位及银行法律制度的整合等方面。

第五节　对我国商业银行破产法律制度的现状之检讨与反思

商业银行破产法律制度是我国银行法进行整合与完善中的一个重要问题。实质上，在一定程度上考察一国银行破产法律规则的完善与否也是评判该国银行监管法律体系是否健全的一个核心指标。我国的银行破产法律制度主要由《商业银行法》第 71 ~ 72 条、《企业破产法》、《民事诉讼法》及相关的司法解释与行政法规、部门规章等法律条文组成。从我国银行破产法律体系的构成来看，其呈现为零散性、欠系统性及欠缺专门的针对性特点，因此从破产法的基础理论与变迁、我国银行破产法律制度的现状及实践出发来探讨其内在的不足及进行矫正性的创新思维对于我国银行法律体系的整合具有良好的现实意义。

一、商业银行破产法的理论基础与变迁

银行破产法的理论演变是随着银行业务特性及破产的实践发展而发展的。从总体上而言，其理论的变迁历经了两次创新性的发

展。第一次规则创新的价值理念表现为从一般破产到对存款人特殊保护；第二次规则创新的理念表现为从对存款人的特殊规则保护到破产预防。从这两者的关系而言，第二次创新理念是第一次创新理念的升华与发展，它代表了目前全球银行破产法价值取向的主流。以下，对该两次理念的内核进行必要的分析。

（一）从一般破产至对存款人特殊保护的转变

平等原本是一种社会观念，在其作为近代资本主义政治法律制度的价值定位之前，已有众多的法哲学家主张建立新的普遍平等观念，如洛克、卢梭等资产启蒙思想家便站在新兴资产阶级立场上认为人类在本质上是平等的。康德更是提出了人是目的的著名命题，以肯定人与人之间的平等。① 因此，从现代法律制度的发展史来看，平等这一思想自始至终都是社会正义的化身，也是法律体系中价值取向的主要内容之一。从法学理论的范畴来看，平等的实质内涵表现为机会的均等，即凡为法律视为相同的人，都应当以法律所确定的方式来对待。这一立法价值取向也植根于西方早期的银行破产法中，其认为银行是一种以盈利为目的的企业法人，与其他民事主体并无实质上的差别，应相同地取得依法破产的资格，因此在破产能力上，银行应与其他商事主体一样得到平等的对待。如早期的英、美的法律都明确将银行视为商事主体之一，其破产法也明文规定适用于银行、经纪商、保险商等商人主体。之后，其破产法演变为一般破产主义，适用于所有的自然人、法人、非法人团体以及遗产，在适用对象上并无差别。②

尽管坚守平等的观念是立法的价值取向之一，但是平等的内涵是对法律上定位相同的人应以相同的规则对待之，因此平等的价值取向从本质上而言并不禁止立法者对法律主体根据特殊的使命进行必要的分类而设立不同的规则。众所周知，银行是经营金融产品的一种特殊的资产负债性的企业。这种先天的经营特点注定了银行流

---

① 参见李龙主编：《法理学》，武汉大学出版社 1996 年版，第 139 页。

② 参见何畅：《现行商业银行破产法律制度存在的缺陷及完善对策》，载《金融论坛》2003 年第 12 期。

动性风险自始至终存在，使得银行信用存在先天的缺陷，因此适用一般的破产程序与规则来实现一般法律意义上公平与正义的理念相反是扩大与深化了破产银行风险的传染性，因为银行破产的影响会通过乘数效应扩展，并且每一轮的次级数都呈递增性，单个银行的破产所引发的负面效应会像滚雪球样进行积聚。这种金融风险传染性使得银行破产的潜在成本的普通企业高得多，包括对交易平衡的影响，对借款者、支付与公众信心等产生的影响，使整个社会付出沉重的代价。① 因此，对早期的银行破产法理论进行修正已是迫在眉睫。20 世纪 30 年代的凯恩斯主义为国家干预经济提供了理论基础，亦为银行破产法的演变指明了应有的方向。这里以美国的银行破产法的发展最为明显，其联邦破产法中明确规定此法不适用于银行，银行破产适用特殊的原则与程序。在实践中，美国货币监理署与州监管当局对于已采取挽救措施或采取挽救措施仍无法避免破产的银行，可通过法院宣告其破产，并负责破产财产的清算与债务清偿。其银行破产法要求货币监理署与州监管局授权联邦存款保险公司（FDIC）作为倒闭银行的接管人，FDIC 负责接受并管理破产银行的资产，在派员进驻该银行复核存款记录后，向存款人支付存款保险金，出售破产银行的资产，然后将所得在未承保的存款人之间进行分配。在银行破产案件中，对有问题银行是决定采取拯救措施或是宣告破产时，银行监管当局一般要考虑以下要素：一是若拯救的成本大于银行破产后的清偿费用，则一般作出采取破产的抉择；二是若评估的结果表明该有问题银行的破产不会对存款人产生信用危机，则作出破产的决策，因此从这些分析可以看出美国的银行破产法有一个特点，即其塑造一种信用增强性的存款保险制度，以最大可能地稀释与吸纳银行破产所触发的负面效应。实际上，早在 1933 年，美国的银行法已将存款保险制度的功能定位于重振公众对银行体系的信心、保护存款人利益、监督并促使银行在确保安全的前提下经营。

---

① 参见阙方平：《有问题银行处置制度安排研究》，中国金融出版社 2003 年版，第 126 页。

美国的银行破产法理论的转变在全球产生了巨大的示范性效应，在20世纪60—90年代期间，土耳其、印度、德国、日本、比利时、瑞士、意大利、法国、加拿大、英国等纷纷以美国模式为蓝本建立了自己的存款保险制度。如日本《存款保险法个性法案》便明确规定，保险制度的目的在于：保险存款者的利益，在金融机构停止支付存款的场合，存款保险机构必须对金融机构支付必要的保险金，并对破产金融机构的合并或营业转让进行适当的资金援助，以维持信用秩序。这种以信用增强为目的的特殊银行破产法律制度的确立折射出了凯恩斯主义关于国家通过干预银行信用来稳定经济的思想。它在一定层面上深深体现出了经济法的价值本质，即在一定意义上说，经济法是经济效益之法，通过协调各方的经济行为和经济利益关系以获取最大经济效益的法。经济法的制度与规定都是以获取经济效益为出发点，以获得经济效益为终点的。① 因此，若从这一点出发，由于金融是经济的核心，而银行又是金融的核心，所以在确立其破产法律制度时就不能适用对法律主体不加任何甄别的破产法律规则，相反应从银行机构的业务性质、社会功能、风险的特点、破产的社会负面影响等出发制定特殊的破产法律规则，以体现法对社会公共利益的保护与金融监管法的本原。

（二）从对存款人的特殊规则保护到破产预防

虽然以存款保险为基础的法律制度体现了利益的天平更多地向存款人倾斜，但是由于该种信用增强的制度本身会助长存款人的逆向选择的道德风险，同时存款保险也并不能杜绝有问题银行的破产，因为其定位在于银行破产后对存款人的补偿，因此在银行破产法律制度的构建中就必须考虑到银行安全网的构成问题，笔者认为这种网应该包括以下内容：中央银行的最后贷款人制度、存款保险制度、银行业的准入监管、业务范围监管及市场退出监管的以减少银行运营失败、预防银行危机为目的的措施与规则。从这我们发现以存款保险为核心的银行破产法律制度仅仅只是安全网中的一个环

---

① 参见潘静成、刘文华主编：《中国经济法教程》，中国人民大学出版社1995年版，第63页。

节，其还达不到使银行远离破产的目的。根据事前的防范胜于事后的救济的理论，银行破产法的定位应不在于银行的破产，相反应在于破产的预防。

从实践的操作来看，银行破产的预防制度主要表现为救助、重组及接管，以下笔者对其进行较详细的探讨。

救助行为。救助可以分为自我救助、政府救助、同业救助及金融监管当局的救助。关于救助行为，巴塞尔银行监管委员会提出，监管当局在银行的资本充足率低于一定程度或都违反审慎要求时，应及时对银行采取援助措施，避免对有问题金融机构的迟延。虽然救助的方式种类繁多，但是在这多种救助中最为有效的、具有可预见性的为政府救助，因为从银行破产预防法制化的角度而言，大多数国家已将政府救助纳入了法治化的轨道，而且非政府型的救助大多亦是在政府的引导或影响下进行的。笔者认为这种法制化的政府救助主要有以下两种表现方式：

其一是最后贷款人制度，即由政府运用公共资金救助公开性有问题银行，这种方式适用于大面积银行机构出现支付困难或支付危机之时，这种救助有利于恢复债权人或潜在的债权人对银行机构的信心。如美国《联邦储备法》规定，联邦储备银行作为最后贷款人，有向具有偿付的银行提供暂时流动性资金支持的职责。然而，必须明确的是，最后贷款人制度职能主要是解决银行出现的暂时流动性困难，而不是那些陷于破产、清算境地的银行。如丹麦银行法明确规定，中央银行可以对面临暂时流动性困难的银行进行帮助，但对于那些陷入清算、破产境地的银行则不能给予支持。①

其二是政府主导下的救助措施。由中央银行出面设立特别机构或专项基金提供财务援助，如在德国，德意志联邦银行与来自德国银行业的银行共同出资组建的流动性互助银行，向那些仍具有偿债

① 参见孟龙：《市场经济国家金融监管比较》，中国金融出版社 1995 年版，第 310 页。

能力而暂时遇到流动性困难的银行提供资金融通支持。① 此外，也可以由中央银行授意，组织大银行发挥最后融通者功能。如日本的樱花银行、富士银行、东海银行和三友银行曾联合向陷入困境的太平洋银行提供1100亿日元的十年低息贷款，以帮助其将十年期间的可能发生的坏账撇除。②

重组行动。重组是通行的处理有问题银行的方法，其内容比较复杂，主要包括资产重组与机构重组。重组的主要目的是凭借债转股等方式提高有问题银行的资本水平，从而缓解有问题银行的债务清偿压力，或者是对有问题银行机构进行整体或部分吸收其业务，从而改善其资产的流动性，达到恢复有问题银行机构的流动性或保持有问题银行机构业务经营的继续性。

接管行动。即当某一银行业金融机构陷入危机时，由其自身向金融监管当局申请或者由金融监管当局强制要求，将其全部业务由特定接管人接管。在接管期间内，接管人可以采取各种整顿和改组措施，对被接管人的经营管理、组织结构进行必要的调整，同时继续向那些健全且善意的借款人提供融资服务，最终实现财务状况的改善，从而使有问题银行渡过难关。在接管人实施拯救方案时，其一般还有三种选择：积极物色愿意重组该机构的金融机构、将有问题银行改组为其他金融机构、对该机构进行彻底清算，因此在一定层面上，接管不应被视为公司生命的结束，相反是公司生命的间歇或可能的再生。对此，英国1986年的《破产条例》第8条规定，英格兰银行可以发出接管令，其目的有三：一是允许即将破产的银行有一个喘息的空间，以便采取措施收拾残局；二是允许比直接清盘更为有利的资产变现；③ 三是时刻考虑存款人的利益，关心有问题银行的清偿力，防止将其不加拯救地推至清盘的边缘。

---

① 参见潘金生等：《比较银行法》，中国金融出版社1991年版，第208页。

② 参见江曙霞：《银行监督管理与资本充足性管理》，中国金融出版社1994年版，第28页。

③ 参见李豪明：《英美银行监管制度比较与借鉴》，中国金融出版社1998年版，第66页。

评：实际上，上述诸种破产预防措施的侧重点各有千秋，如央行的最后贷款人制度的功能在于解决银行出现的暂时流动性困难，其面对的对象一般也并非那些陷于破产、清算的银行。关于这一定性，丹麦银行法明确规定，中央银行可以对面临暂时流动性困难的银行进行扶助，但对于那些有清算、破产之虞的银行则不能给予扶持；重组则是一种比较灵活而复杂的方法，因为成功的重组不仅意味着有问题银行的资产得以组合优化，而且也蕴含着有问题银行的管理层被重新洗牌，因此客观而言，重组是一种比较可行的拯救行动，它不仅能使有问题银行步出维谷，而且更能对目前健全的银行管理层起到一种潜在的“威慑”性心理作用。接管行动则是一种自上而下的行为，则有较强的刚性，其初衷在于使被接管的银行走向良性发展的轨道。尽管这些破产预防举措的目的都是同一的，都是为了使有问题银行能达到“起死回生”的效果，但是作者认为在银行出现问题时，拯救的上策是重组，中策是最后贷款人制度，下策是接管行动。破产是银行等金融机构经失败而退出市场的最后一道金融监管防线，但是在创制金融破产监管法则时，立法者的关注点应不能定位于一般破产法中破产财产公平清算与受偿的大众化平等观念，相反应对银行业的业务及其破产所可能滋生的不良后果进行客观的评价，因为立法者在立法时必须有两个立足点：一个是立足于社会实际，一个是立足于理性抽象。① 鉴于此，笔者认为从一般破产到对存款人的特殊保护已是金融监管法的一个极大飞跃，从破产到破产预防的理论与立法实践的转变更是银行破产法的又一新起点，因为它不仅标志着破产与清算并非银行破产立法、司法与金融监管实践的唯一主题，而且它也透出这样一种哲理，即银行破产预防制度的建立并非是对银行破产功能的全然排斥，相反其体现出银行破产法对有问题银行的债权与债务的处理更加主动积极，更加具有能动性。同时，也更多地体现出了法律规则对人性的一种关怀。

---

① 参见江平、米健：《罗马法基础》，中国政法大学出版社 2004 年版，第 62 页。

二、我国商业银行破产法律制度的现状分析与评价

（一）我国商业银行破产法律制度的现状

我国的商业银行破产法律制度主要由《商业银行法》、《企业破产法》、《民事诉讼法》及相关的行政法规、部门规章及司法解释组成。纵观我国商业银行破产的法律体系，我们不难发现除了《商业银行法》第71条规定，商业银行破产清算时，在支付清算费用、所欠职工工资和劳动保险费用后，应当优先支付个人储蓄存款的本金和利息外，我国商业银行在破产的法律规则处理上与一般企业的破产并无实质上的差异。这意味着，在商业银行破产时，除适用上述第71条外，一般均适用《企业破产法》与《民事诉讼法》第19章“破产还债程序”的规定。

除此之外，我国应制定了一些关于商业银行破产预防的法则，如《商业银行法》第64～68条的关于接管的规定。同时，《银行业监督管理法》第37条规定，当银行业金融机构违反审慎经营规则而严重危及其稳健运行、损害存款人和其他客户合法权益的，银行业监督管理机构可以区别情形采取以下措施：责令暂停部分业务、停止批准开办新业务；限制分配红利和其他收入；限制资产转让；责令控股股东转让股权或者限制有关股东的权利；责令调整董事、高级管理人员或者限制其权利；停止批准增设分支机构等。另外，该法第38条亦规定，银行业金融机构已经或者可能发生信用危机，严重影响存款人和其他客户合法权益的，国务院银行业监督管理机构可以依法对该银行业金融机构实行接管或者促成机构重组，接管和机构重组依照有关法律和国务院的规定执行。

（二）评价

尽管我国《商业银行法》第71条已对商业银行破产时存款人利益的保护在清偿顺序上进行了一定的处理，同时尽管该法及《银行业监督管理法》第37～38条也对破产预防措施作了一定的规定，但是笔者认为从总体评价上，我们仍可以认为我国商业银行破产法律制度的构建仍然停留于一般企业破产的理念上，仍停滞于银行等金融机构破产法理论的原始期，其还没有从一般破产过渡到

对存款人的特殊保护阶段，更没有实质上实现从对存款人特殊保护到破产预防的质性飞跃。

长期以来，我国银行业危机的处理实践是，以人民银行为主体，以《金融机构管理规定》、《关于中国人民银行再贷款管理若干规定的通知》、《防范与处置金融机构支付风险暂行办法》及《金融机构撤销条例》等为依托采取各种行政性善后性措施。作者认为这种做法实为不妥，因为从法理上分析这些行为是行政行为，而非民事行为，而银行破产是典型的民事行为，故银行破产法律应该归于民商法的范畴，因此这些法则也就无从替代银行破产法律制度。再者，从法律的位阶上分析，以上的规定、通知、条例等相对于《企业破产法》及《民事诉讼法》而言属于下位法，当这两者之间发生冲突时无疑后者的法律效力优先。故而，我国目前关于商业银行破产及破产预防的法律制度的立法定位经不住学理上的推敲。

关于金融机构破产问题，国际上普遍认为，对于处理金融机构破产的法律框架，重要的是要充分认识到单个金融机构破产可能产生的系统性风险，导致系统性危机的发生，因此在许多国家银行破产并不受公司破产框架的约束，而是有另外一套处理银行破产的框架，如加拿大配有专门的银行破产法；在美国，行使银行破产处置权的机构是银行监管当局而非法院，而在德国、英国等国家，虽然法院在一般意义的公司破产框架下处理银行的重组和最终清算，但是即使这样，公司破产框架也要反映出处理银行破产的特殊需要，特别是银行监管当局应该有权启动银行的破产程序。对于该问题，国际货币基金组织进行了专门研究，并与世界银行等国际机构联合发起了全球银行破产动议，旨在全球范围内设计一套处理银行破产问题的法律、制度以及监管框架，以争取国际社会在此问题上达成共识。① 作者认为，针对我国现行的商业银行破产法律制度，其所存在的问题具体表现在以下几个方面：

---

① 参见益言：《世界银行和国际货币基金组织关于破产法中几个关键问题的观点》，载《金融时报》2005 年 1 月 9 日第 4 版。

其一是立法技术方面的问题。金融是经济的核心，因而作为金融法一个重要组成部分的银行破产法律制度也应是我国银行法整合中的一个重心所在。然而，通观我国现行的商业银行破产法律制度，无论是在破产预防规则上，还是在破产清算上，我国的立法都呈现为一种零乱、缺乏系统性的状态。在立法特点上表现为应急型、突发性，缺乏一定的前瞻性与应有的立法理论性，一些带有“暂行办法”、“通知”及“试行”性措辞的规范性文件就是一个很好的明证。同时，所采取的“一事一法”的规则供给范式亦是我国立法缺乏理性、衔接性与能动性的一种普遍表现。

其二是欠缺有效的银行破产预防法律制度。破产预防是维护银行债权人的权益，及减少社会震荡的有效法器，因此清理银行破产预防法律制度与其他法则之间的关系颇为重要，然而我国的情况并非如此，如尽管我国《民事诉讼法》、《企业破产法》及《银行业监督管理法》等对接管、和解、重组、破产等都有一定的规定，但是关于一般公司破产及预防的规定与银行法中的相关规定却有一定的偏差，如《企业破产法》第 7 条规定破产程序的发起人主体为债权人及债务人，但是《商业银行法》第 71 条规定“银行破产必须经国务院银行业监督管理机构之同意”。虽然我们可以从法理上适用特殊法优于一般法来确定何者的效力优先问题，但是明晰两者之间的关系也是我国破产立法所必须解决的事项之一。实际上，有效的破产预防法律制度对于防止恶意破产，稳定社会金融秩序也具有良好的功效，因此在债权人一方申请破产清算而另一方申请破产预防时，破产预防程度应优先于破产清算程度。然而，遗憾的是我国的商业银行破产法律制度并没有对这些问题作出明确的规定。

存款保险制度是强化存款人信心，是商业银行破产预防法律制度中的重要组成部分，然而我国依然实行的是以国有银行有主体的隐性存款保险制度。尽管这种以国家财力为基础的隐性担保具有一定历史性与作用性，但是其在防止银行挤提与对小存款人的保护方面均远不如显性的存款保险制度，且这种隐性的担保也违背了法律中基本的公平与正义的价值取向，因为我国商业银行产权的多元化，无疑这种隐性的存款保险会根据产权的不同、资产规模的不同等而对不同类型的银行提供不同的保护。同时，这种隐性存款保险制度也意味着银行经营失败的全部风险由国家来承担。① 毋庸置疑，这一定位加剧了存款人的逆向选择风险，不利于对存款人与对银行自身的保护。

其三是欠缺国际银行破产的法律规定。金融自由化与全球化也是一种趋势，随着我国加入 WTO，这一态势必须会更加明显，我国也会面临跨国银行破产所带来的法律问题。该问题主要表现为三个层次：一是中资或外资银行跨国破产的管辖权问题；二是本国法院对于跨国银行破产所作出的裁决在国外的效力问题；三是外国法院对于跨国银行破产案件所作出的裁决在本国的效力问题。实际上，跨国银行破产立法在我国还是一个盲区，这无疑不利于我国银行业经营的国际化，也不利于我国人民法院管辖权的行使及其判决效力的发挥。

其四是破产法律制度实践的弱化性。客观而言，商业银行的兴衰与其高层人士职业情操及业务素质紧密相连。为了使商业银行的高层人员恪守职责，尽到极大的诚信义务，就有必要对其赋予严格的法律责任，以起到法律应有的威慑性作用。然而，在我国众多的银行关闭事件中，追究当事人的行政责任是我国银行破产法律责任承担的主流。这一方面固然是源于我国追究当事人刑事责任立法的滞后，如在《商业银行法》第 8 章“法律责任”中仅第 86 条规定商业银行工作人员违反本法规定玩忽职守造成损失的，应当给予纪律处分。构成犯罪的，依法追究刑事责任。《刑法》第 168 条也只抽象地规定了“徇私舞弊造成破产、亏损罪”；另一方面也源于我国传统上以行政责任代替刑事责任的积习。

三、对我国商业银行破产法创新的矫正性思维

实际上，商业银行破产法律制度的构建是我国银行法律制度中一个薄弱环节。从这种现状的本源来看，其一方面与我国国民的金

① 参见何光辉：《存款保险制度研究》，中国金融出版社 2003 年版，第 331 页。

融意识有关，但另一方面又与我国银行业产权主体单一化的格局也不无关联。金融自由化意味着银行业风险的积聚及系统性风险可能性的增加，金融跨国化则意味着金融风险的跨国传递性及金融立法创新的国际化思维。在主流上，银行破产法律制度的理论与立法发展已历经了两个阶段性的飞跃，然而我国仍停滞于原始时期的一般破产理论与实践，因此对我国商业银行破产法律制度进行创新已为定式。笔者认为，这种立法创新可从以下几个层次进行考虑：

其一是立法层面上的思考。立法不仅应注重于实际，但更应注重于理性，因此我国应在一定程度上摒弃那种应急式的、一事一法的立法模式，相反，应确立能动性的、前瞻性的立法理念。在商业银行破产立法事项上，可采取以下做法：首先，厘清《商业银行法》、《银行业监督管理法》及相关部门规章中有关银行破产的法则与《民事诉讼法》、《企业破产法》对同一事项规定上的关系；然后，对所有相关银行破产预防与破产清算的法则进行整合。在立法范式上，采取统一立法为主、单行立法为辅的思维，如可以考虑出台《商业银行破产法》。

其二是构建我国的存款保险制度。存款保险是破产预防、存款人权益保护及银行经营良性治理的关键点之一，因而我国必须对目前的隐性存款保险进行客观、辩证的反思，以引进具有对存款人与银行具有约束机制的显性存款保险制度。纵观全球，目前这种制度运作比较良好的有两种模式，即以美国为主的法定型存款保险制度，及以德国代表的自愿性存款保险制度。鉴于美国的模式具有较好的权威性、约束性、操作性，作者认为在构建该制度时，我国在主体上可以借鉴美国的模式，但另外也可以在一定程度上借鉴德国的做法，因为德国的银行业与我国银行业具有一个共同点，即银行业都比较集中。

其三是确立跨国银行破产的法律制度。在跨国银行破产立法中，存在着两对基本原则，即普遍性原则与地域性原则，及单一实体原则与独立实体原则。实际上，这些原则都各有千秋。客观而言，各国对某一原则的选择与奉行，与其说是法学理论取舍的结果，倒不如说是各国一定时期经济政策在破产法中的反映。① 在该问题上，我国可以确立普遍原则与单一实体原则为主、并辅以一定限制的原则，同时考虑跨国破产理论与实践中出现的“新实用主义”，其原因为虽然普遍原则与单一实体原则是解决跨国破产的最佳方案，但是这一立法思维的贯彻可能导致本国丧失对破产银行在当地破产财产的控制权，从而将本国的债权人推向一个远离本土的、不知悉的破产程度中。② 另外，新实用主义也具有一定的先进性，如它主张在地域原则与独立实体原则、普遍原则与单一原则之间寻求一种既保护本国债权人利益，又便于国际合作的方案，且它也在国际跨国破产公约中得到一定的反映，如《欧盟破产程序法》与《跨国破产的安塞尔协议》便基本上采纳了新实用主义。在跨国银行破产立法中，我国应重点考虑以下几个方面：确立我国跨国银行破产案件管辖权的标准与原则、确定外国法院对破产案件管辖权在本国得到承认的准则、公共秩序保留原则的界定及对外国银行破产宣告与受偿合理性与公正性的审核。

其四是完善我国商业银行破产法律制度中的责任机制。良好的法治不仅依赖于良法的供给，且更依赖于法律责任的依法实践，因此作者认为在我国新的商业银行破产法中，不仅应对破产银行负直接责任的当事人的法律责任明确规定，同时在司法实践中更要避免以行政责任替代刑事责任的误区。相反，应当树立行政责任、民事责任及刑事责任并举的司法理念。

四、余论

银行业是一种经营金融产品的特殊行业，因而对于其破产也应设立不同的法律规则。这是一种比较容易接受的立法思维。国外的银行破产法的理论发展与立法实践已证明了这一命题。立于金融化

---

① 参见石静霞：《跨国破产的法律问题研究》，武汉大学出版社 1999 年版，第 26 页。

② 参见季立刚：《跨国银行破产法律制度基本原则之探讨》，载《政治与法律》2004 年第 5 期。

与国际化的层面及我国银行法全面整合的需求，我国也必须使我国商业银行破产法步出一般公司破产法的原始时期，从而有层次性地实现从一般破产到对存款人的特殊保护，进而到破产预防的发展轨迹。要达到这一目标，是任重而道远的，因为我们首先需要的是传统立法理念的转变，即在一定程度上远离应急式立法的模式，其次是全面规则的梳理、整合与创新，再次是司法与执法实践中法律责任追加理念重新定位。

借鉴、移植与嫁接是法律规则学中西学东渐的主要方式，在一定程度上也可以说是我国的一种立法运动。笔者认为，以我国目前的银行法律制度而言，无论是关于中央银行法律制度、不良资产的证券化，还是关于存款保险制度或国有商业银行的上市、银行公司的治理与破产等法律问题，我们缺乏的不是法律规则，也不是学者们应有的法学理念，我们欠缺的是一种法治的意识或者说是关于法律学价值的社会共同意识。固然法律价值的实现必须以暴力的威慑为依托，但是它应当，也必须是先源于人们对这种价值的认同感。纵观我国的银行法则，许多规则正是缺少这种共同的意识，才在实质上导致了我国银行法则的条理上的混乱性，实践作用差。

虽然产生这种倒挂结果的原因与作为法律人的立法者及法律适用者的监管者不无关联，但是作为中国的国民也负有一定的责任。真正的金融法治不仅需要法律人、系统的法律规则、良好的政治基础与国家的统一与稳定等硬环境，同时也需要国民的金融风险意识、民俗与心理习惯等软环境。目前中国的金融法律体系在一定程度上忽略了一个基础性的问题，即良好的金融环境及金融法治需要良好的金融风险意识与一定的金融知识。可在银行法域的现实是国家实际上几乎独揽了全部金融风险，隐性的政府担保在一定程度上助长了国民对金融风险的无知及弱化了市场的自律。如此而言，依这种模式，目前中国的银行业监管为“一条腿跛行”的模式，因此学者们尽可以英、美、日等金融发达国家的相关法律规则为借鉴或嫁接参考的对象进行纸上谈兵式的空想，但是在缺乏社会共同风险意识与对银行法律价值共同认识的情况下，这种空想式的建议之作用也是值得质疑的。

主要参考文献

1. 李金泽：《加入 WTO 后中国银行法制的局限性及其克服》，载《法律科学》2002 年第 2 期。

2. 姚梅镇主编：《国际经济法概论》，武汉大学出版社 1999 年版。

3. 曾畅：《对新形势下我国银行法律法规体系的评析》，载《中国经济周刊》2004 年第 2 期。

4. 余劲松主编：《中国涉外经济法律问题新探》，武汉大学出版社 1999 年版。

5. 张忠军：《金融监管法论——以银行法为中心的研究》，法律出版社 1998 年版。

6. 康书生：《商业银行内控制度：借鉴与创新》，中国发展出版社 1999 年版。

7. 文泓：《宏观审慎监管框架下的逆周期政策研究》，中国金融出版社 2011 年版。

8. 刘积余：《美国银行业大变革透视》，中国金融出版社 2001 年版。

9. 宗良：《跨国银行风险管理》，中国金融出版社 2002 年版。

10. 苏力：《法治及其本土资源》，中国政法大学出版社 1996 年版。

11. 韩龙：《离岸金融的法律问题研究》，法律出版社 2001 年版。

12. 张学安：《银行跨国业务中的抵消问题研究》，中国政法大学出版社 2001 年版。

13. 沈达明、郑淑君：《英法银行业务法》，中信出版社 1995

年版。

14. 谈李荣:《银行与客户法律关系》,中国金融出版社 2004 年版。

15. 王贵国:《国际货币金融法》,北京大学出版社 1997 年版。

16. 傅静坤:《二十一世纪契约法》,法律出版社 1997 年版。

17. 王家福:《中国民法学·民法债权》,法律出版社 1991 年版。

18. 胡长清:《中国民法总论》,中国政法大学出版社 1997 年版。

19. 陈共等主编:《证券与证券市场》,中国人民大学出版社 1996 年版。

20. 吴志攀主编:《金融法典型案例解析》,中国金融出版社 2000 年版。

21. 余延满:《合同法原论》,武汉大学出版社 1999 年版。

22. 王利明、崔建远:《合同法新论·总则》,中国政法大学出版社 1996 年版。

23. [美]熊彼特:《经济分析史》(第 3 卷),朱泱等译,商务印书馆 1994 年版。

24. 李仁真主编:《国际金融法》,武汉大学出版社 2000 年版。

25. 岳彩申:《美国银行对客户信息保密制度研究》,载《现代法学》2000 年第 6 期。

26. 恽伟荣:《当今美国银行业的三大法律动向》,载《国际金融研究》2003 年第 9 期。

27. 梁英武:《支付交易与反洗钱》,中国金融出版社 2003 年版。

28. 巴塞尔银行监管委员会:《巴塞尔银行监管委员会文献汇编》,中国金融出版社 2002 年版。

29. 唐应茂:《电子货币与法律》,法律出版社 2002 年版。

30. 王利明主编:《中国民法案例与学理研究》,法律出版社 1998 年版。

31. 钟楚男主编:《个人信用征信制度》,中国金融出版社 2002

年版。

32. [法]孟德斯鸠：《论法的精神》(下)，张雁琛译，商务印书馆 1982 年版。

33. 韩龙：《对外国银行准入形式的法律监管分析》，载《法学评论》1999 年第 4 期。

34. 查理·W. 赫尔特曼：《国际银行业环境分析》，邱建良等译，中国经济出版社 1992 年版。

35. 沈锐：《论银行并购的效益》，载《国际金融研究》1999 年第 4 期。

36. [英]彼得·斯坦、约翰·香德：《西方社会的法律价值》，王献平译，中国人民公安大学出版社 1990 年版。

37. [英]麦考密克、[奥]魏因贝格尔：《制度法论》，周洁谦译，中国政法大学出版社 1994 年版。

38. [英]罗杰·科特威尔：《法律社会学导论》，潘大松译，华夏出版社 1989 年版。

39. 孟龙：《市场经济国家金融监管比较》，中国金融出版社 1995 年版。

40. 王桂梅：《国外金融监管组织结构的演变及我国的对策》，载《国际金融研究》2000 年第 9 期。

41. 王琪琼等：《80 年代以来英国金融体制的变革》，载《国际金融研究》2001 年第 8 期。

42. 杨进军：《金融衍生品市场的监管》，中国物价出版社 2001 年版。

43. 李仁真主编：《国际金融法专论》，湖北人民出版社 1995 年版。

44. 宋海鹰：《金融服务与市场法对英国金融监管的变革》，载《国际金融研究》2001 年第 5 期。

45. 胡英之：《证券市场的法律监管》，中国法制出版社 1999 年版。

46. 梁治平：《法律的文化解释》，三联书店 1998 年版。

47. [法]托克维尔：《论美国的民主》，朱尾声译，商务印书馆

1991 年版。

48. 李龙主编:《法理学》，武汉大学出版社 1996 年版。

49. 巴曙松等:《从微观审慎到宏观审慎：危机下的银行监管启示》，载《国际金融研究》2010 年第 5 期。

50. 钟伟:《论货币政策和金融监管分立的有效性前提》，载《管理世界》2003 年第 3 期。

51. 周宏等:《流动性风险压力测试的管理和实施现状比较》，载《国际金融研究》2010 年第 4 期。

52. 张俊喜:《央行是否应该有监管职能?》，载《金融研究》2001 年第 12 期。

53. 齐斌:《证券市场信息披露法律监管》，法律出版社 2000 年版。

54. [美]托马斯·梅耶等:《货币、银行与经济》，林宝清等译，上海三联书店 1994 年版。

55. 吕富强:《信息披露的法律透视》，人民法院出版社 2000 年版。

56. 张守文、周庆山:《信息法学》，法律出版社 1995 年版。

57. 张维迎:《博弈论与信息经济学》，上海人民出版社 1996 年版。

58. 黄淳、何伟:《信息经济学》，经济科学出版社 1998 年版。

59. 应飞虎:《从信息视角看经济法的基本功能》，载《现代法学》2001 年第 6 期。

60. 李金泽:《银行业变革中的新法律问题》，中国金融出版社 2004 年版。

61. 杨松:《巴塞尔新资本协议草案有关商业银行信息披露的要求》，载《中国金融》2001 年第 4 期。

62. 苏同华:《银行危机论》，中国金融出版社 2000 年版。

63. [美]约翰·罗尔斯:《正义论》，何怀宏等译，中国社会科学出版社 2009 年版。

64. [古希腊]亚里士多德:《政治学》，吴寿彭译，商务印书馆 1985 年版。

65. 李金泽主编：《银行新业务法规手册》，中国金融出版社2004年版。

66. 王晓枫：《对我国商业银行信息披露问题的研究》，载《国际金融研究》2002年第4期。

67. [意]贝卡利亚：《论犯罪与刑罚》，黄风译，中国大百科全书出版社1993年版。

68. 周仲飞：《银行法原理》，中信出版社2004年版。

69. 白建军主编：《经济的法律框架》，法律出版社2004年版。

70. [英]约翰·洛克：《政府论》(下篇)，瞿菊农、叶启芳译，商务印书馆1964年版。

71. 李宇龙：《企业产权改革法律实务》，法律出版社2004年版。

72. 蔡鄂生等：《银行治理与控制》，经济科学出版社2003年版。

73. 黄亭亭：《宏观审慎管理操作框架研究》，中国金融出版社2011年版。

74. 曾康霖主编：《金融经济学》，西南财经大学出版社2002年版。

75. 高明华：《公司治理：理论演讲与实证分析》，经济科学出版社2001年版。

76. 黄德根：《公司治理与中国国有商业银行改革》，中国金融出版社2003年版。

77. 梅慎实：《现代公司机关权力构造论》，中国人民大学出版社2000年版。

78. 王保树：《现代股份有限公司法发展中的几个趋势性问题》，载《中国法学》1992年第6期。

79. 李健伟：《法律在公司管理中的地位与作用》，人民法院出版社2005年版。

80. 张晓朴：《系统性金融风险研究：演进、成因与监管》，载《国际金融研究》2010年第7期。

81. 刘俊海：《我国〈公司法〉移植独立董事制度的思考》，载

《中国政法大学学报》2003 年第 3 期。

82. 中国银行监督管理委员会译：《统一计量和资本标准的国际协议：修订框架》，中国金融出版社 2004 年版。

83. 江曙霞：《银行监督管理与资本充足性管制》，中国发展出版社 1994 年版。

84. 张丽华：《加强国有商业银行资本充足性管制的探讨》，载《中国金融》2004 年第 6 期。

85. 熊波、王志强等：《金融控股公司理论与实践》，经济管理出版社 2002 年版。

86. 王继祖：《美国金融制度》，中国金融出版社 1994 年版。

87. 李仁真主编：《欧盟银行法研究》，武汉大学出版社 2002 年版。

88. 宗良：《跨国银行风险管理》，中国金融出版社 2002 年版。

89. 贺小勇：《金融全球化趋势下金融监管的法律问题》，法律出版社 2002 年版。

90. 罗平译：《巴塞尔新资本协议研究文献及评述》，中国金融出版 2004 年版。

91. 陈忠阳：《风险的国际协议与国际协议的风险——评巴塞尔新资本协议形式出台》，载《国际金融研究》2004 年第 8 期。

92. 刘丰名：《国际金融法》，中国政法大学出版社 1997 年版。

93. [瑞士]艾娃·胡普凯斯：《比较视野中的银行破产法律制度》，季立刚译，法律出版社 2006 年版。

94. 章彰编著：《商业银行信用风险管理——兼论巴塞尔新资本协议》，中国人民大学出版社 2002 年版。

95. 陈春光：《金融一体化下银行业监管研究》，中国财政经济出版社 2004 年版。

96. 黄金老：《金融自由化与金融脆弱性》，中国城市出版社 2001 年版。

97. 沈宗灵：《现代西方法理学》，北京大学出版社 1991 年版。

98. 杨毓：《新资本协议与我国商业银行风险管理》，载《金融理论与实践》2004 年第 5 期。

99. 姜波：《商业银行资本充足率管理》，中国金融出版社2004年版。

100. 郑鸣：《国有商业银行发行次级债券补充资本金研究》，载《国际金融研究》2002年第10期。

101. 张乃根：《西方法哲学史纲》，中国政法大学出版社1997年版。

102. [美]E. 博登海默：《法理学——法律哲学与法律方法》，邓正来译，中国政法大学出版社1999年版。

103. 阙方平：《有问题银行处置制度安排研究》，中国金融出版社2003年版。

104. 潘静成、刘文华主编：《中国经济法教程》，中国人民大学出版社1995年版。

105. 孟龙：《市场经济国家金融监管比较》，中国金融出版社1995年版。

106. 潘金生等：《比较银行法》，中国金融出版社1991年版。

107. 李豪明：《英美银行监管制度比较与借鉴》，中国金融出版社1998年版。

108. 江平、米健：《罗马法基础》，中国政法大学出版社2004年版。

109. 何光辉：《存款保险制度研究》，中国金融出版社2003年版。

110. 石静霞：《跨国破产的法律问题研究》，武汉大学出版社1999年版。

111. 季立刚：《跨国银行破产法律制度基本原则之探讨》，载《政治与法律》2004年第5期。

112. 陆泽峰：《金融创新与法律变革》，法律出版社2000年版。

113. 盛慕杰主编：《中央银行学》，中国金融出版社1989年版。

114. 李早航：《现代金融监管：市场化国际化进程的探索》，中国金融出版社1999年版。

115. 潘金生等:《比较银行法》, 中国金融出版社 1991 年版。

116. 张炜主编:《银行业法制年度报告》(2004), 法律出版社 2005 年版。

117. 张炜主编:《银行业法制年度报告》(2005), 法律出版社 2006 年版。

118. 张炜等:《银行改制上市法律问题与规制比较》, 法律出版社 2006 年版。

119. Persaud A. , Marco-prudential Regulation, ECMI Commentary No. 25/4 August, 2009.

120. David and Nicholas, Banking Litigation, Sweet & Maxwell, London, 1999.

121. Jennifer. A. Meneken, Supervising Secrecy: Preventing Abuses with Bank Secrecy and Financial Privacy Systems, Boston College International and Comparative Law Review, summer, 1998.

122. William L. Prosser, Privacy, California Law Review, Vol. 48, (1960).

123. Peter Cartwright, Consummer Protection in Financail Services, Kluwer Law International, 1999

124. Linger and Lomnica Comment: The Bank of England Tended to Supervise Them (the recognized banks) Less Strictly Than the Licensed Deposit Takers, Relying to a Certain Extent Ongoodwill and Cooperation, Modern Banking Law (Oxford, Clarendon, 1994).

125. Lain Macneil, The Future for Financial Regulation: The Financial Services and Markets Bill, The Modern Law Reviews, Sep. , 1999.

126. Posner, R. , Economic Analysis of Law, Little Brown, 2nd ed. 1997.

127. Kerry Copper, Donald R. Fraser: Banking Deregulation & the New Competition in Financial Services, Ballingen Publishing Company (1987).

128. Multidisciplinary Working Goup on Enhanced Disclosure Final

Report to Basel Committee on Banking Supervision, Committee on the Global Financial System of the G-10 Central Banks, International Association of Insurance Supervisors, International Organization of Securities Commissions, April 26, 2001.

129. Brinkman: Risk-based Capital Standards & the Credit Crunch, Journal of Money, Credit and Banking, Vol. 27 (August 1995).

130. Oliver Wendell Holmes, The Common Law, Harvard University Press (1963).

131. Interantional Convergence of Capital Measurement and Capital Standards: A Revised Framework, issued by Basle Banking Supervisory Committee in June 2006.

132. Covington & Burling, Financial Modernization: The Gramm-Leach-Bliley Act Summary, American Bankers Association, 1999.

133. Thomas P. Fitch', Dictionary of Banking Terms, Barron's Education Series, Inc. (1990).

134. Basel Committee on Banking Supervision, Consultative Document on the New Basel Capital Accord, January 2001.

135. Consultation Documents on Supervision of Financial Conglomerates, Prepared by the Joint Forum on Financial Conglomerates, February 1998.

136. Covington & Burling, Financial Modernization: The Gramm-Leach-Bliley Act Summary, American Bankers Association, 1996.

137. Lain Macneil, The Future for Financial Regulation: The Financial Services and Markets Bill, The Modern Law Reviews, Sep., 1999.

138. Financial Services and Markets Bill: Government Response to the Reports of the Joint Committee on Financial Services and Markets, HM Treasury, June 17, 1999.

139. EU Commission Services' Second Consultative Document On Review of Regulatory Capital For Credit Institutions & Investment Firms,

Feb. , 5 (2001).

140. Consultation Document: Towards an EU Directive on the Prudential Supervision of Financial Conglomerates, MARKT/302/2000.

141. Albrams, Richard, and Michael Taylor, Issues in the Unification of Financial Sector Supervision, IMF Working Paper, WP/00/213 (2000).

142. HM Treasury: A New Approach to Judgment, Focus and Stability, Consultation Paper, 2010; HM Treasury, Financial Bill 2011; HM Treasury. Consultation on Draft Legislation for Finance Bill, 2012.

143. Oliver Blanchard & Paolo Mauro, Rethinking Macroeconomic Policy, IMF Staff Position Note, SPN/10/03, February, 2010.

144. Papademos, L. , Strengthening Marco-prudential Supervision in Europe, Remarks at ECB Conference on After the Storms: the Future Face of Europe's Financial System, March, 2009.

145. BCBS: Report and Recommendation of the Cross-border Bank Resolution Group, September, 2009.

146. DK Tarullo: Supervising and Resolving Large Financial Institutions, at the Institute of International Bankers Conference on Cross-Border Insolvency Issues, New York, November 10, 2009.

致　谢

除了印证自己没有偷懒之外，书稿的完成也记载着自己在职业与学术生涯中的成长历程。在这个历程中，若没有朋友们的关心、激励、宽容、批评、帮助与扶持，那么充其量也只能是一个人的独舞，其困难与孤独是难以想象的。在这个希望之旅中，接二连三的逆法治现象、法律信仰的缺失与四伏的诚信危机，又是这般令人惆怅、痛苦与彷徨而让人一时难以自拔！所幸的是，在面对挫折与入行错误的自我否定中，仍有许多相识或不相识的朋友在“屡败屡战”，在面对社会不公与权贵时，他们仍在默默地坚守着自己职业与良知的底线，没有犯下后天的“软膝病”，所以这种“痛且乐观着”的快乐是无以言表的。

在篇章结构上，一本书之所以要在书中的最后留下“致谢部分”，其真实目的无非是让作者有一个表达真情实感的去处。为了沿袭这一习惯，我的第一句谢谢要真心实意地送给所有关心中国法治事业且信仰法治精神的人们，感谢他们用自己的笔对中国的法治蓝图激扬文字，使法治、人权、民主、宪政、市场、自由、义务等成为一个个深入人心的公共知识，使一切美好的东西得以颂扬与传播，使一切丑陋的东西在阳光下裸露暴晒；感谢他们用自己的行动来捍卫人之为人的基本尊严，感谢他们使恶行得到应有的惩治，使一切真善美的东西得到确认与弘扬；感谢他们通过网络时评、微博等适当的方式使社会中的丑恶之人与龌龊之事在公众的视野下无秘密，从而彰显法律的正义、和谐与伟大；感谢所有热爱正义的人们，在法屈于权、屈于贵时，并没有以“跪”的方式来“捍卫”已被亵渎的法律正义之神圣与尊严。

湖南大学法学院是我人生事业中的家园，在此，我要感谢杜钢建教授、聂资鲁教授、刘定华教授、刘士平教授、屈茂辉教授、徐涤宇教授、郑鹏程教授、肖海军教授及在此没有提及的法学院其他“家庭”成员对我加盟法学院以来的关心、鼓励、帮助、谅解与宽容。没有他们这份厚重的同事之情、朋友之情，就不可能有我个人的成长及我对这个大集体真实的认同感与热爱感。故而，借“致谢”，真诚地对湖南大学法学院的同仁说声谢谢！

真诚地感谢上海财经政法大学法学院的单飞跃教授、王全兴教授，南开大学法学院的许光耀教授，感谢他们在我处于职业选择困境与低谷时适时给予我的开导与启发、释疑与解惑；感谢湖南大学《财经理论与实践》的王铁军编辑、《湖南大学学报》的张海英编辑、《中南大学学报》的苏惠编辑，感谢他们在我气馁与沮丧之时对我的关心、鞭策与激励。

我还要特别感谢我的恩师武汉大学法学院的李仁真教授，因为没有恩师的不弃与栽培，就不可能有今天的我！在此，真诚地对恩师道声谢谢！

本书的出版再次得到了武汉大学出版社张琼老师的厚爱与鼎力支持。在我于武汉大学攻读博士学位期间，张老师的敬业精神与一丝不苟的工作态度就已在我的脑海中留下了深刻的印象，迄今仍记忆犹新。在此，特致以真切的感谢之情！

本书的写作与出版也凝聚着我的家人长期以来的关爱与期望，他们对我的关心、支持与呵护永远是我工作与学习的动力与精神支柱。

一个人的成长、幸福与快乐不可能离开朋友们的关心、鼓励与爱护。客观上，要感谢的朋友很多很多，在这短短的感谢中，可能没有全部提及。在此，也向所有没有被提及并一直在默默关注我的朋友们致以我最真诚的谢意。同时，也对那些没有被特别“注名”的朋友致以最真诚的歉意，希望能一如既往地得到朋友的关心与帮助！

谨以此书献给所有热爱正义、热爱生活、珍惜生活，并于生活中孜孜不倦求索而力求探明“为什么会这样”的人们！

黎四奇

2013年2月17日于长沙